2013

北大清华人大
社会学硕士论文选编

郑也夫　沈原　潘绥铭　编

SOCIOLOGICAL MASTER DEGREE PAPERS FROM THREE UNIVERSITIES

中国社会科学出版社

图书在版编目（CIP）数据

北大清华人大社会学硕士论文选编. 2013 / 郑也夫，沈原，潘绥铭编. —北京：中国社会科学出版社，2013.9

ISBN 978—7—5161—3258—6

Ⅰ. ①北… Ⅱ. ①郑… ②沈… ③潘… Ⅲ. ①社会学—文集 Ⅳ. ①C91—53

中国版本图书馆CIP数据核字（2013）第224001号

出 版 人	赵剑英
责任编辑	王 斌
责任校对	姚 颖
责任印制	王 超

出版发行	中国社会科学出版社
社　　址	北京鼓楼西大街甲158号（邮编 100720）
网　　址	http://www.csspw.cn
	中文域名：中国社科网　010—64070619
发 行 部	010—84083685
门 市 部	010—84029450
经　　销	新华书店及其他书店

印刷装订	三河市君旺印装厂
版　　次	2013年9月第1版
印　　次	2013年9月第1次印刷

开　　本	880×1230　1 / 32
印　　张	14.375
字　　数	418千字
定　　价	45.00元

凡购买中国社会科学出版社图书，如有质量问题请与本社联系调换

电话：010—64009791

目 录

前　言

日前，也夫通知我，一年一册的三校硕士论文选已经编订完毕，只待付梓。又说，他写了十年序言，"江郎话尽"，让我来续写这一册的序言。我推辞不果，只好勉为其难，条件是：下一篇的序，就是老潘的任务了。

说起来，我和老潘追随也夫编这套三校硕士论文选，已十年光景。这十年，举凡与出版此书有关事宜，也夫事必躬亲，一丝不苟。每年硕士答辩季节，大家都忙。但我们清华是个小系，每年毕业的硕士不到10人，读论文尚不算费事。北大和人大都是大系，毕业硕士动辄数十人之多。要把全系硕士毕业论文都读一遍，斟酌比较，优中选优，工作量可想而知。除此之外，同出版社商议合作，与作者们讨论修改，直到排版、印制、向四十余所社会学院系直销，一应庶务，也都是也夫亲力亲为，我和老潘只是跟着，通几番话，开一次会，选送和确定篇目而已，出力不及也夫十分之一。我们常相互自嘲：非三个混球不能成就此事。而这套书能够坚持下来，主要是也夫的功德。

做这套书，是因为我们三人有一个简单共识：在眼下的高等教育体制中，硕士阶段至为重要。学生们经过本科四年学习，进到硕士阶段，就进到了一个关节点。如何把习得的知识组织起来，深入变幻不拘的社会生活现实搜寻素材，成就一篇硕士论文，会直接影响到研究能力的养成。做这套书，就是希望将做得比较好的论文印出来，传播开来，对作者予以褒奖，为同学提供借鉴。

研究论文，问题指引。一个好的硕士论文，首先要问一个好的问题。所谓"问题意识"是整个论文的主线，论文就是围绕着解答问题而展开的。但是怎么提问题呢？我在多年的教学生涯中发现，即便是到了研究生阶段，很多同学还是不大会提问题。造成这种状况有很多结构原因，应当归咎于我们的体制而不是学生个人。譬如我们的教育体制，从来就不去培育学生的批判思维，不允许他们怀疑权威。譬如我们的学生年纪尚轻，少有社会生活经验，等等。但无论归咎于谁，对这些因素，都需要在做论文的过程中自觉认清，予以克服和解决。

在我个人看来，常识能够直接说明的，逻辑能够推演出来的，多半都不产生好问题，未必值得去做。好问题起初一定是一个经验困惑。经验困惑从哪里来？是从实际的田野调查中来，从实际的社会生活中来，而不是坐在房间中拍脑袋空想出来的。在我们这个大变动的时代，一个深刻的经验困惑必定连接着社会变动的脉搏，我们解决这个经验困惑，就是要找到和解读它背后的动因。但是，如何在田野中发现问题？是不是只要进入田野就能发现问题呢？似乎也不是如此。这就又牵涉到理论。我们进入田野，带了一脑袋学到的理论知识。我们运用理论提供的概念工具解读田野资料。理论能够解读得通的地方，无须我们再来费神费力，建构问题，加以说明。关键是要寻找理论说不通的那些地方。一旦发现理论在解读某些现象时走不通时，我们的机会就到来了。这样的现象从哪里来？为什么现成的理论不能解释它？如何给它一个说法？这就已经在生产一个好问题，好问题包括了经验困惑，同时也包括了理论困惑。好问题首先意味着深入的田野调查，同时也意味着理论的活用。

本册所选八篇论文，基本上都立足于一个好问题，这些问题主要是来自当代的社会生活，也有个别篇目来自过往的日常生活，即社会历史。对这些好问题的解答把整篇文章组织起来，其中既有经验的描述，也渗透理论的思考。因此，我们称之为优秀的硕士论文。

时至今日，我们三人都已进入耳顺之年。耳顺之年还在絮絮叨叨，说些与时尚不符的话，归根结底还是心存念想，希望在这个人心不古、斯文扫地的年代，在很多人都认为做官和做生意都比做学问强的年代。通过些微努力，为我们这个学科留下一些读书的种子。

沈原

2013年7月29日

服装工从工厂到作坊的选择

陈玮　北京大学社会学系2010级

指导教师　刘爱玉

第一章　引　言

一、问题的提出

上海在建国以前是中国最大的工业中心，其中的棉纱纺织更是行业之王。许多学者研究了1949年及之前一段时间里上海地区纺织行业的情况，认为与英国的纺织重镇兰开夏和曼彻斯特情况相似，现代机械和大规模工业在上海逐渐兴起，也随之产生了一个"崭新的工人阶级"（Thompson，1963）。而今天，我们在调研中发现，很多曾经辉煌的大工厂在如今繁华的大上海已经逐渐消失，转移到邻近的江浙两省，服装工人们多来自安徽、河南等内陆地区。大批农民工从中西部的农村涌进长三角的工厂里，他们也逐渐成为21世纪的"新工人"，似乎这也预示着他们会带来一个崭新的时代。

2011年冬天，笔者第一次走进服装工厂的车间，观察流水线生产的全过程。服装工人就像大机器上的一颗颗螺丝钉，每个人都有序且迅速地完成自己的工序，线长会根据工人的熟练程度来分配任务，学徒工从简单缝合做起，而全能工则可随时根据生产需要调配至任何一个环节。2012年暑假，调研组再次走访杭嘉湖一带的服装企业，深入了解个同类型的企业情况，并完成服装工人的问卷调查。两次调研经历，让笔者对服装工人的苦与累有了更为直观的感受，而在与工人们的访谈中，也找到自己感兴趣的问题：为什么有的工人选择去更有保障的大工厂工作，而有的则选择在环境相对较差的作坊工作呢？并且还发现有许多工人曾经在大工厂里工作，而现在却更多是在作坊里工作，为什么他们会做出这样的选择呢？是工厂和作坊的不同生产组织模式影响工人的选择，还是另有他因呢？带着这些疑问，笔者再次南下到杭州九堡的村落里做了为期一周的田野调查，通过和工人们一起生活、一起工作，听他们讲自己的故事，更加细致真切地体验了做一名服装工人的感受。在笔者看来，每个工人的故事都充满着鲜明的个人色彩，他们的选择都和自己不同的经历有关，那么该如何分析服装工人从工厂到作坊的选择背后所形成的不同行动逻辑呢？

从大工厂到小作坊，在反复阅读田野资料后，笔者把工厂与作坊工人的相似与不同一一罗列，渐渐找到答案。大工厂里的工人多为年轻的女性，刚进入服装领域，缝纫技术尚在不断学习中；而作坊里大多是已婚生子的女工，技能熟练，她们需要同时兼顾家庭和工作。通过比较男女性工人，发现男工从工厂到作坊，再到作坊主，几乎每个人身上都有一个"老板梦"，想要自己开作坊、当老板；而女工受到社会性别的规范，家庭和孩子始终是她们最重要的选择。年龄和性别的分化明显地体现在他们的选择上。当重新回到服装生产的工作现场时，笔者又发现劳动过程中的技术分工和不同的工场形态同样影响着工人的选择。譬如工厂的流水线上每个人只需完成一道工序，对技术水平的要求较低，但规章制度却很严格；相反，作坊里的工作环境就轻松许多，请假不需要经过冗长的流程，但生产上对工人的技术要求高，通常以做整件为主。许多从工厂跳到作坊的工人都表示，他们喜欢在作坊里，比较自由，约束比较少；而那些一直在工厂里的工人，则会认为小作坊没有保障，时常会遇到拖欠工资。那么，工人们到底是如何来权衡工厂和作坊两种生产组织的利与弊，这与工人多样化的主体性之间又存在怎样的关系呢？于是，笔者开始转向对服装工人的劳动过程理论分析。从布雷弗曼到布洛维，再到之后的学者将性别、种族、公民权（Thomas，1985；Lee，1998）带到对工人主体性的讨论中，笔者发现在生产政体理论的基础上，引入对性别和技术的阐述，能够更清楚地看到劳动者在选择不同生产政体的背后，劳资双方在管理与控制上的微观互动，以及逐步形成的工厂政体。

本文试图利用生产政体的理论来阐释服装工人从工厂到作坊的选择，尝试去理解性别分化对工人的选择产生怎样的作用？对于服装行业的不同工种来说，技术分化是怎样影响工人选择不同的工场？服装工人在工作场所之外的社会文化因素是否与他们的选择之间有关系？对于女性工人来说，年龄因素是否影响她们的选择？工人的选择与劳动力再生产间的关系是否会反过来影响工厂政体的形成？本文尝试将性别、年龄的分化和行业的技术因素放入到劳动过程理论框架中，通过讨论服装工人从工厂到作坊的选择来进一步挖掘服装工厂政体的形成与建构，探讨工作场所之外的社会性别规范对男工与女工的不同影响，以及他们在此过程中形成的两种生产政治。

二、文献综述

1. 劳动过程理论的研究

（1）马克思的奠基

劳动过程理论最初是从马克思对劳动二重性的阐述中逐渐发展起来，他认为只有通过对劳动本身的二重性进行分析，才能够找到资本家利润的来源。马克思认为在资本主义社会，被雇佣的工人往往是通过雇佣契约这种关系来出售他们的工作能力，也就是"劳动力"，并由此赋予雇主以权力来安排工人的工作（马克思，2004）。

作为劳动过程理论的奠基人，马克思清楚地看到资本主义劳动生产的本质就是对工人生产的剩余价值进行不断地掠取，劳动力的适应性在一定程度上为资本家最大限度剥削工人的剩余价值提供了可能性，但同时劳动力又充满着极大的不确定性，给资本家实现这一可能带来巨大挑战。马克思还特别强调生产关系的重要性，以及在劳动过程中如何最大限度地组织劳动力以使其转化为劳动，并获得高额的利润。这些构成了马克思劳动过程理论中所讨论的核心议题。

（2）布雷弗曼的重申

马克思之后，直到20世纪70年代布雷弗曼《劳动与垄断资本》的问世，才将劳动过程理论又重新提了出来。布雷弗曼想要讨论的一个核心问题是资本如何能够成功地攫取工人的剩余价值。他认为当资本主义进入到垄断资本时期，资本通过对劳动分工的不断深化，尤其引入科学管理手段后造成概念和执行的分离，从而完全剥夺了工人对劳动过程的控制（布雷弗曼，1979）。在布雷弗曼看来，工匠传统是工人对生产知识和劳动过程全盘掌握的一种典型代表，但进入到垄断资本主义时期以后，通过引入泰勒制的科学管理和机械化手段，工人在劳动过程中所获得的生产知识开始被逐步剥夺。"去技能化"就是借助科学管理的方式，把脑力劳动从生产车间中逐渐剥离出去，从而导致工人不再需要掌握任何技术或生产知识。

在对布雷弗曼的批评上，主要有：第一，对"去技能化"的讨论，布雷弗曼认为去技能化不可避免，而批评者（Salaman，1986）认为他对传统手工艺的工作模式提供了一种理想型的解释，未能真正理解技能的复杂特性，例如有的传统工作只是从表面上看不需要什么技能，但实际却要求丰富的经验和习得能力。第二，布雷弗曼赞同泰勒制"理想的"劳动管理方式，认为雇主可以通过消除工人自由裁量权的方式来扩大其剩余价值。但他没有看到这并不可能完全消除来自工人的反抗与破坏力量，因此需要将资本与劳动间的矛盾关系考虑在内。第三，认为布雷弗曼仅关注了资本对劳动过程的控制而忽视工人"主体性"的反抗。有学者（Hyman，1989）认为工人的反抗是理性的，对工人为何罢工、又为何遵守工作规则等进行了解释。

本文将对大工厂与小作坊的生产方式作出区分，前者的生产流水线将工序不断细化并使工人逐渐丧失对技术的全盘把握，而后者则表明掌握一定技能后的工人在应对雇主时所具备的自由裁量权，能够主动控制工作的流程和进度，而并不完全受到雇主的管理和限制。

（3）布洛维的批评

针对布雷弗曼的理论无法解释"为什么工人都甘心接受资本剥削"这个问题，布洛维另辟蹊径地将工人的主体性分析带回劳动过程理论的研究中，重点考察工人的体验。布洛维（Burawoy，1985）认为劳资关系在垄断资本主义阶段，不再展现出赤裸裸的剥削关系，而是有所掩饰地表达出工人的同意与资本的强迫占据同样重要的位置。他借用葛兰西"文化霸权"概念来阐述对自己"同意"的理解，认为"同意"是独立于国家和市民社会之外，在劳动过程中生产出的。

"生产的政治（politics of production）"的理论范式，是布洛维对于劳动过程理论的一大推进。不同于以往学者，布洛维从理论范式上挑战了布雷弗曼。他提出，资本主义的生产并不只局限在经济领域，同时也渗透着意识形态的因素，所以劳动过程的这种政治效果以及生产过程的政治规范工具共同建构出工厂独特的生产政体（production regime）。所以，生产还应把工作现场与宏观经政环境联系在一起。在布洛维看来，任何工作现场中都包含经济、政治和意识形态维度，布雷弗曼没有将这种生产的政治关系与意识形态放在一起讨论，忽视了生产领域之外的劳动过程。因此，布洛维将工人的主体性纳入到分析框架中，从关注工作过程的状态转向对工人体验层面的研究，把主体性的讨论放到利益冲突与劳资关系的建构过程中来阐述。

在本文的论述中，通过加入对国家宏观政治经济背景的探讨，把工人鲜活的主体性特色放到整个大的政经体系下，将工人在工场选择过程中体现出性别与技术的分化与宏观因素联系在一起进行分析。

（4）"后布洛维时代"的补充

在布洛维眼中的工人群体仍是一个抽象的概念，他未能将非阶级因素做过多分析，此后的学者如李静君、托马斯等则重点考察了性别、种族等社会学范畴的重要概念，来讨论它们如何被资本家重新建构。

布洛维认为工人对工厂的依赖性是塑造工厂政体的关键性变量，从专制到霸权体制的转变，最重要的变化来自国家的干预手段改变了工人的依赖基础。李静君（Lee，1998）发现了与其理论不同的现象：在同一企业，同样的女工在不同地域发展出地方专制主义和家庭霸权主义的两种车间政治，案例中的女工不依赖国家或工厂来完成劳动力再生产，而是依靠地方关系网络或朋友亲属关系来建构，并通过性别因素嵌入到特定劳动力市场中。李静君认为生产车间是一个微观的性别建构、生产与再生产的工作场所，雇主与工人都可通过诉诸性别进行控制或反抗，并使之合法化。托马斯（Thomas，1985）通过比较使用人力和机器的生菜收割公司的用工问题，从公民权的角度来讨论雇主如何能够把在社会政治地位上处于弱势的不同类型工人有效分配在劳动生产的不同位置上。本文分析中，国家赋予的社会身份及性别规范的不同要求都使服装工人在工场之外的主体性得到很好呈现。

（5）小结

笔者的田野中，在工厂与作坊两种不同的生产管理模式下，雇主常会主动根据工人的不同需求而做出相应的调整，例如在工厂中有大量外来打工的年轻女工，她们在技术上稍显稚嫩，却恰好可以适应工厂的流水线；而作坊里的中年妇女，大多是技术娴熟的车工，作坊相对自由的工作时间，可以满足她们在照顾家庭方面的需要，而具备整件成衣的制作技术让她们可以很好地完成作坊生产的要求。在生产政体模型中加入性别视角后，可以看到两种具有性别差异的生产政治形态，并与工人的劳动力再生产交织在一起更显示出不同的性别意涵。

2. 性别视角的工作理论

（1）职业隔离与组织的性别化

哈基姆（Catherine Hakim，1995）曾根据女性在家庭和工作上不同的投入程度区分出三种类型的女性：第一类以工作为中心，第二类以家庭为中心，第三类女性所占比例最多，她们以"灵活适应"的方式有意识地同时兼顾到工作与家庭，并强调女性的家庭中心和灵活适应会倾向于不那么苛刻的女性工作而使得这种偏好不断加强，最终导致她们的职业隔离。而来自劳动力市场供应方的解释，认为男女性在职业期望、选择偏好方面存在明显的文化差异，从而导致职业的性别隔离。在服装行业中，不同工种的男女性对职业的期待不同，他们的偏好通过选择不同工场体现出来。

再从组织的角度来讨论性别关系，琼·阿克尔（Acker，1990）把组织定义为一种舞台，并能将关于性别的文化图像创造和再生产出来。在这个过程中通过组织生产出个人的性别身份，其核心在于揭示工作不断被性别化的过程。服装行业是一个以女性为主体的生产领域，在不同的工场内，男女性的劳动分工有所不同。本文试图阐明性别与组织之间的紧密联系及其所形成的生产场域。

（2）男性霸权与女性特质

虽然葛兰西并未直接探讨男性支配再生产阶级中的霸权特点，但女权主义者却用"霸权"概念来分析当下资本主义社会中处于霸权地位的男性特质（Connell，1987），并通过对葛兰西理论的文本解读来剖析组织环境中性别化的文化现象以及男性霸权的形成过程。科克伯恩（Cockburn，1983）主张性别研究不能仅停留在对女性的研究上，需要重新把男性作为研究主体，认为男性霸权主要通过文化的手段来实现。康奈尔（Connell，2003）也认为男性霸权的建立是处于支配地位的男性与从属的男女性特质之间的互动中逐步形成的。目前越来越多的组织研究不再强调结构因素对工作场所中性别不平等的影响，而是强调导致这种不平等的过程。

（3）劳动力再生产与工作

进入21世纪以来，农村夫妻俩共同外出打工的比例增加，拆分型劳动力再生产模式开始由于家庭制度的变迁而发生改变，这种夫妇式流动的家庭开始出现独立在外居住的新居制（金一虹，2010）。就业性的流动给农村妇女带来巨大改变，即当市场将打工妹从父系家庭中逐步剥离后，她们提高了个人的主体性，直接体现在对迁移自由、自主决策、经济资源的获取以及都市生活能力上。但金一虹关注的重点是在现代化各种解传统因素的冲击下，家庭父权制何以可能延续并重建起来。她的研究表明，传统家庭并不是消极承受现代社会的迅速变迁，如家庭离散、个人的主体化等，而是非常积极地适应这种变化并能够抵制变化的组织，它通过婚姻关系重新将原子化了的个体嵌入父权制家庭，延续男系传承的父权轴心重建新的伦理秩序。

金一虹讨论的重点放在父权家庭制的重构上，并没有对进入城市工作的农民工在其工作范畴进行相关分析，本文将根据服装行业的生产特点，把工人的生产与再生产过程结合起来考察。

（4）小结

通过对工作理论中性别研究的回溯，本文将重点分析女性工人与男性工人在选择工场上的差异。并结合服装行业的生产领域特点，即以女性为主导的工作现场，来区分大工厂和小作坊中男女性的劳动分工；依据社会文化规范对男女性不同气质的要求，尤其是女性的劳动力再生产过程中对家庭责任的强调。

3. 纺织服装行业的研究

（1）纺织工人的抗争

从世界—历史维度来看工人抗争，Silver（2003）借用Wright区分的两种劳工抗争力量来分析汽车和纺织行业的工人罢工，发现他们的抗争力量都是在原先以工匠为基础的运动遭遇毁灭性打击后才取得的。Silver的研究表明，在结构性力量方面，纺织工人因流水线生产赋予较小的破坏性力量而缺乏劳动力市场的谈判力，处于较弱的经济地位；而在结社力量上，纺织工人具有较强的组织谈判力，有强大工会做后盾，故有利于集体行动的形成。

从中国上海地区的研究中来看纺织工人的抗争，裴宜理（2001）着重讨论了纺织工人罢工，她认为以国内资本为主导的纺织业，工人罢工的起因主要在纺织行业自身的发展。如缫丝工人技术含量低、收入低，对罢工并不积极；丝织工人来自传统小工场，年轻且受过教育，有良好的组织基础。她特别指出性别是纺织工人分裂的重要原因，女工多为非技术工人，而男性占据优越的技术性岗位，所以享有更多特权。她还认为技术是工人谈判的力量来源，有技术的工人难以取代而无技术的工人是可有可无的。本文将区分不同工种的服装工人，阐述性别分化在不同技术水平工人中的作用。洪尼格（2011）讨论上海棉纱厂女工时，认为纱厂工作经历并未使工人发展出一定阶级意识，女工斗争往往是非阶级性的地缘政治。这是由于社会环境的因素造成纱厂女工们往返城乡之间，并不会长期呆在同一纱厂中。而且在上海特有的地域环境中，新社会关系来自于原有地缘关系的扩展。本文在讨论作坊主与工人之间的雇佣时，也将地缘因素纳为重要变量之一。

近几年的实证研究中，赵启峰（2009）对我国服装企业的工时问题进行了总结，认为劳动力成本的增加削弱了我国原有的劳动力优势，企业为保证跨国订单而延长劳动时间，以获得有力的竞争地位，这使得超时劳动问题不能得到有效解决。刘爱玉（2011，2013）通过定量分析来比较两代农民工的权益受损状况，认为新生代农民工在工资权益、人身健康权益、就业保障上都比第一代要低，而在劳动权益遭到侵犯时，常表现出直接与管理者的对抗，具有更强的利益抗争意识。在新劳动法颁布实施后，工人的劳动条件与环境的改善、劳动权益的认知以及维权行动上都有所进步。

本文研究的重点就是纺织服装行业的劳工状况，一方面纺织行业是早期工业发展初期最为重要的行业之一；另一方面已有研究表明纺织服装工人在工作现场和集体组织上都具有一定的抗争力量。

（2）性别化的劳动过程

近二十年的女性工人研究中，较具代表的是潘毅对深圳一家工厂"打工妹"的探讨和熊秉纯对90年代台湾已婚女性工作状况阐述。

潘毅（2010）重点关注制造业女工"打工妹"主体性的形成，在国家、资本和父权制的三重张力下如何生产出一种以阶级、性别和城乡差异为基础的特殊劳动剥削形式。她通过观察微观生产车间里的权力运作机制来阐释工厂如何榨取年轻女性的劳动力，并把那些来自农村的灵活女性身体制造成符合工厂生产需要的劳动身体。与潘毅所讨论的未婚女工不同，熊秉纯（2009）重点阐述台湾已婚妇女的就业经历，以利用"卫星工厂体系"的概念来说明台湾出口加工业里工厂与工厂间层层外包的生产体系，以及在这个体系中的诸多小型家庭外销工厂。从中可看到全球化的经济背景下，国家如何透过父权式家庭制度来动员已婚妇女进入家庭作坊工作，以此来实现经济腾飞的目标。

本文通过对服装行业的大工厂与小作坊的区分，来探讨不同工作场所里女性工人的生产情况，笔者将重点关注服装业生产政体之下的女工，讨论国家性别身份及劳动力市场竞争对女工的影响，并不对宏观经济环境及产业链条做细致讨论。

（3）小结

通过对纺织服装业研究的回顾，笔者认为当下中国社会的妇女地位已得到很大提高，已有研究中对女性受到父权制和资本的双重压迫有较多论述，而在本文的田野中，这种压迫以及女工的抗争已经发生了很大变化，并且有部分女性工人开始呈现摆脱这种压迫的主体性意识。虽然父权制和资本的力量显示出式微的趋势，但不可否认的是女性工人正以一种新的方式重新整合到新形态的父权制体系下。

三、研究方法与资料来源

1. 方法论简述

本文所使用的研究方法主要是扩展个案法和质性研究中的参与式观察、深度访谈法，同时辅以问卷调查法来对所研究目标群体的总体情况有较为全面的把握。

（1）扩展个案法

布洛维（Burawoy，2007）认为扩展个案法是一种通过参与式观察，将日常生活放在超地方和历史性情境中加以考察的研究方法，从原有的理论出发，根据田野中的异常案例来重新建构理论。他认为扩展个案并不是对理论的随意置疑，而是以理论为出发点来考察现实中的悖论现象，从中发掘出理论的生产点并不断丰富和发展理论。

笔者在本文的不同研究阶段，不断加深对个案的思考，并从中找到共性与异例。在工人看似相同的选择背后，是他们不同的行动逻辑和生产政治。通过对现实田野的观察，笔者试图从中找到理论的生长点，并不断加深对理论的理解，进而得到本文的研究模型。

（2）质性研究方法

一般来说，对社会科学实地研究进行直接的、质性的观察，主要运用的是参与观察法和深度访谈法。研究者通过参与研究对象的日常生活，在主、客位之间持续的交替体验来达到对研究对象的深入了解和认识，这也是笔者在田野中所采用的方法。作为一名长期在象牙塔里学习的学生，对工厂生活接触甚少，很难真正体验到工人的所思所想。但当笔者一次次走进田野，从最初的陌生和担心，到后来的熟稔和亲切，时常感到自己仿佛就成为偌大工人队伍中的一员，和他们共同生活、工作，感同身受。

研究初期，笔者跟随老师的课题组对大上海地区的工厂和作坊进行大范围的调查，虽有对工厂管理者面对面的访谈，也收集到一定数量的问卷，但并不能很好地解答笔者关心的问题。而当笔者独自深入杭州作坊中进行田野调查时，通过每日与服装工人接触观察，笔者渐渐融入到他们的工作和生活中，并将自己的感受和理解不断积累在对问题的认识中。亲力亲为的直接感和生动感从自己真正坐上缝纫工的车位、踩动缝纫机的那一刻变得鲜活起来。同工人们一起工作生活也为笔者能够进行深度访谈提供了扎实的对话基础和充分的交流空间。

2. 资料来源与研究设计

（1）资料来源

本文的研究资料主要来自于：2011年12月至2013年3月，由伦敦大学亚非学院、香港理工大学、北京大学、印度尼赫鲁大学共同参与的《服装业与建筑业中印劳工状况对比研究》课题组① 所收集的服装行业访谈资料及问卷数据。课题组对上海、杭州、余杭、桐乡、平湖、湖州、宁波、绍兴等8个城市的42家纺织服装企业管理者和19家服装加工作坊进行了深入访谈，并对其中12家工厂的工人做了相应的问卷调查，共回收问卷134份，有效回收率为95.7%。企业访谈的资料主要通过当地的政府部门协助以及高校老师的帮助得以完成，而作坊信息的收集则是在课题组走访当地村落时，以随机选择的方式进入并完成作坊主及作坊工人的访谈资料。笔者参与了课题组除宁波、绍兴外的调研，并于2013年3月进入杭州九堡镇作坊做田野，选取三卫村的服装作坊进行为期一周的参与观察和深度访谈。

（2）研究设计

本文以布洛维的生产政体理论为分析框架，并尝试将性别维度加入理论模型中。在"生产政体"（Burawoy，1985）概念中，突出的是生产中的政治形式，他将工场中资方对劳动者的治理术以及劳动者对资方的反应策略作为重点讨论，强调了工人在这个过程中展示出的

① 该项目英文全称为 "ESRC Project – Labor Conditions and the Working Poor in China and India"，香港理工大学潘毅教授、北京大学刘爱玉教授、卢晖临副教授负责中国长三角地区的调研。中国人民大学宋少鹏副教授、华东师范大学薛红和吴同老师、上海行政学院刘建洲老师、香港理工大学范璐璐、北京大学阿拉坦、付伟、吴子峰、涂真等同学参与了调研，感谢他们的付出。

主体性特点。同时，布洛维还把微观的工场治理术与宏观的政经环境结合在一起，从国家干预、市场竞争、劳动力再生产和劳动过程四个方面来分析影响生产政体的具体运作机制。模型中，工人对资方管理的反应策略，不仅受到劳动过程中的各种控制，也反过来影响生产政体的形成；而劳动力再生产则同时受到国家力量和社会规范的约束。

本文的分析框架中，国家的力量从两方面为服装业的工场政治提供了制度性框架，一是新劳动法对工厂的一系列规定，二是地方政府的新居民政策。前者从工厂管理的角度来规范劳动用工状况，后者则是从公民权的角度来放宽对外来工的身份限制。随着近几年部分地区放开户籍制度和新居民政策的落实，国家开始改善农民工身份制约的问题。从市场竞争来看，服装行业受来自资本市场和劳动力市场两方面的竞争。过去服装行业多以外销为主，跨国资本在当地建厂并共同参与工厂的治理，而今国外资本衰退，国内资本市场崛起，尤其在电子商务迅速发展后，来自淘宝等网络消费时尚兴起，许多企业接到网店的订单量也在提升。从劳动力市场来看，用工荒的状况一直尚未缓解，一方面服装业所需求的劳动力在增加，另一方面年轻劳动力从事服装行业的人数在减少，从而造成诸多企业存在严重的缺工现象。

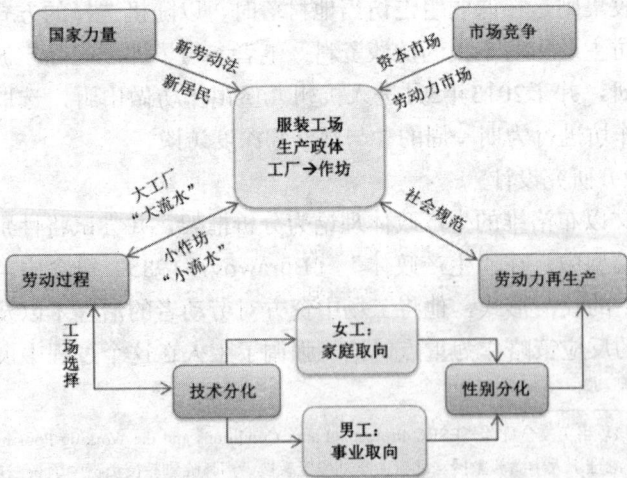

图1—1　服装业工厂生产政体模型

从大工厂和小作坊两种不同模式的劳动过程来看，服装工人在其中所受到的管理控制以及技术水平的要求不同，因而会在工人中间频繁出现"从工厂到作坊"的选择趋势。在这个过程中，所存在的性别分化也较为明显地体现在工人选择背后的行动逻辑上，诸如大多数女工会选择在结婚后去作坊工作，而大多数男工则是在积累一定的经验和资本后选择去当作坊老板。在劳动力再生产上，原先的拆分型劳动力再生产模式已出现明显改变，农民工夫妇共同外出并将家庭一同迁移至新居地，改变了原先回到农村抚养老小的再生产模式（金一虹，2010）。本文的田野中，发现这种新的劳动力再生产方式与工人的选择有密切关系，笔者加入"性别化年龄"这一维度来考察不同年龄段女工的选择，展现出她们在劳动力再生产上的分裂（何明洁，2007）。

第二章　服装业生产政体的形成

一、走入田野：长三角地区的服装企业与服装工人

1. 调查背景

选择长三角地区的纺织服装行业作为研究对象，主要由于长三角地区拥有悠久的纺织制造历史，是我国服装业发展的重要的地区，并且纺织服装业以劳动密集型生产为主，在国内制造业中极具代表性。同时，随着全球化经济扩张，诸多跨国企业纷纷将生产基地搬迁至发展中国家，中国随之成为世界最大的成衣生产和出口国。本次调研正是基于2008年金融危机后，纺织服装企业遭遇国际市场的波动、外贸订单量大幅减少的情况，对企业和工人分别做了访谈和问卷调查。

2. 长三角地区的服装企业

本次调研共调查了42家纺织服装企业，其中有3家为纺织企业，1家为专职服装设计公司，6家为服装贸易或代理公司，其余32家服装企业均有自己的加工厂且较具规模（人数大于100）。

（3）服装企业的类型分析

从企业的所有制来看，43家注册的服装企业中，民营独资有27家集中在嘉兴，中外合资有13家，国外独资有3家且均在上海。从企业的贸易类型来看，32家拥有代加工的服装企业中，有19家企业生产的服装主要销往国外，如欧美、日本等地，集中在平湖地区；有10家企业的服装产品主要为内销；另有7家为内外销兼有的服装企业。从企业的规模来看，500人以上的企业占了43.75%，100~500人的企业占53.125%。总体来说，所调研的企业经营状况整体较好，这一点很可能与进入的途径有关，通过政府部门介绍的企业多为业绩优良且经营有方的大中型企业为主。许多上海的服装企业已开始逐渐将加工厂搬迁至杭嘉湖，仅保留设计部、业务部和销售部，一方面与上海城区规划发展有关，另一方面江浙交通便利、邻近上海且招工方便。上海周边各城市因地制宜，依据自己不同的优势而发展出不同类型的服装产业。如平湖以外贸服装生产为主，桐乡以羊毛衫为主，杭州曾一度以丝绸著称，织里则是中国有名的童装之城。

调研发现目前的国有企业比例非常低，私营企业的比例很高。3家纺织企业原先都是老国企，但在2000年前后改制为私企；而在平湖、桐乡两地的服装企业，则大多是经历了村办集体企业、上海联营时期、中外合资、私营企业。从企业访谈中，能够清晰地看到这一转变过程，如企业QY—19的管理者介绍工厂历史时，说道："公司成立于1979年，刚开始是乡镇企业，然后转制到跟上海的联营，90年到01年跟日本合资，后来改成股份制企业，现在是一个私营企业。"

（4）服装作坊的基本情况

调研组共走访了19个服装业家庭作坊，分布于嘉兴平湖桐乡、杭州九堡、上海松江、绍兴诸暨。在对作坊进行分类的标准上，本文所区分的家庭作坊均为未进行工商注册并且人数小于50人的小型生产加工厂。由于诸暨和桐乡的案例较少，故不作过多讨论。

嘉兴平湖的服装业家庭作坊主要分布在新仓镇、全塘镇和钟埭镇。本文将家庭作坊分为四类（刘玉照，2009）：家庭经营、家庭协作、雇工经营和一体化经营，将在本章第4节进行细分。从调查的作坊来看，主要为家庭经营和雇工经营，如泰顺厂、眉家厂都属于雇工经营。两家厂人数都在20人左右，租用的是废弃厂房作为生产车间，不同的是泰顺厂多雇佣外地员工而眉家厂则多为本地员工。此外，通过当地人介绍了解了一些开在村民客厅里的小作坊，一般只有四五人，多为亲戚或邻居，彼此交情甚好，且都是熟练工。

杭州地区以内销为主，尤其在电子商务发展之后，来自淘宝网店的服装订单量激增。该地区的作坊相对规范化，如开办服装加工厂需要雇佣工人时，需给当地村委会缴纳保证金。笔者走访的作坊分布于杭州九堡镇的格畈社区、三卫村和胜稼村，格畈社区的空间安排整齐划一，而三卫村和胜稼村属于自然村，多为村民自己盖的房屋，总体属于开放式布局，便于进入和访谈。村落里各类家庭作坊星罗棋布，从打样制版到后道包装，每个环节都可细化到一个专门作坊完成。

上海松江曾是我国纺织业最发达的地区，而今该地的服装厂都迁往周边的江浙两省。目前，松江叶榭镇是以小型针织服装加工厂的生产为主。叶榭镇的作坊大多隐藏在村民的屋舍内，路边的老大爷告诉我们，村里很多人将屋舍租给作坊主，老人们多留守在村子里，而儿孙们都已搬到城里。通过对当地作坊主的访谈，了解到该地的作坊主要是安徽人开办，多为针织服装。与普通服装不同的是，针织服饰的工序为：纺毛纱、织片、套口、整理、检验、包装，并需要使用横机和套口机来完成织片和套口两道工序，故对技能的要求有所差异。

3. 长三角地区的服装工人

本文所使用的问卷数据来自于2013年1月在上海、嘉兴两地所收集的工人信息，共发放问卷140份，回收问卷134份。其中，在上海松江区共收集25份，嘉兴为109份。在进入方式上，由于很难做到严格的随机抽样，我们主要以匹配所访谈企业对应的工人来做问卷调查，而对家庭作坊工人的问卷则是在走访村社时发放，所以也基本是对应着所访谈过的作坊主来做的工人调查。

（1）服装工人的基本人口学特征

性别构成上，受调查女性工人占74.6%，与2012年国家统计年鉴中"纺织服装鞋帽制造业"女性从业人数的比例较吻合（2011年全国从事纺织服装业的女性比例为65.6%，上海地区为78.1%）。年龄构成上，长三角地区服装工人的平均年龄为30.61岁，跨度从17岁到55岁，28岁及以下的工人达到50.8%。服装工人的年龄集中在两个阶段，一是17—25岁，多为刚从老家外出的年轻女工；另一是41—50岁的中年工人，具备较强的技术水平。文化程度上，受教育水平普遍较低，初中文化程度占比最高为69.2%，这与服装行业对工人学历要求不高有关，很多工人是在进厂后习得缝纫等技能。户籍来源上，农业户口的比例为92.5%，说明目前绝大多数服装工人都是农民工，而他们大多来自安徽、河南和浙江本省。这主要由于地理位置的毗邻，交通较便利，而且长三角经济发达的农村也能够吸引本省的劳动力流动。

（2）服装工人的工作与生活

从工种上，占比最高的为缝纫工，达66.2%，其他依次为检验工、后道工和整烫工，而从事打版、裁剪、包装工序的工人较少。从工作时间上，服装工人每天平均工作时间为11.34小时，平均每晚加班时间为3.5小时，也就是说晚上通常需要加班至十点，加班现象比较普遍。每月的工作天数也达到26.39天，每月休息不足4天，这比法定标准高出很多。从工资制度上，工人平均工资为2624.25元，计算方式主要为计件工资和计时工资，前者常见于缝纫工，后者多为辅助工序岗位。工资的发放上，有85.5%的工资总能按月按时发放；79.1%表示总能足额发放，整体情况较好。而工资拖欠的情况也较少，八成以上的工人表示没有遇到过工资拖欠和克扣。居住方式主要为工厂集体宿舍和租房两种，而住宿环境也比过去有很大改善，宿舍里都配有电视、空调等电器。在伙食上，九成以上的工人在工厂食堂就餐，而工厂大都免费提供餐饮，近七成工人认为现在工厂伙食整体不错。从休闲方式上，超过六成的工人会在闲暇时选择逛街、看电视或上网聊天。总的来说，长三角地区服装工人的居住与生活条件普遍较好。

二、国家的力量

1. 新劳动法的功与过

我国最早于1994年颁布了规定"劳动合同制"的劳动法，此后于

2007年通过新《劳动合同法》。与旧法相比，新劳动法在签订劳动合同、劳务派遣、用工时间、社会保险等方面做出更细致的规定。

（1）社会保险费率的新规定

根据新劳动法规定，用人单位须按规定为企业所有员工参保。以上海为例，城镇职工的五险需按照工资总额的48%进行缴纳，其中职工负担11%，企业缴纳37%。上海市从2011年起按新规定实施"进城务工的农村居民依照社会保险法规定参加社保"，统一把他们纳入到城镇职工社会保险缴纳系统中，其中非城镇户籍人员按规定参加养老、医疗、工伤三项社会保险。目前依据过渡办法来为外来务工人员缴纳社会保险费，单位和个人缴费比例共计为缴费基数的37.5%。

从图2—1中，可以看到自2005年以来，全国参加基本养老保险的比率呈逐年上升的趋势，说明在新劳动法实施后的参保率有显著提高。这里，通过选取全国养老保险的参保率来衡量社会保险的总体水平，对养老保险参保率的计算采用的公式为：基本养老保险参保率=（年末参保职工人数—年末参保离退休人数）/年末城镇就业人员数。

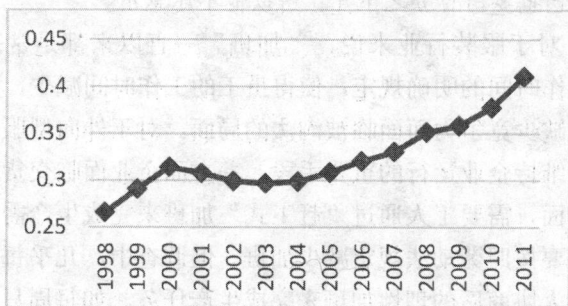

图2—1 全国养老保险参保率变化趋势的曲线图

资料来源：国家统计局

（2）服装企业的两难境地

从访谈中，我们发现在新劳动合同法实施以后，对企业来说负担加重很多，主要体现在以下三个方面：

首先，自上海2009年以来取消外来务工人员综合保险并统一改为非城镇保险后，企业为这部分职工支付的社保费率由原先的12.5%提高至28.5%。以2011年缴费情况为例，2010年度上海市职工月平均工资为3896元，如按原先的综保费用为292.20元，改成非城镇保险后，企业需要缴纳666.22元，增加了1.28倍。上海周边的城市如嘉兴平湖，情况也很类似，原先只有本地职工参加社会保险，新劳动法要求全员参保，所以对以外地工人为主的企业来说，负担一下增加很多。例如企业QY—05的管理者就表示按照目前的缴费比例企业一个月要多上交几万元的社保，对于中小企业来说是一笔较大的支出。

其次，农民工流动性非常大，增加了缴费的难度。从综保改为非城镇保险之后，外来务工人员原先不需支付任何综保费用，而今却要缴纳9%的个人部分。按照过渡办法，以2011年上海的缴费情况为例，他们需缴纳的金额为210.38元。这笔支出对于月工资仅2000多元的农民工来说不是个小数字。所以对那些不愿缴纳社保的工人，企业管理者也感到为难，一方面政府强制企业收取社保费，另一方面企业又要强制工人缴纳社保费。例如企业QY—29的管理者就表示，"外地员工不确定在这里长期发展，可能五年后要离开。他本人不愿买，因为购买保险自己也要出百分之十几，所以他不愿意出。"

其三，对于服装行业来说，"加班"一直以来都是常态，而新劳动法对工作时间的明确规定，使得员工的工作时间减少，对企业来说，会使其缺少竞争力而面临被淘汰的局面。对于外向型服装企业来说，加班是维持企业运行的重要手段，一方面企业面临交货期短、工期紧张的局面，需要工人通过"赶工式"加班来完成生产需要，另一方面企业又要按照劳动法规定减少加班。但调查中，几乎每家企业都会通过与工人协商后的理性加班来完成生产任务。如每周只有周三不加班，周日放假休息，而平时的每天需要加班三个小时。

（3）服装工人的地域分化

调查中，有半数工人没有参加任何社保，原因大多为不想参加和没来得及参加；而在参保工人中，养老保险和医疗保险的参保率最高，分别为30.6%和33.6%。从上述问题中不能清楚看到工人间的差异，但在回答"是否愿意支付社保"的开放式问题时，可以看到较为明显的地域分化。如26.9%回答"愿意"的工人中，他们参保的原因主要为本地人、公司鼓励缴纳社保、制度合理、为小孩减轻负担等；而在35.8%回答"不愿意"的工人中，其原因主要是不稳定会辞工、想回老家、担心不能转。基本上是本地工人更愿意缴纳社保，企业鼓励他们缴纳，也可减轻今后子女的抚养负担；外地工人则不愿缴纳社保，认为自己在外打工不稳定，以后也要回老家，交社保每月还要扣钱。

所以对工人来说，是否愿意支付社保费用呈现出较明显的地域分化。本地工人能够即时享受到缴纳社保在养老和医疗上的福利待遇，而外地工人则认为自己并不一定能享受到社保好处，且从目前来看这确实是一笔不小的开支。对外地工人来说，企业是否为其缴纳社保不具有很大吸引力，即使作坊没有社保待遇，他们也并不十分在意。

2. 新居民政策的试点

户籍制度一直都是学者们讨论农民工城市融入问题的一个关键要素。改革开放以来，随着大量农民工流入城市，户籍制度的障碍逐渐彰显。基于出生的户籍而被国家体制赋予的这种身份特征，是造成不同身份的社会成员享受不同公民权益和福利待遇的根本原因，"制度性身份"成为城市居民和农民工之间一道不可逾越的鸿沟（何明洁，2009）。农民工虽然在城市里工作，但受其身份影响，城市并不为他们提供配套的社会保障，于是他们作为现代公民的"社会权利"被剥夺（沈原，2007）。诚如托马斯（Thomas，1985）所言，在原有经济体系中对外来工人权益的否定创造的这种政治分层，与劳动过程组织的分离，对工人造成至关重要的影响。

新居民政策在嘉兴的试点，给外来工纳入城市保障体系带来一丝希望。2009年10月起，浙江省正式施行流动人口居住登记条例，并从2010年开始落实新居民政策，让外来工在劳动就业、医疗保障及子女就学等方面享受与本地居民同等权利。如新居民的子女可由父母居住地所在区域的教育部门统筹安排到公办学校入学，收费标准同本地居民。这对外地工人来说，不仅可以实现把家搬到城里，也可以让子女在当地入学，解决他们的后顾之忧。在走访的企业中，有的企业也会帮助安排外地员工的子女在当地入学，如企业QY—28的管理者就表示公司会统一给外地员工的子女办理当地学校入学。

新居民政策的落实，从一定程度上开始缓解城乡二元制度下的农民工劳动力再生产分裂的状况。在平湖地区的企业访谈中，可以看到该政策在当地实施过程中所取得的成绩，单是"新居民"的称谓就从身份上给了农民工不一样的心理认同，而在社会保险和子女就学问题上的改善，更使得很多外来务工人员都愿意在平湖长期居住下去。

三、市场的竞争

1. 跨国资本的共同治理

（1）外向型服装企业的特点

调研的企业中有59.4%是以外贸产品为主，其中大多数是OEM（Original Equipment Manufacturing，委托代工）工厂。可以说，长三角地区的服装行业属于高度外向型，其特点主要为以贴牌加工和知名品牌的订单。以平湖服装加工产业为例，95%以上出口到日本和欧美，是目前国内最大的县级市出口服装制造基地。通常订单来源主要是直接来自国外客户和外贸公司的订单，前者企业对客户的依赖性较大，而后者通常能保证稳定的订单来源，多为与上海外贸公司的合作。

（2）企业社会责任的要求

当制造业资本在迈开其经济全球化的步伐，为追求利益最大化而迅速跨越国界流向发展中国家时，造成了这些国家的劳工标准全面下降的现象，这也被称之为"逐底竞争"。Silver（2003）通过对比不同行业的劳动生产与劳工运动后发现，纺织服装企业在生产环节上，具有固定成本投入较少、进入门槛低、专业技术要求低的特点，在消费环节上，相比于汽车与电子行业，具有能够迅速打开新兴市场并就地开拓产品的市场渠道。这些因素使得纺织服装行业成为跨国资本逐底竞争中的最优选择，但同时也让他们得以成为波兰尼意义上"反向运动"的先锋力量。

企业社会责任运动的兴起，正是基于"反血汗工厂"消费者运动的展开，他们要求对那些降低劳工标准的工厂重新履行企业社会责任，而这一运动确实对保护劳工权益起到了一定的作用（冯同庆，2006）。所以当跨国资本再度寻求与国内企业合作时，逐步加入了对代加工企业"验厂审查"的要求，并将一系列的企业生产守则与劳工标准联系起来付诸实践。在调查中，我们也发现几乎每家企业都会谈到客户或外资"验厂审查"的要求。例如，企业QY—21的管理告诉我们，查厂的内容有"验人权，看看有没有童工、做体检、安全通道、消防、人身安全、社会保险等。还有一个质量体系，有没有打分资料、人权控制，就是看有没有做记录。"但查厂虽能让企业开始关注劳工标准的执行，实际却存在虚报的情况，企业和员工常常为了工厂的经济利益不得不一起"配合"跨国资本的验厂。例如工作时间上，工厂很少能够按照企业生产守则的规定来做，所以查厂前都需要先对员工做"培训"，告诉他们如何回答查厂的问题，而通常员工为了企业的利益也都比较配合。此外，即使许多工厂有工序或加工订单外包给没有资质的小厂，也不会"坦诚"告知前来查厂的机构，因为这很可能会让他们失去大订单而造成损失。所以，跨国资本对国内企业的劳工标准要求实则流于形式。如企业QY—05的管理者就这样说道，"查厂会提前通知，主要查劳动合同，查加班工资、加班时间不超过36小时。我们有外包的，是不能告诉客户的，否则他也要去看小厂。"

（3）金融危机后的变化

2008年金融危机以后，曾赖以生存的外贸订单量一下子骤减，对外销的服装企业来说无疑是巨大的打击。一方面单位订单量在大幅减少，订单季节性的波动增加；另一方面汇率浮动变大，导致出口产品尚未出口便已贬值。从2007年开始人民币一直处于单边升值的状态，对外贸企业来说，需要通过银行远期结汇业务来锁定未来的结汇价格。为了应对这样的经济形势，服装企业纷纷开始转型，逐步转向国内的服装市场。企业QY—22的管理者表示他们在"07年以后开始调整，外销比例逐步缩小，国内贸易加大。刚开始95%外销，降到70%、80%吧，现在只有20%左右的外销。"除了向内销转变，部分企业还开始将一些小订单外发给小型代加工厂或家庭作坊来做，以此来降低企业的用工成本。调查中，有72%的服装企业存在将订单外发的现象。论及原因，企业管理者也透露道，如果不接小单子就可能会损失大客户，所以只能把小订单外发出去给小加工厂做。

2.国内市场的迅速崛起

2008年后家庭作坊开始大量兴起，一方面从大型企业外发订单不断增加，给小作坊提供了充足的订单来源，另一方面电子商务的发展十分迅速，来自电商的订单骤增。例如某公司管理者就认为，订单量增加以后，大厂生产不能满足，给外包留下了很大的空间。

从B2C（Business—to—Customer，商家对顾客）服装网络购物市场的整体来看，2011年淘宝网所占的份额为65.4%，位居第一，凡客成品和京东商城位列第二、第三，分别占10.8%和3.9%。以淘宝网为例，2003年成立，2007年时全年淘宝网交易总额为433.1亿人民币，而到了2012年其交易额超过1万亿元。2007年以后，国内电子商务看似神话般的发展，给小型作坊带来源源不断的订单。通常这些服装的品质要求并不高，但对产量需求较大，尤其是出爆款后会有很多返单。在电子商务日益繁荣的今天，很多消费者开始选择在网上买衣服，节省了买家和卖家的时间，也大大提高了交易效率，而网店无需租金，从而同等商品的价格会更低。这种新型购物方式对传统服装销售带来巨大冲击，重建了一种新型消费观念，也间接促进了作坊生产的发展。

3、劳动力市场的紧俏

一直以来，服装行业属于典型的劳动力密集型产业，中国廉价的劳动力更是各类规模服装企业得以兴起和发展的重要因素。然而，近几年劳动力成本不断攀升，对服装企业的生存构成极大挑战，许多企业濒临倒闭。表2—1中，2005年到2011年短短六年时间，全国纺织服装业就业人员的年平均工资从最初1.25万元涨到2011年的近3万元，足足增加了1.3倍。上海和浙江的人均工资更是远高出全国水平，其中上海的人均工资为3.84万元，高出全国水平近1万元。

表2—1 全国及沪浙纺织服装鞋帽制造业历年人均工资和全国从业人数统计

年份	2005	2006	2007	2008	2009	2010	2011
全国年人均工资（元）	12512	14349	16924	18711	20579	23710	29026
上海年人均工资（元）	16958	18897	22305	24225	26702	29621	38429
浙江年人均工资（元）	14938	16362	18307	20854	22195	25893	30633
全国从业人员（万人）	177.63	198.46	204.51	206.17	206.49	202.85	212.84

资料来源：国家统计局，《中国劳动统计年鉴2006～2012》

全国纺织服装业就业人数从2010年开始略有下降，尤其是上海的从业人数平均每年递减1万人，其原因可能是上海服装工厂大量外迁。女性从业人员的比例一直占65%以上，并呈现逐年下降的趋势，但上海的女性比例逐年在升高。存在这样波动可能是由于女性的结婚、生育等原因导致职业的中断，使得行业整体的劳动力队伍变得很不稳定，需要不断补充和吸收新员工的加入（刘爱玉，2013）。

从调研情况来看，不少管理者认为本地招工会越来越困难，将工厂开设到内地城市，可以大幅降低劳动力成本，同时招工环境也更加便利，尤其在劳务输出大省的当地建厂。此外，很多内地城市对招工和建厂出台了相应的优惠政策，吸引沿海地区工厂内迁。

四、从工厂到作坊的选择

1. 生产的工作现场

如果把工场比作小型王国，那么走进大工厂就如同置身于一个理性世界，管理规章同法律般神圣不可违背，流水线将劳动个体完美地整合到设定好的程序上；而小作坊则像是回到自家的客厅里，可以一边做活一边聊天，没有机械化的流程设置，也没有各种规矩束缚。这里，流水线生产一般要将生产流程拆分为独立工序，可在不同的空间和时间完成。所以服装工厂为使工业化生产的组织安排更为合理，也为提高效率，常在缝制工序采用流水线生产。

大工厂的流水线，也称"一件流"，即每个人完成一道工序后由生产线运送到下一道工序，直到一件成衣的制作完成。这样的流水线生产对工人技能水平要求不高，每个工人只需精通自己所在车位上的工序，便可以完成大产量的目标。中国农村大量的年轻女性流入到工厂便开始从事这种去技术化的工作，流水线上的生产节奏快、强度大，而这些年轻的劳动力正好能够适应这种生产模式。

小作坊里，虽也叫流水作业，却与大工厂的生产不完全相同。通常在作坊里的工人都是技术全面，具备制作整件成衣的所有技能，她们有时会独自做一件成衣，有时会和其他人一起完成，后者则称为"整件流"。每件衣服在每个工人手里需要完成几道工序，一般为三四人的协作，她们大多是老乡或亲戚关系，至于工序的分工，通常是根据个人喜好大家相互协商而定。由于可以自己控制生产的速度和工作时间，所以虽然小作坊里的工作时间相比大工厂会长许多，但却很自由。老板的管理也相对较松，没有严苛的规章，也没有繁复的流程，年纪大、技术好的工人都更愿意去作坊工作。

2. 组织边界的界定

本文从工人的选择出发，对工厂和作坊的组织边界做一个区分，一般工厂的边界较明确，是具有一定规模、有大型厂房、有不同的组织部门、有规章制度、有注册的生产单位。而对于家庭作坊，本文将借鉴刘玉照（2009）研究乡村工业化时区分出的四种家庭经营形式来界定作坊，分别是：家庭经营、家庭协作、雇工经营和一体化经营。

第一种，家庭经营可分为从事生产加工、销售和辅助性经营。家庭经营中所使用的要素投入大多来自家庭生活，如住房、设备与劳动力。一般是利用空闲住房作为生产用房，缝纫机也是农村家庭较易实现的生产设备。在劳动力的使用上，主要是家庭内部成员或亲戚。所以这种作坊一般人数较少。第二种，家庭间的协作形式主要针对不同家庭在生产链上职能不同而产生，通过形成协作网络来完成接单到加工的过程，每一个不同的社会关系都直接影响到经济决策。第三种，雇工经营的方式是当生产发展到一定阶段时，仅靠家庭自有的劳动力已不能满足生产的需要，开始出现雇佣工人。从仅雇佣一两人的小规模，到扩大至三五人时，雇主开始兼职管理工作，再到规模扩大至五人以上时，需要有专人从事管理工作。这种模式中，雇佣的工人以亲属或在社会交往中营造出的亲属关系为主，也是本文中常见的类型。第四种是一体化经营，由从事不同环节生产经营活动的家庭逐渐演化而来。当生产规模逐步扩大以后，家庭经营与家庭间的协作已不能满足生产的需要，而发展出来的一种经营模式。

通过对家庭作坊类型的界定，本文将作坊人数小于50人、未进行工商注册、没有严格的规章制度，整体来说属于家庭式小规模生产的组织单位界定为家庭作坊。当工人从大工厂的流水线上退出并逐渐转移到家庭作坊的小型生产规模时，这部分工人即是本文所要研究的目标群体，笔者试图通过对工人选择的分析，从工人和工厂之间的互动形式来探寻它对整个服装行业生产政体的型塑。

3. 劳动力的再生产：回到作坊

正如前文所述，在田野调查中有许许多多在街头巷陌涌现出来的小作坊，通过与作坊工人的访谈，笔者发现他们中很多人都曾有过在大工厂工作的经历，那究竟是什么原因让他们离开大工厂，离开了通常认为是很有"保障"的一份工作，选择去小作坊，没有国家力量的干预，也没有老有所依的社保，小作坊是如何吸引这批工人呢？

当我们把"回到作坊"作为一个核心问题来讨论时，笔者发现劳动力的再生产是解决这个问题的关键。不论是女性工人还是男性工人，结婚生子是他们生命主题里永恒不变的中心，而正是这一次不一般的生命历程，使得他们纷纷做出了"回到作坊"的抉择。或许，我们只是看到了他们都回到了作坊，回到了一个更像家的环境里工作，而并不了解他们的想法。或许，"回"这个字本身就具有一定的暗示性，为什么是"回"，而不是"来"，可能是因为农民工来自农村，而重新回到藏在农村的小作坊里工作，就是某种意义上的"回"。

本文将重点讨论从工厂流动到作坊的工人，不对从工厂流动到工厂以及从作坊流动到作坊的选择类型做过多阐述。从作坊流动到工厂的工人呈现的是一种常识性的向上流动，即从生产环境相对较差的小作坊进入到相对规范完善的工厂，故本文对此也不进行深入讨论。

五、小结

本节介绍了田野调查中服装企业和服装工人的整体情况，从国家、市场竞争、劳动过程与劳动力再生产构建出服装业生产政体的基本框架。从国家层面探讨新劳动法对企业和工人的影响，发现企业认为新劳动法的实施增加了用工成本，工人则对缴纳社保没有较高期待，以及新居民政策给农民工带来制度性身份上的突破。从市场竞争的角度，发现服装行业跨国资本的衰退以及国内市场的兴起，尤其是电子商务给家庭作坊的发展带来一线契机。在服装行业的劳动力市场方面，劳动者的紧俏明显地表现出对熟练工人大量需求。最后，回到生产过程中来谈大工厂和小作坊两种不同的生产管理，同时对工厂和作坊的组织边界进行了区分，阐释为什么是"回"到作坊，并为下文详细描述女性工人和男性工人的不同选择取向做好铺垫。

第三章　社会性别规范下的回归

一、技术分化的工场治理

爱德华兹（Edwards，1979）曾提出在美国资本主义不同阶段时的三种控制形式：早期资本主义工厂里，资方对工人实行直接惩罚为主的"简单控制"；垄断资本主义时期，资本家将劳动者整合到由技术设定好的工作模式中，劳动者由于受技术结构的束缚而只能依附于资方的控制方式被视为"技术控制"；二战后，"官僚控制"的产生是基于公司权力开始由各类规章制度得以实现和维护，资方不能再随意处罚和控制工人，工人权利得到一定的保护。他特别强调管理控制与工人抗争之间的关系，同时由于资本主义发展的不平衡，不同控制类型可能并存于资本主义世界中。笔者在服装工厂里，观察到不仅是不同控制方式在社会主义经济制度下的并存，同时也发生在同一个工场内。本节将从工作现场出发，讨论工厂女工与作坊女工在技术上的分化，正是这样的分化对女工的选择有重要作用。

1. 大工厂"专制"政体与去技术化的"小妹"

（1）时间控制与空间控制

如潘毅在《中国女工》中所描述的那样，"跨国资本对于'中国打工妹'的想象，是一种同质性、东方式的构造：身材苗条、目光敏锐、手指灵活、性格羞涩并且勤劳肯干"（潘毅，2010:76），从而产生出打工妹的劳动身体。在我遇到的服装女工里，亦如前辈们一样，她们有着年轻灵活的身体，又有着驯服听话的思想，即便是二十多年后的今天，中国女性所特有这种东方特质依然犹存。

虽然工厂管理者会抱怨年轻一代女工较难管理，但笔者看到一个庞大的女工群体仍然被有序地整合到了生产线上。不得不说福柯意义上的工厂在世界任何地方都使用着相似的微观权力控制手段。工厂通过施加在工人身上的各种规训技术来实现最高效的生产效率。其中，工厂对工人的时间管理是最为有效的规训方法。以DS工厂为例，早上7点半上班，中午1小时午休，周一、三、五晚上加班至9点下班，周二、四、六是到晚上6点下班，周日全天休息。这样的作息安排在该地区比较普遍，而且越是大型工厂，加班越不那么严重。

（2）技术控制与官僚控制

对于专制政体下的工厂"小妹"，资方采取的策略主要有是技术控制和官僚控制：一方面通过流水线的生产安排，在一定时间内需完成一定数量的件数，将每道工序进一步细分；另一方面通过规章制度将秩序安排得井井有条，如上班时间不能说话、不能随意请假等，一系列规定将初出茅庐的"小妹"们打造成符合工厂要求的高产工人。

除了流水线工人有机械化的技术流程控制，各工种的流程也已标准化。以L厂衬衫整烫的作业流程为例：首先是定型，依次为定里襟、定下摆、定门襟、定领子等工序；第二步是烫，依次为袖子、后背中间及商标、后袖隆、扣扣子、前片和肩、前袖隆，之后需要扒缝、放蝴蝶夹，最后放高领条。工厂在生产标准的管理上不仅有流程的文字呈现贴于生产车间的墙壁上，同时还配有图示悬于车间上方。

华尔德（Walder，1996）曾对毛泽东时代"新传统主义模式"的单位管理体制有过深入的描述，政党为实现政治控制而设计一套特殊的组织架构，并通过开展生产竞赛来保证生产效率。访谈的企业中，有不少曾是社队企业，目前仍采用劳动竞赛制来提高生产效率。如表3—1所示，LM工厂的一块白板上公示着每个生产小组完成的产量以及生产效率的高低，由此来对工人的生产积极性进行有效地控制。

表3—1　LM工厂（QY—22）生产目标及效率完成跟踪白板（节选）[①]

技术担当	日期		15号			16号			目标	
	组别	款式	目标	完成	效率	目标	完成	效率	完成率	功效率
朱小琴	衬衫一组	W2A414	500	500	76%	580	580	81%	97%	70%
王小芬	衬衫二组	W2A415	480	440	67%	600	600	90%	83%	56%
白小芳	裤子一组	K026255	330	330	92%	280	230	58%	85%	60%

（3）工厂小妹的"速成"

在布雷弗曼那里，现代工厂科学管理的技术，剥夺了工人对劳动过程的控制，从而实现了资方对工人的"去技能化"。一批批新入厂的女工，简单地接受一些基础技能培训便可以上岗工作，虽然可能会花去一定的时间不断操练这种简单的技能，但不出个把月便能够非常熟练地完成自己所在工位上的工序了。这种不需要过多技术含量的工作，成为很多刚刚外出的打工女的首选。我曾在一个工厂宿舍里，和两个刚从老家初中毕业出来的年轻女孩聊天，她们告诉我，"进工厂，通常都是和老乡一起，进来要学技术，等手艺学好了再考虑换工作，或者换个工厂"，而现在她们对工资、对生活的要求都不高，只要能吃饱、有休息日就可以了，或许要吃些苦，但她们也很乐意去做这样的工作。对她们而言，大工厂的门槛比较低，而且工厂也乐于接受这样年轻且易驯服的劳动力，便于生产的管理。年轻的打工妹们对工厂的依赖性较强，工厂对她们采取的控制多为"强迫"性的，所以她们所处的工厂政体属于一种"专制"的政体。

2.小作坊"霸权"政体与全能型的"大姐"

作坊老板对工人的控制属于传统型方式，主要依靠老板与工人间

---

① 表格中的人名均已化名处理，款式和产量仅罗列部分，下划线为未完成的产量数额，白板上实际为红色标记。白板上未公示效率的测算方式，通过管理者了解到是有一套计算的公式。

默契地制造出"共识"来完成生产，老板走的多是情感路线，这种管理并不完全属于家长制，而主要呈现一种霸权政体。非正式关系在作坊的生产中发挥主导作用，超越了正式组织对效率的追求，使用灵活机动的管理嵌入在非正式关系里，反而提高了效率。

（1）客厅里的生产线

正如前文所说，小作坊的生产线不若大机器式的生产规模，但却精致而有序。三五个工人因关系要好而形成一个小团队，每个人的技术水平相当，按照个人的喜好分配自己喜欢做的工序，做完几道工序之后再流给下一个人。在这个过程中，可能会存在交叉作业的情况，但一般都会相互协商好每道工序任务的分配。

作坊里的工作时间普遍比工厂长许多，通常早8点到晚11点，每周休一天，赶货时可能两周休一天。我第一天和工人一起工作时，就发现他们吃饭很快，吃完以后就又开始工作了。整体来说，餐饮方面都还比较不错，通常会有荤素搭配的几道菜，加班比较晚的时候还会有夜宵。有时候为了赶货，工人们会很自觉地加班到10点半以后，老板和老板娘则会更晚。当我问到加班会不会累得不想来上班时，梅阿姨告诉我："都习惯了，这里还算好，早上稍微晚点过来也不会说，老板会更累，好像昨晚熬到两三点吧。"似乎工人都已默认作坊的加班时间会比工厂多很多，但他们在行动上也会支持这样的加班，而没有怨言。老板也默许加了晚班的工人，早上可以晚点上工，许多规则都显得不言自明。这是与大工厂的管理控制最不同的地方。

很多小作坊都是夫妻俩一起开办的，一般为丈夫主外，在外接单送货，妻子主内，负责作坊内部生产管理和监督。所以，老板娘常常也会和工人一起做衣服赶活。于是，生产线上就多了一道内在的监督机制。老板娘在场和不在场的时候，工人的表现也略有不同。包括我在亚峰服饰做田野的时候，工人们虽然表面上与老板娘和和气气，但实际上还是会有所顾忌，不会当着老板娘的面过多的抱怨；而且有老板娘在场时，会表现得更加卖力工作。这与90年代的台湾小作坊很类似，老板和工人表面上会打成一片，会让外人分不清，很多时候老板也和工人做着一样的事情，来带动生产（熊秉纯，2009）。

作坊里轻松的工作环境，让我可以和工人长时间聊天而不耽误她们赶工。有时候，我会帮忙做一些简单的工序，而免去老板和老板娘在旁边看到我经常打扰工人们干活而产生厌烦的情绪。

（2）"共识"的形成

许多家庭作坊工人以前都在工厂里做过，做过几年之后就不愿再呆在工厂里，转而进入到小作坊里工作。每当我问其原因，这些女工不假思索地告诉我："作坊比较自由！工厂里规矩多，请假要提前很久才批。"相比而言，工厂规矩多且不自由，而作坊则不用各种繁琐的规章，于是工人们都很喜欢这种宽松的工作环境。那么，作坊老板是如何在这种宽松环境中来保证作坊的生产效率和产量呢？熊秉纯曾认为"大家长式的社会关系"贴切描述了台湾卫星工厂生产体系的权力结构，这里各种形式的管理都是通过大家长式的社会关系来运作和加强，并以原本存在的家庭体系和亲属关系为基础（熊秉纯，2009）。所以在台湾的卫星工厂里，许多老板都雇佣直系或旁系亲属，劳资双方利益冲突常以家族内的分歧呈现出来。

本文的田野里，"大家长式的社会关系"并不能很好地解释老板与工人之间呈现出来一种看似平等的关系，作坊老板并不拥有一家之主的权威地位，他们利用同乡关系建立起关系网络和信任基础，这种通过地缘构建起来的关系纽带营造出了一种家庭般的工厂氛围。许多作坊主雇佣的工人都来自同一个地方。地缘关系赋予工人与老板之间的信任纽带属于先天的，老乡关系对于在外打工的农民工来说是除了亲属关系外最亲的关系。研究（裴宜理，2001）表明，外出打工的人最看重一个人所属的族群或所来自的地区，关联着同乡的身份，也是一种文化的表现，正是这层关系给他们提供了最亲密、最值得信赖的支持。所以，老乡身份很大程度上加强了工人与老板之间的信任。此外，当地要求开办小型加工厂需要缴纳保证金，也给在作坊工作的工人加了一道保障。所以，工人也不会特别担心拖欠工资的情况发生，即便老板跑了，也可以从村委会那里拿到补偿金。

地缘的纽带和政策的保障能够让作坊工人安心工作，那么接下来该如何实现高效的生产呢？布洛维在他的工厂田野经验中，发现自己也被参与到近乎自觉的"赶工游戏"中，而且这种赶工的节奏主导了整个工作现场的文化。资方正是利用这种游戏策略，让工人主动积极地接纳资本主义的生产秩序，所以资本主义的劳动过程呈现出葛兰西所谓的"霸权"支配作用（沈原，2007）。资本家透过赶工游戏的制度安排，制造出了工人极其配合的"满意"，因而造就出"工人自己积极参与对自己的剥削"不可思议的现象。

但在我观察到的服装业家庭作坊中，似乎作坊老板并不像资本主义国家里的资本家一样不断剥削工人劳动力，因为他们本身也是从服装工人开始做起来，也是外来打工的农民工大军中的一员，所以他们对工人的关系更多的是一种同命相连的感情。不论是作坊老板还是作坊工人，他们的身份都很相似——外来打工者，他们的想法也很一致——赚钱养家，在这一点上，他们之间的劳资关系并没有直接暴露出来。老板与工人之间默契地达成了一种隐约的"共识"：一方面老板会想尽办法保证订单的来源，让工人有活做、有钱赚；另一方面，工人也会为老板着想，他们清楚知道一件衣服老板能赚多少钱，也知道自己的工价有多少。似乎金钱关系显得很透明，如果工人觉得不划算就会换到别家作坊做工。所以对于工人来说，他们掌握着一定的要价权，而且在某种意义上，他们与老板休戚与共。

如前文所说，现在许多作坊接单为网店订单，也叫"市场货"，据作坊老板介绍，这种货源交货后结算很快，所以老板给工人发工资也较快，不用自己垫付很多。而且，卖得好的款式还常会有返单。对工人来说，做上手的活再做起来的时候速度也会更快一些。作坊里的工资计算方式主要是计件制。计件制计酬方式的好处是工人每天做多少件衣服，就可以拿到多少钱，而不像大工厂里一般都是计工序的价位，很多时候工厂工人并不清楚每道工序实际的工钱有多少。所以，作坊工人做衣服的快慢都是根据自己的情况来定，比如大多数工人都希望可以多赚点钱，就会做得快些，每天做得时间长一些。如此一来，工人和老板间的默契就形成了。

（3）作坊大姐的"沉稳"

作坊里的女工大多已婚生子，有的孩子两三岁放在老家，有的则放在身边，有的孩子已经上学，有的则已经长大成人也踏上外出打工的路。作坊里的这些女工，给我的感觉是一种"沉稳"，或是岁月带给她们更多的历练和淡定，衣服做多一两件或少一两件也不那么计较，别人赚多赚少和自己也没多大关系，心态上多了些许淡定。工厂小妹中很多是刚开始学做服装，而已经熬出来的作坊大姐，不仅能做各种款式的衣服，而且做衣服的速度和质量都很厉害。相比之下，作坊对服装工人的技术门槛要求更高，每个人都必须能够独当一面。

显梅是我遇到的作坊里为数不多尚未结婚的女工，跟我同岁，却早已显出社会经验丰富的大姐范儿。她14岁便出来打工，做服装这行已经有十二个年头了，以前都是在工厂做流水，今年出来才开始到作坊里自己做。跟她聊天有同龄人的亲切感，却也有对社会经历的不同看法。当我问她为什么会想要到小作坊里来做活时，她告诉我："以前做的属于那种流水线的，像这种类型的（小作坊），我们今年第一年做。在大厂里面做嘛，虽然说的是多干多得，但是他一个组下来的话，工资整个就抹平了。在这里我觉得就算再累，不管怎么做都是自己的。在这里做没什么压力，在那个大厂里面有压力。我今年在这边先干一年看看，如果干得好的话，那肯定明年还会过来。"

沉稳，倒不是说年纪的大小，而是在社会上打拼的时间越久越发显示出那种老练和精敏，比如显梅就会算计自己在工厂能干多少，比较着和到作坊里做哪里赚得更多。这几乎是每个到作坊里工作的人都有所预期的事实，在作坊里可以靠自己干多少赚多少，凭本事来赚钱，而不像在工厂里工资的计算复杂，拿的钱也相对少。而有了孩子的女工，这一点更是体现得淋漓尽致，她们愿意去作坊做活，能够赚多一点钱，也给孩子多攒点。例如汪阿姨就是这样一位很和蔼也很为子女着想的作坊女工，她从工厂出来到作坊就是为了多赚钱给儿子用。她告诉我："儿子6岁我就出来打工了，都没怎么管过他，我儿子跟我女儿都很乖的。然后他们就很懂事，从来没有让我操过心。我说我心也蛮好的，情愿也甘心，再苦我也觉得不累。"

二、劳动力再生产的分裂：性别化的年龄

"性别化"的年龄在劳动力再生产的层面，指的是不同年龄阶段的劳动者所承担的社会责任和家庭角色不同，进而影响到她们所处的劳资关系（何明洁，2009）。本节将呈现大姐和小妹两种不同劳动力再生产的策略，并由此产生她们在选择不同工场时的分化。

1. 工厂小妹：主体策略的呈现

许多初入工厂的小妹大多刚上完初中。有研究表明，新生代农民工外出务工的原因尽管有部分是农村剩余劳动力及其导致的普遍贫困，但在很大程度上是因为他们一直念书，从来没有做过农活也不懂如何去做农活，并且打工经商象征着年轻人有出息有本事，他们对外出有更多的期望，而不仅限于解决生存问题（王春光，2002）。

我遇到的工厂女孩，许多都是跟随自己的老乡一起外出走进城市，她们有的因为成绩不好而辍学，有的看到同龄人早已外出打工而萌生赚钱养家的念头，还有的则是为了出来见见世面。调查中，46.4%的工人是和老乡、亲戚一起外出。所以，大多数外出务工者几乎都是由老乡或亲戚带出来的。正是基于她们对城市生活的美好向往，外出打工成为工厂小妹们想要过上一种不同于过去生活方式的选择，也是作为她们学生生涯结束后开始自立的一个成人礼阶段（何明洁，2009）。谭深在研究打工妹群体时，发现当市场将她们从父权家庭中"剥离"出来后，摆脱了家庭直接控制的年轻女性提高了个人主体性，在迁移自由、自主决策、经济和非经济资源的获取等方面都取得了长足进步，而她们与家长的协商和抗争能力也有所增强（谭深，2004）。我访谈过的服装女工，给我的印象是比较独立，很有自己的想法，能够吃苦，也愿意为了自己的梦想放手一搏。她们会因为能够赚钱养活自己而感到自豪，也会因为可以有能力寄钱回家而感到开心，还会因为可以在外面的大都市里过上城里人的生活而倍感兴奋。

小凤，一个刚满20岁从安徽老家出来到嘉兴平湖一间大工厂里做缝纫工的女孩。她很爱笑，总是积极乐观地想要努力适应工厂的生产节奏，可以很明显地感受到她的活力与对城市生活的憧憬。她告诉我，虽然刚来，缝纫的水平还不够好，但她想要好好学，以后能够有

机会自己出去做赚大钱。我总是能被这样的豪言壮语感动，从她们的话语中感受到一股拼搏的力量。同第一代外出打工的农村妇女一样，她们脱离了父权制的枷锁，但不同的是她们开始用行动搭建一个崭新的市民梦，希望自己以后能在城市定居下来，而不再步上返乡结婚生子的老路。提到以后的打算，结婚是一个逃不开的话题，年轻的女孩更希望自己在外面多闯闯，不要过早被婚姻家庭和孩子束缚住。她们对于追求自己的感情也很有想法："感情的事不能勉强。碰到合适的话，谈一谈，觉得可以的话就结婚。如果还没有，我就是尽量顺其自然嘛。没有碰到合适的，就算家里催了也没有用啊。"

但她们也会有小女生的一面展现出来，比如我中午跑去她们宿舍时，女孩们会因为还在赖床睡懒觉不好意思开门，也会不好意思地告诉我，还没换衣服，周末难得睡个懒觉。在我之前的假设里，周末应该是女孩们都纷纷外出逛街的大好机会，理应不会呆在宿舍里宅着睡大觉。可不想，我就这样撞见了一群还透着孩子气的工厂女孩。平时她们更愿意呆在宿舍里休息，工厂里的工作有时还是会觉得很累。我曾以为城市的消费观念会慢慢改变她们的思想，也改变她们的身体，但却发现其实很多农村女孩依然保持着那份质朴，喜欢逛街买衣服，却不会买特别贵的衣服，也很少会化妆和打扮自己。

2. 作坊大姐：家庭策略的复归

许多研究证实，当外出打工的未婚女孩面临结婚时，她原先对自己个人发展的期待会立刻根据男性的情况而予以调整，而且常是往下调整（谭深、马春华，2006）。也就是说，她们会随着婚姻和家庭而迁回老家或丈夫家，依从丈夫的安排而不再追求自己曾经设想的计划。金一虹对流动农民家庭的研究，也表明这样一种较为普遍的现象，当个体化的打工妹通过婚姻重新嵌入家庭关系时，这种嵌入带来的是个人本位向家庭本位的复归（金一虹，2010）。

婚姻，对于女工来说，无论在哪个时代都是同样重要的一个生命历程，尤其是当她们有了孩子以后。我最初认为女工们之所以更愿意到作坊里做活是因为她们希望逃离工厂的规章和束缚，而当我与这些女工有过深入交谈后，我才逐渐意识到是婚姻替她们做出了选择。没有结婚之前和有了家庭之后的状态是完全不一样的，对女工来说，她们需要花更多时间来照顾自己的孩子和其他家庭成员。

春蓉是我在亚峰服饰遇到的一个女工，今年33岁，安徽六安人，她带着5岁的女儿在身边，所以不能进工厂做活，只能寻找合适的小作坊。她告诉我，这家作坊的老板和老板娘为人很友善，允许她带孩子来工作。她自己一个人单做，不像作坊里其他几名工人会一起搭伙做衣服。每天晚上到10点左右她就回自己租的房子里照顾女儿睡觉，而其他工人通常都是做到11点以后才收工。每天下午四点多幼儿园放学的时候，春蓉就会放下手中的活，赶去接小孩。有时候，女儿会闹着买街边的零食吃，春蓉会给她买一份，也再多买一份带给老板娘的女儿。虽然她不说什么，我也能猜到，她应该是想和老板一家处好关系吧，这样一种简单的方式也会让彼此之间的感觉亲切许多。春蓉的丈夫在老家做司机，我问她为什么老公不也一起出来，她腼腆地说："他有时候会过来看一下小孩，但他也有自己的事情要做，我一个人也能带的好，我希望以后能让女儿在这边上学，这边的教育要比老家好很多。"春蓉的话语里，我隐约感觉到她的独立和隐忍，虽然很少谈起丈夫，但从她对孩子的照顾和期许中，我看到了一位母亲的艰辛与不易。春蓉以前也一直在大厂里头做，但是有了小孩以后，她就不再去大厂做了，一方面是适应不了大厂里的规矩，另一方面也因为要带小孩的缘故，在大厂请假不方便，所以她就决定在小作坊里做。

对于那些小孩已经上中学或大学的女工来说，到作坊做活则意味着可以赚到比在工厂或老家更多的钱来供孩子读书。汪阿姨就这样告诉我："我在老家嘛，工资三千块是有的，这里嘛应该有五千多。这边高，但是比老家要辛苦，老家的时间没这么长，这边我们一般要做到11点半。实话实说吧，工厂里面的工资是低点，人还是没这么辛苦的，像我们这把年龄（46岁）也不喜欢长期在这个地方，太累了。够吃够用就行了。我一年只能在这里做一两个月，赚点钱给儿子用。"此外，作坊较为灵活的工作时间和请假制度也可以让作坊大姐们有更多时间回家探望孩子。来自浙江衢州的方阿姨就会经常在周末回老家看望读高三的儿子。几乎每个作坊女工都会提到自己的家庭和孩子，那种母亲的自豪感在言谈中不经意地流露出来，而为了孩子多吃点苦、多赚点钱，她们也都心甘情愿。在她们眼里，作坊的工作制度自由，工作环境也相对轻松，虽然有时需要加班晚一点，但也比工厂里舒服。似乎是"自由"成为她们应对忙碌工作下选择作坊时最看重的条件。秀君服饰的应阿姨就更喜欢在这种小厂，来去都比较方便，如果家里有事的时候，打个招呼就可以走，而大厂就没那么自由了。

三、女工的反抗与顺从：重建的性别秩序

在独自深入到小作坊调研之前，我曾认为之所以有许多服装工人会选择从大工厂离开而到小作坊里工作，是她们对大工厂理性化管理制度的反抗，因为我听到很多工人倾诉她们对于大工厂制度的不满以及关于小作坊的人性化。而当我逐渐了解作坊女工后，忽然发现自己的预设并不完全正确，当家庭和婚姻开始牵绊女工生活的时候，孩子和丈夫成了她们优先考虑的因素。本节将呈现三位女工的故事，来探讨女性工人的顺从与反抗，以及新一代女工对事业成就的理性。

1. 老板娘的心声："是他想开厂！"

90年代的台湾家庭作坊里，老板娘的地位虽比其他工人高，但她们自己也要加入作坊的日常生产劳动中。作坊的盈亏与老板娘有直接关系，所以她们与工人之间往往容易产生紧张，而在家庭中她们的地位又比不上老板，很多老板娘都是不支薪的"无酬家庭劳动者"，她们的处境更加被动，对家庭的依赖程度也更强（熊秉纯，2009）。

但在本文的田野里，老板娘与工人之间并没有呈现出较明显阶级与性别身份的矛盾。很多作坊里的分工依然是老板主外、老板娘主内。在生产上，老板娘的监督作用主要是在监督次品率上进行把关，而很少与工人产生冲突。在柯志明与李悦瑞关于台湾服装业的研究中，他们的结论发现老板娘是内行、不支薪、不拘工作时间、又不会辞职的厂长角色（柯志明，1993），她们在工作中发挥的作用体现出卫星工厂体系的父权为纲和资本主义为网的本质（熊秉纯，2009）。这与我观察到的田野有所不同，一方面是由于生产线性质的不同，卫星工厂中采用的是本文提到的大工厂"一件线"生产模式，老板娘能

够在生产线起到加快生产节奏和控制生产效率的作用，但本文田野里的小作坊多为"整件流"，工人在生产过程中掌握着自主性和自由裁量权，可以自行控制生产节奏，而不受制于管理者；另一方面，由于父权制的式微，如果说已有研究表明老板娘在家庭中的地位较低，没有话语权和主事权，那么现在这种情况已有很大改变。

　　亚峰服饰的米亚来自安徽，她和老公今年刚开始开小作坊。光从作坊取名上，便可窥见女性地位的一点提升。大米今年32岁，从1998年开始做服装，以前在大厂里做过，2008年结婚后就和丈夫一起做服装，丈夫做裁剪，她做缝纫。他们之前一直都在大厂做，但是规矩多赚钱少，就萌生了自己开小作坊的念头。他们2009年来杭，最开始三年是给别人做裁剪，她就给丈夫打下手，做点零活。"老家只有流水，强度大，人很辛苦，现在做整件了，刚开始也不适应，但是自由，比工厂里舒服点。"今年春节回来，她和丈夫决定购置缝纫机开始做加工。缝纫是她的强项，所以平时当丈夫接单回来需要做样衣时，她会先做一件出来，看工艺的难度以及耗费时间的多少来测算工价。当我问她："是做工人辛苦还是当老板娘辛苦？"她也不无抱怨地说道："当老板也好累啊，生活好辛苦。要想着怎么招工人，招不到也不行。"而当我问她："是你想开的（作坊），还是他（丈夫）想开的？"大米则是想也没想地就说："当然是他想开！他就是想当老板。"虽然只有短短数字的回答，却让我看到了她的妥协与牺牲。我想，如果她仍然还没有结婚没有家庭的时候，一定会更愿意做一个快乐的车工，而当她有了丈夫，她的安排便会随着丈夫的计划而做出相应的改变。现在大米的主要工作不再是专职的缝纫工，而是兼职的管理者。而且，大米希望能够在杭州定下来，小孩可以在这边上学，如果经济条件不好，作坊开不下去了，就去找活继续做缝纫工。也许很多外出打工的人当上小老板或是老板娘之后，就会开始构建一个市民梦，希望可以让他们的下一代能够接受很好的教育，不再走回头路。

　　另一位老板娘经营一家羊绒衫店，门面不大，衣服却做得很精致。开始我以为这家小门店是她老公经营的，深聊才知道是她想开的，而老家小作坊是后来她老公开的。不同于大米，这位老板娘的独立与创业精神一下子立体地展现在我眼前。她这样描述自己开店的经历，"从工厂出来嘛，我老公开了这个干洗店，就让我看门面。干洗店夏天很闲，后来搬到这边门面又很贵，然后想我又会这个手艺就开了这个羊绒衫店。我们是先有的这个店，再有的老家那个工厂。像我们订做嘛，季节性很明显，冬天生意比较好。然后那个乡下厂吧，夏天就比较忙。"从这个老板娘的故事里，我看到了女性的生命历程与她的家庭之间千丝万缕的联系，但又从中看到了她们试图突破父权制束缚的种种努力。比如，她最开始是在春竹羊毛衫厂主要学的是设计，当结婚生子以后，就离开工厂回到家庭里相夫教子。但她却从中找到自己的事业追求，开一个属于自己的门面，让自己的手艺有了用武之地。

2. 巧丽的故事："我想跟他离婚！"

遇见巧丽，是在杭州的一家主要为服装工人提供法律咨询并开展娱乐活动的劳工NGO——草根之家的工作室里，她来咨询关于离婚的法律程序。碰巧，她也是来自安徽的一名缝纫工，比我大两岁，于是顿感亲切许多。巧丽的工作经历很丰富，以前在深圳、上海都做过服装工人。16岁时便从老家出来到常熟学技术，当学徒工，后来在深圳的大厂里做流水，工资很低，一个月就三四百元；18岁的时候跟着老乡在上海做插忙工，做的是小流水；再后来到了杭州，先在萧山的大公司里做了三年，比较稳定，但是上班压力大，每天都有产量要求，对质量把关很严格，返工率很高，常加班到12点。

24岁的时候，巧丽回老家结婚生小孩，把小孩带到1岁半的时候再次外出打工。这时候基本能挣到2000元左右，她先在老乡的小作坊里做了半年，后来身体不好就回家休息。半年之后她开始找一些稍微轻松的活，比如样衣工加班少、可以休息的时间多。因为身体不好，虽然作坊里的活赚钱多，但她觉得自己吃不消，所以想通过提高自己的技术，从做样衣工开始，然后学习打版和设计，这样工资也可以挣得多一些。巧丽给我的感觉是那种很积极上进的女孩，想通过学技术学设计来改变自己的命运，她很认真地告诉我，"只有自己懂了设计，才能不受制于人，以后还可以创建出自己品牌的服饰！"

在问及关于她丈夫的事情时，巧丽开始并不愿意说，后来聊熟了她才告诉我，想离婚是因为丈夫经常家暴。以前她总想着为了孩子去妥协，而且身体不好的时候，丈夫也很不好。后来她开始学着独立起来，想明白自己要去多学点技术，以后有能力赚多一点钱，把孩子接出来读书。她总会说："像我没读过多少书，很多东西都不懂，在这边（草根之家）参加一些活动，会接触到很多东西……"现在，她会经常到草根之家来参加这里的活动，也有机会接触到一些法律知识，所以她才最终下定决心想要和丈夫离婚。

3. 小甘的梦想："我要当设计师！"

小甘今年24岁，是江西九江人，现在杭州做设计助理。她给我的感觉是一个很安静的女生，2006年从老家出来，跟着表哥一起在杭州的工厂里做。以前在老家的一间服装技校学设计，现在做的也是和设计相关的助理。她告诉我，"像我们刚出来做，工资很低的，就2000左右，现在好一点，有3000吧。"小甘也在小作坊做过学徒工，比较累，赚得也比较少。2009年时，她换到一家工厂做设计，主要是打杂，包括跑单、跟面辅料等，虽然都是些零碎的杂活，但她觉得以后如果做到设计总监，就会感到现在的付出都是值得的。她说自己很喜欢设计，在杭州的氛围也挺不错的，以后会想要长期在这边发展。

2010年的时候，小甘在老家结婚生子，现在小孩已经三岁了，放在老家给爷爷奶奶带，她说自己"有时候挺想儿子，但趁着年轻想要出来打拼一下"。丈夫小叶也和她一起出来住在附近的镇上，小叶在镇上的大厂上班，做的是车位。小甘总是很喜欢笑着跟我说起她的梦想，"我想以后自己开个小店，然后自己当老板，自己当设计师！"

小甘的梦想，让我看到新一代外出打工的女性对自己职业的追求，她们开始看重自己在事业上的成就感，有明确的理想和目标，也有可以一步步实现的途径。她让我觉得，现在的女性工人开始不仅会承担起社会规范所赋予的家庭责任，同时也逐渐有追求自己事业理想奋斗的努力和勇气。这是与上一代女性工人在想法上极大的不同。

四、小结

女性工人的生命历程中，婚姻和家庭必是浓墨重彩的一笔，而她们也依然深深受着社会性别规范的训导。从工厂到作坊的选择，正体现了这一点。刚进厂的年轻女性，表现出原子化且主体性较强的个体，她们有对自己事业追求的梦想，也有着对未来成为城市居民的梦想，而当婚姻重新嵌入到她们的生活中时，这种嵌入所带来的变化是一种女性个人主体向男性本位的复归，父权制的影响依然没有改变。离开工厂选择进入到作坊，是许多已婚妇女不约而同的决定。她们看到作坊能够给予她们自由的工作时间、宽松的工作环境，并且最重要的是可以照顾自己的孩子和家庭。母亲的角色，始终高于生产者的角色，而她们在作坊里是可以同时兼顾到劳动生产和回到家庭的再生产。

此外，本节还对工厂"专制政体"和"作坊霸权政体"下分化出的工厂小妹和作坊大姐进行了详细阐述。工厂里的年轻女工被安排在由机器统一设定好的生产流水线上，工厂对她们实施着一种去性别化的岗位安排，她们的技术一般只能达到胜任某道工序的水平，而且晋升对她们来说较难实现。作坊里的已婚大姐相对来说，时间和工作安排拥有完全的自主性，她们大多要兼顾到家庭，所以宽松的生产环境可以让她们随时请假来照顾家庭的各种琐事；同时，生产技术的要求通常需要她们具备完成整件成衣的能力，由于作坊对时间的规定不那么严苛，只要她们能够按照自己的节奏和速度在发货前完成生产任务即可。这里，我们看到不同工场形态隐约呈现出的性别化工作特点，工厂里的女工较少承担家庭职责，而作坊女工则把家庭角色看成重要的事情来对待。因而在不同的工厂政体下，对性别化工作的安排逐渐分裂出两种特点的女性工人：工厂小妹被赋予"去性别化"的色彩，而作坊大姐则完全表现出其"性别化"角色的规范要求。

第四章 "老板梦"的奋斗

一、工场里的技术分化

前文对服装厂里的女性工人进行了细致的讨论，女工常占据服装领域的核心技术工种，而男工一般从事较为边缘的工作岗位，技术分化明显地体现在了工作组织的劳动分工上。有学者（Leidner，1991）曾对性别与职业的关系进行研究，认为社会性别的建构有很大一部分体现在了工作中，工作组织通过安排男女性劳动者进入不同的工作岗位和生产环节中，来建构工场里的性别关系。进一步地，有学者（Hall，1993）提出组织机构其本身就是性别化的，性别是被嵌入在整套组织框架中，包括组织的职业评估、晋升机制以及职业规范等，由此形成了性别隔离，从而制造出性别化的工作组织。

服装工厂里的男工，一般只占30%~40%，多在裁剪、整烫和后道的包装、仓库等部门，做核心岗位缝纫工男性极少。他们从事的是偏重体力和危险性较大的工种，比如需要使用裁床的裁片工序。另外，在设计部门中从事打版和设计的男工也较多，由于需要使用电脑操作，所以对文化水平要求比较高。所以在服装工厂的生产过程中，性别分化也体现在了对不同技术的掌握上。小作坊里的男工中，有不少是做缝纫工出身的，论起原因，我曾听一位从事服装行业多年的老师傅说过，如果男工做缝纫的话，要么就做不来，要么就做得特别好。而当我走进田野时，发现在小作坊里确实如此，比如亚峰服饰的张师傅今年已经51岁，做缝纫三十余年，他先是教会老婆和女儿做衣服，然后女儿又教会女婿做衣服，所以他们一家五口都一起外出打工。

整体来看，小作坊里的男工很多是经历过时间和技术的考验，已经练出了一身过硬的本事，所以他们做整件的技术十分精湛；而大工厂里的男工要么是从事偏重体力活，要么是从事需要较高学历和文化水平的脑力活，在流水线上做缝纫的男工极少。

二、从学徒到生产组长

1. "学徒工"的艰辛

20世纪90年代的几年里，长江三角洲地区发展最迅速的制造业企业便是服装工厂，许多外出打工的年轻人都选择去做服装工人。对他们来说，学会一种手艺意味着以后的生活不愁吃穿，所以许多农村父母希望自己的孩子有出息，便送他们去手艺好的师傅那里学习缝纫技术。正如布雷弗曼所描述的那样，"在每种手艺行业中，工人被认为是掌握大量传统知识的人……所以一般需要许多年的学徒期用于学习过程，这一过程一直延长到学徒期满后的几十年里（布雷弗曼，1979:101）。"在过去，师徒制是培养手工艺者技能最常见的方式，每种传统手艺所需要的学徒期从三年到七年不等，如此才能使一位手艺人掌握并精通他所在行业的所有知识和技巧，并学会更好地去应用。

上海一家工厂里，我遇到了缝纫工阿成，他今年三十出头，年纪不大却经历丰富。在他讲述自己做学徒工的故事时，我看到了一个年轻人如何从逆境中成长起来，当然也有他的辛酸与绝望。十七岁那年高一辍学，在老家跟师傅学手艺，学了一年之后就跟着老乡外出打工，自然也就找的是服装厂的工作。他告诉我："那时候学徒做服装，电子厂很少，只有服装厂最吃香，98年99年时候，只有服装厂人用不完，熟练车工多。我跟我师父学，就是帮他踩缝纫机，他教我技术我帮他干活。"那个年代的师徒制，一般是三到五年才可以出师。阿成是个急性子，本来师傅让他三年出师，对其他人要求是五年，但他呆不住那么久，于是学了一年左右，知道衣服怎么做了就跟着老乡出了家门。在我访谈过的工人里，有很多三四十岁的服装工人，不论是现在仍在工厂里做活，还是已经进入到作坊里做活，绝大多数都有着拜师学艺的经历，比如上文提到的春蓉、梅阿姨、赵师傅，还有巧丽，每个人跟着师傅学技术的时间从三个月到一年不等，虽然已经不如传统意义上的学徒期那么长，但几乎都经历过跟着老家裁缝店师傅学手艺的过程，并在差不多了解如何做衣服后，开始纷纷外出。

阿成从老家出来后，第一站去的便是常熟。无独有偶，在我走访的几个地区的服装工人中，常熟也是提及最多的一个城市，似乎他们绝大多数人都曾有过在常熟当学徒工的经历。一般来说，学徒工没有工资，工厂包吃包住，他们都会跟着同乡的包工头做活，也是由包工头来管理工人和发放生活费，每天都从早上七点做到凌晨一两点，甚至更晚，很少有休息日，熬活的日子十分辛苦。阿成曾这样描述他的学徒生活，"我们天天从早上的七点开始干活，干到夜里三点到四点，一天睡到三四个小时，没有假日，就是一个月都没有休息的，只有老板生意不好了会休息。"为了不让父亲瞧不起他，他一直有个信念支撑着自己熬过最艰苦的日子。他说自己"以前也没这样干过，那没办法，人家都这样干的，就是在干活的时候，前面是电踩的机器，眯着眼，不管是白天黑夜，一天到晚就那样干活。然后就是一边干一边打盹，有时候打盹的时候一磕，有时候一踩就会打到自己，就苦到这种程度。然后整整呆了四个半月，最后三个月就这样熬过去的。"所以，学徒工的待遇都很差，像极了解放前的包身工制度（洪尼格，2011），只不过那时的包身工多为女性，相似的是二者大多都是被同乡的包工头招来，并且饱受着工厂对其劳动力的压榨。

2. "插忙工"的历练

插忙工，顾名思义就是插空地忙活，这种用工形式十分灵活，也是许多工厂老板乐于采用的一种雇工方式。"插忙工"分为两种主要形式：第一种是比较灵活的插忙工，一般包工头带工人的规模比较小，不超过十人，以接活为目的，例如工厂在忙季订单做不完的时候会外发小订单给包工头，一批活做完之后就结账，周期比较短，所以常常是包工头拥有较广的关系网络，哪家工厂有活做的时候就会领着一批工人去赶工，做完后就换到下一家；第二种是比较固定的插忙工，工厂或作坊的老板本身没有自己固定的工人，每年通过包工头带班的方式招募包工队，由这些包工头来管理工人的生产和生活，工厂提供住宿、场地、机器、面辅料、水电等，而工人需要自己携带机针、线和米，由包工头统一给工人发放工资，一般包工队会比较固定地在一家工厂或作坊做半年至一年的活，工钱也是半年结一次。

在杭州，一些后道工序的插忙工较常采用第一种用工模式，有的活他们可以一个人单干，有的活则需要找几个人一起干，取决于活的多少而定，所以这种形式的插忙工非常灵活，可以很好地适应忙季与淡季的不同订单需求。后道工小李就经常带几个工人去工厂接活做插忙工，他说："一般看厂里需要，需要人多的话就找几个人，不要的话我一人也行。我有时也带人进厂，人多少也不定，多的时候会带七八个。一个厂里做的时间长短也不一定的，有的厂里只有一单货，或者只要一天。有时候这个厂一年的给我做，我就在他厂里做一年。"

在常熟，最常见的是第二种形式的"插忙工"。他们的工价都是事先谈好的，在从老家带人出来前就已经定好包工头每年给工人发的工资数额，这些规矩都是约定俗成，工人和包工头彼此心里都很清楚各自的价位。阿成在做学徒时一直很上进，经常会跑到别的线上偷师学艺，他说自己四个月下来相当于干了三五年的老车工的水平，而当了插忙工的领班之后，更是用心学习如何去管理工人，力求让自己生产线上的产量最高。这种对自己要求较高的工人在男性服装工人中较常见，他们中很多人都梦想着以后能当老板开间小工厂，所以会想尽办法提高自己的管理能力。这也与男性工人在事业追求上的选择取向一致，他们必须在当老板之前，掌握管理一间工厂的所有技能和积累经验。从包工头的经历中，阿成还悟出管理生产线的艺术就在于如何能够完美地实现不同技术层次工人最佳的配合状态：给新手做简单工序，给老车工较难的工序，既可锻炼新手的技术，又能体现老车工的价值。他也表示自己的老婆就是什么活都能干的好手，而生产线能够带出成绩的几乎都依靠干活厉害的老车工。这个过程中，阿成不仅把自己的弟弟培养成技术娴熟的老手，也在找媳妇时看准了师门里技术最好的师妹，这些人都成为他在提高生产线产量时的得力干将。

插忙工的经历，足以让一名服装工人在缝纫技术上得到迅速地提升，而且对于插忙工的包工头来说，他们在管理工人和组织生产的能力上也得到很好地锻炼。不仅是如何使一条生产线上的产量最高，而且也能够逐渐建立起一定的人脉关系网络，这些对于以后希望开办自己工厂的男工来说，无疑都是最有力的积累。

3. "小组长"的积淀

工厂与作坊的管理模式主要分歧便是在生产线的控制上，大工厂采用的是科学管理的方式对每个岗位上工人的工序进行细分，而作坊则在很大程度上依赖于老板或包工头对工人的感情基础。两种管理各有利弊，所以当一名上进的男工人在经历过不同的生产组织方式后，他会对比二者的优缺点，以此来为自己今后的作坊路做好铺垫。阿成就是这样一个非常努力的服装工人，他换过不同的工厂和作坊，深知每种管理方式的特点以及自己作为工人的感受。他在嘉兴一家台湾人开的大型制衣厂担任组长时学到了很多管理经验，为他之后自己开厂积累了很多经验教训。他说："最喜欢茂山的生产线，他们生产线是一件流的那种，每一条生产线有一个铃声，把铃当机器用的。我定几分钟一件衣服，根据这条生产线平均计分的设备，就是几分钟出来一件衣服。比如平均每一道工序一个人用两分钟，基本上拿到手里的东西都在两分钟之内做完。铃声一开两分钟响一下，所有人手里面的活全部停下来，筐子往后面甩，每个人都这样排下去。效率很高，我们以前也是流水线，但是没有这样布置的，没有这种这么高的效率。"

从学徒到出师，再到生产线上的组长，阿成体验过最苦的学徒生活，也感受过管理其他工人的不同方式，大工厂生产线的高效率让他对提高产量和工作效率有深刻的认识，而小作坊以感情基础为纽带的生产管理让他积累了一帮很铁的兄弟。这些在他之后的开厂过程中都成为一笔无形的财富。阿成的经历也让我看到了男性工人在追求事业成就的过程中，可以为争一口气而坚持到底，也可以为兄弟两肋插刀，同时还在不同类型的工场间工作以积攒管理经验。此外，他在娶媳妇的时候，还会为自己今后的事业做考虑，选择了技术最好的大师妹做媳妇，而她也确实在阿成当老板之后给予他"无私"帮助。

三、从工厂到作坊老板

作坊这种小规模的工厂形式，对于男性服装工人来说，是比较容易实现自己老板梦的一个选择。尤其在2008年金融危机之后，服装小作坊在长三角地区重新复苏,从宏观经济结构上来说看,这种小规模的经营模式更易存活,也带来了许多机会。于是就有一部分男性工人选择离开工厂开办自己的作坊。我访谈过的几位作坊老板大致可分为两类:一类是本行就做服装,他们从学徒工做起,有一定资金和人脉的积累后开办作坊;另一类是妻子或姊妹是做服装这一行,技术好、很能干,而他们自己则多是跑业务做运输。

1. 行内人的作坊路

上节提到的阿成就是从学徒工做到工厂里的生产组长,再后来自己打工几年攒了几万元,就着手准备开个作坊自己做。他2005年在老家徐州开了个小作坊,每天忙到夜里一两点才能睡,和老婆两个人都很辛苦。前文中亚峰服饰的老板和老板娘也同样是日夜劳作,马不停蹄地接货赶货,由于人手少,所以后道的整烫和包装常常是两个人轮换着来做。这两位小作坊的老板,他们都是接的市场货,一方面来自公司外发的货,对服装的产品质量监控比较严格,返工率高、结账周期长,常需要老板垫付工人的工资;另一方面来自市场的货对质量要求没那么高,而且结账快,基本上卖完一批货之后就可以结账。所以,许多作坊老板比较喜欢接市场的货。从开办作坊的成本来看,以阿成为例,房租每月几百元,设备投入两万多,基本都是打工几年攒下来的积蓄。他雇了七八个工人,一天能赚一百五六十元,虽然算下来赚不了多少钱,每天裤子做完后还需要熬夜烫衣服、送货取货,比自己当工人的时候还辛苦,妻子也跟着一起熬夜赶货。但阿成还是愿意自己当老板,他说自己厂子小所以赚不了大钱,一旦有机会就要想办法扩大规模。虽然阿成说自己比较大男子主义,但感觉得出来他对家庭、对媳妇的那份责任心,希望能够让妻子和孩子过得好一点。

阿成的故事,让我看到了一个从底层慢慢奋斗上来一直做到作坊小老板的男工形象,虽然他那时候开作坊遇到很多困难和阻力,到2008年金融危机爆发后,他的小工厂不合时宜地扩张,而导致因为订单少且资金周转不灵最终倒闭。现在的他已经不开作坊,而是回到工厂里继续做车工,但是他依然还对自己的"老板梦"抱有期待,憧憬着以后可以在不断积累经验和人脉之后再去开个大厂。

2.行外人的贤内助

如果说夫妻俩都是做服装的，那么开作坊时会相对得心应手，而我也遇到了这样一位自己不会做服装，却因有位得力的贤内助，而把自己的小作坊开得有声有色的作坊老板。他姓马，是安徽阜阳人，在上海松江的叶榭镇开了一家做羊毛衫套口的小作坊。最开始马老板在天津卖菜，结婚以后来到上海松江打算开个小作坊，妻子一直做羊毛衫这个行当，两个妹妹也是做套口工，所以马老板就带着妻子和妹妹从小订单做起。按照他自己的话说，"自己人在做，总是好一点"。

这种现象不仅在长三角地区比较常见，在其他地区的服装行业也有类似的情况，许多男老板之所以进入到服装业就是依赖他们的妻子拥有珍贵的人力资源，并依靠她们的技术和劳动力来发展自己的工厂（Ka，1993；Li，1994；转引自熊秉纯，2009）。这些老板娘不仅有丰富的服装生产经验和技术，而且还具备相当广泛的私人销售渠道，以至于有些男老板把这些称为自己妻子结婚时带来的"嫁妆"，或戏称自己是妻子裙带关系的受益者。前文提到的羊绒衫店老板娘也正是利用自己在羊绒衫厂建立起来的人际关系网络，来帮助丈夫在淡季时获得一定量的订单来维持自家作坊的生产；而作为外行人的马老板，主要考虑到自己的妻子和妹妹都很精通羊毛衫套口的手艺，所以才有十足把握经营家庭作坊，他说"当时做这个行当之前，因为两个妹妹和老婆都会做这个，她们十几岁就开始做了，我就这样想的么，有自己的人，总是好一点，于是就开始跑业务，接单回来自己干。"

四、小结

从本章的案例中，可以看到服装行业里的男性工人虽然没有像女工那样受到社会规范的约束，但实际上家庭对于他们来说也是在其事业成就过程中非常重要的一环。他们大多采取的策略是通过选择有技术、有能力的女性工人作为自己的贤内助，来进一步实现开作坊的梦想。妻子，所给予他们的不仅是在家庭内部的支持和对下一代的抚养，还有更多的是在他们"老板梦"奋斗中所投入无私的生产劳动力。

与熊秉纯（2009）所描述的家庭作坊中老板与工人之间存在着些许紧张的阶级差异不同的是，我并没有在田野中发现作坊里老板对工人的无情剥削和压榨劳动力的现象，相反却是一种"同甘共苦"的场景。这或许是因为，这些开作坊的老板，他们本身也是从工厂、从作坊里做出来的一名服装工人，从身份认同上，他们与普通工人其实没有太大差别，反倒是承担了更多的责任和风险，比如接单的压力、交货期的风险等。也或许是因为，开作坊的老板们，他们正是以后的"他们"，几乎每个正奋斗在底层生产线上的男性工人都会告诉我，他们希望自己以后能够开个作坊，自己当小老板，赚更多的钱，过上好一点的生活。所以，在我看来，男性工人从工厂到作坊的过程是一种对事业成就取向的选择，在这个过程中，他们看似没有因婚姻家庭而遭遇职业中断的影响，反倒是充分利用了家庭给予的各种帮助和有利条件而取得在追寻"老板梦"道路上的不断成功。

第五章　结论与讨论

一、本文的主要发现

本文通过讨论服装工人在选择工场问题上的生产政治，试图从性别分化、技术分化以及劳动力再生产这三个方面来阐述对工人选择的影响，以及在这个过程中对不同工厂政体的型塑。从中得出两个基本结论：社会性别规范依然对男女性工人的选择产生很大影响，即男性始终以事业成就为终极目标来做出选择，而女性则选择在婚后进入作坊来兼顾相夫教子的传统使命；大工厂和小作坊两种不同工场形态下对技术分化的要求，不断地体现在工人的动态选择过程之中，这也使得进入不同工场的工人本身就发生着技术水平上的分裂。

1. 社会性别的建构：男女有别的选择趋向

自20世纪40年代波伏娃（1998）首先提出女人是一种社会文化建构之下的产物之后，直到美国学者盖尔·卢宾真正把社会性别

（Gender）作为一个学术概念提出，并定义为一种性别的社会关系的产物（王政、杜芳琴，1998）。自此，社会性别这个概念被广泛用来指称有关女性的社会文化含义，以及由此形成的对男女差异的理解和对男女性群体特征及行为方式的描述。

现代社会中，社会性别规范下的男女两性角色已经发生了显著的变化，但从总体来看，传统文化依然发挥着深远影响。例如，大量家务劳动依然由妻子承担，社会对女性的评价，也更看重她们在家庭中的母亲或妻子角色；而对男性角色的规范上，要求他们能够主动追求事业成功，因而男性的职业意识强于女性（祖嘉合，2001）。所以在这种社会性别规范的要求下，女性作为妻子，看重的是她是否可以胜任家庭角色的要求；而男性则需要在职业发展上有所建树。简言之，国家和社会对性别规范的塑造体现在以父权制为轴心的家庭之下，男性以"养家"为主，具有很强的支配力，而女性则以"持家"为主，在家庭内部关系中需要做到顺从。在这种社会建构下，男性常具有绝对的权威和权力，而女性则需依从于这种家长权威而把相夫教子作为婚后的首要职责（佟新，2003）。

本文通过对服装行业中的女性工人与男性工人在做出同样选择之下所呈现不同生产政治形态的分析，发现社会性别规范对两性的塑造在现代化生产的今天依然发挥着重要的作用，从而造就了他们看似相同选择背后却又不完全相同的行动逻辑。

女性工人在结婚前呈现出较强的主体性色彩，经济上的独立和外出打工的锻炼让她们能够主动地去选择自己向往的生活并做出相应的职业规划，但当她们结婚以后却逐渐地又重新回归到传统的父权制家庭体系之下，将自己的婚姻和家庭放在首要的位置，而选择从工厂退出进入到作坊的生产体系中，这也正是她们在权衡了自己的生产与再生产之后所做出的一种选择。这种选择具有明显的"家庭取向"，将社会性别规范对女性的要求重新体现了出来。

男性工人的结婚与家庭，对他们来说，并没有造成职业追求上的中断，反而是增强了他们事业成就的基础。从工厂的学徒到作坊的老板，在男性工人选择进入作坊的生产体系时，似乎就奠定了他们最终走向自己理想的基石。传统的社会规范要求男性能够承担起养家糊口的重任，而对于男性工人自己来说，他们正是希望通过从工厂到作坊的选择来实现他们成为老板的梦想，成就他们对家庭和对妻儿的担当。所以他们的这种选择体现出很强的"事业取向"，将一种男性成就感放在了他们考量的最核心位置。

2. 动态的工场选择：大工厂与小作坊的区分

已有研究（洪尼格，2011）表明劳动密集型产业存在明显的社会性别劳动分工，认为资本主义的生产关系正是建立在社会性别分工的基础上，性别不平等以人们惯常的形式呈现着，如女工从事的工作人多不需要技术含量，其工资通常比男工低很多，也更不容易获得晋升的机会，男女性的分工反映出每一种工作对力量、灵活性和技能的不同需求。那么体现在服装行业中，本文对大工厂和小作坊的区分恰是为了更好地说明在不同的工场对工人的技术水平和需求的不同。

首先对于大多数女性工人，相对来说，大工厂的生产车间里虽然存在有不少技术全面的全能工，但是她们在生产线上的作用更多是为了协调和提高整条流水线的生产效率，一般而言生产线长会要求这些全能工能够在其他工人缺岗或速度较慢时及时补岗，以完成整条线的生产任务，而非对她们个人单位产量的要求。相反，小作坊的生产模式则要求服装工人的个人技能水平较高，不仅具备完成制作整件成衣的能力，还需要对个人产量有一定的把控，换言之是将个人能力从生产线上的技术全面转换到小作坊的技术产量上。在工厂里，工人的工资往往取决于整条生产线的产量多少，而在小作坊则是完全看个人的能力，做得好做得快，那么工资就会高。所以在看工人的动态选择过程中，不仅需要考虑到不同工场的管理模式不同，还要注意到在对工人技能的不同要求层次上的区别。正如布雷弗曼所指出的那样，大工厂的生产线使得许多工人"去技能化"后失去了对技术和劳动过程的掌控，进而丧失了与资方的议价能力。而这一点却是作坊工人所能够完全掌握的一种能力，如果她们认为老板给的工价不高，可以和老板谈价格，也可以立刻换别家作坊，所以她们具有很强的自由裁量权。

其次，在讨论服装行业里的男性工人时，需要对技术和工种进行区分。众所周知,服装行业是一个以女性为主导的工场领域,男性工人所占比例本身就比较低,在调研中这个比例为25.4%,而他们的工种划分也比女工要多,如设计、裁剪、整烫、包装等。通常这类工种比较符合工厂对男性工人在力量和技术上的需求,一种是需要有专业的技术,如电脑制图,要有较高的学历;另一种是对力量的需要,如包装、整烫等对工人的体力有较高的要求。在上文中,对于女性工人的讨论集中在车工,也就是占66.2%的缝纫工种,其他类型的工种虽然也有所分布,但总的比例却均不足10%,这对于在讨论男性服装工人的技术分类上并不容易像女工那样有一种主导性的工种可以在工厂和作坊之间进行平行比较。本文的研究发现,在大工厂中男性工人从事缝纫工的人数比例极少,大多在裁剪、整烫和包装等后道工序,而小作坊中如果有男性工人的话,那么他们大多数从事的是缝纫工。究其原因,并不能有一个完全科学性的答案,而是一种经验性的总结,即"假如男性工人从事服装的缝纫工种,那么结果有两种:一种是他完全做不好,第二种是他能够做得非常好",这是一位从事服装行业多年的老师傅告诉我的,与我在田野中的观察也较为一致。

正是通过观察工人从大工厂到小作坊的流动过程讨论,本文突破了原先学者对单一工场领域的讨论,即要么集中在大工厂场域下对工人控制和管理的研究,要么集中在家庭作坊空间之中对女性工人在结婚后工作的讨论,同时本文还加入对男女性技术水平的区分,以明晰在不同场域下服装工人不同的性别分工形态。

3. 小结

本文借用布洛维"工厂政体"的理论框架,对服装行业工人选择不同工场的行为进行了详细论述,在国家、市场、劳动过程及劳动力再生产四个层面上,加入性别和技术两个变量的讨论,使得工人的选择呈现出具有"性别化年龄"和"性别化分工"的不同政治形态。

具体来说,本文通过对服装工人"从大工厂到小作坊的选择"背后的原因分析,区分出男女性工人选择工场时的两种生产政治形态:男性工人呈现出较明显的"事业取向",而女性工人则表现出她们从主体性较强的个体回归婚姻生活后做出"家庭取向"的选择。尤其在服装行业，女性工人是工场领域中的主导性别对象，她们在大工厂和小作坊呈现出的是两种不同工厂政体下的主体，前者的"专制政体"下生产出的工厂小妹，具有一种"去性别化"的特点，她们渴望像男性那样取得事业上的追求和成功；而后者则生产出一种"霸权政体"下的作坊大姐，她们通常已结婚并育有儿女，家庭对她们来说重于事业，所以选择作坊正是她们在权衡家庭和事业之后的权宜之计。

此外，通过对技术水平的划分，本文试图对不同工场下的技术要求以及不同工种下的性别分工进行阐述，相应进行了"去技术化"工厂小妹和"全能型"作坊大姐两类工人的区分，以及服装领域中的男性从事边缘工种和核心工种对其事业成就的不同影响。这里并非绝对地说大工厂中没有全能型工人，或小型作坊里没有技术较差的车工，而是主要针对两种工场形态下占主导的技术水平进行的一种划分。

二、问题与讨论

本文所得出的结论与珠三角一带的工人研究结果呈现出较明显的差异。笔者虽未对长三角地区和珠三角地区服装工人的劳工状况进行细致比较，但从过去学者的研究著作中，不难看到大多对深圳、东莞等地劳动密集型产业工人的讨论中，会将劳工权益及劳动控制放在焦点位置（郑广怀，2010），而在这些民族志研究中可以清晰地看到资方对产业工人的严格管控。尤其当讨论到女性的抗争时，则更多聚焦在对父权制和跨国资本的双重压迫下女性的反抗上，透露着女工的无奈与绝望（潘毅，2010）。

在本文所涉及的田野中，笔者通过自己的亲身经历，并未观察到如珠三角地区广泛存在的劳工权益缺失、劳工状况较差等情况，却更多感受到江浙一带所特有的社会文化氛围，例如浙商开办的工厂，总的来说对待员工都比较好。一个"好"字，具体来说，主要有几点：工资很少拖欠，即使拖欠也有实施完善的法律措施可以弥补；福利待遇较好，比如春节期间工厂会帮助工人购买返乡火车票，甚至会组织专门的大巴车负责运送几个集中劳动力输出大省的员工；性别不平等方面也做得比较好，笔者所走访的企业与作坊里，对待男女性工人基本不存在同工不同酬的情况，以及在职位晋升上较少出现差别待遇。所以，两个地区的劳工状况的差异十分明显。

本文的研究对象主要集中在沪杭嘉湖一带，这一区域正是长三角地区主要的几个服装生产产地。在田野调查中，有很多工人都曾在珠三角一带的服装工厂工作过，如广州、东莞等地。通过与他们的访谈，笔者发现服装工人自己也会对两个地区不同的社会文化经济环境进行比较，并认为长三角一带的老板普遍比较好，对待工人的态度以及在发放工资方面的信用程度都比珠三角更加深得人心，这也是他们为何会选择来到长三角的重要原因。文中的梅阿姨曾讲述过她在广州遭遇欠薪的经历，认为杭州的法律执行力度比珠三角一带好很多，工人的工资可以得到一定的保障。所以总体来看，江浙一带的社会文化环境对于外来打工者来说，会比珠三角地区更加亲切温和。

除了社会文化的因素外，是否可能由于两地的行业技术应用不同而造成的不同后果呢？曾有学者（张茂元，2009）比较过1860—1936年之间长三角与珠三角在缫丝业的技术变革过程中所产生的不同结果，认为原本在技术基础、资源禀赋、资本保障和市场经验等各方面都比珠三角地区占优势的长三角地区却在机器缫丝技术的发展中远落后于前者，其原因在于两点：一是社会结构和文化的基础，二是技术对利益相关群体的普惠。本文的行文中，曾比较过不同服装工场在技术应用上的差异，而这是否可能在不同的区域间呈现差异的结果还有待商榷。此外，较为重要的一点是在于长三角和珠三角两地不同的经济环境上，长三角一带的浙商文化较为浓厚，其特质在于他们能够聚沙成塔、苦中见乐、以德经商、重于做人；而珠三角一带的工厂多以外商投资为主，易于吸收外来文化和技术的舶来品，却未能形成如浙商文化这类具有明显地域特色的社会经济现象。所以，如在对比两地的服装工人状况时，地域文化的差异必然会成为讨论的关键因素。

三、反思与展望

本文重点对服装行业的女性工人和男性工人在做出相同选择背后形成的不同反应策略进行了深入细致的分析，但在对理论的扩展、资料的收集方法以及内容的分析上仍有不足之处，有待进一步完善。

首先，理论的扩展存在一定的局限性。本文采用布洛维"生产政体"模型来阐释服装工人"从工厂到作坊的选择"，这一框架基于国家、市场的宏观层次与劳动过程、劳动力再生产的微观层次之间的关系来实现对资方与劳动者彼此的互动。本文虽尝试从这两层次来探讨服装工厂政体的形成，但未能有效结合工人主体性较强的选择进行拓展分析。限于笔者的视域和能力，本文虽对该问题做出些许回应，但仍有较大空间来完善对理论的拓展和补充。

其次，资料收集的方法上尚有不足。笔者虽多次走访长三角地区，但并没有机会在一地做长期的细致研究。如条件允许，可增加在工厂的田野调查，更有利于对比工厂工人和作坊工人。此外，笔者对工厂工人的访谈限于做问卷的时间内完成，且存在管理者在场的因素，因此获得信息并不十分准确；作坊工人的访谈资料则相对可信度更高。此外，样本的代表性问题尚存疑，如在问卷收集时未能采取严格的随机抽样，但由于本文并未进行定量模型的数据分析，仅做描述性统计来使用，故只可将这部分数据作为背景资料来呈现。

最后，在内容的分析上，本文对企业的访谈资料收集跨度较长，从2011年12月一直到2013年1月，其中有部分企业做了回访，但在针对性上有所欠缺。如能更有目标性地针对几家大工厂和几间小作坊的情况进行细致描述，并在一至两年的时间内进行有效地回访，同时再加上历时的政策调整，并与同类的研究之间进行相互比较，想必可以得出更准确的结论。而目前所到的结论，是基于现有资料的推论，故可能存在些许偏差。此外，如能在本文基础上，将长三角与珠三角地区的服装工人情况进行对比，分析两地在社会文化、工厂模式、管理方法上的异同对工人选择工场的影响，虽然可能会对资料收集和内容分析提出更高的要求，但或许可能会得出更加精彩的结论！

参考文献

波伏娃，1998，第二性，中国书籍出版社

布雷弗曼，1979，劳动与垄断资本：二十世纪中劳动的退化，商务印书馆

布洛维，2007，公共社会学，社会科学文献出版社

冯同庆，2006，从劳工权益角度看CSR在中国的发展趋势，《当代世界与社会主义》，第3期

何明洁，2007，性别化年龄与女性农民工研究，《妇女研究论丛》，第3期

何明洁，2009，劳动与姐妹分化：中国女性农民工个案研究，四川大学出版社

华尔德，1996，共产党社会的新传统主义，牛津大学出版社

洪尼格，2011，姐妹们与陌生人：上海棉纱厂女工，江苏人民出版社

金一虹，2010，流动的父权：流动农民家庭的变迁，《中国社会科学》，第4期

康奈尔，2003，男性气质，社会科学文献出版社

柯志明，1993，台湾都市小型制造业的创业、经营与生产组织：以五分埔成衣制造业为案例的分析，中央研究院民族学研究所

刘爱玉，2011，劳动权益受损与行动选择研究：两代农民工的比较，载于黄德北等主编《全球化下的劳工处境与劳动研究》，社会科学文献出版社

刘爱玉，2013，社会学视野下的企业社会责任：企业社会责任与劳动关系研究北京大学出版社

刘玉照，2009，乡村工业化中的组织变迁：从家庭作坊到公司经营，格致出版社

马克思，2004，资本论（第一卷），人民出版社

马立克·科尔钦斯基、兰迪·霍德森、保罗·爱德华兹主编，2012，工作社会学，中国人民大学出版社

潘毅，2010，中国女工：新兴打工者主体的形成，九州出版社

裴宜理，2001，上海罢工：中国工人政治研究，江苏人民出版社

沈原，2007，关系霸权：对建筑工劳动过程的一项研究，《市场、阶级与社会：转型社会学的关键议题》，社会科学文献出版社

谭深，2004，家庭策略，还是个人自主？——农村劳动力外出决策模式的性别分析，《浙江学刊》，第5期

谭深、马春华，2006，外出务工与农村性别关系的变化，《社会转型中的中国妇女社会地位》，中国妇女出版社

汤普森，2001，英国工人阶级的形成，译林出版社

佟新，2003，话语对社会性别的建构，《浙江学刊》

熊秉纯，2009，客厅即工厂，重庆大学出版社

王春光，2002，新生代农村流动人口的外出动因与行为选择，《中国党政干部论坛》，第7期

王政、杜芳琴主编，1998，社会性别研究选译，生活•读书•新知三联书店

闻翔、周潇，2007，西方劳动过程理论与中国经验：一个批判性的述评，《中国社会科学》，第3期

张茂元、邱泽奇，2009，技术应用为什么失败：以近代长三角和珠三角地区机器缫丝业为例（1860—1936），《中国社会科学》，第1期

赵启峰，2009，关于改革我国纺织服装企业劳动工时制度的探讨，《中国人力资源开发》，第2期

郑广怀，2010，劳工权益与安抚型国家——以珠江三角洲农民工为例，《开放时代》，第5期

祖嘉合，2001，社会性别理论为女性研究展示新视角，《河南师范大学学报：哲学社会科学版》，第2期

Acker, J. 1990. "Hierarchies, Jobs, Bodies: A Theory of Gendered Organizations", *Gender and Society*, 4(2):139—158.

Burawoy, M. 1979. *Manufacturing Consent*, Chicago: University of Chicago Press.

Burawoy, M. 1985. *The Politics of Production: Factory Regimes under Capitalism and Socialism*. London: Verso.

Connell, R. 1987. *Gender and Power: Society, the Person and Sexual Politics*. Cambridge: Polity Press.

Cockburn, C. 1983. Brothers: *Male Dominance and Technological Change*. London: Pluto Press.

Edwards, R. 1979. *Contested Terrain: The Transformation of the Workplace in the Twentieth Century*. New York: Basic Books.

Hakim, C. 1995. "Five Feminist Myths about Women's Employment", *British Journal of Sociology*, 46: 429—455.

Hall, E.J. 1993. Smiling, Deferring, and Flirting: Doing Gender by Giving 'Good Service'. *Work and Occupations*, 4:452—471.

Hyman, R. 1989. *Strikes*. 4th edn. London: Macmillan.

Lee, C.K. 1998. *Gender and the South China Miracle: Two Worlds of Factory*

Women. Berkeley: University of California Press.

Leidner, R. 1991. Serving Hamburgers and Selling Insurance: Gender, Work, and Identity in Interactive Service Jobs. *Gender and Society*, 2:154—177.

Salaman, G. 1986. *Working*. London: Tavistock.

Silver, B. J. 2003. *Force of Labor: Workers' Movements and Globalization since 1870*. New York: Cambridge University Press.

Thomas, R. J. 1985. *Citizenship, Gender and Work: Social Organization of Industrial Agriculture*. Berkeley: University of California Press.

西水村工业私有化过程中的权力更迭[①]

冯路　北京大学社会学系2010级
指导教师　杨善华

第一章　问题的提出

一、关注问题

借用涂尔干（2005）的话来说："我们研究的起点，就是考察个人人格与社会团结的关系问题。为什么个人越变得自主，他就会越来越依赖社会？为什么在个人不断膨胀的同时，他与社会的联系却越加紧密？"涂尔干相信，"人们一旦发现共同利益并联合起来的时候，他们不仅维护着自身利益，而且还互助合作，共同避开来犯之敌，为的是进一步享受彼此交往的乐趣，与其他人共同感受生活，归根结底是一种共同的道德生活"。

在笔者看来，对当前中国乡村治理问题的关注，需要重新思考古典社会学思想家关于社会整合这一基本命题的重要意义，这在诸多学者中是有基本共识的。舒建军（2011）认为，"讨论社区公共性即是讨论社会整合"，"就是把现代性起源和城市化对社区—社会关系的建构放回社会之维系这个一般的框架内"。换言之，我们如何站在社会整合以及社区建设的层面考虑当前中国乡村社会的诸多问题。本研究即以西水村为例，关注类似于涂尔干社会团结的命题：西水村的内

---

① 导师杨善华以及唐军、张宛丽、孙飞宇、郭金华、姚泽麟等师长在论文撰写过程中提供了不少热忱帮助和指导，一并表示感谢。原文发表时已有不少删节和调整。

部关系为什么日渐疏散，村庄权力为什么能够为政治精英所垄断，集体行动为什么越来越难以成为可能。

具体而言，本研究拟着眼于社会整合，以乡村工业私有化、依附性社会关系和村庄权力更迭为研究主题，借以探析乡村社区整合与建设的可能性。在研究过程中，将首先分析村庄（西水村）的工业化历程，借以把握村庄社会关系结构的变迁与依附性社会关系的演变，以为我们理解村庄的政治生活逻辑提供必要的基础背景。然后论文将分析在乡村工业私有化影响下村庄公共资源与公共品供给的困境，并将结合乡村工业兴衰史对公共资源的萎缩成因进行一定的分析。最后，论文将尝试从公共资源与村庄行为主体的行动逻辑切入，分析村庄权力更迭的社会机制。

二、研究思路

对于乡村治理（或曰基层民主）问题的探讨，我们的重点不在民主的形式或者民主的过程，相反，笔者重点关注如何构建一种崭新的社会关系模式和权力关系结构进而构建与新时代相契合的乡村共同体。

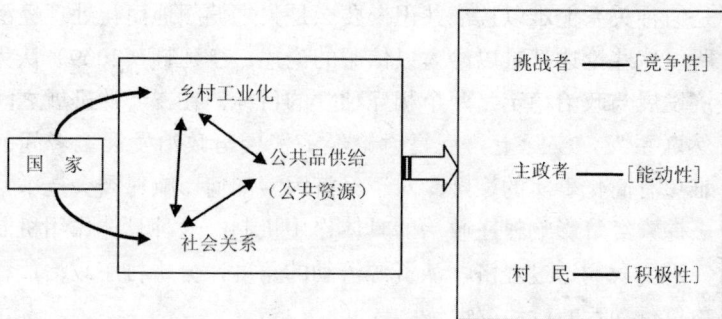

图1—1　本文研究思路

基于这样的理念，本文力图在研究思路上与以往研究有所区别。首先，尽量争取在研究过程中不失宏观图景。"要理解村庄权力结构的变迁，就必须考察更大范围的历史变迁——在这一事例（《文化、权力与国家》）中，指国家政权的变迁，然后又回到农村，有了更为广阔的历史背景知识，便会对乡村社会有更为深刻的理解"（杜赞奇，2010），因此，在个案研究过程中笔者力图将宏观经济社会变迁纳入对村庄历史与现实的理解过程之中，避免将村庄发展变迁与经济社会的历史变迁割裂开。

其次，着意将社会关系的分析作为权力关系分析的基础。因之，在把握整体性社会经济变迁的过程中，笔者将重点分析研究村庄社会关系和权力关系变迁的历史脉络，并将之视为理解村庄选举行为和乡村治理问题的基础前提。杜赞奇（2010）认为，"在研究村镇等具体而微的社区之前，首先要分析这些村镇所处特定有机环境中的各种社会关系"。在笔者看来，乡村共同生活的失序，并不能单纯在博弈论或者"集体行动逻辑"上得到充分的理解，而需诉诸村庄内外社会关系结构的具体分析。这种具体分析需要去容纳文化、历史、社会等多方面因素，从而将分析主体从抽象意义上的人还原为一定历史社会空间上的具体的人。

再次，试图解析村庄公共资源供给与村庄选举、村庄权力更迭之间的逻辑关系。一般情况下都倾向于相信，随着经济的发展，社会将朝着他们所预设的民主方向迈进。但是，以往的研究要么是在确定这二者是何种关系上难以达成共识，要么是失之偏颇地简化处理经济问题，所以这些论述都难以给人以信服的论述。亨廷顿（2009）认为，"经济发展与政治稳定是两个相互独立的目标，在二者的进展之间没有必然联系"。实际上，反复讨论经济发展与政治发展二者间的关系，难免有简化事实的嫌疑。对于经济因素如何影响村委会选举，更需要去探索经济影响村庄政治的具体作用机制。这种具体作用机制的探索，需要我们透过经济，从资源流动的角度，分析村庄政治过程中不同角色行动者的行动逻辑。

最后，力图生动刻画真实生活的主体（农民）。人不单是一个物质的客体，他还同时是一个具有内在意识和心灵世界的主体（亦即身心整合体）。因此，对人的认识只能通过体验和理解等内在过程完成，而不能仅仅通过外部认识。在此认识之上，韦伯（2005）将社会学定义为一门对社会行动进行诠释性理解的学科；舒茨（1989）强调唯有了解个体的行为，社会科学才能掌握各种社会关系与社会结构的意义，也唯有透过社会世界内的个体行动，我们才能分析社会关系与结构的形成。换言之，富有洞察的社会科学研究始于对行为主体的理解和把握，其重点是分析事件过程或互动过程中各个行为主体赋予行动之上的意义。这是一种理解式的刻画，这种刻画使人物传神而富有灵性。因此，在分析过程中，一方面需要将行为分析与主体分析结合起来，使行为真正内在于人，而不是将行为与主体相割裂。另一方面，诉诸"农民的视角"，"关注农民的切身感受、他们的想法和态度"，在此基础上，我们才能真正理解村庄选举对于农民的真实意义。（杨善华、罗沛霖、刘小京、程为敏，2003）

三、研究方法与西水村基本情况

从1996年开始，笔者导师杨善华即组织研究团队连续16年进入华北P县西水村进行农村社会综合调查，内容涉及经济、文化、政治、信仰、婚姻等多个方面，积累了数以百万字计的访谈资料。自2010年起，笔者也曾有幸随导师多次进入西水村调研，对于村庄人物与故事也有一定的了解。在此基础上，形成了本文的研究主题。故本文的研究决意采用质性研究方法，以导师研究团队在该村16年的调查资料为主要素材来完成。

西水村地处华北平原与太行山脉交接之处，所在县城隶属于省会城市。村庄距离本省省会城市约60公里，距离所在县城约3公里。

西水村是上世纪60年代的水库移民村，位于平原地带，一条河流绕村而过，自然条件相对本区域其他地区较为优越。由于人均土地面积少，迁村以来村民便开始多方谋求发展工副业，因此相对县内其他地区来说该村工副业比较发达，在八九十年代经济水平即在县内前列，是远近闻名的富裕村。统计资料显示，截止到1994年底，村里兴办的各种类型和各种规模的工副业摊点120个，实现工农业总产值1576万元，其中农业产值90万元①。

从人口来看，本村是多姓杂居的村落，其中以赵姓为最大姓，余

---

① 参考《家族运作与村庄财产权力的分配与再分配》一文。

下依次为魏姓、蔡姓、鲁姓、楚姓、王姓、越姓和胡姓等姓。1996年统计数据[1]显示，全村有212户842人，其中赵姓102户，占48.11%；魏姓30户，占14.15%；蔡姓28户，占13.21%；鲁姓14户，占6.61%；王姓和楚姓各8户，各占3.77%。2006年统计数据[2]显示，西水村共212户879人，户数没有发生变化，仅是人口总量的略微增加。

赵姓族人基本可以分为三支。南院以赵令中[3]（三叔）、赵令昕（五叔）以及他们的子孙赵志齐、赵志平等为代表。赵令中、赵令昕的大哥是中央部委任厅局级干部，二哥是石家庄铁路系统的中层干部，外部优厚的政治资源奠定了他们在村庄中的政治地位和社会地位，得以在村庄的政治经济生活中发挥着重要影响力。北院以赵德生、赵正怀、赵文怀等为代表，他们这一支中也有不少人在县城政府部门担任中层干部（正科级），倚靠自身的能力和外部资源，他们得以与赵家南院分享村庄政权，如赵文怀、赵德生先后担任过村党支部书记。外院赵姓与南院、北院血缘关系已远，这一支的优势在于人口众多，但是外无资源关系，内无产业能力，因此在选举过程中仅起着"票仓"的作用。

第二章　文献综述

一、经济发展、公共品供给与村庄选举的相关研究

一般认为，随着经济的发展，政治将愈加民主，村庄选举的竞争性和规范化程度将显著提高。如Jean Oi、Scott Rozelle（2000）认为，相比而言，在以农业为主的村庄里推行村委会选举制度会比在以工业为主的村庄里来得容易：在以农业为主的村庄里，村民缺乏外部就业机会，生活高度依赖以土地为基础的农业生产，因此村委会的选举与

---

[1]　参考《家族运作与村庄财产权力的分配与再分配》一文。

[2]　参考喻东博士论文《交接班》。

[3]　文中出现的村民姓名均为化名。

村民直接利益密切相关；而在以工业为主的村庄里，村庄政治精英控制大量资源，压制不利于己的选举，而同时村民因有大量的就业机会不愿意参与村庄政治。

但是，何包钢、郎友兴（2000）却得出截然相反的结论。他们认为，经济发展水平越高，那么村委会换届选举过程中的竞选激烈程度可能越高；而经济发展水平越低，那么竞选的激烈程度可能越低。他们的解释是经济发展水平与村民素质、与职位所附带的经济利益密切相关联。

面对如此意见相左的论述，又有学者提出，民主发展同经济水平是曲线相关，不是简单的反比或正比的关系。Shi Tianjian（1999）的研究发现，当经济发展处于起步阶段时，村民选举可能是半竞争性的；中等发达的村庄，更有推行自由公平选举的动力；而处于贫困或富裕的农村，要么认为选举不能当饭吃，要么出现经济能人垄断权力的"老板政治"，使民主选举大打折扣（转引自郭正林，2003）。

然而，经济发展作为一个宏观因素，必须经由具体的形式和具体的管道（作用机制）才能够达至每一个村民，从而能够实际存在并实际影响他们的选举行为。这并不仅仅是简单地将经济概念操作化为"生活水平"、"人均收入"、"集体收入"等具体变量。杨善华、罗沛霖、刘小京、程为敏（2003，2005），胡荣（2005）开始从"经济发展与政治民主"的二元命题中跳出来，在经济社会的大背景下讨论村庄公共资源对竞争性村委会选举的影响。杨善华等（2003，2005）在广东珠三角的调查发现，收入非常高的农村中，村民对竞争性选举仍然有着非常高的兴趣。他们认为村民积极参与直接选举的原因可能与"村庄"（包括村民小组）拥有的公共资源多少以及村民对自己能占有的份额的期望值有关。胡荣（2002，2005）认为，在实施村级选举的过程中，经济发展水平较高的地方，由于村委会有较高的集体收入，村民参与的程度较高，选举竞争也较为激烈。胡荣的论述，一方面将经济发展与集体收入划上等号；另一方面将作用机制简单化处理，"村民以及候选人在参与选举中所能得到的回报的多少"是如何实现的这一基本问题没有得到足够的阐释。因此，有关论述还需进一步的实证资料论证。

公共品供给与村委会选举关系的研究主要围绕两个方面展开。一个方面，是探讨村委会选举行为对村庄公共品供给的影响。不少调查研究发现，由于有了选举人约束，村干部将会更多地实施对村民生产生活有利的公共项目，同时乡镇—村庄的财政分享更多地向村庄倾斜（罗仁福、张林秀、黄季焜、罗斯高、刘承芳，2006；王书娜、姚洋，2007）。此外，选举的介入，对于缓解大病的负面影响、提高低收入家庭抵御风险能力、改善村庄内部收入分配（姚洋、高梦滔等，2007）。但是，调研发现并非全然乐观。贺雪峰（2003）认为，在税费改革以后，村庄难以通过村庄自治中"一事一议"或"谁受益谁投资"的原则获取供给公共品所需的费用。

另一方面，是探讨公共品供给对村委会选举的影响。目前，对这个领域的讨论相对来说还比较少。刘玉照（2004）分析，由于公共物品提供的极度缺乏，村庄选举往往会与特定的公共物品提供结合起来，并在很大程度上左右选举；反之，由于争夺领导权过于激烈，选举也可能对公共物品造成破坏性力量。

二、制度供给的相关研究

在笔者看来，制度供给的成功与否，取决于制度在个体、内部群体和外部环境三个层面的具体运作状况。选举制度在农村的行政推动也属于制度供给范畴。

从个体层面来说，可以综合理性选择、社会资本等方面的理论研究来理解制度供给问题。社会资本对政治行为的影响，多沿承帕特南、科尔曼等学者的研究成果，认为"社会资本是社会组织的特征，诸如信任、规范以及网络，它们能够通过促进合作来提高社会效率"（胡荣，2006）。在具体研究过程中，胡荣（2006）从网络、互惠、信任、规范四个层面来衡量社会资本状况对村民政治参与行为的影响，其研究发现社区认同感、参与社团数量、规范程度与政治参与正相关。另有研究发现，村民对基层政治"政治信任"程度越高，其参与选举的倾向就可能更高（孙昕、徐志刚、陶然、苏福兵，2007）。

理性选择一系列的研究多将"村委会选举制度的实施过程看作是特定社会背景下相关行动者为了自身利益而相互作用的结果"，胡荣分析，作为理性行动者的村民，他考虑的因素包括前任村干部的表现、选举是否公正、经济发展水平、农村社区的特点等。作为理性行动者的候选人，他考虑的因素包括经济利益、"招干"、派别利益等，参选所花的时间、精力、财务、人际成本等方面的因素也在他的考虑范围之内。而乡镇一级选举的主持者也有着相应的利益成本考虑（胡荣，2002，2006）。

　　从内部群体方面来说，需要重点考察集体行动的形成与其逻辑。集体行动理论的中心问题"是一群相互依赖的委托人如何才能把自己组织起来、进行自主之力，从而能够在所有人都面对搭便车、规避责任或其他机会主义行为诱惑的情况下，取得持久的共同收益"（奥斯特罗姆，2012）。对农村基层选举进行集体行动理论层面分析的研究者有刘义强、刘玉照等。刘义强（2004）的分析围绕农民的离散性生存处境和集体行动缺位两个维度展开，他认为"农民之间缺乏基于共同利益的持续互动关系，不可能发展出用以聚集和表达自身共同利益的复杂的集体组织"。

　　制度供给过程中的外部环境是一个常常被忽略的重要变量，埃莉诺•奥斯特罗姆（2012）认为，"用较大政治系统中较小单位自主组织和自主治理的理论解释行为和结果时，必须明确地把周围政治系统的活动考虑进去"。通过对水资源的研究她发现外部不恰当干预（演变为寻租行为）或某些方面的无法作为（非不作为，而是信息和任务超负荷）使地方公共事务陷入混乱的境地。而洛杉矶地区南部一系列地下水流域制度的有效运作，则离不开当地相对独立、公正的司法裁决。

　　具体到选举制度与村庄权力更迭，需要考察乡村与乡镇之间的复杂关系。基层村民选举实施以后，乡镇有很大的冲动去进行他们认为必要的干预措施。乡镇是政府体系的末端，在国家集权管理和行政问责的严密控制之下，国家在农村的各项发展目标、计划和任务，乡镇都要以不同形式加以"贯彻落实"。为了保证自身作为独立利益实体的利益，乡镇必须不断地违背《村委会组织法》，加大对村庄政治权力的干涉力度和控制力度。在不少地区，这种干涉和控制至少得到了地方政权的默许（共谋）。（郭正林，2001；杨善华，2002；赵树凯，2012）。因此，"乡村自治并不能自下而上约束乡镇行政从而不能约束乡村组织"（贺雪峰，2003）。

第三章　乡村工业发展与村内依存关系的建立

一、乡村工业的孕育与成长（1963—1993）

西水村是移民村，人均不到一亩地，因此单纯依靠土地难以维持生计，这种现实困境迫使村民比其他村庄有着更为强烈的谋生意愿。1964年村里充分利用妇女劳动力，开始打草绳。草绳厂发展十分迅速，从最初开始的六台机器发展到后来的三十二台机器，一年能产二十多万元。除了打草绳，村里还想方设法发展其他集体工副业摊点，包括烧石灰、做挂面、开油坊等。："文化大革命"时期，村里的群众运动并不是十分激烈，"办了工厂，主要抓生产……刚开始的事了，比较激烈，成立组织，闹阶级斗争……后来一直是安定团结，"文化大革命"后期一直是抓副业、搞生产"[①]。1971年左右，村里上马铸造厂，为附近兵工厂生产的坦克、铲车等机器提供零配件。研读资料可见，计划经济时代，赵令中及其所在的赵姓南院在这个过程中发挥着重要的作用，他们利用外部的社会关系网络，获取了村庄发展亟需的各种政治资源和经济资源，从而赢得了村民的信任和支持并有效地将村民团结在他们的周围。

---

① 引自1996年7月19日赵文怀访谈资料。还参考了1996年2月9日蔡歆华、赵来琴访谈资料，访谈员：唐军、刘小京。

表3—1		村办集体工厂的承包状况（部分①）	
	工厂	承包人	承包人社会关系
1	草绳厂	赵令昕	赵姓南院，赵令中之弟
2	铸造厂	赵海魁、魏志卿	魏妻来自赵姓北院
		韩泉岭等	赵令中义子，村里的"少数民族"
		赵志平（1983）	赵姓南院，赵令中侄子
3	砖厂	赵臭臭	赵姓北院，担任过支部委员
4	修理厂	赵幸福	赵姓外院代表人物
5	钢球厂	韩平岭、韩泉岭（1980）	赵令中义子，村里的"少数民族"
		赵志齐（1981）	赵姓南院，赵令中第四子

改革开放以后，在赵家南院、北院的支持下，家庭出身不好的赵德生以其过人的能力和胆识，把握了乡村工厂发展的良好机遇，从而使得本村经济位列全县的前茅。1978年，村支书赵德生在乡镇领导的默许下，在本县第一个推行家庭联产承包责任制，提高了本村农业生产效率，也解放了大批劳动力，推动了本村工副业的快速发展。"由过去村里工副业没有什么发展到十几个工副业摊点，打草绳呀、织布呀、铸造呀、精加工呀、小五金呀、食品厂呀，它基本上带动了家家户户搞"。80年代以后，国家政策逐渐放宽，允许个人承包乡村集体工厂。在村支部书记赵德生的大力支持和推动下，西水村的工副业纷纷由集体经营转变为个人承包。

经过承包之后，赵家人基本上支配了村庄的经济命脉，并大致划分了村庄的劳资关系。借由对集体资产的承包，赵志齐、韩平岭、魏志卿、赵志平等人逐渐掌握了驾驭工厂和市场的能力，也掌握了工厂运行所必须的技术资源、人力资源和市场资源，这是他们各自产业在后续二三十年的红火发展的基点。

到1992年左右，本村各工厂固定资产总额280万元，年产值742万元，雇用职工总人数达383人。其中，又以赵志齐（姬许韵）、韩平岭（韩泉岭）、魏志卿、赵志平的四个工厂规模最大。

---

① 根据访谈资料整理。

表3—2　　　　　　　　　1992年左右乡村工厂经营状况[①]

工厂	业主	职工（人）	固定资产（万元）	产值（万元）	市场
棉织厂	赵志齐 姬许韵	200	116万	250万	香港 东南亚。
制锁配件厂	韩平岭 韩泉岭	50	55万	150万	东南亚
铸造厂	魏志卿	45	56万	100万	周边 北京市场
机件加工厂	赵志平	15	16万	90万	北京市场
工艺品厂	楚景禄	12	3万	8万	市、天津等
联营食品厂	赵二洗	25	20万	60万	周边各县
农机修配厂		6	3万	30万	周边各县
朝阳节能器材厂		8	3万	18万	周边各县
自强铸塑厂	赵军海	8	3万	10万	东南亚
合线厂	赵臭臭	14	5万	26万	各水泥厂
累计		383	280万	742万	

　　西水村乡村工业的快速发展，有着其他村庄不可比拟的优越条件。首先，西水村有着优质的社会关系资源。本章第一节即有表述赵家南院、北院有不少家人朋友在中央部委、地市、县市等政府部门或相关国企担任要职。其次，集体化时代的工副业生产为市场化之后的乡村工业发展打下了基础。赵令中、赵令昕、赵德生、鲁庆禄、楚景禄、韩泉岭、韩平岭、蔡铭竹等一批人得以在农业之余操持工副业生产，获得了以后发展乡村工业所必须的生产技能，同时也在市场环境之中锻造了他们与众不同的胆识与冒险精神。最后，继赵令中、赵德生、赵令昕等村庄第一代能人之后，赵志齐、魏志卿、韩平岭、赵志平等新一代具有市场开拓精神的经济能人迅速成长起来。

---

　　① 根据团队收集的官方材料整理。

二、工厂就业与村内共生关系的形成

乡村工业化的推进，改变了村民的经济生产方式，并进一步改变了村庄的社会关系模式。进言之，借由发展集体工副经济，乡村工厂通过注入强有力的经济资源和提供高收入的就业机会增强了村庄的凝聚力和向心力，也强化了村庄政治精英的领袖地位。

在这一时期，乡村工厂吸纳村庄剩余劳动力的能力比较强，"在我们村里，这个闲散人员可以说没有。因为我们村里这个厂子较多，基本上把人都招进去了。你看我们村吧，不管是女的男的，女的吧，那边有个纺织厂，它们用女的用得多，女的一般到那边去了；我们这边，活儿比较脏比较累一点，用女的用得少，我们用的大部分都是壮劳力，劳力弱了我们不能用"①。

比如韩平岭的制锁配件厂。韩平岭、韩泉岭兄弟俩经营的锁厂，有两个铸造车间、一个加工车间（在邻村西村庄）。工厂起步于1984年，1995年产值达200来万②，1996年雇佣工人70来人，其中一半是本村村民。外乡人或陌生人需要有熟人朋友介绍方能进入工厂工作。

技术骨干主要是招聘外人，管理以及财务主要依靠"自己人"。"自己人"主要是子女、兄弟媳妇、儿媳妇。亲戚不属于自己人，要避免用"亲戚"，"亲戚还不中，还抵不上我们本村的人呢，亲戚他来了以后哇……我干点便宜活，钱不能叫我少拿……可是影响了我的厂子里工人的情绪"③。

当原有"自己人"的力量或（管理）技术无法达到工厂要求或厂长家族人口较少时，"自己人"的概念在实际运用过程中有所变通。这种变通表现出极大的意愿来将具有技术资源、政治资源的家族人物代表整合进工厂的核心圈。如厂长、副厂长总计有四人组成，依次是韩平岭、韩泉岭、赵文怀、楚秋生。韩平岭是厂长，主持全面工作以及对外事务；韩泉岭掌握了较好的技术，负责工厂技术板块工作；赵

---

① 引自1996年2月10日韩泉岭访谈资料，访谈员：唐军、刘小京。

② 文怀说产值300多万。见1996年7月23日赵文怀访谈资料。

③ 引自韩泉岭1996年2月10日访谈资料，访谈员：唐军、刘小京。

文怀①来自村里的大家族，是赵家北院的代表人物，同时也是村里的会计、党支部成员，他被聘请过来负责厂里的财务工作；楚秋生来自村里的小家族，掌握一定的技术能力和市场能力，他负责厂里的销售工作。还有几个车间主任、副主任。两个铸造车间由来自本村小家族（楚家）的左来会负责，邻村西村庄的张建英做副手（副主任）。加工厂车间主任是来自赵家南院的赵志修（二黑）。赵志修以前在石家庄派出所工作，其父赵令中（三叔）是村庄具有影响力的政治精英，赵令中侄子即赵志修叔伯兄弟赵志平（依家族排序应为五黑）担任村党支部书记。因此，"自己人"的概念实际上在根据需要浮动，工厂实际的管理人员不仅有本家人，而且还有本村以及附近村庄的熟人朋友②。这类管理人员享受着工厂特殊的优待，不受裁员等因素的影响，甚至在工厂间歇停产期间依然能够获取部分工资。

工厂的一些边缘性职位也会以某种特殊优待或照顾的方式来整合村庄其他重要家族的力量。如给锁厂看门的是来自陈家的老陈。这户陈家在当地具有了一定的影响力，大哥是P镇政法委副书记、三哥在兵工厂上班、四妹陈蓉芩嫁给村里大家族赵家（丈夫赵秋成，公公与赵令中、赵令昕是叔伯兄弟）并担任过村妇女主任。老陈是陈家老二，没有表现出特殊的专长或技能。但是，考虑到陈家的社会影响力和地位，韩平岭、韩泉岭也将之吸纳进来，安排了一个看门的轻松差使。由于有这些基础，老陈的妹妹陈蓉芩，她在村支书赵志平的工厂里工作，但在聊天时会自然地跟访谈员攀扯与小家族韩家的关系而不是与赵家的关系，"和（赵）德培远点，和平岭近"，"俺和平岭他这都还是一家子哩"③，自豪之情与认同之感溢于言表。

通过对韩平岭工厂用人策略的分析，可以总结三条关键信息。其一，韩平岭、韩泉岭的锁厂用人优先次序依次为"自己人"、本村人及附近村民、外乡的技术骨干、经朋友介绍的陌生人、"亲戚"。具

---

① 文怀家兄弟四人：老大，县人事局局长；正怀老二，在水利局工作；文怀老三；老四在县里面。正怀儿子担任过县劳动社会保险局书记、县办主任等职务。

② 本段主要参考1996年7月18日韩平岭夫妻访谈资料，访谈员：刘小京、候红蕊。

③ 引自1996年月19日陈蓉芹访谈资料，访谈员：李猛、候红蕊。

体而言，"自己人"作为核心管理层；技术人员为工厂维续的重要支撑，由熟识的本村人、朋友或外乡人充任；本村人和附近村民构成工厂工人的主体部分；"亲戚"和外乡人只有在特殊的情况下才能够得到许可进入工厂工作。其二，主导工厂用人的规则是高度市场化的，更多的是现实利益考虑，与斯科特传统"道义经济"对亲友的照顾有鲜明的区别，"谁干得好就用谁，干得不好就不用了"①。按照"道义经济"的逻辑，亲戚应当优先进入工厂获得工作机会，但是在韩平岭、韩泉岭的锁厂却位居末项选择。其三，工厂的用人模式高度整合了村庄各个家族的优质资源（政治资源、技术资源、管理资源和劳动力资源），也实现了利益共享，从而在客观效果上接续了人民公社维持村庄内聚力的作用。

有理由相信，作为村落边缘群体的韩平岭、韩泉岭兄弟，较之赵家人对于如果获取村庄地位有着更高的敏感度，他们会刻意地通过招徕村庄各路人马进入工厂工作来争取自己的民心和声望。通过在言语中表露某些具有一定社会地位人士在他们工厂担任何种职务，他们进一步宣示自己的身份和地位。而对于赵志齐、赵志平等传统的上流家族来说，村庄中哪些人在他们那里工作并不是要点，在言语之中也没有太多的谈及，他们的重点是与外部更高层次的资源、关系勾连上从而显现自己的体面和尊贵，如讨论他们在部委任职的伯父、省外经贸工作的小舅子等等。

此外，一些个体户的经济发展也与村庄整体的经济相勾连。胡二海是村里的个体运输户。他所在的胡家原是村里的小家族，但是通过婚姻纽带也与村中大家族建立了亲戚关系。白云水泥厂厂长赵德生的姑姑嫁给了胡二海的父亲，因此胡二海与德培是亲姑表兄弟。因为有了这层关系，胡二海便有机会给白云水泥厂拉石灰石，一天下来挣五六十块钱②。在白云水泥厂财务科工作的赵令昕在胡二海的营生中也扮演着一个重要角色，"原材料这个东西他们找我们，我们只能给他搭搭线，原材料归供应科管……要是他干了活想及时结算余款，他

---

① 引自1996年2月11日赵志丕访谈资料，访谈员：唐军、刘小京。

② 引自1996年7月20日胡二海访谈资料，访谈员：刘小京等。

找我的不少"①。

综上，通过雇工的形式，以工厂主为核心，村庄形成了由三个圈层嵌套而成的圈层结构。技术人才和管理人才被较好地整合进工厂主的利益链条之中，从而形成了紧挨核心圈的第二圈。村庄中的一般村民特别是处在底层的村民则在第二圈之外形成第三个圈层，这一圈层与第一圈层的利益关联较之于第二圈层要疏远。因此，乡村工业化在某种程度上起到了接续人民公社团结组织村民的作用（客观形成的），并进而维系着村庄内外的社会关系和社会秩序。在人民公社，这种组织团结作用是通过外部自上而下的强力形成的；进入市场经济的初期，乡村工业化的发展却是通过内在经济发展的逻辑由内而外地将村民重新打造为利益共同体而形成内聚力。虽然在形式和作用上他们与斯科特"道义经济"有着共通之处，但是运行的逻辑已经完全不同，因为在乡村工业化过程中主导的是市场逻辑和资本逻辑。赵志齐坦言，"作为我来说，我是给大伙解决了就业问题，但是作为我，还感谢你们，用廉价劳动力帮助我……要是在工厂，在城市里边，这工资就不行了……我们往这一坐，都说'老赵啊，你可是黑资本家'，他们那呀，得开一千块钱"②。

第四章　乡村工业的衰弱与村内依存关系的松散

在经历了80年代和90年代初的飞速发展之后，1994年西水村的工业逐渐失去了他往日的辉煌。

一、乡村工厂减少了对村内剩余劳动力的需求

我们根据历年访谈资料进行数据整理发现，随着国家经济形势与各工厂具体经营状况的变化，三大工厂以及各工厂的雇佣工人数量有

---

① 引自1996年7月21日赵令昕访谈资料，访谈员：刘小京、候红蕊。
② 引自2004年12月4日赵志齐访谈资料，访谈员：杨善华、蒋勤、刘楠楠、李静。

较大的起伏。1992年至2001年左右是一个缓慢的下降趋势。2003年经济形势好转，工厂雇工增加，总雇工数攀爬至峰值350人左右。但是2004年总雇工数随即降低至250人左右，降低幅度达100人左右。

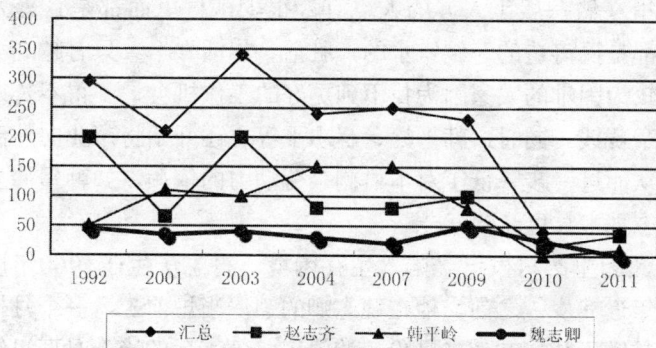

图4—1 西水村三工厂雇工人数逐年变化图（估算）

从三个工厂各自的表现看，韩平岭的工厂发展态势良好，在2009年以前用工需求稳定且历年都有一定的增长空间。2009年及以后因为经济形势转变以及自身经营原因，用工需求急剧萎缩。在1992年至2012年间，魏志卿工厂的发展一直比较稳定，用工需求变化基本不大。赵志齐的棉织厂属于劳动力密集型产业，在三大工厂中用工需求一般都是全村最大的。由于家庭婚姻破裂等因素的干扰，他的工厂经营状态不太稳定，2001年的雇工数量降入低谷主要是这一因素的干扰。2003年以后雇工数量的减少，前期是由于技术的改进，后期是由于市场环境的恶化。赵志齐在2008年左右投资40万元更新纺织设备，新设备的投入使用使得工厂工人需求量减少了65人左右，减少了原来工人总量的四分之三。2008年底，受全球经济危机影响，乡土工业衰微，韩平岭的工人只留了不到10个人，原来两天开一次炉，现在变成三天开一次，最后不得不停产。魏志卿、赵志平的工厂也大体经历了类似半停业以至于歇业关停的状态。2011年，三大工厂总雇工数急剧下降，仅有赵志齐的棉织厂维持基本运营。

进一步可以关注的是雇佣本村工人数量的变化，这对于研究乡村工业的吸引力以及村庄内部关系具有重要意义。1996年，韩平岭工厂雇佣的70来人中有二分之一左右的是本村工人。到了2004年，这一比例降至五分之一。考虑到制锁厂铸造、烧炉等工作非常辛苦，愿意从事这等苦力的村民并不是很多。赵文怀表示，"村里的人嫌下边脏、累，村里（做一般工人）的人也有，很少。村里面都是管理人员，其余的都是搞铸造的、倒铁水的，脏活、累活"[①]。只有越老二等村里经济较为困难的人家因为找不到更好的工作机会，不得不长期地去挣这类辛苦钱。同时，韩平岭、赵志平等人还开始将产业向外部世界拓展，从而进一步降低了对本村剩余劳动力的依赖，如韩平岭上山采矿、赵志平去县里经营五金厂。

赖此为生的村民已经陷入生存困境。鲁志庆生于1960年，访谈时已经年近50岁。之前，他在魏志卿的锁厂当炉前工，一个月挣2000元。但是锁厂从2008年10月份开始停工。停工后的半个月厂里给每个工人每天发十几块钱，但是半个月之后就没有了。他有两个儿子在上大学，一年光在读书上就需要花掉3万多块钱，因此如何解决两个大学生的开支已经成为当务之急。无奈之下，当了20年工人的他只得四处打零工，一天也只能挣20元。同样遭遇的还有越老二，1962年生人，高中学历。原本他一直在魏志卿的厂里当翻砂工，后来工厂停工了，他只好到县城的建筑工地打工，每天的工资是60元。对于那些年纪大的中老年农民工人来说，村里工厂的关停对于他们的正常生活无疑使毁灭性的，他们已难以再去学习新的谋生技能，无奈之下不得不四处打零工或是卖苦力。

二、二度农业化（返祖）与自雇阶层的扩大

除了赵志齐、韩平岭、魏志卿等规模较大的工厂之外，西水村还有着不少集体时代遗留下来的小规模工副业摊子。手工业小作坊包括鲁庆禄之子鲁炳成的家具加工摊点、赵二宝的家具加工摊点、楚景禄的木艺加工厂、蔡铭竹的电焊摊点等等；养殖业诸如老魏养鸭、魏拴禄养貉子等等。村庄边缘群体（小姓、基督教徒）中有能力的主要依靠养殖业为生；手工业小作坊主在村庄中则通常有一定社会地位和

---

① 引自1996年7月23日赵文怀访谈资料。

技术能力，他们能够在大家族主导的资源分配体系中分得一杯少量的羹，他们的社会经济地位在工厂主与养殖业者之间。

近十余年来，村内若干大的工厂渐渐力不能支，手工业小作坊的处境也越加艰难，逐渐走向没落。这类小规模的工副业摊子主要是消化家庭内部劳动力，满足的也主要是本地市场的需求。与三大厂的不同的是，虽然他们与外部市场甚少联系，但是外部商品的涌入以及生产技术、生产效率的提高却无可避免地挤压了他们的生存空间。

为了家庭生存的需要，他们开始谋划新的营生：对于大多数小作坊主来说，农业无疑仍然还是熟悉的，考虑到依然有利可图，他们重新开始操持农业，发展养殖业，成为"二度农业化"的代表；对于那些有一定经济实力和社会关系的人来说，他们则开始在乡土之外寻求新的行业来得到创业和就业的机会，例如经营铲车。

蔡铭竹，1951年生人，1976年结婚，高中文化学历。其妻与赵德生有亲属关系。蔡铭竹高中毕业后回村开始从事集体电焊修理工作。与韩平岭、魏志卿等大工厂主相比，蔡铭竹的工副业摊点具有更多的手工业性质。他生产的暖气炉管、铁圈、铁盖、脱煤机等机器配件主要供应当地县里的门市需求，有二十来户供应渠道。他这类勤恳的技术能人，依靠自己手艺吃饭，不愿意通过社会关系活动去拓宽供货渠道，"我们这既不去机关送礼，也不去给他厂长送礼，他们也不让我们送礼，都是老百姓，他们和那些厂长哪一个不去送礼"。考虑到市场与销售困难，蔡铭竹的小作坊只能维持小规模运营，"也没有经营过，也不敢往大里弄，那个市场情况也摸不准"①。

2001年，蔡铭竹遭逢大难，他脑袋里长了脑瘤。所幸是良性肿瘤，花了6万多块钱在北京做手术才保住一条命。但是他再也没有办法像以前那样经营电焊摊子了，视力大不如前，耳朵也聋，说话的时间也不能长。蔡铭竹的退出，村里电焊摊点又减少了一家，到2003年12月村里只剩下两家这样的摊点。由于不能再干电焊摊点，为了谋生，他们开始发展养殖业，养狐狸、貂等近40来只，价钱好的时候一张皮毛可以卖300元钱。

---

① 本段引文引自1996年11月24日蔡铭竹夫妻访谈资料，访谈员：唐军、候红蕊、赵力涛。

2003年，村中即有养殖户20来户，这一规模在后续发展中还有扩大。越老大以前也自己开小铸造厂，一般就十来个工人，刚开始时一天也能挣十几块钱，但是后来想要扩大规模又没有资金，还因为铸造厂跟人打官司赔了40万，不得以他于2004年左右停了铸造厂专心养貂，2009年时规模达到100只左右，依靠养殖他在经济上获得了成功。

不仅是"少数民族"开始重新经营农业，赵家人在权衡工业与农业的收益后，也开始二度农业化。由于皮毛养殖产业利润可观，赵令昕（五叔）的长子赵志兴2004年一共养了一百来只动物（狐狸、貉子）。当时的市场行情好，一张皮价格高的可以卖到六七百块钱。2006年左右养殖业发展过于迅速，供过于求导致价格下跌，不少农户损失惨重。经过二度农业化的洗礼之后，赵志兴重新进入非农产业，与儿子一起经营铲车项目。在2004年、2005年铲车红火的年代，他家的铲车项目一年就挣了十五六万元。

村里原来的首富韩平岭在某种程度上也落入了二度农业化的窘境。2004年前后，村里在上级的积极推动下开办了奶牛场，由新进入党支部班子的韩平岭负责（后由韩个人买断）。在制锁厂非常红火的2006年、2007年，奶牛场并不是韩平岭的支柱产业。但是随着2008年以来的亚洲金融危机影响下制锁厂走向没落，韩平岭不得不逐步从乡村工业领域退出，最后将办公室从制锁厂车间转移至奶牛场一间简陋的办公室里，雇着十来个人。可以说，对于包括工厂主的大多数农民来说，由于技术门槛、投资成本等条件的束缚，他们靠工厂赚钱谋生的辉煌时代已经一去不复返。一个曾经为一百五六十人衣食父母的地方显赫人物，最后只能领导着十来人，对于包括韩平岭在内的乡村能人来说，这无疑是他们人生当中的悲壮一幕，他们已经很难再开发新的产业了。

二度农业化和进入自雇阶层，是农民在权衡收益后的主动理性选择，而进入雇工阶层则多少有着被迫与无奈的成分。楚景禄则是其中的一例。凭借经营木器加工厂，他实现了村内的向上流动，成功的他曾豪言壮语"你挣不了钱，你从前是个干部，你现在得给我干活，我一想也就翻过来了"①。但是，2006年前后，楚景禄的加工厂经营不善，没有办法及时给工人开工资，最后不得不关停。他本人失去了营生，只好到城里的肉联厂给人看门了。鲁炳成是鲁庆禄之子，此前他经营家具作坊，儿子儿媳以及邻居在帮工。但是在2007年左右，他的家具作坊关停了，鲁炳成进城给人烧锅炉房，沦为雇工；同时他倾尽家财为儿子弄了两辆铲车（都是与亲戚或朋友合伙买的），"也没什么老本了，这个铲车都给了他了，都给了他了"②。

到了乡村工业发展的中后期，自雇阶层无疑扩大了，因为不少落败的工厂主以及小作坊主加入了他们的队伍。2006年，养殖户已经占全村的居民户三分之一左右。从事非农产业的自雇阶层也进一步扩大，如鲁庆禄的孙子也开始经营铲车项目，赵令昕的次子也进城经营客流运输项目。又如蔡铭竹之子、赵志兴之子经营铲车等等。通常，后者的经济实力与社会资源优于前者，使得其能够避免无限制地重新回到农业领域；后者的年龄结构也优于前者，前者年龄偏大，已经难以适时调整转向其他非农产业。

在雇用与被雇佣关系中，主体双方是利益共生关系。但是在自雇阶层（养殖户）中，自雇者之间以及与其他村民之间的关联是松散的。养殖者之间有很低频度的经验交流，在销售策略上并没有建立合作机制。这种养殖业，是原子化的经营模式，养殖户彼此分散经营，缺乏合作的销售、防疫体系。在铲车项目上也同样是竞争关系，相互之间没有形成合作与协调机制。当赵令昕提及村庄里的铲车生意时，他又不无鄙夷地嘲笑同村其他铲车经营者，"我们村人都看着这么个刚毕业的小孩发财了，一哄而上，他（鲁庆禄）的孙子跟人合伙买了一辆，现在没活干……农民不好的地方，一哄而上"③。

三、新一代农民青年的梦想在城里

新成长起来的村庄"新青年"们不再愿意留在村中工厂工作的这

①　引自1996年7月22日楚景禄访谈资料，访谈员：唐军、候红蕊、赵力涛。

②　引自2006年10月6日鲁炳成夫妇访谈资料，访谈员：陈文玲、喻东、朱颖。

③　引自2007年3月30日赵令昕访谈资料，访谈员：杨善华、李静、郑晓娟、王璐璐等。

一事实。西水村的工厂越演越烈的"用工荒"即是这一问题的侧面反映。

2010年1月,我们访谈了村中一位年轻人赵玉波,生于1986年,时年24岁,已结婚4年。从家族关系来说,他属于赵家外院,为村长赵二宝的侄子。由于是家中独子,按照父母意愿,他不得不留在村里棉织厂(赵志齐的工厂)当一名维修工,一个月工资是1200块钱。现在赵玉波的想法是要出去,并不想留在村里的工厂里上班,在厂里上班,太闭塞,慢慢地会变成傻子,什么都不知道——连县里有什么事情也不清楚,哪块盖了高楼也不知道。他觉得在厂里织布机织的布太简单,维修的工作也相应简单,外边先进的技术自己根本不会。农村已经算不上他内心真正向往的生活世界,他既不愿意在村子里,也不愿意去关注村子里的具体事情。对于具体出去干什么,赵玉波坦言,他不能做长远的规划,但是要出去的意愿非常强烈,"要出去见见世面,开发、开发脑子","在外面认识的朋友多了,路也好走些"。村中其他青年人的选择对他起到了刺激作用,他成了村中青年人中的异类,一个常年呆在家里的人。如果这还不意味着人生的失败与黯淡,那么这至少也意味着他这辈子都很有可能如他的父辈一般平淡无华地过下去。与赵玉波有类似想法的显然并非他一人。访谈所涉及的村庄第三代十之八九都进城务工了,仅有少数留在村里。此外,在能力所及的情况下,西水村多数家长都愿意让自己的子女接受更好的教育,让他们更好地离开农村,实现向城市流动的梦想。

四、乡村工业化进程中的村庄社会结构变迁

在集体化时代,一般农村基本上可视为以农民为主体的社区。但是,诸如西水村的乡村社区已经开始酝酿着社会分层的因子,一部分文化层次和技术能力不错的农民开始借由集体派工的形式参与工副业,从而在村庄形成以农民和工副业者为主体的两大群体。

改革开放以后,国家对农村的管制逐渐放松,农民开始参与农业以外的经济活动。在以往工副业的基础上,那些早先从事工副业的农民一部分开始尝试着开办乡村工厂并获得成功,一部分也开始创办自

己的手工业小作坊。在此影响下，农民也开始分化。通过对调研资料的分析发现，工厂主（小作坊主）与农民（工人）通过雇用与被雇佣的关系，实际上建立了一定程度的利益共享关系，并且主要体现为一般农民对工厂主的依赖。因此，改革开放初期，村庄社会主要由工厂主、小作坊主、工人（农民）组成。

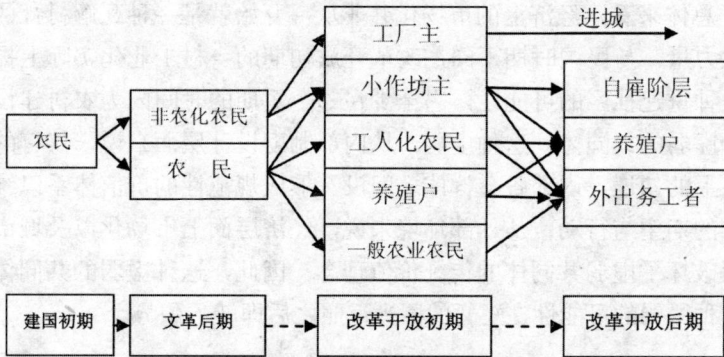

图4—2 西水村社会结构变化演示图

但是，这种依存关系是低度的依存关系。在宏观环境、政策扰动以及市场竞争加剧等因素的挤压下，特别是1997年亚洲金融危机以来，乡土工业的生存空间不断收缩，发展也难以形成稳定预期。这种不稳定以及市场环境的变化，导致原来依附于乡村工厂的农民不断被抛离出工厂。与此同时，小作坊主们的日子也难以重现往日的辉煌，他们逐渐退出手工业，进入养殖业或者其他非农自雇行业。这一阶段，村庄社会主要由工厂主、工人、农民（养殖户）和从事非农产业的自雇阶层组成。

这一变化对于村庄的影响是非常巨大的。如果说以往的小作坊主因依靠集体时代掌握技术而对集体心怀感激的话，那么在他们逐步成为从事非农产业的自雇阶层和养殖户之后，这种对集体的感情以及与集体相勾连的利益就完全消失了。他们将自己全部的注意力都投入到自己家庭产业的发展，他们再也难以从集体获得什么有益的东西。加之工人逐渐被工厂抛出去而成为农民或是农民工，以往借由乡村工业建立起来的内部凝聚力在这些变化的影响下逐渐瓦解。

最后发展的结果是工厂也消失了，原先的工厂主纷纷住进城去了。工人也进城了。村庄里除了外出务工人员，就是从事非农产业的庞大自雇阶层和农民（养殖户）。因此，村庄在近期阶段则形成了由自雇阶层、养殖户和外来务工人员构成的高度离散化结构，彼此之间的关系空前松散。

总体来看，经济上的市场化并非从一开始就是一种瓦解村社的破坏性力量。与民国时期不同，改革开放初期的乡村工业化实际上提供了一种重建社区的可能性，它至少在一个短期的时间内为农村建设了一个虚弱的共同体。这种虚弱，从内部制度设计层面来说，仅有的是利益上的勾连，内部各个群体之间没有形成规范性的价值体系以维系双方的期望与行动；从外部环境来说，经济层面上市场化以及城市化过程破坏了虚弱共同体的传统价值理念。因此，这种虚弱的共同体以及这种微弱的可能性在短暂的回光返照之后即转入颓势。

第五章　虚弱的共同体与集体资源的枯竭

一、赎买与村民默许工厂主侵占集体资源

西水村集体收入主要来自工厂，包括工厂上缴的承包费、占地费和低息贷款利息。

首先是承包费和占地费。到1996年，该项一年收入也就三五万块钱。

在村里办工厂一般需要向村集体上缴两种费用，即土地占地费和集体工厂承包费用。占地费较为固定，村里俗称"双八百"，即每亩地每年交夏粮800斤、秋粮800斤，可折算成现金缴纳。这部分费用对于一个年产值几百万的工厂来说是一笔非常小的负担，如赵志平[1]原先需要缴纳给集体300元占地费，后来提高至600元，之后又增加到1200元，到1996年是1800元。同时段的1996年，姬许韵、赵志齐棉织

---

[1]　参考1996年11月21日赵志平访谈资料，访谈员不详。

厂的占地费较高，有1万块钱①。考虑到姬许韵、赵志齐的棉织厂1994年左右产值即达到700万元（喻东，2011），这笔费用对工厂来说并不重。承包费用一说是每家1万元（李勰，2012），但是实际缴纳地各有差等。如2004年村务公开显示当年缴纳最多费用的也就9800元，低的仅2300元。

表5—1　　　　　　2004年村庄各工厂缴纳承包费状况②

工厂	缴纳承包费
赵志齐	9800元
韩平岭	6380元
魏志卿	4000元
赵志平	2300元
总　计	22480元

其次是低息贷款的利息收入，一年有1万块钱左右。

西水村是水库移民村，所以较之其他村庄，她可以便利地获得一些国家政策的特殊优惠。1987年12月份，西水村获得了水电部9.5万的贷款，用于兴修水利；1989年，获得了移民局8万元的低息贷款；1991年，获得了水电部10万元低息贷款。除了低息贷款外，还有一些无偿资金，1988年，移民办获得1万元用于解决饮水问题（实际上被蔡歆华的砖厂用了）；1993年获得2万元，主要用于修水泥路；1994年，获得1万，主要用于修扬水站。

工厂主用了村庄的低息贷款后，每年给村里上交利息，月利息七厘③，即1万块钱一年交利息840元。但是并不是所有人都会上交利息。蔡歆华的砖厂、赵二傻的食品厂、赵大实的砖厂、赵二宝的面粉厂都由于经营不善，不交利息；姬许韵、赵德生、赵令中等人均能够按年上交利息；赵志平、魏志卿从移民局获取的款项，是他们自己跑的，所以这8万元没有给村里交利息。到1996年底，没有任何人返还

① 参考1996年7月18日赵志平访谈资料，访谈员不详。

② 资料来源于梁玉梅同期访谈日记。

③ 贷款放到村里利息是2厘，村里放到个人加收5厘。依据为1996年11月26韩平岭访谈资料，访谈员：唐军、候红蕊、赵力涛。

本金。

农民对工厂主侵占集体资产和公共资源的行为采取了"睁一只眼,闭一只眼"的态度,因为工厂主承包集体工厂,为村民提供了就业机会,承担了道路硬化、基础水利设施建设等公共品供给任务,并在一定时间内缓解了农民的税赋负担,从而实现了工厂主对村民的"赎买"。工厂的赎买策略在村庄公共事务中造成了非常负面的影响,"老百姓关心(让村干部拿出周转金,即低息贷款)不大,关心的是怎么能想法自己挣点钱,对谁当代表没什么意见。谁当都行,只要别掏钱就行。谁都不去反映,现在反映的是个别干部。底下社员们无所谓,谁当也是一样"[1]。

借着村民的默许,乡村工厂的私有化过程加速,利益分配也朝着有利于工厂主的方向发展。

其一,压低承包费,将集体产业转变为事实上的私有工厂。原本承包费用较高,比如赵德生[2]1996年回忆当年铸造厂一年的承包费用是3万元,但是到2004年一年所有工厂的总和承包费才能达到这个水平。

表5—2 低息贷款(周转金)分配统计[3]

年份	资金来源	厂名	工厂主	金额(万元)	占比
1987	水电部9.5万	西村织管厂	赵令中	1.0	0.11
		南砖厂	赵大实	0.6	0.06
		西村铸造厂	魏志卿	2.0	0.21
		面粉厂	赵二宝	2.0	0.21
		北砖厂	蔡歆华	1.2	0.13
		五金厂	赵德生 赵令昕	2.0	0.21
		联营食品厂	赵二傻	0.5	0.05

---

① 引自1998年1月14日赵文怀访谈资料,访谈员:程为敏、赵力涛。

② 本段引文引自1996年11月29日赵德生访谈资料,访谈员:程为敏、唐军、候红蕊、赵力涛。

③ 据1996年11月24日赵文怀访谈资料统计,访谈员:唐军、候红蕊、赵力涛。

1989	移民局 8.0万	机件加工厂	赵志平	4.0	0.50
		铸造厂	魏志卿	4.0	0.50
1991	水电部 10.0万	养鳖场	鲁庆忠	0.2	0.02
		貂场	刘栓禄	0.5	0.05
		南砖厂	蔡歆华	2.5	0.25
		联营食品厂	赵二傻	1.5	0.15
		华强棉织厂	赵志齐	2.0	0.2
		木器加工厂	楚景禄	0.5	0.05
		机件加工厂	赵志平	1.5	0.15
		铸造厂	魏志卿	1.5	0.15
汇总	27.5万			27.5	

　　实际上，赵德生任上曾区分承包工厂和联办工厂两种经营模式的不同性质，并据此收取费用。但是这些的概念并不是非常清晰，承包后期工厂主为了自身利益最大化，将"承包工厂"合法地转变为"联办工厂"，从而合理地规避掉理应向集体缴纳的承包费，"它原来集体的房子承包给他了，一年交1万，交2万，随着时间的推长，三年五年甚至是十年八年，这部分房子逐步地破了旧了，他又投资（维修房子）了，这个产权就复杂了……或者是你把它拆了又重盖了，那么不管你维修也好你盖了也好，应该把这个房屋的残值是多少（明确出来）"。另一种甩开承包费的做法是承包若干年后，抛开集体产业另起炉灶，使得集体产业徒具高度折旧的空壳。由于另起炉灶涉及争议很少，所以被工厂主们随意谈及而无所避讳。当然，不排除有人披着"另起炉灶"的外衣。

　　其二，瓜分下拨的公共资源。从上表5—2中可以看出，这几笔款项中，无偿资助的部分数额小，主要用于村庄公共事业，争议较小；而低息贷款数额较大，主要分配给村庄的工厂，因此引发的争议也最多。27.5万元的低息贷款中，赵令中、赵令昕、赵志齐、赵志平（含赵德生）等赵家南院用了其中的10.5万元；赵家重要女婿中，担任过支部书记的魏志卿用了7.5万元，蔡歆华用了4.0万元。赵家外院赵二傻、赵二宝、赵大实等人用了4.6万，村中少数民族楚家、魏家、鲁家只用了1.2万，平均一户仅0.4万。

强权主导下的资源分配模式在两个层面影响了集体公共资源的规模。其一，瓜分行为直接将公共资源转化为私有资源。其二，影响了其他工厂主以及普通村民应当承担并缴纳给村集体的收入。如韩平岭、楚景禄等人对此非常不满，韩平岭"他就短不了给大队提意见"，"让村干部拿出周转金"；而楚景禄不肯再缴纳占地费，"你们都花着钱呢，你们咋不交？你们交了我再交也不迟"①；其他村民也不愿意交三提五统等应缴纳的钱款，而将村庄公共品视为工厂的责任和义务。从这个层面看，这种态度和认识为上面提及的"赎买行为"多少增加了"不情不愿"的色彩。

第三，拒绝提高承包费和占地费，甚至压低部分费用。承包费、占地费的收取标准与增长幅度并不能够与村民的预期相合。定承包费的时候大队开会，每个开会的干部都有自己的厂子，谁也不好意思多要谁的钱，赵文怀②抱怨，"大队上的主要干部吧，他要弄两个钱吧，他也不愿意多交，他说挣不到钱……货物涨价，工资翻番，厂子现在还是交着那个几年前交的那几个钱"，"你一问，你都说不挣钱，不挣钱你在干着"。即使是数量较低的占地费，村里也难以收齐。一些经营不善的工厂，更是长期拖欠款项，如楚景禄的木器加工厂、蔡歆华的砖厂。

二、公共资源的枯竭

在乡镇和工厂主的双向挤压下，村集体资产急剧缩水，到1998年1月访谈村会计赵文怀之时，村里存折上仅有140元钱。

更令人哭笑不得的是原先的集体工厂非但没有给村里带来收入，反而带来了一定的负担。集体厂房占用了农民的责任田，村里每年都要给农户两千块钱的赔偿。村里没收入，赔不起，所以大队不得不开始调地，调地重新分配土地后就省去了赔付的压力，同时还可以通

---

① 引自1998年1月15日鲁炳成访谈资料，访谈员：程为敏、赵力涛。

② 引文引自1996年11月24日赵文怀访谈资料统计，访谈员：唐军、候红蕊、赵力涛。

过调地划出"剩余"的地。"剩余"的地一部分用于承包给个人耕种，一部分被用作宅基地，由此产生集体收入。据赵文怀、陈蓉芩等介绍，西水村自1983年分地以来，在1989年、1993年、1995年都调过地[①]。

虽然国家不允许占用耕地，但是"耕地变荒地，荒地就可以卖，实际上这都是稀稀糊糊的"[②]。谈及买卖宅基地，魏胜禄非常激动，"钱一来不了就卖地"，"农村里想弄俩钱，就得搞基建"，"不搞基建没法下账"。2000年，新班子一上任就卖了12家房基地，收入19万元。可以说，通过买卖宅基地，村集体将本应该由工厂主承担的费用合理地转嫁到普通村民身上，从而加重了普通村民的生活负担。

2004年左右，新建朔黄铁路穿村而过，占地17亩，涉及六十多户人家。据蔡歆华介绍，由铁路部门下来的占地补偿款是每亩8万元，镇里每亩留下2万元，进了村里每亩留4万元，到户的补贴标准在1.38万至2.5万之间。到2004年12月补偿已经全部兑现，由此占地产生了大约68万元的集体支配资产。对这笔集体收入如何使用，蔡歆华的说法是村里开了代表大会都说清楚了，但是并没有说具体如何使用。在访谈员的追问下，他表示"我村儿的干部三年都没有开工资呢，现在还没有开工资"。以一年1万元左右的工资计算，则给干部开工资一项就切割掉至少3万元左右的资金。喻东（2010）也曾在论文中提及这笔资金的部分流向，"靠着修铁路时发的这笔横财，曾经潦倒到扫大街的赵二宝（时任村委会主任），2006年前后修起了新房，排场还不比老牌暴发户韩平岭的豪宅差多少"。可以想象，这笔占地补偿款一部分用于填补集体资产亏空形成的漏洞，另一部分则被村干部不同程度地占用了，而鲜有用于村庄集体事业或者基础设施的改善。

也正是占地补贴款到位之时，入村公路却破烂不堪，与村主任的新宅子形成鲜明对比。但是赵志平等依然不为所动，他们抱定的主意

---

① 参考1996年7月19日和同年7月23日赵文怀访谈资料以及1996年7月19日陈蓉芩访谈资料。

② 引文及以下内容引自2001年12月08日魏胜禄访谈资料，访谈员：程为敏、刘小京、柳莉、涂骏。

是"我们去让县里边过来看，这路不好走，该操作一下"①。而对此事骂骂咧咧的大财主赵志齐也采取了类似的态度，任由公路损坏影响货物运输也不愿意自筹资金修路，甚至高兴地认为通村公路损坏了工人就更愿意留在村子里上班了。

可以说，经历了一段时间温水煮青蛙似的赎买行动之后，工厂主逐渐将公有财产据为己有，并逐步降低自己对村庄承担的责任和义务。这个过程并没有多少的反抗，这是因为村民们最初并没有直接感受到这种集体资产的侵蚀对他们自身的利益造成的损害。同时，工厂带来的就业机会以及各种基础设施的投入冲淡了这种利益受损的感觉，也给他们带来了相较于其他邻村的无比优越感。

此时，村庄公共事务基本失序。2003年赵二宝和其舅哥楚景禄占用了村小部分场地，赵二宝将小学当做仓库，楚景禄在小学里开木工厂，"搬来了，隔了一个一个的墙，现在人家出门进门，小学的大院都是人家的了"。更让村民气愤的是小学成了婚庆之地，"娶媳妇，打花鼓，汽车在礼堂那边绕，你还上课不上课了……小学都成了他们家院子了"②。2012年，蔡铭竹又痛诉痞子无赖一般的赵二宝在光天化日之下将集体用于饮水的铸铁水管用卡车运去卖了（仅存为数不多的集体资产）。但是，这些事情发生在村民眼皮底下而没有太多明面上的抗议。

三、两次权力挑战被轻松摆平

村庄之中唯一的一次公开的政治挑战来自村庄统治家族的内部，主要人物是赵志兴和赵秉膺——两位有政治野心的体制内③边缘精英。此外，赵文怀在这一时期则算得上赵志兴、赵秉膺某种程度上的盟友，与上述二人不同的是他由于自身势力小而没有直接行动挑战既有格局。

赵志兴，1958年生人，赵令昕长子。1974年入伍，1979年退役返

---

① 引自2007年10月6日赵志齐访谈资料，访谈员：刘小京、姚建文、童斌。
② 引自2003年12月7日蔡铭竹访谈资料，访谈员：程为敏、宋婧、梁玉梅。
③ 这里的体制内意指乡镇与村的政治经济体制。

乡。回乡后，赵志兴于1981年进入西水村党支部担任支委，协助赵德生处理村庄事务[1]。

赵秉膺，1952年生人，高中文化学历，与赵德生、陈蓉芩等年纪相仿。从家族关系来说，与赵令中、赵德生这两支赵姓都相隔较远，与赵二宝的赵姓也不亲近。赵秉膺是一个有才干的人，也是体制内精英，但是他的才干助长了心气，使他难以跟体制内其他精英进行沟通与合作，这也为他重返西水村之后"拨乱反正"之举埋下了伏笔。

1987年赵德生去乡镇经营白云水泥厂之后，赵家女婿魏志卿接任党支部书记。魏志卿被村里评价为不作为的党支部书记，有什么事情都要去镇里找赵德生拿主意。魏志卿并不愿意在政治上耗费精力，他将主要的精力放在经营自己工厂上。魏志卿搭班的村长赵志兴的执政理念与魏志卿不同。赵志兴很想继续坚持赵德生时代的样板村路线，发展村庄公共事务。他和魏志卿商量，希望能够提高工厂占地费和承包费，并希望工厂主退出周转金（低息贷款）。魏志卿刚开始也并没有明确反对，于是赵志兴和赵文怀两个人就开始去丈量土地。这样一来，魏志卿却撂挑子不干了，丈量土地提高承包费、占地费的事情被暂时搁置了。

而此时，村里竟然没有人愿意接任村支部书记，赵志齐[2]很直白地说，"我们村里的官儿谁也不愿意当，支书从来和别村不一样，自己的事儿钱都挣不完呢，还用管老百姓？去刮那个民脂？"在无人愿意出任公职的情况下，乡镇以及魏志卿等人想到了赵秉膺，一个虽然不太理想但是能力足够的人选。尔后赵秉膺就被从县单位里拉回来，乡镇党委书记还亲自找他谈话。令人啼笑皆非的是此时赵秉膺居然连党员都不是，镇党委书记当即表示，"那没关系，我签字，我负责，我是党委书记，就按党员使用你"[3]。

赵秉膺回村后，姬许韵担任村支部书记，赵秉膺被任命为村委

---

① 本段引文引自2011年2月26日赵志兴访谈资料，访谈员：陈文玲、吴青阳、冯路、刁乃琦。同时，参考李馥《精英竞争逻辑、村庄合作文化与村庄公共品的提供》一文（硕士论文，未刊稿）。

② 引自1996年11月23日赵志齐访谈资料，访谈员：唐军、候红蕊、赵力涛。

③ 引自2008年1月31日赵秉膺访谈资料，访谈员：程为敏、陈文玲。

会副主任（过渡），赵志兴任村主任，赵秉膺主抓集体经济。姬许韵担任村支部书记后，她坚决捍卫家族和工厂主利益反对赵志兴和赵文怀丈量土地、提高占地费等有悖工厂主的举措。因此，赵志兴还没有等到其政治盟友赵秉膺站稳脚跟，在西水村精英的一致要求下，他就被镇里调进乡镇铁路系统，其党组织关系也同时被调离西水村。直到2008年左右赵志兴的组织关系才重新回到西水村。涉及赵志兴的一系列行动都征得了其父赵令听的同意。

姬许韵在担任了10个月村支书之后由能人赵秉膺担任村党支部书记。赵秉膺上台后，办了不少有利于村民的工程，包括扬水站、程控电话、硬化路面。1994年，为了应对省市领导视察，作为小康示范村的西水村与县城之间的路面需要进行硬化。赵秉膺接受了这项任务。修路需要每个村自行募集资金，但是此时西水村集体资产消耗殆尽，而工厂主一心工厂发展无人愿意花钱投入公共事业。不得已，赵秉膺想到了27.5万的低息贷款，便组织了由赵秉膺、鲁炳成等人组成的清欠组向各工厂主索还低息贷款。赵秉膺的这一举动直接触动了村庄精英的核心利益，遭致工厂主们的一致反对。魏志卿、姬许韵、赵志平等人即绕过赵秉膺直接与乡镇（包括赵德生）对话。最后，同他的政治盟友赵志兴一样，赵秉膺被调到乡镇工作，结束了他短暂的任期。

对待此事，村民们在若干年后的回忆之中大都流露出惋惜与怀念，"90%的人都说他是好干部，因为他任支部书记没有到一年，就办了3件大事：扬水站、程控电话和硬化道路"[①]。90%的村民无疑是村中一般的家庭，但是对于村中上层与乡镇合谋弄掉了村支部书记赵秉膺并没有采取自己的行动。而赵秉膺也终究是体制内精英，他不会采取危及自身体制内地位的行动。

---

① 转引自喻东博士论文《交接班》，语出1998年1月26日鲁炳成访谈资料（散佚）。

第六章 赵志平的时代

一、不能放与不想管的纠结

1998年11月4日，全国人大常委会审议通过《中华人民共和国村民委员会组织法》，并规定"省、自治区、直辖市的人民代表大会常务委员会可以根据本法，结合本行政区域的实际情况，制定实施办法"。在中央精神指导下，1999年9月24日华北P省第九届人民代表大会常务委员会第十一次会议通过了《P省实施〈中华人民共和国村民委员会组织法〉办法》，同时还通过了《P省村民委员会选举办法》。

对于由上而下的行政力量推动的村委会直选，村支书赵志平并不欢迎，他以刚选完党支部、身在大连为由推迟村委会选举时间。但是在乡镇的促动下，赵志平不得以才在2000年6月份左右举行了本村的村委会选举。在此前的2000年2月份左右西水村首先进行了村党支部改选。按照要求，党支部需要由5人缩减为3人，选举结果是赵志平留任党支部书记，魏志卿续任，来自赵家外院的赵某（名不详）进入班子。陈蓉芩、赵文怀、蔡歆华等老班子成员退出支部领导班子。

在村委会正式选举投票过程中，韩平岭表现了很强大的竞争力。在第一轮和第二轮选举中韩平岭分别获得了180张选票，名列第一，但是由于没有过半数，还得继续举行第三轮选举。

有鉴于其他村庄放开选举后，村庄村支两委关系不和以及这些村子工厂也受此影响而停产的前例，赵志平警醒地意识到应当维持班子的稳定。《P省村民委员会选举办法》规定，村民委员会由主任、副主任和委员共三至七人组成；村民委员会成员中，妇女应当有适当的名额。根据本村实际，西水村村委会由三人组成，其中一名应由妇女担任。在此框架下，赵志平开始了自己的谋篇布局（其实他对于应对之策的考虑早在上级推行村委会选举之时便开始了，只不过这种考虑直到第三轮选举时才算成熟）。

　　原先从支部里出来的陈蓉芩、赵文怀等是首先需要考虑的，这既是对他们退出支部领导班子的一种补偿，也是出于延续以往稳定政治秩序的考虑。陈蓉芩是赵家的媳妇，同时也代表着在县域政治上具有影响力的陈家。她以前是支部成员，之前也担任过妇女主任，因此在政治上成熟、稳重。更值得一提的是，她还在赵志平的工厂当着会计，跟赵志平利益一体，无疑是非常可靠的政治盟友。姬许韵是她的四嫂，兼着县里的政协委员，她也顺理成章地成为村委会班子成员的不二人选。赵家外院虽然占有六百张选票中的上百张，但是这一家族经济发展程度低，并且他们的家族核心人物如赵二宝等声名狼藉，不具有政治上的号召力，基本上可以不考虑将他们家族的代表纳入班子成员。

　　接下来还有一个位置赵志平预备留给赵家北院的家族代表赵文怀。但是赵文怀因为长期在韩平岭的工厂做会计早已铁了心要跟着韩平岭干，他表示愿意和韩平岭、姬许韵一起干。换言之，如果韩平岭不干，他也不干。对于是否让韩平岭干，赵志平有自己的判断。此时的韩平岭已经是村里经济上的头号人物，赵志齐、魏志卿和他本人都难以望其项背，这样的人物上台势必会削弱赵家人对村庄的稳定控制，此其一。此时的韩平岭已经跃跃欲试抢尽风头，考虑到他并没有能够分享低息贷款这一事实，他很可能再次走上赵志兴、赵秉膺的老路子，这是有悖赵家利益的，此其二。赵志平的政治盟友魏志卿与韩平岭不合，魏志卿和韩平岭两人的经营范围重合（锁体），存在竞争关系，他们早已是水火不容。单从这重关系来说，韩平岭也不可能成为他的政治盟友。家族中的长辈赵令昕（五叔）在一开始并不反对韩平岭，他表示韩平岭愿意干就让他干，这种放任态度被赵志平否定为"不负责任"。在赵志平的说服下，赵令昕肯定了赵志平不让韩平岭当选的主张。既然定下不能让韩平岭当选的原则，那么就进一步要将赵文怀甩掉。甩掉赵文怀需要获得村庄老同志以及赵文怀家族核心人物赵德生的支持。与赵志平通了几次电话后，赵德生也明确支持赵志平的部署。

赵志平下一步需要考虑的问题是由谁来代替赵文怀的位置。来自大票仓家族的赵二宝重新进入赵志平的视野。一方面是重视这一家族一百来张的选票，另一方面是赵二宝比较容易控制。赵二宝虽然多次经营工副业摊点，但是由于能力不行屡屡破败，最后跌入村庄社会的底层，成为著名的二流子。因此，如果将赵二宝拎上去，凭借自己家族的实力，一来可以震住赵二宝不要乱来，二来可以小恩小惠将之降服。

一切安排妥当，赵志平就开始布置安排拉选票了。陈蓉芩积极行动，"这边婆家，她两个哥哥、哥哥的媳妇，也是满街转"[①]。由于陈蓉芩曾长期负责计划生育，所以她也找到魏胜禄家，"因为计划生育，我帮助过你了，你就得去别的户找，找和你不赖的户"[②]。魏志卿的儿子也找魏胜禄的儿子喝酒，魏胜禄媳妇质疑"就是不说孩子们也知道，平常怎么不请这时候请"[③]。因为看到这些具体运作过程，"少数民族"们越发清晰地认识到选举的实质内容，"这个过程看着可民主了，实际上内里的事差距就大了，它没法防御怎么不串票。不民主的地方就是实际到选举的时候，到最后投票的时候，它就不民主了。因为俺们村里的班子就是一家子串一家子，家族观念太严重了"[④]。

为了最大限度的控制选举朝着有利于自己家族利益最大化这一方向发展，赵志平还制定了"我们这边都投二宝，二宝那边投蓉芩"[⑤]的策略。不言而喻，这是封杀此次选举最有威胁的对手韩平岭的致命绝招。通过精确的计算和广泛动员，将选票分散于陈蓉芩、赵二宝和姬许韵身上以保证他们三人能够同时入围。如果陈蓉芩、赵二宝或者姬许韵中有一人获得了太多的选票，那么就意味着具有选票优势的韩平岭极有可能借势进入班子，这显然是赵志平、魏志卿不愿意看到的。因此，适当分散己方的选票就可以达到阻止韩平岭进入村委会班子的目的。

---

① 引自2000年11月19日赵文怀访谈资料，转引自刘小京《治小村如烹小鲜》。
② 引自2000年11月20日魏胜禄媳妇访谈资料，访谈员：程为敏、刘小京、涂骏。
③ 同上。
④ 引自2000年11月19日鲁庆禄访谈资料，访谈员：程为敏、刘小京、刘畅、涂骏。
⑤ 引自2001年2月17日赵志平访谈资料（记录本，非录音整理），记录者不详。

在第三轮选举过程中，陈蓉芩、姬许韵都拿到了180多张票，赵二宝也得到了150多张票，他们三人分别获得了第一、第二、第三。根据相关规定，由于他们三人谁都没有得票超过二分之一，所以他们不是合法当选的村委会班子成员，只能算是临时聘用。这样的临时聘用的村委会班子也可以更好地为村党支部书记赵志平所掌控。

选举结果出来后，陈蓉芩和姬许韵谁也不愿意当村主任。赵二宝也不愿意当村主任，他此前经营面粉厂欠村民们不少钱，到时候收三提五统肯定收不上钱，而且"村子穷，不可能贪多少，前几年还可以发下50万的扶贫款"①，可见赵二宝当这个村主任一是掌不了权，二是干不动事情，三是没有多少实惠可以捞。因此，在选举结果出来后的二十多天里村委班子还是没有分工。没办法，最后赶鸭子上架，赵志平等人协调官迷赵二宝当村主任。在跟村民、乡镇沟通的过程中，他表示"赵二宝当村主任也有好处，人一当干部就有约束，原来钱不还，这回每个月200块钱就不要了，还补一点，这样多年积压的一个问题解决了"②。

此后的十来年，村庄的政治格局并没有因为村委会选举制度的推进而产生太大的改变。在赵志平的操持下，村庄的四次选举都先后流产，最后由村党支部出面聘用临时的代理村委会班子。是故村庄选举并没有在一般村民那里留下深刻的印象，无怪乎越老二的媳妇（越宁母亲）抱怨"选啥啊，十多年了都没选过，就那几个人"③。

令人啼笑皆非的是，一些不明就里的群众还要替赵志平漂白，如鲁炳成的媳妇跟访谈员说赵志平他能够办事，就是有职无权④。唯有深谙世故的鲁庆禄明白，"干部碰了支书一个钉子就不敢再碰了"⑤。

赵文怀认清形势，在核心问题上回归到以赵德生、赵令昕、赵志平等为代表的村庄政治经济体系之中，从而与韩平岭理清关系。赵文怀的回归，使得他得以重新以家族代表的身份与赵志平联手形成村庄

① 引自2001年12月9日赵志齐访谈资料，访谈员：杨善华、刘小京、涂骏。
② 引自2001年2月17日赵志平访谈资料（记录本，非录音整理），记录者不详。
③ 引自2011年2月27日越宁母亲访谈资料，访谈员：程为敏、李飑、赵超、张艳。
④ 参考梁玉梅2003年12月访谈日志。
⑤ 引自2004年12月6日鲁庆禄访谈资料，访谈员：刘小京、田耕、黄霞。

内赵家南、北两院共治的政治权力格局，打消了韩平岭企图与其工厂会计赵文怀联手抗衡赵志平的念想。他甚至提议"让志平把村支书和村主任都兼了"。此时的赵文怀可谓是志满意得，他完全取代赵二宝成为村庄事务的总经办，"村委（会）主任也是志平干着"，"主要是我和志平，具体事情都是我办的，好多事情都是我办的，什么关系啊都是我跑的"[1]。

二、现在咱这些和尚连钟也不撞[2]

出于自身利益的考虑，赵志平需要将政治权力控制在自己手中，但是他并不太想在此分出太多的精力。本章第一节讲述他控制选举过程表现的是他"不放"的姿态，而日常治理过程中所表现出更多的是"不想管"的心态，他追求的"就这个水平，有饭吃，稳定，别闹事就行"[3]。对于赵志平等村干部逃避的姿态，鲁庆禄评论道，"干部们也不正经弄，村里也不正经弄了……现在村上根本一件事不给社员办了，只管自己发财。你看现在志平当初，你当支书，一个月30天，29天跑北京，村里不管你的事，弄成什么样算什么样"[4]。但是，赵志平的政治行为逻辑显然是符合利益最大化选择的，一般村民也不认为当干部有什么益处，蔡歆华表示，"集体也没多少财产，你像办事出去吃顿饭，也没钱，你得自己倒贴，谁去啊。平岭他们说没油水了"[5]，赵玉庭也认为"平岭想当干部那时候，让我，我说你别当了，你当那干什么？开厂子去挣你的钱算了，你当那干部弄什么"[6]。

在村委会直选在全国全面推广之后，村庄的政治经济生态并没有发生太大的改变。除了竞选策略上有了适应时代的新办法，赵志平依然延续着他以往的执政风格。2000年赵二宝等人在第三轮选举中以获得三分之一选票的微弱优势代理村委会工作之后，他实际成为了赵志

① 引自2011年2月26日赵文怀访谈资料，访谈员：陈文玲、吴青阳、冯路、刁乃琦。

② 引自2001年12月9日赵正怀夫妇访谈资料，访谈员：程为敏、宋跃飞、柳莉。

③ 引自2001年12月8日韩平岭访谈资料，访谈员：杨善华、刘小京、涂骏。

④ 引自1997年8月21日鲁庆禄访谈资料，访谈员不详。

⑤ 引自2008年1月28日蔡歆华访谈资料，访谈员：程为敏、陈文玲。

⑥ 引自2008年1月30日赵玉庭访谈资料，访谈员：程为敏、陈文玲。

平的办事员。名义上陈蓉芩和姬许韵管计划生育，但是陈蓉芩什么事情也不愿意干，而"奇奇、志平、许韵都有工作，别看二宝（当着）村主任，支书的事情都要他管，二宝和奇奇、志平（关系）都还错"，赵志齐毫不避讳地向访谈员介绍"我们村有一个特别的现象"①。赵二宝虽然负责那么多事情，但是他做不了主，村委会的公章放在赵志平那里，什么事情都得赵志平最后说了算数。

作为对赵二宝"任劳任怨"的回报，赵志平等人对赵二宝侵占校舍等剩余集体资产的行为也就睁一只眼闭一只眼。于赵志平来说，这点集体资产算不了什么，而且赵二宝的腐化行为对他自身的执政形象并没有损伤，因为他自己没有从中获取一分一厘，他甚至可以从中将自己与腐败分子赵二宝做一个切割。而赵二宝由于自身腐败问题和自身形象问题，不得不进一步加大了对赵志平的依赖。是以，即使村中出现了再多的问题，人们心里念叨的依然是赵志平能力不行，管不住下面，如"志平志平，无能无能"八字在村民已成为通俗语。就连赵志平的叔叔赵令昕也直言不讳地说，"现在的人社会主义思想散了，当干部的自己没有时间操心别人的事情，都有自己的工厂"②。

此时的村庄公共秩序也没有精英来维持。其一，公共用地被随意侵占。老陈介绍，"村里开的几米的道，户里都占了，过不去车了……一家一户的园子，上面的他进不了，下面凡是挨着道的这几家，必须一律退回到自己家，他们干部不愿意弄……"③。对此，村干部与村庄的精英们也仅是听之任之，"村干部以前还闹矛盾呢，现在不，大家都不管事，大家都是老好人"，诸如赵二宝之流甚至是带头破坏以前的规矩，"以前村里不许把建筑搞在离路五尺远的地方，大家就搞临时东西建。二宝家先搞了个猪圈，把那五尺占了。现在村里一溜都是猪圈，一路过去都是猪叫，成了街景……现在村里乌皮户（无赖）谁也不去管，谁也说不动"④。

---

① 引自2001年12月9日赵志齐访谈资料，访谈员：杨善华、刘小京、涂骏。

② 引自2002年6月1日赵令昕访谈资料，访谈员：程为敏、许敏敏。

③ 引自2001年12月9日老陈访谈资料，访谈员：程为敏、宋跃飞、柳莉。

④ 引自2003年12月6日鲁庆禄访谈资料，访谈员：刘小京、田耕、黄霞。

其二，公共设施建设发展滞后。虽然"不想管"，赵志平时代村里还是办了一些公共事业。这些公共品的提供主要依靠的是上级资源支持，少有工厂主的资金投入。赵志齐介绍，"前几年还可以发下50万扶贫款，赵德生、赵志平几个人一商量，我们借走了30万，剩下的给别人、用在水利啊等等方面。现在钱拨得少，贪污钱只能清清垃圾、修修扬水站"[①]。在上级的政策支持下，兼有少量的村庄投入，2002年5月访谈时，村里通了有线电视、电话、暖气，也建好了水塔和扬水站。但整体来说，赵志平时代村庄公共品供给维持在一个非常低的水平上。如水利灌溉，"咱们村里早就说原先水渠浇地不好浇，这么几年都说修扬水站。候选人里开始演讲，都讲得可好了，说浇地不叫社员出钱，最后弄得都叫社员交。俺们村里这么多年了户里没出过钱，可是交公粮户里也没要过钱"[②]。村民们已经习惯了由村集体（村内工厂）包揽公共品的供给，然而资源贫瘠的村庄此时已无力负担这些支出，不得以重新将这些开支分摊给各家各户。

其三，发生了多起意外刑事事件，有杀子案，有盗窃案；家里老人没有人赡养，出现老人与子女对簿公堂事件和老人喝农药自杀事件；老陈虐待妻子导致妻子喝农药自杀事件等等。

由于"和尚连钟也不撞"，村民们习惯了"就算没有干部照样都好好的"生活，"谁当干部都没关系，无非就是上面开开会，别的没事"[③]。

三、韩平岭铩羽而归

韩平岭从经济领域转入村庄政治领域，有着得天独厚的优势条件。其一，经济实力村庄首屈一指，通过经济资源的运作，他可以团结一批村内希冀于与他分享经济资源的人，特别是村里的"少数民族"。其二，有可借用的人际关系资源。他经营的制锁厂吸纳了村里不少劳动力，这些劳动力可以成为他的重要票仓，"他厂里的工人，

① 引自2001年12月9日赵志齐访谈资料，访谈员：杨善华、刘小京、涂骏。

② 引自2001年12月9日老陈访谈资料，访谈员：程为敏、宋跃飞、柳莉。

③ 引自2002年6月1日魏拴禄访谈资料，访谈员：程为敏、许敏敏。

吃谁选谁，你在这个厂上班，就必须选他"①。其三，他与本村的政治家族有着比较亲近的关系。韩平岭三兄弟认赵令中为干爸爸，与赵志齐、赵志平等人套得上干兄弟的关系。韩平岭白手发家承包的集体产业就是依靠了这层关系，韩平岭对此铭记于心，逢年过节都会去看望赵令中、赵令昕两兄弟。因为这重关系，在韩平岭开始谋求进入村庄政治圈的时候，赵令昕是支持和肯定的，"我三哥就让他当儿子，我们赵家对他们两个儿子有恩，但人家对得起咱们，这两年没少回报，过年过节都到我这儿来"②，因此他的看法是让韩平岭干干看。

韩平岭的致命伤是他政治上的不成熟与招摇过市，更致命的是他的所作所为与村民对公共品供给的需求背道相驰。经济上的成功让他迷失方向，他将自己的不成熟发挥得淋漓尽致，最后失去了大多数的群众基础。

首先，为博上位他与村内政治精英展开竞争比拼。韩平岭每年都会组织庙会，在雄厚经济实力的支撑下，他的庙会组织得有模有样，装备都是最新的。这让鲁庆禄看不下去了，"他厂子每年庙会，他买了大锣、镲，敲敲打打的。每年十四闹红火，村里的家伙旧点了，他的新，他和村里闹红火的闹对立，对着干，闹得村里乌烟瘴气的。他净办这个事"③。更过分的是，2000年村里吃水成为问题，按照惯例集体缺钱都要在各个工厂中募集资金，结果韩平岭出了300元。出了钱之后，他还找了几张大红纸，写上"叫老乡，大家听，吃水不忘韩平岭"贴在村里。对韩平岭的行为，鲁庆禄很反感，"他写这个一点水平也没有，从这一点看他一点素质也没有……大家别的厂都出了，你怎么不写别人光写你"④。赵志齐对此也很不屑，"那小子思想素

① 引自2000年11月19日鲁庆禄访谈资料，访谈员：杨善华、程为敏、刘小京、刘畅、涂骏。

② 引自2000年11月18日赵令昕访谈资料，访谈员不详。

③ 引自2000年11月19日鲁庆禄访谈资料，访谈员：杨善华、程为敏、刘小京、刘畅、涂骏。

④ 引自2000年11月19日鲁庆禄访谈资料，访谈员：杨善华、程为敏、刘小京、刘畅、涂骏。

质不行，和村里那几个干部都顶头"①。还令大伙无语的是，韩平岭捐建水井的300元给得不痛快。他不直接给300元，而是每天给挖井工人十五六块钱工资，也就是说如果挖井没有用到300元韩平岭还可以省点钱。这种办事方式既让村干部不爽，也为一般村民所诟病。

其次，他也有意无意地得罪了一般村民。2000年抗旱，韩平岭的厂子里水泵、水管等设备齐全，但是他不想着给大伙用。为了入党，韩平岭在党员会上表示入了党就给村里修水塔。但是水塔他只是出了3万元，其他的工厂主如姬许韵等也都出了钱。水塔建好了之后，就数他家的工厂用水最多，所以村民对他有意见，大家认为他说着给村里修水塔，实际上就是给自个修，"他也出捐了，但不是你修的，许韵他们也都出了才把水塔修上"②。

其三，韩平岭跟村里其他班子成员也有无法转圜的冲突。因为竞选缘故，他跟赵二宝之间互相谩骂。赵志齐谈及"添了二宝，你骂我，我骂你，互相攻击，拆台，贴大字报，真瞎骂，一个骂韩平岭，一个骂二宝，谁骂谁就不知道了，都是晚上偷偷贴的，有人贴出来，骂二宝不好，骂他爹作风不好，要不骂二宝他娘，他娘年轻时候有一些风流事"③。韩平岭手法粗劣，将自己的司马昭之心暴露无遗，无怪乎赵志齐评价他想当官急红了眼。由于经济经营领域与魏志卿相重合，他与魏志卿也发生激烈的冲突。2000年底，魏志卿去山东潍坊进货回程时遇到韩平岭的车（都是司机开车，本人都不在车上，司机都晓得关系如何处理）。韩平岭的车爆了两个轮胎停在路上，魏志卿的司机老远看到韩平岭的车但是没有停下来。韩平岭对此非常愤怒，"他妈的就是这样的人，这样的人我怎么打交道？我在路上就是撞死他，我也不救他"④。

最后，韩平岭失败的最后一点原因是，他不擅长发展自己的群众基础（也可以说是不擅长经营在村民中的人缘）。韩平岭在山上开

---

① 引自2001年12月9日赵志齐访谈资料，访谈员：杨善华、刘小京、涂骏。

② 引自2000年11月19日鲁庆禄访谈资料，访谈员：杨善华、程为敏、刘小京、刘畅、涂骏。

③ 引自2001年12月9日赵志齐访谈资料，访谈员：杨善华、刘小京、涂骏。

④ 引自2001年12月9日赵志齐访谈资料，访谈员：杨善华、刘小京、涂骏。

了矿场，他派车到山上接15名工人下山投票。他跟工人许诺在P镇管一顿饭并给开工资（估计是当天也算是出勤）。然而，及至他没有选上，他就不再提给工人发工资的事情了。

对于村民们公共品供给方面的需求，他也没有很好的迎合。不能说他没有意识到这种需求的存在，而是市场经济"理性"的逻辑让他在这方面足够克制。韩平岭自己进行了估算，村里现在有10万元的外债，除此村里还需要支出26万元才能够维持日常运营，这些支出包括电费、农业税、乡统筹、水利费用等等。所以，韩平岭直言不讳地表示"老百姓尽是负担"，"如果老百姓通过选举让我当上村主任了，麦子冬天要浇一次水，西水村因为没钱就没有灌。Y河里的水有的是，就是需要投资，改建扬水站，整个西水村的500亩地就能全部浇灌，这关系到老百姓的生活问题。你当上干部怎么办？真愁。有的人觉得能选上干部就行了，光管个人……自己要明白，要弄清楚自己，你没那么大自知之明做什么人啊？你当上干部不给老百姓办事沾（行）啊？老百姓连饭都吃不到嘴里。你怎么样想方设法把社员的生活水平改善，人人都要受益，这是你干部的正事"①。就此看出，韩平岭对村民的需求是非常理解的，但是他的问题在于他愿不愿意去承担这个责任与付出。很明显，花300元也要计算一番的他在这个问题上是犹豫的。

2000年的选举失败后，他坚定了自己不背集体包袱、安心当厂长的的想法，"出了门也是厂长，走到任何人面前也是理直气壮的"②。韩平岭说的这句话非常值得玩味，他为何可以理直气壮？原因就在于韩平岭经济上的成功主要依靠自己的努力，他没有花集体的低息贷款，所以基本不用像赵志齐、魏志卿等人一样背负集体包袱与舆论压力。但是他发现自己一旦卷入政治竞争的漩涡，他就必须在是否投钱用于经营村庄公共事务这个问题上做出选择。一系列相关的犹豫与吝啬给他带来了前所未有的舆论压力和困扰，这是他经营工厂时所没有遇到的新问题。他遭遇的舆论压力甚至比赵志齐、魏志卿还大，因为

---

① 引自2001年2月18日韩平岭访谈资料，访谈员：杨善华、程为敏、刘小京、涂骏。

② 同上。

后者比他更有政治智慧，更善于经营人际关系，也更善于抓住机会制造舆论。所以，失败的韩平岭虽然是不无心酸地选择了退出了这场政治竞争，安心当厂长，重新让自己"理直气壮"起来。

之后的2003年他虽然在上级的支持下出任村党支部副书记，但是再也没有了出格的举动或炫富式的资金捐献。就连曾经支持他的赵令昕也对他不再抱有幻想，"你有钱，谁也不借你的，谁也不花你的，老百姓就是穿衣吃饭，开始他当（副）书记群众还拥护"①。2006年的选举中韩平岭连村党支部副书记的位置也没有保住。

四、"少数民族"的试探

舍韩平岭而外，再也没有人有实力挑起与赵志平相抗衡的大旗。诸如鲁庆禄的儿子鲁炳成、蔡二才，除了野心他们一无所有。

鲁炳成，1949年生人，在政治上他是赵秉膺、赵志兴的同情者。鲁庆禄父子一直希望能够进入政治核心圈，但是作为"少数民族"家庭，他们没有人口优势，也没有经济实力。要获得政治的入场券，就必须获得政治家族赵家人的支持，但是赵令昕直接否决了鲁庆禄让鲁炳成进入村领导班子的提议。不过鲁庆禄父子进入政治核心的雄心却并未就此作罢，2000年鲁炳成成功地经过村民推荐成为选举候选人。在私下里鲁庆禄有一系列的串联活动，被人暗地里贴帖子讥讽为"锅贴闲着没事干，骑着车子满街转"②。

鲁庆禄的矛盾在于一方面非常渴望儿子鲁炳成能够竞选成功，一方面又不敢公然违背赵令昕关于鲁炳成的定论，所以正式竞选投票的时候鲁庆禄并没有去给儿子投票。对于鲁庆禄来说，不管自己去不去，结果却是一定的，"他当干部不行，他脾气不好……说话得罪人……真要是选他当了，他还是有想法的……你也当不上，你当上也没法弄，你摆布不了家族观念"③。鲁庆禄的这番表述即是矛盾的，

---

① 引自2007年3月31日赵令昕访谈资料，访谈员：杨善华、李静、杜洁、郑晓娟、刘珍珍、王璐璐。

② 引自2000年11月19日鲁庆禄访谈资料，访谈员：杨善华、程为敏、刘小京、刘畅、涂骏。

③ 同上。

一方面肯定儿子，一方面又不得不在现实面前否定了儿子。

蔡二财是赵二宝的小跟班，在村里有着不务正业的名声。蔡二财自称西水村的第一理事长，义务帮人家调解纠纷，实际上是从中收取一定费用。蔡歆华不屑于蔡二财的管闲事，"他顶不了事，家里有什么事他管管，村里事轮不到他"[①]。陈美美不屑地呼之为"二宝的狗腿子"，"他做上官，他把人们都就弄死了……他可不沾，贪污，别说别的地方，浇浇地，水利上浇浇地就是有那么点权，有权不用，过期作废，那也不是个好东西"[②]。尔后他们推举赵二宝当村长，因为利益问题跟后者又发生了嫌隙，"（赵二宝）后来就不管事了，修铁路，二宝发了财了，也不管事了，也变质了"[③]。蔡二财混到最后连赵二宝的小跟班都当不上，只得回家干自己的营生，"跟他们干部们闹事有什么用，都是一个村里的，也牵扯不到自己的利益"[④]。

如果说鲁炳成、蔡二财还有点政治抱负或者政治野心的话，其他的村民基本上已经不关心村庄事务了。

村民的不作为逻辑基本可以概括为两点。其一，村庄能够控制村民生活与发展的资源和能力都非常有限，大家都"不在乎，反正谁当官都一样"[⑤]，"谁当干部都没关系，无非就是上面开开会"[⑥]，"咱养咱的鸭子，也不影响咱的，咱也不求他们办事儿"[⑦]。

其二，"谁说得多谁得罪人，谁提意见谁得罪干部们"[⑧]。陈美美是赵志平族中的大嫂子，她对于村庄公共事务的看法与家族观念缠绕在一起。从家族观念来说，她处处维护赵志平的形象，甚至为他舆论造势，"志平那人也不赖，就是没能力"。为此，她将村庄问题归结于魏志卿和赵二宝两人品性太差。同时，从自身社会阶层地位出

① 引自2008年1月28日蔡歆华访谈资料，访谈员：程为敏、蔡歆华。

② 同上。

③ 引自2008年1月27日蔡二财访谈资料，访谈员：程为敏、陈文玲。

④ 引自2008年1月28日蔡歆华访谈资料，访谈员：程为敏、蔡歆华。

⑤ 引自2009年1月11日老越夫妻访谈资料，访谈员：程为敏、喻东、郑晓娟。

⑥ 引自2002年6月1日魏拴禄访谈资料，访谈员：程为敏、许敏敏。

⑦ 引自2004年12月4日魏胜禄访谈资料，访谈员：陈文玲、龚博君、梁玉梅。

⑧ 引自2001年12月9日老陈访谈资料，访谈员：程为敏、宋跃飞、柳莉。

发，她又不能不时刻去怀念赵秉膺时代的公平正义。上了年纪的她，以"一辈子不做亏心事，不怕半夜鬼叫门"为人生信条，教育子女"让一步自然宽，宰相肚里能撑船……有车了，往难走的路上走走，给人家躲躲，让人家车过去，这就是让人一步"。所以，在陈美美一方面要维护家族的体面，另一方面又因自己实际经济利益和阶层地位而怀念赵秉膺时代，但又同时不愿意去跟人起是非。

第七章 权力板块的缝隙

一、土老帽的政治野心

2011年底2012年初，西水村又进入了一个新的选举年。自上世纪90年代以来，赵志平、赵文怀、魏志卿等西水村第二代村民一统江湖亦已近二十余年。如今，他们不得不考虑代际传承（传位）问题。

赵志平开始考虑由谁来接替他担任村党支部书记。在赵文怀的积极活动下，赵志平有意将村党支部书记的位子让给魏波波。魏波波，魏拴禄的儿子，赵文怀的女婿，跟着父亲在家里经营养殖业，为村内规模最大的养殖户，有一定的经济实力。在经济上取得成功后，魏波波也萌生了进入政治核心的想法，得到了赵文怀、赵志平等人不同程度的支持。不晚于在2007年，魏波波入党了。但是魏波波毕竟家族势力太小，最终没有通过党员投票。

魏波波的姨夫赵玉庭并不看好他当村干部，"我当时表示，作为咱们亲戚，我在家里，我反对你出任干部，首先你没能力……你没有这么大的能力把这个村里扭转了"。赵玉庭的意见是诚恳的，因为赵玉庭看到当村干部"讲究钱，一切都是钱，没钱没用……你当上五年，给村里拿回来个一二百万，你这干部当一辈子"[①]。三年过去了，魏波波的经济实力虽然有所上升，但是他养殖户的形象依旧不

---

① 引自2008年1月30日赵玉庭访谈资料，访谈员：程为敏、陈文玲。

佳，被赵秉膺①贬低为"农村的土老帽"。在赵秉膺看来，他们家承包貂场之后，从来没有上交过利润，而且靠着赵文怀的关系用了集体的五千元周转金，"集体光有投入没有回报，你这还想当书记呢，从这一点，你就不够条件"。不管如何，魏波波都没有如意当上村支书，赵志平继续担任村党支部书记。

2012年村委会选举的时候，魏波波也有很强烈的愿望去竞选。其时，有意愿参选的还有魏波波的兄弟和赵大海。但是魏波波很快放弃参选。魏波波对外宣称是因为兄弟参选了，自己就不选了。但是或许他还有另外一层考虑，就是在掂量自己实力发现与赵大海的悬殊之后，放弃了与这一对手的竞争。魏波波虽然有钱了，但是没法跟以前的韩平岭相提并论，也没法跟后起之秀的赵大海相比。

二、土地增值背景下掺进来的沙子

2012年2月，西水村开始村委会选举，赵大海成为最有力的竞争者。赵大海是赵四法的孙子，属于赵家外院。整个家族的一事无成并不影响赵大海事业的发展，他在县城经营房地产、门市、高利贷（志平称小额信贷，最低三分利息），财力雄厚。赵正怀谈及赵大海的资产时多有艳羡之意，"赵大海商品房多了，村里也有房，也没人住，车也是好几百万的车"。现在，他已不在村里居住。

为了成功竞选村委会主任，赵大海投入了大量资源。其一，打经济牌，用资源笼络村民。在《致西水村全体选民的公开信》中，他提出今后村委会五点努力方向。一是任期内不要一分钱工资，将工资捐给村里群众，每年再捐出2万元作为西水村专项扶贫款，帮助群众解决生活问题；二是村民免交水费、新型农村合作医疗费；三是为符合条件的困难户办农村低保；四是建绿化带、点亮路灯、及时清理垃圾，下大力气整顿村庄生活环境；五是引进资金和项目，带动经济快速发展。参选期间，他给每家每户发放粮、米各一份，并承诺当选成功后给每家每户发一壶食用油。期间还组织了唱戏，赛过了邻村，村民都觉得很有面子。

---

① 参考吴青阳2011年2月访谈日志。

借助于强大的资源介入和社会动员，赵大海成功当选村委会主任。调研期间，已是2012年5月下旬，村内焕然一新。村内悬挂不少条幅来盛赞赵大海，如"吃米不忘赵大海，花钱不忘好干部，党干拧成一股绳，村民喜笑焕然新"，"一人布施献村民，百里希（稀）少只一人，村里智能好干部，村民致富有出路"。诸如赵正怀、鲁庆禄、蔡铭竹在访谈过程中都不同程度表达了对村庄旧貌换新颜的乐见态度。

赵大海参选是家族光耀门楣的需要，赵四法的儿子赵大傻就鼓动他的儿子赵大海回村为村民服务。但是对赵大海来说，更为关键的动机并不在于家族荣耀，而在于巨大的经济利益。随着城市的开发，农村土地有了巨大的升值空间，赵大海本人也经营房地产，因此竞选村主任后可以方便他利用手中权力经营西水村的土地。此前，他也尝试通过一些渠道先于国家土地征收前囤积土地，但是并不是太成功。

赵大海是否有意愿带领村民朝着他们预想的共同富裕的道路上前进确是值得研究的。比之韩平岭等人，赵大海与村庄的联系却更加微弱。他不在村里居住，经济生活也跟村里没有多少联系，除了土地开发能够吸引他之外，他跟村里可以说基本没有什么关联。

赵大海除了有好的机遇之外，也没有展示出高于韩平岭的足够政治智慧。为了成功上位，赵大海一面树立自己高大形象，另一方面开始指使"爪牙"攻击现任村领导。在村内我们发现了两份张贴的传单，话语强势有力，颇具有感染力。第一张传单《投票权力不能丧失》将西水村的落后现状和别的村子相比较，"多年来由于领导的腐败和无能，给西水村造成了，有先进变为落后，还有几十万债务，压得西水村人们，抬不起头来"，强调选票要投给"大公无私的人、办事公道的人、有钱的人、有能力的人、有外交关系的人"。第二张传单呼吁村民要"去掉私心杂念，去掉家祖（族），想到西水村的前途，想到儿孙的命运……吸取多年的教训……要大胆的去选、勇敢的去选、准确的去选"。而其中"年轻的人、有魄力的人、有胆识的人"的言下之意，不言而喻。

这种宣传虽然没有明面上声讨赵志平，但无疑全面否定了他主政西水村16年的政治成绩。村民张贴横幅，"吃米不忘赵大海"，大家都记着赵大海为村里做的事情，光环都在赵大海的头上，权力中心的村支部书记却一边站了。"志平志平，无能无能"的舆论宣传也在村民中间进一步蔓延开。领导班子成员的魏志卿更是首当其冲，村民们都道"打倒志卿，西水太平"，魏志卿无疑成为政治竞争对手攻击现有政治精英的突破口。

对于赵志平来说，现实当中的两重因素让他没能成功阻击赵大海上位。一方面，村民虽然没有采取行动，但是已经对当下村庄政治已经非常不满。面对十来年一成不变的村庄，他们思变的心理非常明显，他们渴望有新的气象。特别是近年来，西水村在与邻村竞争过程中败下阵来，更是让村民们非常不满。另一方面，村庄的公共资源无法支撑公共品供给的负担。所以，他不得不在某种程度上将那些在经济上获得成功的村民吸纳进入村庄权力架构之中，从而以此为突破口去满足村庄公共事务的需要。对待韩平岭是如此，对待赵大海也同样是如此。

也就是说，在某种程度上，赵志平是让赵大海上台"放血"。赵大海的政治智慧依然停留在2000年韩平岭的水平上，倘若赵大海重新走上韩平岭的老路，暂时被分割的权力仍然会回到他的手中。他可能会在稳定权力之后撤回他对供给公共品的承诺，也有可能为了较为顺利地攫取土地资源而向村民继续进行小恩小惠的利益输送。考虑到他的外部关系网络、有黑势力背景以及雄厚的财力，赵大海蛮横地处理与村民的关系也不是不无可能，他不用像韩平岭、赵自强那般刻意地保留乡情乡谊。

第八章 总结与讨论

一、关于乡村工业化与村庄内聚力

笔者试图从乡村工业化与村庄内部社会关系结构的变化来把握改

革开放以后中国农村经济重新回归工业化与城市化的重要意义。调研发现，集体化后期以来，中国乡村工业依靠工业与农业互补的独特优势发展起来，一方面是充分利用外部世界的技术、信息与市场，另一方面是充分利用乡村内部廉价的劳动力和土地。这种工业发展不仅带来了农民家庭经济与生活条件的极大改观，而且更重要的是构建了一种崭新的共生关系。在经济结构上，是农业与工业的共生发展，一般村民在经营农业维持生计的同时依靠乡土工业获得货币收入。在社会关系上，一般村民开始与村庄的政治经济精英建立共生关系。

与黄宗智"半无产化"概念相类似，集体化后期以来的乡土工业发展也表现出了农业与工业相互支持的特点。但是，黄宗智认为"半无产化"影响了资本主义在中国的发展，也破坏了乡土社会的"道义经济"。然而，西水村的调研却发现集体化后期的乡村工业化发展带来了与"半工业化"截然不同的社会后果。恰恰是农业与工业的结合，乡土工业获得了强大的市场竞争力，并且乡土工业的发展培养了一批适应现代工厂生活和都市生活的新市民（尽管从户籍制度上他们多数没有能够成功转变为新公民）；进一步，乡土工业的发展，为建立一种新的村庄社会关系结构乃至于为培育新的村庄内聚力提供了一种可能。传统的乡土伦理与宗族观念在其中也扮演了重要的角色。因此，对乡土工业与村庄社会关系纽带变化的关注应当成为研究后集体化时代乡村政治的重要基础。

然而，这种可能性虽然存在，但却非常地脆弱。这种相互依存共生的关系从其核心支柱上来说，是有别于传统的道义经济模式的，因为后者的内核是伦理与文化，而前者更多的体现为资本逻辑和市场逻辑，其本质是通过支付一定的工厂资源以获取村民个体对其占用集体资产的认可，实质是一种赎买行为。进言之，倘若说这种赎买行为未能及时通过制度化转变为双方均能够认可的价值体系，这种表面的道义经济模式将可能因失去理念支持而走向瓦解。

20世纪90年代中后期以后，乡村工业失去了它曾经的黄金阶段。它失去了市场，也失去了吸纳工人的优势与潜力。以往的手工小作坊也在都市大工业的冲击下纷纷关停。老一代工厂工人开始脱离工厂四处打零工。新一代青年开始通过外出务工、高等教育等形式离开村庄。此时的西水村已经成为了以自雇阶层、养殖户和出外务工者为主的离散化社区。可以说，西水村后期的发展破坏了乡村工业化初期建立起来的微弱共生关系。经受市场与资本逻辑洗礼的政治经济精英不再需要依赖于村民与社区，开始走向外部空间世界的离散农民个体也不再依赖于社区与内部的政治经济精英。在前者，他们越来越多地搬进城市，成为不在村的政治经济精英，并进一步减少甚至是压低自己应当贡献给乡村社区的资源。在后者，他们不断离开村庄、降低自身对于村庄公共事务和社区责任的关注，让自己生活的重心向外部世界倾斜。

二、关于公共资源枯竭背景下的政治竞争

不论有着怎样的起伏或者怎样的生存压力，集体化后期以来西水村的经济都在向前发展，村民的生活水平也在不断的提高。然而，仅仅依据Scott Rozelle或者郎友兴等人关于政治与经济发展之间的关系论述，我们很难去真正理解西水村30余年的政治经济变迁史，因为30年后西水村的政治生态几乎保持着30年前原初的政治权力框架。更为关键的是这种几无变化的政治生态我们无法用同一套逻辑去加以理解，因为单一社会事实背后的逻辑主线发生了根本的变化。改革开放前期的村庄社区的稳定主要依赖于政治经济精英提供工业机会以及他们对供给公共品方面的支持，这些行动缓冲了村民对村庄政治结构的冲击，也相对抑制了他们参与政治的热情；改革开放后期，村庄公共资源枯竭，村民开始离开乡土以及乡村工厂，对于大多数村民来说此时的公共事务已经没有了先前的吸引力，他们更多的将自身的精力放在家庭与个人发展上。换言之，单纯通过经济变量无法为我们理解乡村政治经济变迁提供一个符合现实的框架，我们必须借用对乡村工业化背景下村庄内部关系变迁以及公共资源变化的理解来分析经济变迁过程中乡村政治参与（选举事件）逻辑。

具体而言，经济对政治生态的影响过程中社区内部公共资源与社会关系结构变迁是两个绕不过去的关键环节。前者提供行为主体政治

参与的动力机制，后者奠定行为主体政治参与的社会性背景。以西水村为例，乡村政治经济精英为村庄提供资源与公共品的机制未能及时得到制度化方面的强化和价值理念方面的相互承认，致使村庄的公共资源日益枯竭。与此同时，个体与村庄、工厂的共生关系逐渐走向崩解，村民的市场化和城市化不断提高，不论是务工农民还是政治经济精英，都不同程度地将自己生活的中心向城市倾斜，致使村庄的内聚力不断消散，村庄与个体之间失去了利益上的关联。

在此背景下，村民实际上都不同程度地失去了政治参与的积极性。对政治经济精英来说，他们更多的关注在于自家经济与产业的发展。如赵志平、魏志卿等人都不愿意在村里的公共事务上花费精力，他们的主要精力都用在了自家工厂的经营上。从这点出发我们才能真正理解赵志平的无能与无为，他控制并维系政治权力的目的主要在于维持原有的利益分配格局不被打破。因此，高度控制与低度卷入是赵志平16年政治生涯的重要特征。

于一般政治参与者而言，当他们发现村庄公共资源枯竭、内部关系网络松弛之后，他们已经无所谓政治积极或者政治消极，因为他们的生活已经更多的与外部世界相关联。

于政治挑战者而言，他们与村庄的利益关联度也非常小，他们更多的精力也在于自家经济与产业。所不同的是，他们来自权力核心范围之外的边缘领域，争夺权力只为得到家族荣誉与个人面子方面的满足，因为这象征着他们家庭与家族社会经济地位的上升。舍此而外，他们难以从这样的政治竞争中获得更多的资源分配的份额。

而且，赵志平等政治精英允许韩平岭、赵大海等人上台，在某种程度上是一种"放血"策略。亦即，通过让经济精英在有限程度上分享政治权力，迫使他们捐献资源以满足日益强烈的公共品供给需求，这对主政的政治精英缓和村庄紧张情绪、维持政治稳定有着非常重要的作用。进一步，通过让他们"放血"，促使他们明白自己的真正利益所在，从而自觉退出政治权力的竞争。

2012年以后西水村选举的新气象在于城市化开发过程中临近市区的农村土地有了巨大的升值空间，这为经济精英提供了参与政治的足够利益刺激。在此激励下，他们会通过耗散一定个人资源以供给村庄公共品来刺激村民的政治参与从而实现自己的政治目的和经济目的。这种政治参与极有可能是回光返照，村庄的内部社会关系其实并没有发生质的变化。为着经济利益的实现，成功晋级的经济精英非常有可能在未来为了自身的经济利益去压制村民的政治参与。因此，仅仅是靠资源强力刺激达到的政治参与实际上是不足以实现良性的社区建设的。

三、关于乡村政治精英的角色定位

　　套用杜赞奇的概念，费孝通"双轨政治"下的理想型士绅精英可以定义为"保护型经纪人"。保护型经纪人与地方利益密切联系，起着缓冲国家挤压乡村生存空间的作用。区别于"保护型经纪人"，黄宗智又提出"营利型经纪人"的概念，这类经纪人将职权视为牟利的手段，其兴起源于国家试图加强对乡村的控制和对乡村资源的汲取。此时的保护型经纪人已经成为中央扩张权力、汲取资源的重要障碍。张静（2007）提出了一个类似于营利型经纪人的概念——政权经营者。政权经营者概念重点强调的是他们可以无偿或象征性有偿地使用公共资源。与杜赞奇等人不同的是，张静的概念没有处理政权经营者的"站队"问题，他的意图是官僚式的谋取政治前途还是单纯为着个体的经济利益在张静这里是语焉不详的。杨善华（2002）提出了代理型政权经营者与谋利型政权经营者的概念即是对张静概念的推进。

　　杜赞奇、张静、杨善华等人的概念分析可以从"个体（A）——社区（B）——国家（C）"三个维度来综合把握基层乡村干部的角色定位。亦即，靠近个体的更多表现出营利型经纪人和营利型政权经营者的经济理性特质（低度社会化），靠近社区的更多体现出保护型经纪人的特质（高度社会化），靠近国家的更多表现出代理型政权经营者的官僚特质（高度社会化）。笔者倾向于认为，有高度自我意识、谋求政治利益的政权经营者可以归为C类；有高度自我意识、谋求经济利益的更多地可以归为A类。

　　然而，这种理想类型的划分在现实的运用中仍然显得过于削足适履。综合分析该阶段西水村政治精英（赵志平、魏志卿、韩平岭等，赵二宝不在此列）的角色定位，我们发现很难用"营利型经纪人"或"保护型经纪人"或"代理型政权经营者"这样的传统概念来概括他们在村庄公共事务中所起的作用。

究其原因，其一是因为村庄的政治精英并不会因上级政府的压力而加大对农民的资源汲取，恰恰相反，政治精英通常将上级政府加诸农民之上的经济负担转移给乡村工业，从而缓冲了国家与农民的矛盾。这种做法虽然在客观上起到了保护农民的效果，但其核心目的却是在借此形成个体占用集体资源的合法性。其二，村庄的政治精英并不以所掌握的权力为攫取经济利益的直接工具，他们大多有着自己的产业。由于村庄并无公共资源可资运用，他们不愿意关心村庄公共事务，所以他们更多的是家户的代表。他们掌控政治权力的目的更多的是为自家的经济发展创造一个更有利的政治生态环境。

认为国家权力加强了对村庄的渗透使得乡村干部日益官僚化的看法显得过于片面。实际上，乡村干部并没有简单地因为国家拨付工资、提供养老保障而迅速与国家站在一起而成为他们的代理，因此谈不上"官僚化"。他们更多的是有着自身利益的考虑。矛盾之处在于，同时又难以用"营利型经纪人"的概念加以理解。

四、关于制度供给与权力更迭的内外环境

通过对西水村选举的历时性分析我们发现，其实我们很难单从村委会选举的分析中完整把握村庄政治生活的全貌。实际上，村委会的选举镶嵌于村庄的政治权力结构框架之内。

这种政治权力结构框架从村庄内部来说，它体现为村庄的家族权力结构及村党支部和村委会的权力控制结构。家族权力结构是不可忽略的隐线，虽然没有获得官方的认可，但是为村庄内部所遵循。上位者要成功实现对村庄政治权力的驾驭，就需要成功疏通村庄各家族的关系。赵秉膺、赵志兴等人之所以能够上台执政，是因为他们得到了赵德生、赵令昕等人的默许，而他们先后又失去权柄则是他们因破坏既存的利益结构而失去了赵德生、赵令昕等人的支持。在这里，乡镇

也不得不尊重村中政治精英的意见。又如韩平岭，他虽然获得了上级政权的支持从而进入村庄的政治体系，但是没有政治家族支持的他依然难以扩大自己的政治实力，难有作为的他最后不得不惨淡收场乃至于彻底退出村庄的政治。村庄内部的另一重权力结构框架表现为村党支部对村委会的控制，这是明线，具有法理上的合法性。在西水村的实践过程中，村党支部对村委会的权力控制将家族对村庄的隐性控制合法化。因为村庄党支部成员的进入门槛为政治家族把持，少数民族家庭和其他与政治家族利益不一致的政治积极分子都被阻挡在政治核心圈（村党支部）之外，他们没有渠道入党，自然无法控制村党支部。

但是与村委会相比，村党支部并不天然具有权力优势地位。也就是说，从理论上来说，村委会完全有机会挑战村党支部的权力和地位，因为他有团结多数村民的先天优势。然而，在西水村的选举与政治权力竞争过程中，并没有出现理论上可以出现的局面，究其根源在于外部环境的左右改变了村庄原本可以均衡的权力结构。村党支部与上级政府有着制度性的关联，可以便利地获得政治支持和其他社会资源，而村委会则因为更多地是通过由下而上的途径来获得自身的合法性，资源和权力相对有限。

调研发现，乡镇为着自身的利益往往会支持党支部控制村委会，所以村委会难以达成名实相符的直接选举。同时，村庄政治家族中不少人士在政府任职，如赵德生就是西水村所在乡镇的镇党委副书记，家族对村庄的权力和乡镇对村庄的权力在此合二为一，强化了上级外部环境对村庄内部权力更迭的直接影响。村庄选举制度的实施自然没有埃莉诺·奥斯特罗姆提及的监督、制裁和冲突协调机制，这种直接影响毫无疑问是偏斜的而非公正的。如论文提及的赵秉膺，他虽然有着强大的民意基础，其执政行为也符合村庄发展的客观需要。但是，他的执政方略损害了村内政治精英的利益，因而遭受了村内政治精英的一致反对。乡镇在仲裁此次矛盾的过程中，并没有公正裁决而是采取息事宁人的策略将赵秉膺调离工作岗位。乡镇的不公正仲裁进一步确认了乡村政治精英和家族精英对村庄的控制。诸如赵二宝、鲁炳成、陈二才等社会底层人士，与乡镇上层基本没有什么直接的强联系，他们很难去争取乡镇对他们的支持。因此，即使他们有机会去行使村委会的职权，但也不得不依附于村党支部和支部书记赵志平。更确切地说，村委会以及赵二宝对村党支部和支部书记赵志平的依附从实质上是对乡镇权力的依附。

由于选举制度的供给失去了外部力量（确切地说是上级力量）公正的裁决，选举制度最后不得不屈从于村庄原有的政治权力与控制结构。村委会选举，它本身即是羸弱的，所依赖的是彼此心力不合的村民，倘若又失去了外部力量公正裁决，选举将无疑成为村庄政治精英把持的工具。

对于这个问题，亨廷顿（2008）、赵树凯（2012）也有过类似的论述。吸纳政治参与是当代政治体系的重要特征和重要功能，他们认为，大量政治参与活动缺乏规范的制度引导，充满了无序感、随意感和不确定性。因此，为了实现政治稳定和政治发展，必须诉诸于政治制度化，组织好政治参与。但是，实际调研发现，亨廷顿、赵树凯等人的治弊之策显得有些简单和理想化。良好的制度设计与供给如果没有强有力的外部力量必要的有效监督和协调，制度将被既存的政治权力结构消化而难以发挥实质影响力。

五、研究的不足

其一，村庄的社会生活是多重和复杂的，不仅涉及经济，还涉及宗教、婚姻、伦理文化等多个方面。对乡村社会关系模式流变的理解，离不开对这些因素的综合分析。然而，限于时间与精力，本文仅抓住了乡村社会生活中经济与就业的一面，而单从这个角度来理解村庄内部社会关系结构可能会失之偏颇。

其二，研究虽然有意识去克服切割村庄与外部环境关系的不恰当做法，但是为着集中笔墨在文章的主线上铺陈的缘故，不得不对此暂时性加以忽略，这一遗憾只能在今后的研究中弥补了。

其三，对关键性概念缺乏足够说明，存在许多似是而非不恰当的论述。如对"道义经济"的理解有太多个人主观的色彩，而对"政治精英"、"政治经济精英"、"乡村干部"、"政治挑战者"等具体概念又缺乏明确的界定。

参考文献

奥斯特罗姆，2013年，《公共事物的治理之道：集体行动制度的演进》，上海译文出版社

杜赞奇，2010年，《文化、权力与国家》，江苏人民出版社

费孝通、吴晗等，2012年，《皇权与绅权》，岳麓书社

郭正林，2003年，国外学者视野中的村民选举与中国民主发展：研究述评，《中国农村观察》，第5期

郭正林，2001年，中国农村二元权力结构论，《广西民族学院学报（哲学社会科学版）》，第23卷第6期

郭正林，2001，中国农村权力结构的制度化调整，《开放时代》，第7期。

何包钢、郎友兴，2000年，村民选举中的竞争：对浙江个案的分析，《华中师范大学学报（人文社会科学版）》，第39卷第5期

贺雪峰，2003，乡村秩序与县乡村体制，《江苏行政学院学报》，第4期。

亨廷顿，2008年，《变化社会中的政治秩序》，上海世纪出版社。

胡荣，2002年，理性行动者的行动抉择与村民委员会选举制度的实施，《社会学研究》，第2期

胡荣，2005，经济发展与竞争性的村委会选举，《社会》，第3期

胡荣，2006年，社会资本与中国农村居民的地域性自主参与，《社会学研究》，第2期

黄平、王晓毅（主编），2011年，《公共性的重建：社区建设的实践与思考·上》，社会科学文献出版社

黄宗智，2009年，《华北的小农经济与社会变迁》，中华书局

李飝，2012年，精英竞争逻辑、村庄合作文化与村庄公共物品的提供，北大硕士论文

刘义强，2004，选举背后的村庄生活逻辑，《中国农村观察》，第2期

刘玉照，2004年，集体行动中的结构分化与组织化——以白洋淀某村修路与基层选举为例，《社会》，第11期

罗仁福、张林秀、黄季焜、罗斯高、刘承芳，2006年，村民自治、农村税费改革与农村公共投资，《经济学》，第5卷第4期

沈艳、姚洋，2006年，村庄选举和收入分配——来自8省48村的证据，《经济研究》，第4期

舒茨，1989年，《社会世界的现象学》，久大文化股份有限公司 桂冠图书股份有限公司

斯科特，2001年，《农民的道义经济学》，译林出版社

宋婧、杨善华，2005年，经济体制改革与村庄公共权威的蜕变——以苏南某村为案例，《中国社会科学》，第6期

孙昕、徐志刚、陶然、苏福兵，2007年，政治信任、社会资本和村民选举参与——基于全国代表性样本调查的实证分析，《社会学研究》，第4期

涂尔干，2005年，《社会分工论》，生活·读书·新知三联书店

王淑娜、姚洋，2007年，基层民主和村庄治理——来自8省48村的证据，《北京大学学报（哲学社会科学版）》，第44卷第2期

韦伯，2005年，《社会学的基本概念》，《韦伯作品集》VII，广西师范大学出版社

杨善华、苏红，2002年，从"代理型政权经营者"到"谋利型政权经营者"——向市场经济转型背景下的乡镇政权，《社会学研究》，第1期

杨善华、罗沛霖、刘小京、程为敏，2003年，农村干部直选研究引发的若干理论问题，《社会学研究》，第6期

杨善华、王纪芒，2005年，被动城市化过程中的村庄权力格局与村干部角色，《广东社会科学》，第3期

杨善华、孙飞宇，2005年，作为意义探究的深度访谈，《社会学研究》，第5期

姚洋、高梦滔（主编），2007年，《健康、村庄民主和农村发展》（部分），北京大学出版社

喻东，2010年，交接班：透析农村政治嬗变的逻辑，北大博士论文

张静，2007年，《基层政权：乡村制度诸问题》，世纪出版社上海人民出版社

赵树凯，2012年，《乡镇治理与政府制度化》，商务印书馆

Bjorn Alpermann, 2001, "The Post—Election Administration of Chinese Village", *The China Journal,* No.46.

Jean C. Oi and Scott Rozelle, 2000, "Election and Power: The Locus of Decision—Making in Chinese Villages", *The China Quarterly*, No. 162.

一个村庄中低保对象的认定过程

黄承萍　北京大学社会学系2010级
指导教师　王思斌

第一章　绪　论

一、问题的提出

从2007年6月国务院下发《关于在全国建立农村最低生活保障制度的通知》（国发〔2007〕19号）到2007年11月，全国2777个县（市）全部建立农村最低生活保障制度。截至2012年12月，全国农村共有53 409 239人（28 096 324个家庭）享受低保待遇，月人均支出水平为109.19元（民政部，2012）。从以上反映制度覆盖速度和覆盖范围的数据可以看出，农村最低生活保障制度建设取得了很大成绩。但在取得成绩的同时，由于受到各方面因素的影响，低保政策在政策执行层面出现了一些问题。其中有一个问题比较普遍，那就是在农村最低生活保障对象的认定中掺杂了不少人情保、关系保。由于低保对象名额在一定地点一定时间是有限的，很多本不应该享受低保的人因为人情关系等原因而享受了低保，势必会排挤出一部分本应该享受低保的人，这将使农村最低生活保障制度在保障农村贫困人口基本生活的政策目标上大打折扣。

为了规范低保政策的执行，削弱人情关系对低保对象认定的影响，国务院于2012年9月发布了《国务院关于进一步加强和改进最低生活保障工作的意见》（国发〔2012〕45号）（以下简称《意见》），《意见》对完善最低生活保障对象认定条件、规范最低生活保障审核审批程序做了进一步的规定。2012年12月，民政部制定了《最低生活保障审核审批办法（试行）》（以下简称《办法》），从资格审查、申请及受理、家庭经济情况调查及民主评议，到审批审核、资金发放及动态管理，《办法》都做了详细的规定。在《意见》和《办法》出台之前，各地方相关部门也采取了一系列措施对低保对象的认定工作进行规范。例如安徽省宣城市在2010年开始在全市范围内实行城乡低保民主评议听证票决制度（以下简称听证票决制度），对低保对象进行民主评议，规范低保对象的认定。这些进一步完善和强化了低保对象的认定程序，将促进低保对象认定的公平与公正。

我们知道，农村低保政策实施的社会情境有其特殊性，村民之间相互了解，信息透明度高。在这样一个你知道我、我了解你的熟人社会中，一方面，人情关系是普遍存在的，它影响着人们的交往以及行为，在人们的交往和行为中发挥着重要的作用；另一方面，村民之间相互知道底细，信息透明度高，舆论压力和面子也广泛影响着村民的行为。那么在这样的社会情境中，低保对象是如何认定的？在低保对象认定不规范的情况下，熟人社会中低保对象是如何认定的呢？在低保对象认定规范化以后，熟人社会中低保对象又是如何认定的？由于低保对象的认定是内嵌于熟人社会的社会情境中的，在这个过程中，存在社会情境与政策本身的共同作用，我们不能离开社会情境而单纯地去研究"认定"这一过程，只有充分考虑到熟人社会的社会情境和低保政策本身对低保对象认定的影响，才能真实地了解熟人社会中低保对象是如何认定的。

向村[①]是安徽省宣城市的一个行政村，是个典型的熟人社会。在笔者去做访谈之前，该村已经实行了低保听证票决制度，并于2012年召开了第一次评审会，对2012年该村所有的低保对象重新进行了资格评审。可以说，这是向村实行农村最低生活保障制度以来第一次对低保对象进行规范化的认定，这也标志着向村低保对象认定规范化的开始。笔者通过访谈相关人员，追溯了向村实行听证票决制度之前低保

---

① 按照社会学界的规矩，这是给皖东南一个农村起的学名。

对象的认定情况，并对实行听证票决制度之后低保对象认定情况进行了详细了解，从而据此回答上述问题——"熟人社会中低保对象是如何认定的？"。

二、研究的意义

本研究的主要目的在于了解熟人社会中低保对象是如何认定的，通过对规范化之前和规范化之后低保对象认定的了解，建构出影响低保对象认定因素的模型，分析这些因素对低保对象认定的影响。

本研究有两个基本的关注点。在理论上，本研究希望通过对农村低保政策的执行（或实施），发现中国农村执行社会政策的特点，促进我国社会政策执行理论的发展。另一方面，本文想讨论熟人社会中的政策执行。在西方发达国家，社会政策的执行理论基本上是以"行政人"、"理性人"的假设为基础的，虽然实践中也有对政策的偏离。中国农村是熟人社会，在熟人社会中执行社会政策是一个很有意思的问题。本研究把低保对象的认定放入熟人社会的社会情境中去，从熟人社会规则和低保政策规范两方面去探究熟人社会和政策本身对低保对象认定的影响，试图解释其中的复杂性和逻辑，给出一个对熟人社会认识的另一层面。

本研究也有一种强烈的现实关怀。社会政策是改善民生、追求社会公正的事业。中国的社会政策还在发展之中，需要探索更有效的政策执行模式和方法。农村最低生活保障政策是涉及面宽阔、涉及问题复杂的社会政策的先导。研究这一政策的执行过程对于进一步改进农村社会政策具有现实意义。本研究对熟人社会中低保对象认定进行分析，寻找出熟人社会中低保对象认定的影响因素，并据此提出相应的建议和意见，可以为今后改进低保政策在熟人社会中的实施，乃至其他政策在熟人社会中的实施，提供一定的借鉴。

第二章　文献综述

一、政策执行相关研究

1. 政策执行

对于什么是政策执行，Pressman 和 Wildavsky认为，政策执行是目标的确定与适应和取得这些目标的行动之间的一种相互作用的过程（Pressman & Wildavsky， 1973）。Meter和Horn认为政策执行是为了实现先前的政策决定中所确定的目标，接受有关政策指导的公共部门或者私人部门的个人（或团体）所采取的行动（Meter & Horn，1975；转引自黑尧，2004：110）。陈庆云认为，政策执行是为了实现政策目标，把政策内容转化为现实的动态化过程（陈庆云，1996：232）。王思斌对政策执行和政策实施这两个概念进行了区分，他指出社会政策实施指的是一项社会政策变为社会现实，即它在实际中被呈现的社会过程。执行是指按照已有设计去做，它主要表现为政策执行人员的官僚化行为，执行者是按照既定的规定和标准行动的人。社会政策实施则包含了社会政策执行者、社会政策对象及政策实施环境中的诸多要素之间的相互影响及其结果，它更强调复杂的事实（王思斌，2006）。本研究欲对熟人社会中低保对象的认定进行探讨，涉及到低保政策的执行者、低保政策对象以及低保政策执行环境的相互影响及其结果，是一个复杂的事实，并不单纯表现为政策执行者的官僚化行为。因此从这个意义上说，本研究探讨的是政策实施的问题。

黑尧在《现代国家的政策过程》一书中，把政策执行研究分为自上而下模式和自下而上模式两个阶段进行了考察（黑尧，2004）。现阶段，学者们普遍认为政策执行研究可以分为三代：第一代的政策执行研究为自上而下的研究途径，即"以政策为中心的途径"或"政策制定者透视"途径，这一途径强调政策制定与政策执行的分立，政策制定者决定政策目标，政策执行者实行目标，两者形成上令下行的指挥命令关系。这种自上而下的模式过分强调了中央的政策决定能力，忽视了基层官员的适应策略。第一代的执行研究把重点放在详细地叙述特定政策怎样在一个或几个地区得到执行的问题，偏重的是政策执行实务及个案研究。第二代的政策执行研究为自下而上的研究途径，强调政策制定与政策执行的功能互动性，政策执行者与政策制定者共同协商目标的达成，两者形成平行互动的合作关系。这种自下而上的模式过分强调了地方基层的目标、策略和行动能力，忽略了政策领导问题。第二代执行研究则把重点放在开发为分析复杂的政策执行现象所需要的分析框架上，偏重政策执行理论分析架构及模式的建立。第三代政策执行研究是一种整合型模式，其主要目的在界定解释为何政策执行会随着时空、政策、执行机关的不同而有所差异，因而可预测未来出现的政策执行类型。第三代执行研究以过去的第一代和第二代执行研究为基础，并以通过更科学的研究方法而开发更精细的执行理论为目的，强调要解释政策过程中参与者高度复杂的关系（金大军等，2005；吴锡泓，金荣枰，2005；李允杰、丘昌泰，2008；朴贞子等，2010）。

2. 政策执行的影响因素

探求影响政策执行效果的主要因素一直是政策执行研究领域的核心议题，国外学者在此领域的研究形成了若干具有代表性的模型，大致可以归纳为以下四种：（1）Pressman—Wildavsky模型。普瑞斯曼和威尔达夫斯基认为，政策执行的成功与否与地方层面不同组织和政府部门之间的联系密切相关，这些联系的行动者或机构之间的任何问题累积起来都有可能产生政策"执行亏空"（Pressman & Wildavsky，1973：87—124）。（2）Smith模型。美国政策科学家史密斯在其《政策执行过程》一文中提出了一个描述政策执行过程的模型。在该模型中，史密斯将影响政策执行的重要因素归结为理想化的政策、执行机构、目标群体以及环境因素。并且指出，这四个因素是互动的。政策执行被视为社会中的一种具有推动力的紧张关系，他们在政策执行过程中这四个构成要素之间和内部产生。这种张力导致了一些与政策设计者预期结果不相匹配的处理模式（Smith， 1973：197—210）。

（3）Sabatier—Mazmanian模型。萨巴蒂尔和马慈曼尼安提出，政策执行过程中存在三大类影响政策执行过程的因素，政策问题的可处置性、政策本身的规制能力、政策以外的其他变量。该模型在政策执行的五个不同阶段来考察这三大类影响因素对政策执行的影响（Sabatier & Mazmanian, 1980：538—560）。（4）Meter—Horn模型。米特和霍恩指出，在政策决定和政策效果之间存在着许多影响变量，这些影响变量既有系统本身的因素，也有系统环境的因素。具体说来，在政策执行过程中有六大因素会影响着政策执行的效果，它们是政策目标与标准、政策资源、组织间的沟通和强制行为、执行机构的特性、政治经济和社会环境以及执行者偏好（Meter & Horn, 1975：463）。

近年来，国内学者也展开了对影响政策执行主要因素的研究，并取得了一些研究成果。如吴琼恩等人指出，政策执行会受到环境因素、行政执行人员因素、执行对象因素、政策、法规和指令本身的因素以及资源因素五方面因素的影响（吴琼恩等，2006：240—241）。陈振明认为，影响政策有效执行的因素包括政策问题的特性因素，具体指政策问题的性质、政策对象行为的多样性、政策对象人数及其行为需要调适量；政策本身的因素，具体指政策的正确性、政策的明确性、政策资源的充足性、经费资源、人力资源、信息资源和权威资源等；政策以外的因素，具体包括目标团体、政策执行人员的素质和态度、执行机构间的沟通与协调、政策环境等因素（陈振明，2004：254—258）。张骏生在《公共政策的有效执行》一书中指出，政策的质量、政策执行的资源、有效的执行策略和手段、配合的目标群体、政策执行中的沟通与协调、政策执行的环境、政策执行的偏差行为及其矫正策略等因素能够影响政策的有效执行（张骏生，2006：124—135）。黄建钢等指出，在政策执行的过程中，由于政策行为是具有空间和时间的限定性的，所以影响政策作用发挥的还有因素的作用甚至彼此牵制的作用。其中的影响不仅来自于政策本身，而且还在于政策所依存的具体实施和实行的环境，以及还有来自社会的某种特定需要的因素影响（黄建钢、骆勋，2011：253）。

可以看出，不论是国外的学者，还是国内的学者，虽然表述不太一样，几乎都强调了政策本身和政策执行环境对政策执行的影响。但从具体的案例出发，探讨政策本身和政策执行环境对政策执行影响的研究还比较缺乏。

二、熟人社会相关研究

1.熟人社会的概念

熟人社会是费孝通先生对中国乡土社会的基本概括。费老认为乡土社会就是一个熟人社会，是一个"熟悉"的社会，没有陌生人的社会（费孝通，1998：9）。熟人社会一般是指人与人之间存在着一种私人关系，人与人通过这种关系联系起来，构成一张张关系网，费老用"差序格局"进一步对这种关系网进行了描述，它是以"己"为中心，像石子一样投入水中，和别人所联系成的社会关系。这种关系像水的波纹一样，一圈一圈推出去，愈推愈远，也愈推愈薄（费孝通，1998：27）。翟学伟认为熟人社会主要是由亲缘关系和地缘关系构成（翟学伟，2006）。吕承文对熟人社会的内涵进行了概括，认为熟人社会是以用血缘、亲缘、地缘为纽带连接起来的人际交往关系网络为社会结构，自然、自发及自觉形成的一种普遍且必然的熟人关系为主的社会（吕承文，2011）。

2.熟人社会的规则

在熟人社会中，"一切普遍的标准并不发生作用，一定要问清了，对象是谁，和自己是什么关系之后，才能决定拿出什么标准来"（费孝通，1998：36）。可见有无关系以及关系的亲疏在很大程度上影响着人们的行为。由于拥有共同的生活空间和频繁的交往，人们和同一空间中的其他人很容易产生各种关系。苟天来等在对安徽霍山县某一自然村村民之间的关系进行研究时，把村民之间的关系分为了强关系和弱关系两种，具有强关系的村民之间会交流那些具有高排他性的有价值的信息，而具有弱关系的村民之间多交流一些没有价值的信息（苟天来、左停，2009）。在熟人社会中，人们的行为围绕着人情关系展开，行动准则是人情规范。陈柏峰认为，人情首先指的是人与人之间的关系。因为个人与熟人之间的情分是"大家乡里乡亲的，低头不见抬头见",所以必须讲"人情"(陈柏峰,2011)。

中国人的面子是发生在熟人之间,建立在熟悉感、亲密感和预期基础上的。在熟人社会中,面子包含工具与价值的二重性,在与熟人的交往中,一方面,面子相当于一种投资手段,能够维持社会关系稳定性并增加社会关系的厚重度;另一方面,面子相当于一种社会评价,有面子意味着获得他人的赞同,没有面子就意味着被别人看不起。因此,争取面子这一行动本身就构成行动的目的,能够为主体行动提供动力。从这个意义上来看,面子不单是完成互动过程的一种手段,维护面子本身就具有独立的价值,即常言的"为面子而活"(桂华、欧阳静,2012)。这就要求人们在行动中要讲究情面,待人接物、处理关系时,顾及面子、不偏不倚、合乎情理(陈柏峰,2011)。

在熟人社会中,舆论压力影响着人们的行为。由于村民们有共同的生活空间,依靠频繁的交往和口头传播,消息很容易在村民中得到扩散,这样"一传十,十传百",就很容易形成"唾沫淹死人"的舆论效应,从而对人们的行为形成舆论压力,影响着人们的行为方式(桂华,2010)。村庄的消息大多数是以村民讲闲话的方式扩散开来的,通过重复的讲闲话产生舆论导向和舆论风暴,那些符合村庄价值观的事情得以张扬,不符合村庄道德规范的村民则感受到舆论压力。它是熟人社会中一种非正式的控制方式,使得村民行为有底线,村庄有自主价值的生产能力(贺雪峰,2009)。除了舆论压力外,在熟人社会中,因为村民之间相互熟悉,每个人的情况大家都相互了解,内部信息的透明度极高(贺雪峰,2009)。正如费老所说,由于人们之间发生着多方面、经常的接触,所以人们之间彼此熟悉,各人知道各人的底细(费孝通,1998)。由于各人知道各人的信息,很容易形成信息监控,对人们的行为进行监督(陈柏峰,2011)。

三、农村最低生活保障对象认定相关研究

1. 相关概念

农村最低生活保障对象。根据国务院《关于在全国建立农村最低

生活保障制度的通知》中的界定，农村最低生活低保对象是家庭年人均纯收入低于当地最低生活保障标准的农村居民，主要是因病残、年老体弱、丧失劳动能力以及生存条件恶劣等原因造成生活常年困难的农村居民。柳拯根据实际情况对农村最低生活保障对象的概念进行了解读，他认为包括两方面的含义：第一，农村低保对象的家庭年人均纯收入低于当地农村最低生活保障标准。农村最低生活保障作为一种以收入定补助的收入支持制度，家庭收入是衡量一个家庭是否为最低生活保障户的主要条件；第二，已经纳入农村最低生活保障范围的村民，其家庭收入不一定都低于农村最低生活保障标准。由于现实中的客观差错以及政策实施人员主观上的优亲厚友，一些家庭收入并不低于保障标准、且不符合最低生活保障条件的农村居民也常常成为农村最低生活保对象（柳拯，2009）。

认定。在众多关于低保对象认定的研究中，学者们都没有对"认定"这一词做出明确的界定。在《现代汉语大词典》中，"认定"一词有两种含义：一是承认并确定，二是确定地认为，肯定。本文认为，在低保对象认定这一语境中，"认定"取第一种含义更为合适，由此本文认为，低保对象的认定就是承认并确定低保申请者低保资格的过程。国务院《关于在全国建立农村最低生活保障制度的通知》对低保对象认定程序也有相关规定，即村民委员会要对低保申请人开展家庭经济状况调查、组织村民会议或村民代表会议民主评议，上级民政部门要对申请人进行核查，最后进行民主公示。《国务院关于进一步加强和改进最低生活保障工作的意见》中明确规定了户籍状况、家庭收入和家庭财产是认定最低生活保障对象的三个基本条件，并强调各地要根据当地情况，制定并向社会公布最低生活保障待遇的具体条件，形成完善的最低生活保障对象认定标准体系。

2. 农村最低生活保障对象认定存在的问题及解决方法

谢东梅在研究福建省农村最低生活保障制度分配效果与瞄准效率时发现，在低保对象中，有些非目标家庭获得了保障，在保障资源有限的情况下，这实质上就是损失了"内部人"的利益，而将保障转移拓展到"外部人"，从而影响了保障效果，她指出，这些非目标家庭获得保障部分是因为宗族观念、人情因素（谢东梅，2010）。李小云等在实际的调查中也发现，有些农村地区的低保在政策瞄准上存在问题，由于政策制定的标准不够明确，低保工作者可能就会寻求其他标准，导致政策瞄准的混乱（李小云等，2006）。凌文豪等则用调查数据表明了农村低保中"人情保"、"关系保"的严重性，他们的调查发现，农村最低生活保障瞄准率仅为65.63%（凌文豪、梁金刚，2009）。李合伟等也发现在农村低保制度运行的过程，低保对象的确定违背了低保制度设立的初衷，部分农村地区低保对象的选取不是以贫困线作为衡量标准，有些村干部因人情关系、在低保对象的选定上优亲厚友、瞒报收入，没有按照低保标准认真核算家庭收入，草率估算，随意填报，从而出现"人情保"、"关系保"等不规范现象（李合伟、蒋玲玲，2012）。刘峰认为"人情保"一般是村民委员会及乡镇干部的亲属或朋友，它严重扭曲了农村最低生活保障制度的公平性（刘峰，2012）。芳菲等指出农村低保中的"关系户"是指那些如果严格按照经济标准可能不会被纳入低保范围，因其与村干部关系紧密而被列入低保范围的人（芳菲、李华燊，2010）。

与此同时，一些学者认为可以利用农村低保政策实施的社会情境来做好低保对象认定的工作，他们大多数提出可以采用类似"民主评选"的方法。如柳拯就提出了"民主选穷"的方法，他认为在农村低保对象的认定过程中，要搞好家庭收入测算与"民主选穷"的结合，农村村民相互之间比较了解，谁符合享受最低生活保障条件，老百姓心里最清楚。要在了解家庭的收入基本情况的基础上，把这件事让老百姓去干，通过家庭收入测算与"民主选穷"的结合，使农村最低生活保障制度尽最大可能的公正、合理（柳拯，2009）。李合伟、艾广青等也提出用"民主评议"的方法认定农村低保对象更适用于农村的熟人社会。他们认为在农村熟人社会中，村民对本村每家每户的经济状况最为了解，可以根据当地对贫困的理解找出那些生活最困难的家庭，参与民主评议活动的人主要是村级干部和村民代表，他们对本村人各个家庭的情况也都比较了解，这样有利于增加低保对象认定的公平性和客观性（李合伟等，2012；艾广青等，2009）。

第三章　研究方法与分析框架

一、研究方法与资料收集

1. 研究方法

本研究采用定性研究方法。定性研究是与社会事务的性质和特征相关的研究，通常包括对事务的性质、质量、特征、意义和趋势的评价、估计、判断、再现和预计（陆益龙，2011：25）。纽曼概括出了三点关于定性研究的基本取向：一是定性研究为非实证取向，二是定性研究具有实践逻辑取向，三是定性研究走非线性路径（Neuman，1994；转引自陆益龙，2011：25）。陆益龙对定性研究的性质进行了归纳，他认为主要包括以下四点：第一，注重特殊主义的原则；第二，关注实践和意义；第三：非量化、非标准化取向；第四，归纳式研究路径。这些特征主要表现在五个方面：一是关注并联系行为和事件的社会背景，二是偏重个案研究，三是重视理论基础，四是注重过程和结果，五是强调对意义的解释（陆益龙，2011：26）。本研究是对向村低保对象认定这个个案的研究，并试图从对这个个案的研究中归纳出具有普遍意义的结果，因此定性研究方法是合适的研究方法。

由于本研究属于政策过程的研究，需要对低保政策在向村的实施过程进行深入的了解和把握，探讨熟人社会和低保政策本身对低保对象认定的影响，从而形成对向村低保对象认定的整体印象。定性研究方法能够很好地满足这一点。正如黑尧所说"政策过程研究可能是案例研究，所使用的主要是定性方法。定量方法则主要用于分析政策的后果，而对政策后果的分析又可以用来推演政策过程。定量方法不能用于考察政策过程。政策过程的分析者们只能依靠他们能够接触到的资料以及相关的方法，来进行他们的分析工作"。（黑尧，2004：22）

本研究试图用嵌入性的视角了解熟人社会和低保政策本身对低保

对象认定的影响，从而对向村低保对象的认定进行整体的把握。在此过程中，试图采用布洛维的"拓展个案法"（Burawoy，1998），从"特殊"中抽取出"一般"，从"微观"移动到"宏观"，并将"现在"和"过去"建立连接以预测"未来"（布洛维，2007：80）。拓展个案法旨在建立微观社会学的宏观立场，它试图通过立足宏观分析微观，通过微观反观宏观，从而走出个案，从独特性走向概括（卢晖临、李雪，2007）。本研究将通过对向村低保对象认定这个个案的研究，概括出熟人社会中政策实施的普遍规律，从而为外来政策在地方的实施提供参照。

2.资料收集

本文基于2012年"十一"黄金周期间的半个月和2013年春节期间的一个月调查所得资料写成，收集资料所使用的方法，主要是深度访谈。深度访谈又称无结构访谈或者自由访谈，它与结构式访谈相反，并不依据事先设计的问卷和固定的程序，而是只有一个访谈的主题或范围，由访谈员与被访者围绕这个主题或范围进行比较自由的交谈。深度访谈适合于并主要应用于实地研究，它的主要作用在于通过细致深入的访谈，获得丰富生动的定性资料，并通过研究者主观的、洞察性的分析，从中归纳和概括出某种结论（风笑天，2005：263）。除了进行深度访谈外，本文还对向村村民委员会所具有的低保相关文件进行了分析，这一方面可以为挑选访谈对象提供依据，另一方面也可以与所获得的访谈资料进行对比，便于发现问题。

在2012年"十一"期间，笔者回到家乡向村，就近访谈了两位村干部和两位低保对象，向他们了解向村低保对象认定的情况，并通过村干部LSF的介绍，到向村村委会借阅了低保相关的文献资料，并复印了出来。这些文献资料包括：向村所在市、县、镇民政部门下发到向村的关于低保的各式文件（重点是关于实行低保听证票决制度、核查制度的各式文件）；向村关于低保的各式花名册（包括低保评审团成员花名册、低保对象花名册等）；向村对低保对象认定有参考意义的各式花名册（包括五保户花名册、重度残疾人生活特别救助人员花名册、医疗救助人员花名册等）；向村低保对象认定程序的相关资料

（申请资料，评审团会议记录等）。 通过阅读分析这些文献资料以及访谈所获得的信息，初步确定了接下来的访谈对象和内容。

2013年春节期间，笔者再次回到家乡向村，根据已经初步确定的访谈对象和访谈内容展开访谈，但由于实际中的各种问题，访谈对象和访谈内容都有一定的调整。最终，笔者共访谈了6位评审团成员，[①]6位低保对象，[②]并前后与20多位除评审团成员和低保对象之外的村民[③]聊天，了解他们对向村低保对象认定的看法。在这里需要说明的是，由于低保是与家庭密切相关的，笔者对低保对象的访谈并不局限于低保对象本人，低保对象的家人也向笔者提供了非常丰富的信息。

访谈由半结构的访谈、无结构的访谈，纯粹的自然聊天组成。对评审团成员、低保对象的访谈都是在较为封闭的环境中进行的，无除家人之外的其他人围观，访谈的有效时间保持在2小时以上，这在一定程度上确保了所获访谈资料的真实性。评审团成员的访谈地点分为两种，一种是在其家里，一种是在村民委员会的办公室里；对低保对象的访谈则全部在其家中进行。而对普通村民的访谈则主要是纯粹的自然聊天，由于当时正值春节期间，村民们走动的比较频繁，即使在去访谈评审团成员和低保对象的途中也会遇到许多村民，笔者与村民的聊天大部分在这样的环境中进行，这是一种开放的环境，其他村民可以随时加入进来，发表自己的看法。

二、分析框架

任何规则的正常运转，都嵌入在更大的制度、结构甚至社会文化因素之中，公共政策自然不能例外（郑石明，2009）。嵌入是指某一事物进入另一事物之中去的过程和状态（王思斌，2011）。社会科学中嵌入性的概念，最早出现在波兰尼对人类社会经济活动的分析中，波兰尼认为，经济活动嵌于社会、宗教及政治制度之中，经济系统整

---

① 分别是村委书记CYG，村委副书记兼文书、社保专管员YDB，妇联主任LSF，残疾人协理员YDJ，村民组长DDG，村民代表HDF。

② 分别是LDF，GYQ，SDY，DDF，YJY，GGA。

③ 在文中用姓氏的首字母表示，如村民C等。

合在社会系统之中（波兰尼，2007）。格兰诺维特用嵌入性概念对经济活动和社会的关系方面进行了解释，他认为，经济行为总是嵌入在社会关系之中，受到社会结构的影响和制约（格兰诺维特，2007）。波兰尼的嵌入概念是一种思想，格兰诺维特的嵌入性理论着眼于具体的经济行为，从而更加细致，更具操作性（王思斌，2011）。王思斌在讨论专业社会工作在中国的发展时，借用了嵌入性的概念并对其进行了理论迁移，指出专业社会工作在中国的发展是一种嵌入性发展（王思斌，2011）。本文并不打算借用嵌入性这个概念来对熟人社会中低保对象的认定进行阐释，而是在研究中采用嵌入性的视角，分析熟人上会和内嵌于其中的低保政策本身对低保对象认定的影响。正如郑石明所说，用嵌入性视角研究政策的执行，能够看到在特定的社会结构背景下，行动主体如何围绕公共政策，在具体的情境中展开多种多样的互动（郑石明，2009）。本研究基于嵌入性的视角，在参考若干政策执行影响因素模型的基础上，形成了一个初步的分析框架。

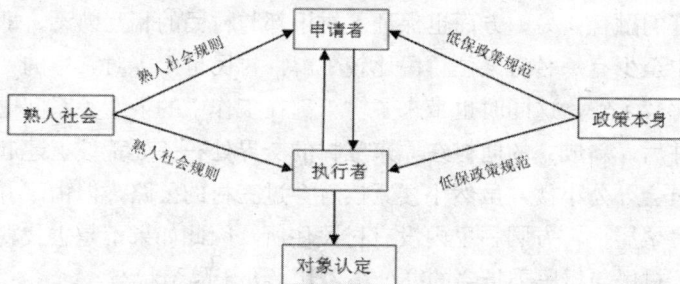

图3—1　本研究的分析框架

如图3—1所示，本研究把影响熟人社中低保对象认定的因素归纳为两方面：一方面是低保政策本身；另一方面是低保政策嵌入于其中的熟人社会。熟人社会对低保对象认定的影响是通过熟人社会规则影响低保政策执行者和申请者以及他们之间的互动而达成的，同样，政策本身通过低保政策规范制约着低保政策执行者和申请者以及他们之间的互动，从而对低保对象的认定造成影响。同时以低保对象认定规范化发展为研究主线，了解在规范化认定前后，低保政策本身及其嵌入的熟人社会是如何影响低保对象的认定的，从而形成熟人社会中低保对象认定的整体印象。

第四章　向村及低保政策实施简介

一、向村简介

向村位于安徽省东南部，全村总面积14.3平方公里，总人口3032人（2012年）。2007年，地域上相互毗邻且村民交往频繁的J村、S村、X村三村合并，组成现在的向村（行政村）。向村村干部组成人员在地域上分配的比较平均，村书记由原来的J村书记担任，村主任由原来S村村主任担任，副书记兼文书由原来X村书记担任，妇联主任、民兵营长等其他职位也分别由来自原来三个村的村干部担任。这种安排一方面能够在一定程度上消除三村合并带来的矛盾，使三村能够更好的融合；另一方面也保证了村干部与村民的相互熟悉，即在村干部中至少有一名对某位村民比较了解，村民也至少对其中的一名村干部比较了解，这同时也带来了村干部在工作中的人情关系问题。三村合并后，新成立的向村在原来三村的交界处——一处荒坡上建起了村民委员会办公小楼，虽然小楼紧挨着穿过三村的公路，但由于并不处于村民聚居地，方圆一里内没有村民住所，因此如果不是去找村干部办事，村民与村民委员会的办公小楼几乎处于隔绝状态。

在向村，家庭联产承包责任制以后，村民小组在生产上的作用逐渐淡化，但村民平时的交往行为依然多发生在村民小组内部。由于同一个村民组的村民住宅和田地离得近，平时见面的机会多，尤其在干活的时候会经常碰到，交往比较频繁。除了平时的交往，向村村民认同与行动单位的村民组主导型还体现在人情往来上，向村村民人情往来的圈子主要可以分为两种：一是亲戚朋友圈，另一个就是村民小组圈，如果村民小组内部有人"办事"，不论是否为亲戚朋友，同一村民小组的人都会去送礼。此外，在举办红白喜事特别是白喜事时，同一个村民小组的村民会相互帮忙，当然这些帮忙都是免费的，仅供吃喝。在同一村民小组内部，由于人们之间发生着多方面的、经常的接触，所以村民之间彼此熟悉，各人知道各人的情况，村民们分享着各种信息，信息透明度高，舆论压力影响着村民的行为。由此可以看出，向村村民小组是个纯粹的熟人社会，具备熟人社会的性质。在村民小组之外，向村村民也存在着广泛的交往。向村前身是三个规模较小的行政村，每个行政村有几处公共场所，如小店（设有棋牌室）等，村民们在这里购物、娱乐和聊天，这里也就成了消息的集散地。村民们通过平时的交往和听到的消息，对同一个村其他村民的基本情况是比较了解的，比如谁家富裕、谁家困难等这些情况都心知肚明。三村合并以后，行政村的规模扩大了，人口变多了，村民们不一定都相互了解，但由于原来的三个村规模不大且离得近，村民们大多还是彼此熟悉的。

向村邻近长三角经济发达地区，因此外出到长三角打工的村民较多，也正是由于离经济发达地区近，即使住在村里也很方便外出打工，所以绝大多数村民在外面打工赚了钱，都会回到村里建房子，他们生活的重心还是在村里，他们遵守着村庄的制度和规范，如人情往来、道德舆论等。但随着村庄里年轻一代成长起来，他们中大多数上完学就出去打工或工作，缺乏与村庄以及其他村民的联系，向村也面临着原子化的趋势。

如前所述，向村村干部组成人员在地域分配上比较平均，原来每个村的村干部至少有一位进入了现在的村干部班子，每一位村干部还是主要负责原来熟悉的那个村，与村民打交道的也主要是原来他们熟悉的那些村干部。因此，合村并没有打破村干部与村民的交往模式，他们依然是相互熟悉的，村干部也依然在村民的熟人社会圈里。

二、向村的低保政策实施状况

2007年，国务院下发《关于在全国建立农村最低生活保障制度的通知》（国发〔2007〕19号），向村开始实施农村最低生活保障制度。据《向村2009年农村低保对象公示名单》显示，截至2009年3月，向村低保对象共计68名。2009年3月，安徽省民政厅下发通知，要求在全省范围内开展农村居民最低生活保障提标扩面的工作，2009年5月，向村所在的S镇成立了农村低保提标扩面工作领导小组，全面开展提标扩面的工作。在此次提标扩面的影响下，向村低保对象增加了16名，加上原来的68名，共计84名。此时，向村低保对象的规模初步确定。

在提标扩面工作开展一年之后，2010年6月18日，宣城市民政局下发《关于全面实施城乡低保听证票决制度的通知》（宣民保〔2010〕6号），要求凡是城乡低保新增或退出、提高或降低补差标准的对象，一律实施民主评议听证票决制度。直到2012年，向村开始实施听证票决制度，召开了第一次听证票决会议。由于之前低保对象的产生并没有经过民主评议和听证票决，因此，向村的第一次听证票决会议需要对现有的低保对象进行逐个评审，清退不符合政策规定的低保对象。据《向村农村最低生活保障评审表》显示，此次听证票票决会议共评审低保对象85名，经过评审，清退不符合规定的低保对象11名。因此听证票决会议之后，向村共有低保对象74名。

以上低保对象数据均为向村低保相关文件上显示的数据，与实际数据有一定的差距。据向村村民反映，在低保制度刚开始实施的几年里，人情保、关系保现象比较严重，除了家庭经济状况实在困难的村民被村干部主动纳入低保外，其余的低保对象都是由于人情关系和面子等原因而被村干部纳入低保，当然，这其中也不排除有一些本身就符合低保条件的情况。2009年开展农村最低生活保障提标扩面工作之后，低保名额得到扩充，又有部分不符合条件和符合条件的村民被纳入低保，向村低保对象中人情保、关系保进一步增多。2012年实行听证票决制度之后，大部分不符合条件的人情保、关系保被清退，低保对象的认定趋向于公平与公正。在这个过程中，笔者发现，实行听证票决制度是向村低保对象认定的分水岭，实行听证票决制度之前，向村低保对象认定的规范是缺失的，实行听证票决制度之后，向村低保对象认定的规范得以建立。下文将从规范化前后两个阶段对向村低保对象的认定进行阐释和分析。

第五章　规范缺失下的认定

一、"捂着"

农村最低生活保障制度建立之初，对相关信息的公开有明确的规定，如《关于在全国建立农村最低生活保障制度的通知》（国发〔2007〕19号）规定，村民委员会、乡（镇）人民政府以及县级人民政府民政部门要及时向社会公布有关信息，接受群众监督。公示的内容重点为：最低生活保障对象的申请情况和对最低生活保障对象的民主评议意见，审核、审批意见，实际补助水平等情况。对公示没有异议的，要按程序及时落实申请人的最低生活保障待遇；对公示有异议的，要进行调查核实，认真处理。《民政部关于开展基层低保工作规范化建设活动的通知》（民函〔2007〕177号）规定，各地要以社区和村落为主要阵地，通过各种群众喜闻乐见的形式，向群众宣传低保政策，公开低保申请条件、申请审批程序、低保对象的权利和义务、低保申请审批结果、动态管理情况等信息，方便群众参与和监督，不断提高广大群众对低保工作的认知度和低保机构的公信力。由此可以看出，村民委员会须对最低生活保障相关信息进行宣传和公示，但在实际操作与政策规定往往是出入的。向村从2007年开始实行农村最低生活保障制度，到2012年实行听证票决制度之前，与低保相关的信息一直处于"捂着"的状态。

1. 为什么"捂着"

对于农村低保政策执行而言，政策信息是第一位的。农村许多信息是不公开的，那低保政策呢？在实地调查中，笔者知道低保政策也是不公开的，于是询问为什么没有对低保相关信息进行宣传和公开。

村干部LSF说："如果宣传、公开，弄的大伙都知道了，大伙都去申请低保怎么办，这么多人该选哪一个呢，那个时候也没有评审团评审，这是个很麻烦的事，所以这事肯定不会弄的大伙都知道的。"

（评审团成员、村干部LSF）

谈到公开，YDB说："公开，和村干部有关系的人都成了低保户，还怎么公开呢？那肯定不愿意让人家知道啊，这个事情毕竟不是么好事嘛，要是公开了，真的太过分的，老百姓都晓得了，面子上还是不好过的。"（评审团成员、村干部YDB）

在访谈中评审团团长、村干部CYG时，笔者也提到了政策宣传和公开问题，他笑着说："宣传、公开啊，你晓得的，现在农村工作不好做呀，公开的话会给我们的工作带来麻烦的，大家知道哪个是低保户，哪个不是低保户，就会想为么事我不是低保户而他是低保户呢，我比他困难呀，这样很容易造成问题的。"（评审团团长、村干部CYG）

向村的村干部们之所以"捂着"低保相关的信息，主要可以归结为三点：一是低保对象的认定规范没有建立起来，村干部们害怕经过广泛的宣传和公开之后，村民们都来申请低保，这样不仅会带来低保对象选择上的麻烦，还会大量地增加他们的工作，所以还不如等着村民自己找上门来，正所谓"多一事不如少一事"；二是村干部们或多或少都通过暗箱操作把和自己有关系的人认定为了低保对象，村民们对谁与村干部有关系非常了解，村干部们害怕一旦宣传和公开与低保相关的信息，他们不仅会失去暗箱操作的机会，还会遭遇强大的舆论压力，使自己面子受损；三是一旦公开低保户的相关信息，村民们便会知道周围那些是低保户，由于大家彼此熟悉，村民们知道低保对象的家庭情况，如果有明显不符合政策规定的低保对象，有些村民心理不平衡可能会去找村干部理论，为他们的工作带来麻烦。

2. "捂着"何以成为可能

向村村民委员会向村民宣传相关政策法规，主要通过两种途径：一是村干部下队①时的主动传达，二是通过村务公开栏。既然有意识的"捂着"，村干部在下队时就不太可能主动向村民传达低保的相关信息。对向村普通村民的访谈证实了这一点：

"要不是听别人说，我们从来不晓得低保这个东西，哪个还晓得

---

① 村干部到村民家中办理公事，如收保险费用、发放补贴等。

去申请哦，村干部没有跟我们说过。"（村民H）

"我不晓得有这个东西，后来才晓得的，开始的时候大伙肯定都不晓得呀，这个东西是有好处的东西，村干部不会主动给你讲的。"（村民L）

至于村务公开栏，前文提到过，向村村民委员会办公地点在合并前三村的交界处，远离村民聚居地，平时几乎没有村民会去那里，立在村民委员会办公小楼前面的村务公开栏也形同虚设，没有村民去看，当然也就发挥不出作用。对此，向村的村干部们直言不讳：

"你看看我们村的村务公开栏，在那个地方，你晓得的，平时哪个会去呢？"（评审团成员、村干部YDB）

"村务公开栏没什么作用，基本上没人去看，地方太偏了。"（评审团成员、村干部LSF）

贺雪峰在《新乡土中国》中提到过，他认为村务公开对于防止干部黑箱操作、缓解农村干群关系起到一定的作用，但从实践来看，村务公开的效果与预期有很大的差距，很多地方形式上建立了村务公开栏，却没有真正起到村务公开的作用，村里的情况村民仍然不清楚，黑箱操作仍然存在。村务公开要求将村中一些与村民利益密切相关的事务公开，在熟人社会中，村民对村中的事情大致了解，与村干部之间相互熟悉，村里的事情一公开，村民心里就有了底，村民心中的正义与村干部的作为之间就划出了对与不对的界限。正因为如此，村干部知道村务公开会使那些对自己不利的信息和证据被村民知道，从而让自己的日子不好过，因此便有选择地公开一些事情，造成"该公开的不公开，不需要公开的都公开"的现象（贺雪峰，2003）。如果村干部们有意"捂着"低保相关的信息，那么这些信息是不会出现在村务公开栏里的。笔者特意去看了向村务公开栏，上面写了一些有关计划生育的一些无关痛痒的信息。

村干部CYG也证实了低保相关信息是不上村务公开栏的，当笔者问到这一问题时，他说："评审会制度之前，低保基本上是不公开的，公开栏上也基本上不会有。"（评审团团长、村干部CYG）

"捂着"造成村民们被隔离在低保相关信息之外，不知道信息当然也就不会主动去申请，这是村干部们"徇私"的前提，也进一步加剧了"徇私"。

二、"徇私"

农村最低生活保障制度从建立之日起，就十分注重制度的公平与公正。国务院《关于在全国建立农村最低生活保障制度的通知》中强调，农村最低生活保障制度"要做到制度完善、程序明确、操作规范、方法简便，保证公开、公平、公正"。《民政部关于开展基层低保工作规范化建设活动的通知》也强调低保工作需"规范低保操作人员的行为，重点是强化法制意识，明确岗位职责，加强监督检查，推行绩效考核，兑现工作奖惩，严防不正之风，使低保工作中规中矩，取信于民，公平公正"。农村最低生活保障制度实施中是否公平公正，是关乎制度实施效果的重大问题，但是，从农村最低生活保障制度开始实施以来，不公平不公正的现象屡有发生，造成不该保的人保了，该保的人却仍然在低保制度之外，这主要是村干部们出于人情关系和面子等因素的考虑，利用其干部职务"徇私"的结果。

笔者在访谈村干部时，他们对"徇私"这个问题直言不讳的程度让笔者震惊，原以为他们不会直面回答这个问题，或者是含糊过去，但村干部们都对此问题做了回应，而且是非常直接的回应：

"我们村是从07年开始有低保的，在刚开始的几年，低保名额是村两委分配，那时候嘛，就是几个村干部在一起一合计，哪个哪个困难，马马虎虎的，得过且过，说不好听的，那个时候的低保就是村干部决定的，像你说的关系户肯定多呀，不过现在好多咯。"（评审团成员、村干部YDB）

"农村嘛，是讲究人情关系的，又不像城市上，大伙住在一起哪个都不晓得哪个，人情关系就少多了。人情保、关系保，这个，应该在农村低保当中是普遍存在的吧。不瞒你说，刚开始那些年，哪个是低保一般是村干部说了算的，那个时候村干部权力大，只要你来找我，我就可以帮你搞低保，关系户肯定是有的。平时走的比较近的人来找你，你也不好意思不给人家搞的呀，面子上过不去啊，现在不是

有了评审团嘛，低保就基本上和我们村干部没关系了。"（评审团团长、村干部CYG）

从对村干部LSF的访谈中可以看出，村干部的"徇私"行为在当时是普遍存在的，她没有把自己的公公婆婆纳入低保竟遭到了其丈夫的奚落："低保啊，刚开始的时候关系户多，那个时候ZXM（其丈夫）总是跟我说呀，你看看你给这个弄低保，那个弄低保，也不给老头老妈弄上，人家当村干部都把老头老妈弄成低保，就你不行。我是觉得挺丢人的，说出去不好听，嫌人①，而且也不差那点钱。你看C书记（CYG）这次在评审之前不就偷偷地把他老头老妈的低保拿下来了么，我是觉得不要搞哪样的事。"（评审团成员、村干部LSF）

可见，在笔者访谈的过程中，村干部们都没有刻意隐瞒当时存在的"徇私"现象，有些村干部（如CYG），甚至直接指出了自己的"徇私"行为。由此可知，当时村干部的"徇私"行为是相当普遍的。

1. 为什么"徇私"

从村干部们在谈低保关系户时的自然神情，可以知道他们并不觉得凭借自己手上的权力把自己的亲戚朋友弄成低保户是件多么严重的事，反而觉得拒绝他们的请求倒是件不太好的事。向村是个熟人社会，在这个熟人社会中，每个村干部都有自己的亲戚朋友组成的"自己人"圈子，即有些村干部口中的"走得近的人"只有在这个"自己人"圈子内的人，才有可能通过与村干部的关系成为低保对象。那么，村干部为什么会"徇私"呢？笔者认为，村干部之所以会有"徇私"行为，首先是出于人情关系的考虑，如果能把自己的亲戚朋友纳入低保范围，这也算村干部与其亲戚朋友人情往来的一种形式，通过这种人情交往，能够使自己与亲戚朋友之间的关系更加紧密；其次是出于面子的考虑，拒绝别人的"徇私"请求会让村干部面子上过不去，会影响到村干部与别人以后的交往。

2. "徇私"何以成为可能

前文提到，在2012年实行听证票决制度之前，向村与低保相关的

---

① 向村方言，"嫌人"即招人嫌，丢人。

信息一直处于"捂着"的状态。大多数村民不知道有低保这个政策，更不知道如何去申请低保，这就造成上面分配下来的名额没人用或者说村干部们有意不让别人用，为他们"徇私"提供了机会。实行听证票决制度之前村干部在低保对象认定中的绝对权力为"徇私"提供了可能，村干部有能力"徇私"是"徇私"现象大量出现的根本性原因。另外，缺乏监督与处罚机制也是"徇私"成为可能的重要原因。监督与处罚机制是农村最低生活保障制度重要的组成部分，建立有效的监督与处罚机制是保障农村最低生活保障健康运行的关键。监督与处罚机制一方面能够监督与处罚最低生活保障工作人员，另一方面也能监督与处罚最低生活保障对象，从而保障最低生活保障的公平公正。但向村低保在2012年实行听证票决制度之前，监督与处罚机制基本上是空缺的，没有监督机制，当然会"徇私"，没有处罚机制，当然会更加肆无忌惮地"徇私"。

3. 主动"徇私"与被动"徇私"

通过对向村村干部及低保对象的访谈，笔者发现，在村干部们"徇私"的过程中，存在着主动"徇私"和被动"徇私"的区分。所谓主动"徇私"，就是村干部主动为那些不符合低保政策标准的村民办低保，使他们能够享受低保待遇；被动"徇私"是指那些不符合低保政策标准的村民主动要求村干部为其办低保。不论是主动"徇私"还是被动"徇私"，"徇私"的对象都是不符合低保政策标准的村民，后果都是造成低保对象认定的不公平、不公正。那么，主动"徇私"与被动"徇私"有什么区别呢？

"有些人是村干部主动帮他们弄的，这些人肯定都是和村干部关系比较近的人咯，你像什么村干部的老头老妈呀，老丈人丈母娘啊，兄弟姐妹叔叔伯伯啊这样的，旁人村干部也不会主动帮忙搞的呀，也是件麻烦的事"……"也有一些是找上门去的，那也不能不帮忙搞啊，大伙都住在一堆，你要真不给人家搞，也不好抹这个面子，而且你帮人家搞了也不能不帮他搞呀，要不然人家说出去也不好听。"（评审团成员、村干部YDB）

村干部LSF也对这个问题做出了回应："你像老头老妈呀这样

的，肯定是主动搞的咯，一个月能拿点钱，也当是给点钱给老头老妈咯，其他的有些是人家找到你，你也不好意思不给人家搞的。"（评审团成员、村干部LSF）

可见，主动"徇私"的对象是与村干部有亲密关系的村民，即"自己人"。而被动"徇私"的对象一般是与村干部没有亲密关系的人，村干部为这些村民"徇私"在一定程度上是一种被迫的行为，一方面是被情面所迫，村干部们拒绝这些村民的请求会对人情关系和面子造成影响；另一方面是被舆论压力所迫，向村干部提出请求的村民都是对村干部之前的"徇私"行为有所耳闻的村民，如果拒绝他们的请求，这些村民有可能会把村干部的"徇私"行为传播出去，在村里形成舆论压力。出于这两点考虑，村干部们也就只能被动"徇私"了。

三、"捂着"与"徇私"对低保对象认定的影响

1. "人情保"、"关系保"的出现

向村村干部们在最低生活保障制度上的"捂着"与"徇私"，造成了一批"人情保"、"关系保"的出现。由于向村在2012年之前的低保工作非常不规范，笔者在向村村委会查找相关资料时，发现既没有当时低保对象家庭收入情况等资料，甚至没有当时全村低保对象的确切名单[①]。所以要想了解向村2012年之前"人情保""关系保"的情况是非常困难的，只能通过追溯相关人员的记忆并从中得到一些信息。

笔者问到有无关系户时，评审团成员DDG对此非常肯定："有关系户的，那个时候我们也不晓得，CYG书记不就把他老头子弄成低保了嘛，这个事情不好说，刚开始的时候肯定是乱七八糟弄的。"（评审团成员DDG）

谈到有无关系户这个问题，评审团成员YDJ突然紧张起来，并要求笔者把收集到的村里的相关文件拿出来给他看，看完后他似乎放下

[①] 笔者调查了解到，明显违反低保政策规定的"人情保、""关系保"并没有出现在名单里。

心来了，说："反正我不属于村里的，我的工资是由县里残联发，所以我也不怕得罪人，我也向我的老同学（镇民政所干部）反映过这个事的，村里的人（指村干部）对我肯定是有意见的。"（评审团成员YDJ）

村民们普遍认为关系户肯定是存在的，并对此表示出了不满：

"一开始哪个晓得有这个事呀，村干部们把我们瞒着，把自己的亲戚朋友弄成低保户，人家拿了好几年钱了，鬼晓得啊。"（村民Y）

"去年开评审会的时候，不是拿掉了11个低保么，这些肯定都是关系户，要不是关系户怎么会弄上低保呢，屋里比好些人都过的好。"（低保对象GGA）

无论是通过直接的方式，还是间接的方式，所有访谈对象都向笔者透露2012年之前"人情保""关系保"在向村是存在的，而且比较严重，对于比较典型的关系户，如村书记CYG的父母，村民们是能够指出来的。需要注意的是，笔者的访谈时间是在2012年向村召开评审会评审低保对象之后。这时，评审会在村里已经形成了一定的影响，村民们通过评审会知道了很多以前不知道的信息，由于评审团成员也生活在向村这个熟人社会中，他在日常闲聊中可能会透露一些如谁是低保、评审会上谁被拿掉了低保等信息，这样一传十，十传百，很多村民便知道了之前谁是关系户。所以访谈时向笔者提供"人情保""关系保"等信息的村民，有些是在评审会之前的日常交往中得知了此信息，有些则是评审会之后了解到的。

2. 信息优势

2012年之前，向村与低保相关的信息是被"捂着"的，在大家都不知道低保信息的情况下，先知道信息的人无疑是具有优势的，他可以先于其他村民采取行动。由于工作关系，村干部是最先获得与低保相关信息的人，所以才有了村干部们的主动"徇私"行为。这里讨论的信息优势是指与低保相关信息被"捂着"之后获得此信息的人所具有的优势，因此不包括村干部在内。从2007年向村实行农村最低生活保障开始，就有一些村民利用信息优势成为了低保对象。这些具有信息优势的村民可以分为两类：一类是村干部主动"徇私"的对象。

他们是向村除了村干部之外最早获得低保信息的人，他们从村干部处直接获得信息，并被村干部主动纳入低保范围内；另一类是从关系户那里间接获得信息的村民，这些村民构成了村干部们被动"徇私"的对象。在向村，村民们有共同的生活空间，平时村民之间有频繁的交往。关系户们平时在与周围村民交往中，会有意或无意说出与低保相关的信息（除了极少数炫耀自己与村干部关系好的关系户外，笔者认为更多的关系户是在无意中说出了此信息，因为毕竟这是与利益相关的信息，具有排他性，他们不会随便与人分享），就会有一些村民通过这种方式获得了信息。

当笔者问到当时是如何知道的低保信息以及如何申请的低保时，没等低保对象SDY开口，其二哥就抢先说："我老二只晓得有钱拿，他哪晓得是我给他搞的呀，我给他搞的早，那时候是听人家讲的，我就去找了CHH（原来的村干部），给他搞上低保了。你们也晓得，我老二是这样的情况，我一去找CHH，就搞成了。"（村民S，低保对象SDY的哥哥）

村民W的回答不仅说明了信息优势的重要性，而且还解释了信息优势为什么会出现："我当时是找村干部给我老头子老妈搞上低保的，那我搞得早嘞，当时听人家讲了我就去找村干部了，那时候好搞。"……"农村跟城市上不一样，那些老头老妈子串门子，在一阵子玩，有些老妈子嘴不紧，就讲她屋里村干部给搞了低保呀，每个月还拿好些钱呀，这样其他老妈子就肯定会想，为么事我屋里没有呢，我屋里比她屋里还可怜些，有些回去就跟屋里讲，就去找村干部，那村干部肯定要给她搞哦，不然给别人搞了不给她搞也讲不过去。"（村民Y，低保对象YJY的儿子）

据笔者访谈了解，从关系户那里间接获得低保相关信息的村民，只要去找村干部，并表达出想要成为低保对象的意愿，绝大多数都会被村干部纳入到低保范围内。这一方面是因为当时村干部在低保对象的选择上具有决定权，谁可以成为低保对象是由村干部说了算，村干部们有"能力"让去找他们的人成为低保对象，另一方面就是上文提到的村干部们被动"徇私"的原因了，在此将不再赘述。

四、底线——熟人社会与政策本身的双重作用

在2012年实行听证票决制度之前，向村的村干部在低保对象的选择上具有决定的权力，谁可以被纳入低保谁不可以完全由村干部说了算。但就是在这样缺乏监督与处罚机制的情况下，向村的低保依然没有偏离政策目标太远，也没有引起村民们的普遍不满。究其原因，是因为向村的低保对象认定工作在某些因素的制约下坚守住了底线。

1. 困难户会被纳入低保

在向村，提起有哪些困难户，村民们大致都能罗列出十几个来。当然这也取决于村民的交往圈子，有的村民交往圈子大，了解的人多，罗列出的就多，有的村民交往圈子小一点，罗列出的就少一些，但他们都对周围有哪些困难户了如指掌。这主要是因为村民之间彼此熟悉，各人知道各人的家庭情况。对于这些困难户拿低保，在访谈中几乎所有村民都表示这是应该的：

"大家都住在一堆，哪个不晓得他们屋里困难呢，那他们拿低保是没的话说的。"（村民C）

"低保不就是给可怜的人的嘛，凭良心讲，他们拿低保是应该的。"（村民L）

向村的村干部们对村里的困难户也是非常了解的，即使不能全部了解，也对自己所在的自然村的困难户非常了解。他们在最初分配低保名额时，是把这些困难户考虑进去的。最终被纳入低保的困难户都是实实在在非常困难的，如家里有人生大病的，家里有人残疾的，家里缺少劳动力的等等。

在谈到认定低保对象时重点考虑什么因素，CYG表示："那肯定是要重点考虑困难户哦，人家真是困难当然要给他哦。当时村里头决定哪个是低保户时，我们也是重点考虑困难户的，像残疾啊，生大病的呀，你看那个耀顺的儿子，他不是尿毒症嘛，后来他老婆不也得了癌嘛，你看这样的我们肯定是要考虑的，我们对村里的困难户都是比较了解的，首先是考虑困难户的，政策不也是这么规定的嘛，（后来）有人找我们帮他搞低保，我们觉得行就帮他搞。"（评审会团长、村干部CYG）

YDB更是谈到了直接帮困难户写申请的情况："困难户的低保大多数都是村里头帮忙弄的，申请也是村里头帮忙写的，你让他们写申请，他们都不会写，村里头只好帮忙写咯，那人家真困难村里头肯定是要帮忙弄的呀，村里头直接就把他们弄成低保户了。"（评审会成员、村干部YDB）

由此可以看出，在实行听证票决制度之前，虽然向村村干部们在选择低保对象时存在"徇私"行为，但困难户还是很容易成为低保对象的。向村是个熟人社会，村民之间很容易产生同情心理。正如王思斌所指出的，村干部们在和村民进行交往时，会将自己还原为农民（王思斌，1991）。村干部以村民的身份与这些困难户交往时，他们能切实了解到困难户家庭所面临的困难，对他们产生同情心理。除此之外，低保政策规范也要求村干部们把困难户纳入低保。所以，无论出于感性的思考还是理性的判断，村干部们都会把村里的困难户纳入低保范围。

2. 家庭富裕的村民不会被纳入低保

在向村，低保政策本身对村民申请低保起到了制约作用，家庭富裕的村民一般是不会申请低保的，他们认为"低保是给可怜的人的"。村干部们在"徇私"的过程中，也会考虑"徇私"对象家庭的实际情况，如果家庭在向村比较富裕，即使有比较好的私人关系，村干部们也不会把他们纳入低保。用向村村干部自己的话来说，他们指定的低保对象都是"大体上说的过去的"，"可以是吃低保也可以不吃的"。这样的村民成为低保对象，即使走漏了消息，也不会带来强大的舆论压力。

在谈到村干部一般会帮什么样的人搞低保时，YDB表示："有些人跑来找我给他们搞低保，我就说他们，你们要是搞低保，那我们向村全村不都得搞低保啊，屋里混的不错，这样的我是不给他们搞的，就算给他们搞了，也不符合政策规定啊。一般情况下，屋里条件好的人也不会申请低保的，毕竟政策规定是给可怜的人的，他们知道就算申请了也不会给他们的。"（评审团成员、村干部YDB）

村干部CYG对此也做了回应并解释了为什么选择这些村民："我

们给搞的低保，那大体上都是说的过去的，你讲他能拿低保吧，又不能拿，你讲他不能拿吧，又能拿，差不多都是这样的情况。这样的话，村民们也不会有质疑，即便有质疑的，向他们解释清楚，他们也会觉得比较合理了。"（评审团团长、村干部CYG）

村民们也坚信家庭富裕的村民不会被纳入低保："真有钱的人家也不在乎这点钱，村干部要把真有钱的弄成低保了，应该有人举报吧，听说其他村不就有人举报过嘛，太离谱的肯定不行吧，毕竟政策在那摆着呢。"（村民C）

在向村，村干部的"徇私"也是有讲究的"徇私"，不会对困难户"徇私"，因为困难户理所当然是会被纳入低保的，这样的"徇私"没有意义；也不会对家庭富裕的村民"徇私"，这种"徇私"非常鲜明地违背了政策规定。由于村民们对彼此的家庭经济情况非常了解，且对谁和谁有关系也了解的比较清楚，如果家庭经济情况好的村民吃低保的消息传播出去，很容易引起村民的不满，小则对村干部形成舆论压力，让村干部面子受损，大则会导致村民的举报。用黄光国的话说，这种"徇私"代价大于预期回报（黄光国，2010）。出于对这些情况的考虑，即使向村的村干部在低保对象的选择上具有决定的权力，即使缺乏监督与处罚机制，向村的低保对象认定依然坚守住了底线。

五、小结

根据本文已建构的分析框架，笔者对规范缺失情况下熟人社会和政策本身对低保对象认定的影响进行了总结。

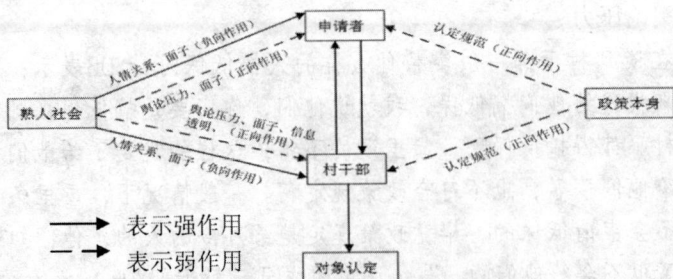

图5—1　规范缺失下低保对象的认定

如图5—1所示，在低保对象认定规范缺失的情况下，向村低保对象的认定直接由村干部决定。在认定的过程中，政策本身对认定产生了一些制约作用，主要表现在低保政策的认定规范对村干部们的"徇私"行为和村民们的申请行为产生制约作用，使得熟人社会中低保对象的认定坚守住了底线，虽然如此，政策本身对低保对象认定的影响还是非常有限的。相对于政策本身对低保对象认定的有限影响，低保政策内嵌于其中的熟人社会对低保对象认定的影响要大得多，这种影响可以分为正向和负向两个方面，负向表现在村干部的"徇私"上，基于熟人社会中普遍存在的人情关系和面子的考虑，作为政策执行者的村干部会在低保对象的认定过程中"徇私"，造成"人情保"、"关系保"的出现；正向表现在熟人社会中的舆论压力和面子能够在一定程度上制约村干部的"徇私"行为，而信息透明也能保证困难户被纳入低保。但是，在规范缺失的情况下，向村低保相关信息处于被"捂着"状态，舆论压力很难产生，信息透明也很难发挥作用，熟人社会对低保对象认定的正向作用只发挥了非常有限的作用。

第六章 规范化认定——听证票决制度的建立

一、听证票决制度

1. 建立背景

2010年6月，宣城市民政局发布《关于全面实行城乡低保听证票决制度的通知》（宣民保〔2010〕6号）（以下简称《通知》），《通知》中指出，为严把城乡低保民主评议关，扩大民主评议工作透明度，杜绝漏保、错保和优亲厚友等不公平行为，全面实现按标施保、应保尽保、分类施保和"阳光"操作。经研究，决定从今年7月起，在全市全面实行城乡低保民主评议听证票决制度（简称听证票决制度）。这是对实施听证票决制度原因的说明，也可以从中推测出制度建立的背景，即城乡低保民主评议实施不规范，工作透明度不够，漏保、错保和优亲厚友等不公平行为时有发生。在访谈中，笔者也证实了这一推测：

"为么事要开评审会呀，是这样的，前两年不是搞'三级书记大走访'①么，领导们在下面走访的时候发现低保存在很多问题，你像有些场子（地方）靠人情关系的非常多，再加上有些老百姓向他们反映呢，后来就有了这个政策嘞。"（评审团团长、村干部CYG）

"搞这个政策还不是群众反映的么，我们这里还好，像有些场子（地方）真是全靠人情关系，那老百姓肯定要反映的呀，现在又不是不方便，打个电话就行了，老百姓反映多了不就重视了么，后来才有了这么个政策。"（评审团成员、村干部LSF）

"有的场子（地方）靠人情，靠关系的太多了，老百姓真举报的，举报多了上面肯定要管哦，不就搞了这么一个政策好对低保户重新审核嘞，不符合的低保就要拿了。"（评审团成员、村干部YDB）

可见，实施听证票决制度有其偶然的原因，即开展"三级书记大走访"时领导们发现了问题。但归根结底，还是由于现行的低保对象认定机制不规范，低保对象认定中出现了人情保、关系保等各种问题。这不仅损害了低保对象认定的公平与公正，更在一定程度上威胁到了农村的稳定。

2. 听证票决制度详解②

《通知》中规定，凡是城乡低保对象新增或退出、提高或降低补差标准的对象，一律实行民主评议听证票决制度。虽然制度指定的对象是新增或退出、提高或降低补差标准的低保对象，但由于全市尤其是农村的很多地方，已经纳入低保保障范围的低保对象大多没有经过规范的认定程序，因此需要对现有的所有低保对象重新进行一次规范化的认定。向村的第一次低保评审会议就是对全村已有的低保对象进行重新认定。

---

① 为贯彻《中国安徽省委关于加强和改进新形势下群众工作的若干意见》（皖发〔2010〕25号），安徽省全省各级开展的领导干部下基层活动。

② 此部分来源于宣城市民政局《关于全面实行城乡低保听证票决制度的通知》（宣民保〔2010〕6号）。

听证票决制度由乡镇（街道）负责组织安排，村（居）两委负责具体组织实施，县、乡民政部门负责业务指导。听证人员主要由乡镇（街道）分管低保工作的领导或包村（居）干部、乡镇（街道）民政所干部、村（居）两委班子成员、村（居）民代表、村务公开监督小组成员、村（居）民小组组长、群众代表（3—5人）、人大代表、政协委员、离退休老同志等共同组成。听证时要预先通告，参加听证票决人数不得少于15人，其中，乡镇（街道）分管低保工作领导或包村（居）干部、乡镇（街道）民政所干部和群众代表（3—5人）必须参加，并允许村（居）民旁听。听证票决原则上为农村每季度、城镇每1—3个月组织一次。有特殊情况的，经请示乡镇（街道）领导同意后，由村（居）两委按常规程序进行民主评议，公示后上报，并在下次听证会上向全体听证人员通报相关情况。

听证票决之前，凭户主申请（无行为能力的可委托他人代写代办）、家庭共同生活人员的户口簿、身份证等相关证件复印件、家庭收入状况证明材料等，村（居）委两委干部牵头，会同不少于2名的低保专管或听证人员，按照城乡低保《实施细则》、《操作规程》、《家庭收入核算办法》，采取"一听、二看、三问、四走访"和"谁调查、谁签字、谁负责"的调查办法，对申请人（动态管理对象靠平时走访掌握）家庭基本情况和经营性（农业）收入、工资（打工）收入、财产性收入、转移性收入等多个渠道进行全面核查核实。对不符合城乡低保政策规定条件的，应当场解释清楚，立即答复申请人。对基本符合低保条件的，应实事求是地提出听证建议，提交听证会听证决定。

进行听证票决时，首先由主持人组织学习城乡低保保障标准和基本条件，宣布听证事项和听证纪律，介绍听证会组成人员和记录人、监票人等情况；由申请人或动态管理人员现场（无行为能力的除外）陈述家庭生活困难的基本情况；由调查人员现场介绍入户调查、邻里走访和家庭收入核算以及平时走访核查的基本情况，提出保障类别和保障标准的建议意见；参加听证人员、视情向申请人、调查人和动态管理人员询问相关情况。但不得询问与听证内容无关的隐私问题。听证程序结束后，申请人场外回避，经听证成员讨论后进行无记名投票表决，由监票人当场进行唱票计票，得票占总投票人50%方可进入低保和进行第一榜公示，并将听证讨论和票决结果当场告知申请人。如果申请人对听证结果不服或第一榜公示后有群众举报的，村（居）两委应在此调查核实，视情组织二次听证或及时书面答复申请人。记录人对听证票决情况应详细记录，交村（居）委低保专管员保存，并将城乡低保对象核查和听证票决情况一览表一式2份、连同《城乡居民最低生活保障审批表》等相关材料上报乡镇（街道）审核。

二、向村听证票决制度的建立与实施

在宣城市民政局发布《关于全面实行城乡低保听证票决制度的通知》两年后，向村召开了第一次听证票决会①，至于为什么滞后这么久，村干部们是这样解释的：一是因为政策从市里到村里是需要一段时间的，二是因为准备评审会需要很长时间，包括确定评审团成员等。第一次评审会是对向村所有现有低保对象是否符合低保条件的重新评审，因此意义重大。

1. 评审团②成员的组成

在笔者拿到的向村评审团成员名单的文件上显示的时间是2012年4月8日，也就是说，在2012年4月8日，向村评审团才正式成立。从文件上以及以后的访谈也证实，向村评审团一共由19名成员组成，其中团长、副团长各一名，成员17名，团长、副团长分别由村书记和村主任担任，成员包括3名村民组长、3名村民代表、2名党员代表、2名镇民政所成员、2名村监委会成员、1名村两委成员、1名村支委成员、1名大学生村官、1名残疾协理员、1名包村组长。可见，向村评审团的人员组成是符合市民政局文件规定的。这些成员除了2名镇民政所成员和1名包村组长外，其余成员都是向村村民，生活在向村中。

关于评审团成员是如何产生的，笔者访谈了若干评审团成员：

---

① 向村相关文件显示为"评审会"，且向村所有知道此会的村民都称其为"评审会"，下文将用"评审会"代替"听证票决会"。

② 参加评审会的人员组成的团体，向村相关文件显示为"评审团"。

"评审团成员啊，不是选举产生的，是村委会讨论的，也算是划片推荐的，基本上每一片都有一两个，我们选的时候一般都是选那些片里讲话比较有分量的，怎么讲呢，应该算是德高望重的，人品各方面都比较好的人，不会选那些人品差的，人品差的肯定不行呀。"（评审团团长、村干部CYG）

　　"评审团成员啊，是村里讨论的，没有经过选举，上头不是有评审团成员组成的规定嘛，我们就按照上面的规定讨论出来的，基本上都选那些比较可靠的人。现在不是有一些人老在外头打工嘛，我们选的时候也考虑了这个问题。"（评审团成员、村干部YDB）

　　"我也不知道我怎么成的评审团成员的，是村里搞的，到时候叫我们去开会，我们就去呗。去年（2012年）不是叫我们去开了会么。"（评审团成员DDG）

　　"你讲我这么大年纪了，我也不知道他们怎么把我搞上的，我也从组长退下来了。"（评审团成员HDF）

　　可见，向村评审团成员不由选举产生，除2名镇民政所成员和1名包村组长外，其他的均由村干部讨论产生，讨论的标准有二：一是上级文件规定的人员组成结构；二是选择人品好、有影响力的村民。在考虑人品和影响力的过程中，还考虑到地域的均衡性以及是否常年在村里。最终，讨论出来的人选在地域分布上比较均衡，基本上每一两个邻近的村民小组都至少有一个，且这些人都大多是常年在村里的，这样的人员组成是比较合理的。人品好、有影响力一方面保证了这些村民评审出来的结果比较有说服力，另一方面有影响力的村民平时与其他村民的交往更加频繁，从而对其他村民家庭情况了解的更加清楚，这就在一定程度上保障了评审结果的有效性。由于现在的向村是由原来的三个村合并而来，规模较大，导致地域上离得较远的村民有可能相互之间并不十分熟悉，因此评审团成员有必要在地域分布上较为均衡。这样每一个评审团成员所在的片区都是一个熟人社会，村民之间彼此熟悉，各人知道各人的家庭情况，进行评审时对验证低保对象相关资料的真实性有很大帮助，当然相应的也会产生"徇私"行为，这将在下文进行讨论。

从向村注有评审团成员名字、职务的名单可以推测出，评审团成员是比较固定的，理论上来说，开评审会时，有且只有这些村民具有评审的资格。但在实际操作中，有些成员在开评审会议期间不在村里或是比较忙，不能前去参加评审会，村干部们为了保证出席人数，就会临时找人代替。按照村干部的话来说，这在农村是不可避免的。

谈到这个问题，YDB说："农村人嘛，总会有这事那事的，不是讲这个会（评审会），你像我们平时开会，都要提前讲好的，不能来的我们就赶紧换人，你像有人那一天不在家里的，有人那一天恰巧要干么事的，这样的我们尽量争取他们来，真不能来的话就赶紧换人，这样出勤率就有保证呀，要不然人不够就不好办了。"……"换的人是临时的，真正的评审团成员还是名单上的那些人。"（评审团成员、村干部YDB）

由于向村并没有评审团成员参会情况的记录，笔者在访谈评审团成员时，特别关注了出勤的问题。访谈的大多数评审团成员都表示去年开评审会时人都到齐了，当笔者拿出名单让他们辨认时，他们也表示名单上的人都去了。

2. 评审会的具体过程

2012年5月，距市民政局发文要求在全市范围内实行低保民主评议听证票决制度已经过去接近两年时间，向村召开了第一次评审会。由于这是第一次，所以得到了镇民政所及向村村干部的重视。评审团成员中的2名镇民政所成员和1名包村组长悉数到场，其他评审团成员也都到场。

谈到评审会时，评审团团长CYG回忆说："当时这个会搞得挺正规的，镇上的领导都到场了，评审团成员也都来了。"（评审团团长、村干部CYG）

LSF向笔者详细介绍了评审会的过程："评审会时这样的，镇上的几个领导加上村里的评审团成员坐在一堆，先前我们收集过低保信息的，不是有他们的资料嘛，后来填成了一些表，你像家庭收入情况呀，家庭的劳动力啊，这些资料上都填的有，主持人就把这些资料念给大家听，这样大家听了之后就能晓得他家里是怎么个情况。"……

"评审会成员有些对他们是非常了解的，你像平时有玩的好的呀，亲戚呀，住在一个生产队的呀，你像其他的可能就不太了解，只晓得有这个人和家庭大概的情况，具体的可能就不晓得了，这样把家庭情况在会上一念，大家心里都有数啦，就晓得那些人符合低保，那些人不符合低保了。念完之后晓得他家的人再讲讲他家的情况，后来大家就投票了。"……"无记名投票的，这样不容易得罪人呀，要不然知道哪个没给哪个投，不容易得罪人么。投完了就数票，超过一半的才能过，没超过一半的就拿下来了。"（评审团成员、村干部LSF）

当笔者问到为什么要在评审会上念各位待评审低保对象的材料时，DDG表示："评审团成员可能对一些低保户比较了解，还有一些不太了解，也可能你对他了解，我又对其他人了解，这样就把低保户的资料表拿到会上念一念，晓得他的一些人就给大家讲讲他家的情况，大家不都晓得了么？大家心里都有数了，投票的时候也好投了。"……"无记名投票，大家也不晓得哪个投给了哪个，哪个没投哪个，投完之后就看票数有没有过半，没过半的就拿下来了。"（评审团成员DDG）

由此可知，向村评审会评审低保对象时主要分为三个步骤：第一个步骤是让评审团成员了解待评审低保对象的各项情况，由《城乡低保对象核查和听证票决情况一览表》（即评审会成员多次提到的表）中所涉及到的内容来看，这里所说的各项情况包括低保申请人的基本信息、收入情况、家庭基本情况、家庭收入情况以及申请低保的主要原因。主持人把《城乡低保对象核查和听证票决情况一览表》中的相关内容念给大家听，之后再由了解情况的评审团成员向大家具体介绍该低保对象的情况。经过这两步之后，所有评审团成员都会对该低保对象的情况有一定的了解，对其符不符合低保申请条件也有自己的判断。第二个步骤是进行无记名投票，评审团成员根据对待评审低保对象情况的了解以及自己的判断，对该对象进行投票。第三个步骤是公布结果，投票结束后，现场进行唱票和计票，票数过半的评审对象通过评审，继续具有享受低保待遇的资格，票数没有过半的评审对象，不再具有享受低保待遇的资格。这里需要补充的是，由于这次评审会是向村第一次召开评审会，评审对象不是新增加的低保申请者，而是向村目前所有的低保对象，是对他们是否符合低保条件的一次核查。从村干部口中得知，这次通过评审的低保对象以后将不再重复评审，除非有动态的变化而需要再次评审，以后召开这种评审会就是对新增加的低保申请者的评审。

第七章　熟人社会中的规范化认定

一、"徇私"受限——政策本身作用的加强

1. 评审团成员的人情

除了两位镇民政所成员和一位包村组长外，评审会成员中的16位都是向村村民，他们生活在向村，平时的人际交往也多发生在向村中。由于拥有共同的生活空间和频繁的交往，评审会成员和向村的其他村民很容易产生各种人情关系。因此评审会成员的行为也必须围绕着人情关系展开，行动准则是人情规范。在评审低保对象时，评审会成员也难免受到围绕自己的人情关系圈子的影响，如果某待评审低保对象处在评审团成员的"自己人"圈子内，那么该评审会成员在评审时一般会遵循人情规范，进而进行"徇私"行为。

不仅评审会成员与待评审低保对象之间有可能存在人情关系，由于评审会成员之间非常熟悉，关系也很密切，他们之间也有可能存在着密切的人情关系。这从评审团成员的构成就可以看出，他们中的三位村民代表和两位党员代表之前都担任过村干部或村民组长等职务，其余的11位正担任着向村的村干部、村民组长或其他职务，也就是说，这16位从向村选出的评审会成员共同隶属于一个广义的村干部群体。我们知道，村干部、村民组长等经常会在一起开会，他们不仅彼此熟悉，而且关系较·般村民而言更加密切。

2. 评审团成员的"徇私"受限

前文讨论过听证票决制度实施之前，向村的村干部在低保对象

的认定上具有决定权，他们考虑到自己的人情关系，往往会在低保对象的认定上进行"徇私"，从而导致为数较多的人情保、关系保的出现。在听证票决制度实施以后，由于评审团成员也会考虑自己的人情关系，因此"徇私"的问题依然存在，当然这里"徇私"的主体不再是村干部，而是所有评审会成员。评审会成员在评审低保对象时，往往分成两种情况考虑：一是待评审低保对象不在自己的"自己人"圈子内，即不是自己的亲戚朋友等存在密切人情关系的人，在这种情况下，他们倾向于根据自己对该待评审低保对象家庭情况的了解而做出合理的判断，也就是说，在这种情况下，评审会成员对该待评审低保对象做出的评审是公平的、公正的。另一种情况是待评审低保对象在自己的"自己人"圈子内，自己与他有着密切的人情关系，或是亲戚，或是朋友。在这种情况下，大多数评审会成员将不会根据自己对该待评审低保对象家庭情况的了解做判断，无论其家庭是否贫困，无论其是否符合低保对象的认定条件，他们都会投票赞成，助力该待评审低保对象通过评审。这正是陈柏峰所指出的熟人社会中的"歧视"原则（陈柏峰，2011）。

虽然在评审会中"徇私"是可能的，评审会成员会很容易有徇私的想法或行为，他们的"徇私"行为却不太容易成功，原因在于待评审低保对象通过评审的条件是需要获得过半票数，某一个评审会成员的"徇私"行为对票数的影响并不大。如果待评审低保对象的条件不符合低保的要求，即使有少数评审会成员为其"徇私"，其他的评审会成员依然会按照其家庭实际情况为其投票，所得票数也很难过半，"徇私"因此受限。实施听证票决制度之后，村干部没有足够的权力"徇私"，评审会成员的"徇私"也受到政策本身的限制，低保对象的认定变得更加公平、公正，向村由于"徇私"而被纳入低保的低保对象随之大幅度减少。此外，正是由于"徇私"受限，不符合低保政策规定的申请者难以通过评审，低保申请者的申请行为得以制约，不少不符合条件的村民会知难而退，不再申请。

当笔者问到实行听证票决制度之后，低保对象的认定是否公平公正时，YDJ表示仍然不是绝对公正。"大伙在选的过程中肯定还是有私心的，所以我才讲不是绝对公正的呀，比方讲，我跟你两个关系好，你去申请低保，那我肯定会投你的赞成票啊，这个是肯定的嘛，避免不了的，农村嘛，不就是这样嘛，大伙都巴望自己的人得点好处。"但政策对票数的规定在很大程度上保证了认定的公平和公正："我只能自己投你，其他的人投不投你我就不晓得的，你像现在政策规定，我们是要得票过半的人才能通过的，只有我一个人投你，那你也肯定通不过，所以讲，也挺公平的，你像那些得了全票的，肯定就是家庭实在困难的，大家都晓得的。"（评审团成员YDJ）

YDB表示虽然大家讲人情关系，但是也"不管用"："我跟你讲，任何时候都存在不公平的，现在投票也不是绝对的公平的，还不是有人投那些和他有关系的人嘛，农村嘛，讲人情，讲关系，不过现在一个两个投票不管用，（票数）要过一半才能通过，这么多人投票，也不是哪个人一个人能决定的，所以影响不大。"……"你讲的那些只有两三票的人，这样的人肯定是和那几个评审团成员有关系，要不然大伙怎么都不投，只有两三个人投呢，这是很明显的嘛。"（评审团成员、村干部YDB）

CYG提到了实行听证票决制度之后，他对前来找他搞低保的村民的劝说以及那些村民的反应："现在有些人来找我搞低保，我就跟他们说：'现在我说了不算，要经过评审团评审，到时候就算我投了赞成票，你屋里条件这么好，其他评审团成员也不会投赞成票的，这样你照样通不过。'这样他们肯定不太会申请了啊，反正只要我跟他们说了的，他们都不申请了。"（评审团成员CYG）

除了以上讨论的单个评审会成员对待评审对象的"徇私"行为，还有一种情况比较特殊，即两个或多个评审会成员联合起来"徇私"。即一评审会成员与某一待评审低保对象存在密切的人情关系，而与该评审会成员有着密切人情关系的其他评审会成员出于人情关系的考虑会与其联合起来"徇私"。如果多位评审团成员联合起来"徇私"，将会对待评审低保对象的得票数产生影响，那么该待评审低保对象就有可能通过评审，从而享受低保待遇。但笔者在访谈中发现，在联合"徇私"这个问题上，评审会成员和一些村民提到的较多的就是CHJ这个个案：

"讲不公正，我们这四转也还有一些呀，这些人按讲是不应该拿低保的，你像CHJ，他哥不是评审会成员么，大家肯定要做这个人情哦，所以他才能通过评审噻。"（村民D，低保对象DDF的父亲）

"我们现在评审出来的人，也有极少数不太符合要求的嘛。就像你们那高头冲里的CHJ，哪个也没想到这次没把他给弄掉呀，他没弄掉我实在是想不服。我给你讲，他当时是怎么弄上去的哦，是前年还是上前年，他不是骑摩托车摔跤了么，他哥DDG不是村民组长么，他晓得低保这个事噻，就把他搞上了，你讲现在他早好了，家里就他跟他老婆，还有一个上中学的娃子，你讲屋里怎么不好过，但是这次评审会就是没把他评掉。"……"肯定跟他哥有关系呀，他哥也是我们评审团成员噻，他哥肯定是有私心的呀，其他的评审会成员哪个不晓得CHJ是他弟弟呢，估计大家都顾着他哥的面子，阴差阳错的没把他评下来。说来也奇怪，当时投票之前不都是要念低保户的资料的嘛，当时他的资料找不到了，死活也找不到了，就只好让几个人讲了讲他家的情况就开始投票了。"（评审团成员LSF）

评审团成员和村民们反映，CHJ之所以能通过评审会的评审，主要在于他哥哥DDG是评审会成员。DDG平时与其他评审会成员关系较好，看在他的情面上，其他评审会成员会把票投给CHJ。除了CHJ这个个案，评审会成员和村民们没有提到其他类似的情况。笔者判断，在向村召开评审会的过程中，考虑到舆论压力和面子问题，关系户出现在评审名单中的现象是非常少的，因此这种联合"徇私"的行为还是非常少的，对低保对象认定的影响不大。舆论和面子导致评审会上关系户减少的问题将在下一节详细讨论。

二、规范化认定——熟人社会与政策本身的双重作用

1.舆论压力和面子对规范化认定的影响

在熟人社会中，村民们有共同的生活空间，依靠频繁的交往和口头传播，消息很容易在村民中得到扩散，从而对人们的行为形成舆论压力，影响人们的行为方式。在向村，村民们的行为也受到舆论压力

的影响，村干部也处于共同的生活空间之中，他们的行为方式也受到舆论压力的影响。在听证票决制度实施之前，向村村干部们在低保对象认定过程中进行的"徇私"行为是私下的行为，消息也是"捂着"的，如果不泄露的话，消息是无法传播出去的，因此舆论压力并不能对村干部们的"徇私"行为构成太大压力。实施听证票决制度之后，在对向村现有的低保对象的资格进行重新评审时，村干部们之前在低保对象认定过程中的"徇私"行为不再是私下的行为，而是将被公之于众，所有的评审团成员会知道，继而可能全村村民都会知道，这必然会引起村民们的讨论，形成舆论压力，影响到自己的声誉。

除了要考虑舆论压力以外，维护面子也是个重要的问题。在向村，由于人们存在着频繁而广泛的交往，大家抬头不见低头见，面子就非常重要了。不仅面子本身构成了村民们行动的目的，维护面子也具有独立的价值，村民们是不会允许有损自己面子的事情发生的，因此他们会极力维护自己的面子。村干部们在村里都有着较大的影响力，面子对他们而言就尤为重要了，当有损自己面子的事情发生前，他们会极力采取措施维护自己的面子，把面子上的损失降到最低。

笔者在访谈时发现了一件怪事，有的评审会成员反映这次的评审会一共有16个低保对象没有通过评审，也就是说他们不再享有低保的待遇；有的评审会成员反映这次会上一共有11个低保对象没有通过评审，从消息比较灵通的村民D处得知的也是11个低保对象没有通过评审。

"以前关系户多，你看去年评审会一共刷掉了16个低保户呢，为么事被刷呢，还不是因为以前是通过关系搞上的，现在大家一选，都觉得他不符合要求，他得不到那么多票，不就被刷下来了么。我们村还好咯，你像S村（与向村邻近的一个村），他们村子大些，低保名额多些，村干部们又乱七八槽的搞，去年刷下来好几十呢，我们村就好多了。"（评审团成员、村干部YDB）

"我给你讲，去年评审会不是一下子刷掉了11个人嘛，那这11个人肯定都是关系户啊，以前靠关系弄上的，哪符合低保条件呢，这次不都刷下来了嘛，不过现在肯定还是有不符合条件的。"（评审团

成员、村干部LSF）

"去年刷了十几多个，S村刷的还多，他们村比我们大，人也比我们多"……"总有16个吧，S村总有几十个。"（评审团成员、村干部YDJ）

"关系户啊，嘿嘿，这个我们就不晓得了，听他们讲，去年不是一下子刷下来11个么。"……"我也是听人家讲的，在我这来买东西的呀，打牌的人讲的。现在应该是比较公正的了。"（村民D，低保对象DDF的父亲）

那么去年评审会上到底是11个还是16个低保对象没有通过评审呢？为什么会有11个和16个两个不同的数字呢？这其中存在什么玄机吗？为了搞清楚这个问题，笔者追问了部分评审会成员：

YDB表示是16个低保对象没有通过评审，并向笔者解释了为什么会有人认为是11个："16个，确实是16个，这个我晓得，说11个的肯定有些没有算进去，在开评审会之前有一些低保户是偷偷拿掉的，说11个的这些肯定没有算进去，不过这个一般人也不晓得。我给你讲，是这样的，刚开始的时候村干部不是搞了一些关系户么，现在要拿出来大伙评审，还有领导在场，面子上肯定过不去啊，你像那些关系特别近的，一拿出来，大伙肯定晓得这个人跟哪个村干部有关系哦，村干部在场面子上不好过啊，说出去也不好听啊。所以在开评审会之前，干脆自己把这些关系户拿掉，评审名单上就没有这些人。"……"是啊，这些关系户肯定是过不了评审的啊，拿出来评还让自己面子上不好过，还不如早点偷偷拿下来呢。"（评审团成员、村干部YDB）

笔者从LSF处也得到了证实："估计加起来有16个，是这样的，在开评审会之前，有些村干部就偷偷拿下来了一些人，你像C书记，他不就是在开评审会之前就把他老头老妈拿下来了么，要不然在评审会上不好看，多嫌人啊，面子上过不去，有那么多领导和社员在呀，传出去多难听啊。他们就偷偷拿下来了一些人，就不经过评审会评了，像这样，大伙不就都不晓得了么。我估计那几个人就是这样偷偷地拿下来的。"（评审团成员LSF）

由此可以看出，评审会成员和村民们口中的11个和16个都是准确数字，只不过11是去年评审会上有11位低保对象没有通过评审，而16是去年评审会后一共有16位低保对象不再享受低保待遇，其中包括11位没有通过评审的低保对象和5位在评审会之前被私下取消资格的低保对象。在向村这个熟人社会中，村民们对彼此的底细非常了解，因此两位村民之间有无关系以及有什么样的关系，其他村民都十分清楚。如果与某位村干部有密切关系的低保对象被公布在评审会上，那么评审会成员一定知道这是哪位村干部的关系户。这种违背道德规范的"徇私"行为会让村干部在评审会成员面前没有面子，如果被传播出去更是会给他带来舆论压力。因此有"徇私"行为的村干部绝不允许这样的事情发生，便在召开评审会之前就私下拿掉了他们自己关系户的低保资格。这种现象的出现虽然不是听证票决制度所直接产生的作用，但却是听证票决制度在熟人社会中对低保对象的认定产生的间接作用，客观上促进了向村低保对象认定的公平和公正。

　　村干部基于舆论压力和面子的考虑而主动放弃"徇私"的行为，在一定程度上正是黄光国人情与面子理论模式中资源支配者拒绝"请托"行为的体现。村干部接受"请托"的代价是遭受压力和面子受损，这种代价大于预期的回报，因而会拒绝"请托"，主动放弃"徇私"。这也体现了村干部的"徇私"行为具有权宜性，会根据具体情况而定。

　　舆论压力和面子除了规范了评审团成员的行为，还在一定程度上制约了申请者的申请行为，使得不符合低保政策规定的村民主动放弃申请。如前所述，在实行听证票决制度之前，不符合条件的村民直接向某一位与其关系密切的村干部表明想成为低保对象的意愿，就完成了"申请"，这种"申请"是私下的，只有村干部和村民自己知道，因而也就不会产生舆论压力和面子问题。实行听证票决制度之后，村民的申请需要经过所有评审团成员的评审，因而是公开的。不符合条件的村民有遭受舆论压力的风险，面子也可能受损。因此，当不符合条件的村民了解这一制度之后，多数会放弃申请。

　　谈到主动放弃申请，村干部LSF表示："拿到大会上去评审，你要是真不符合条件，搞得大伙都晓得了，毕竟不是么光彩的事情，人家还会说你'你看某某人屋里那么有钱，还去申请低保'，面子上也过不去嘛。后来有些人来找我搞低保，我就给他将这样的情况，他也会掂量掂量的，不符合条件的都自觉的很，一般都不申请了。"（评审团成员、村干部LSF）

普通村民也表示不符合条件的村民考虑到面子问题也不会去申请低保："估计不会申请吧，你想想要是屋里条件好，还去申请低保，最后在评审会上又通不过，搞得大伙都晓得了，面子上不太好看吧。"（村民W）

可见实行听证票决制度之后，舆论压力和面子制约了低保申请者的申请行为，这在很大程度上降低了产生"人情保"、"关系保"的风险。

2. 信息透明对规范化认定的影响

前文提到过，在村干部们讨论向村评审会成员的人选时，人选在地域分布上的均衡性成为重点考虑的因素。向村有28个村民小组，而从向村中选择出的评审会成员只有16个，所以不能保证每个村民小组都有一个，但是基本能够保证某两个邻近的村民小组至少有一个评审会成员。虽然向村在实际的操作中并没有严格按照这样的原则进行，但笔者从向村评审团成员的名单中可以看出，评审团成员在地域上的分布符合以村民小组为单位的规律。前文讨论过，向村的村民小组，是个熟人社会，在小组内部，村民之间发生着多方面、经常的接触，所以村民之间彼此熟悉，每家每户的基本情况大家都十分了解。再加上向村的评审团成员一般是平时村内人际交往中的积极分子，向村对他们来说也是个熟人社会，他们不仅对本村民小组的家庭情况非常了解，对向村范围内的大部分村民的家庭情况也较为熟悉。在不考虑人情关系的情况下，评审会成员对村民的评审将是非常准确的，这将促进向村低保对象认定的公平和公正。

谈到评审团成员是否了解待评审低保对象的家庭情况时，评审团成员DDG说："大家都住在一堆，肯定晓得哪个屋里好，哪个屋里可怜呀，我们这团团转转的肯定都晓得"……"其他组的也晓得一些，有可能只有一小部分不太晓得，平时有时候都会见面的，应该讲只要我们村里的，不存在不认得的情况，或多或少都晓得一些，特别是讲那些可怜的，大家肯定都晓得，还有哪家混的好，大家肯定也晓得。"笔者进一步追问了这种了解对评审团成员的投票是否会产生影响，DDG表示："那肯定是有影响的呀，你要是不晓得那些人的情况怎么投啊，投票的时候肯定拣那些可怜的投哦。"（评审会成员DDG）

在村干部LSF处也得到了同样的回答："那讲哪个屋里可怜，哪个屋里混的好，肯定都晓得的，要讲一般的，住得远的可能不太了解。投票之前不是还有人介绍嘛，讲那个人屋里的具体情况，你像那些平时不太了解的一介绍肯定都了解了。"……"这个对投票肯定是有影响的呀，肯定是拣自己晓得的可怜的人投哦。"（评审会成员、村干部LSF）

村干部YDB也表示评审团成员了解待评审低保对象的家庭情况，并且投票就是"照着这个来的"。"农村跟城市上不一样，你看我们都晓得人家屋里怎么样，大伙都是一个村上的人，你来我往的，还不晓得那个屋里怎么样么。"……"投票肯定是按照这个来哦，你像平时晓得哪个屋里可怜，投票肯定会投给他嘛，真可怜的家庭基本上都能选上的，我们基本上都会投他的。"（评审团成员、村干部YDB）

在向村，富裕家庭（即村民口中"混的好的"）和贫困家庭（及村民口中"可怜的"）都属于特殊的家庭，村民们在日常生活中会较为经常地提起他们，比如村民们在日常的交往中会经常提到某某在县城里买了房子，某某买了车子，某某得了什么病等等。可以说，这类家庭往往成为村民们谈论的焦点。因此，对于这类家庭的情况，大部分村民是非常了解的，即使不是在同一个或邻近的村民小组，其他村民也会有所耳闻。所以受访的评审会成员都表示自己对待评审低保对象或多或少有一些了解。大多数在开评审会之前就很了解，很少一部分在开评审会之前有所耳闻，经过评审会上其他了解该低保对象的评审会成员的介绍，都会达到比较了解的程度。这在很大程度上影响着他们的投票，在没有其他干扰的情况下，他们倾向于为自己认为的家庭情况不好的待评审低保对象投票。前文也讨论过，评审会成员的这种对待评审低保对象的了解，是建立在平时人际交往的基础之上的，因而是较为可靠的。这种基于可靠了解基础之上的评审，不仅有利于评审出符合条件的低保对象，也可以有效防止富裕家庭通过运作人情关系而成为低保对象。

3. "地方性共识"对规范化认定的影响

如前所述，"地方性共识"是指村庄中所有的人在生产生活中共享的具体知识，这种知识并不局限于某一村或某几个村，而在一定的区域内被人们知晓，为一个区域内的所有的人共享。地方性共识为生活于其中的农民提供了行动的无意识依据，将他们对当前生活的本地认识和对未来生活的本地想象联系在一起，构成了他们行动中的理所当然（贺雪峰，2006；陈柏峰，2008）。在向村，村民们拥有共同的生产生活空间，地方性共识很容易产生。在向村，村民们普遍认为低保是给"可怜人"的，"可怜人"不仅包括家庭贫困的人，还包括生大病的人、残疾人以及没有娶到媳妇的人等。[①]无论家庭是否贫困，有残疾人和生大病的人的家庭是可怜的；无论家庭是否需要救助，没有娶到媳妇的家庭是可怜的，这些家庭都是值得同情的。从向村2012年评审会评审结果来看，家庭中有这些特殊情况的低保对象都通过了评审，即使他们中有些家庭还能算得上富余。因此评审团成员在评审这些待评审低保对象时，家庭经济情况已经不再是他们重点考虑的因素，无论这些待评审低保对象的家庭经济情况如何，他们都会怀着同情的心理为这些投上赞成票。这在笔者对评审团成员的访谈中得到了证实：

"我们评审的时候，不完全是看收入的，有些东西看收入是看不成的。你像有些人屋里有残疾的，可能他屋里过的还不错，那你讲人家残疾就不可怜啦，最起码人家人不是好好的，可能还要人照顾。你像DDF[②]，他屋里是不是还不错？按讲他屋里本身是不可能成为低保户的，考虑到他是重度残疾，我们评审的时候还是把他评上了。还有有

---

① 这里的残疾指对生产生活造成严重障碍的残疾。
② 小儿麻痹症患者，重度残疾。

些人生大病的，人家屋里可能过得好好的，生场大病，不也怪可怜的么，这样的我们肯定是要把他评上的。所以我讲我们不完全是看收入的，么样的问题么样对待吧，我们可能跟城市上不一样，毕竟是农村的嘛，不可能就一板一眼的来的。"（评审团团长、村干部CYG）

"不是完全按照收入来的，我给你讲，收入只是个参考。你像家里有残疾人的，儿子没讨到老婆的呀，人家肯定都认为这些人屋里怪可怜的，就给他们投票哦。你像狗屎坨子（DDF的小名），他是重度残疾的。还有LDF，其实老两口屋里过得怪好的，就是广子（LDF的儿子）没讨到老婆，也不晓得怎么搞的，这么多年了，一直就没说到人 ①。广子关键是长得太矮了，现在年龄这么大了，也不好说人了。"（评审团成员、村干部LSF）

在访谈的过程中，笔者还听说了另一种情况：

"我给你讲，我们在评审的时候有这样一条不成文的东西吧，凡是那些父母和儿女分家了的，如果父母过得差，儿女过的好，那父母是评不上低保的，如果父母过得好，儿女过的差，儿女能评得上低保的，为么事呢，儿女有义务养老人啊，父母过的差，儿女过的好，儿女可以养父母啊，要是父母过的好，儿女过的差，父母肯定活不过儿女呀，父母过世之后，儿女生活不就没有保障了么。"……"这个东西你讲他合理吧，它又不是国家规定的，你讲他不合理吧，它肯定合理了，反正国家有国家的规定，这个东西在我们农村还是很管用的，你讲，哪个不认这个理呢。"……"遇到这样的情况，我们基本上是按照这个来的，反正错不了。"（评审团成员YDB）

在向村，实行听证票决制度之后，地方性共识在评审团成员对待评审低保对象进行评审的过程中依然发挥着重要作用。在某些情况下，地方性共识超越了低保对象的评定标准，主导着评审团成员对待评审低保对象的评审。对低保对象认定的规范化来说，这是个很不幸的事实，有时也会造成低保对象认定的不合理，导致错保、漏保现象的发生。但是，这种地方性共识对低保对象认定的干预却让村民们找出了自己认为最需要救助的人，从这个角度来说，无论它合不合乎规

---

① "说人"是向村的地方话，即找对象。

定，它都是低保对象认定规范化的一种补充。

三、小结

规范化认定之后，熟人社会和低保政策本身对低保对象认定的影响发生了变化，根据本文已建构的分析框架，笔者对这种变化进行了概括。

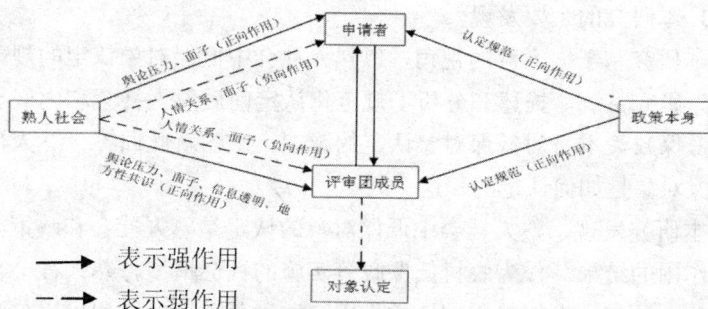

图7—1 规范化之后低保对象的认定

如图7—1所示，听证票决制度实施之后，向村低保对象认定的规范得以建立。低保对象的认定由全体评审团成员共同决定，相对于之前村干部个人在低保对象认定中的决定作用，评审团成员个人对低保对象认定的作用较弱，也就是说，一般情况下，评审团成员个人无法影响低保对象认定的结果。

实施听证票决制度是政策本身作用加强的体现，也为进一步加强政策本身作用提供了手段。如图3所示，在规范化认定之后，政策本身对低保对象认定的影响作用加强，评审团成员的"徇私"行为受到认定规范的限制，低保申请者的申请行为也受到认定规范的限制，低保申请者必须通过评审会评审才能具有低保资格，享受低保待遇。

规范化认定之后，熟人社会规则对低保对象认定产生的负向作用受到了政策本身的制约，但正向作用却得到了强化。主要表现在舆论压力和面子、信息透明以及地方性共识对象认定产生正向作用，促进了低保对象认定的公平与公正。

第八章 结论与建议

一、本研究的结论

1. 本研究的主要发现

本研究基于嵌入性的视角，以熟人社会中低保对象认定的规范化发展为研究主线，描述和分析了规范化认定前后熟人社会和内嵌于其中的低保政策本身对低保对象认定的影响。试图就此回答"熟人社会中低保对象是如何认定的"这一问题。

本研究发现，熟人社会中低保对象的认定是熟人社会和政策本身双重作用的结果。作为农村低保政策实施的社会情境，熟人社会在低保对象的认定中发挥着基础性的作用，这种基础性的作用可以分为正向和负向两个方面。在规范化认定之前，熟人社会规则对低保对象的认定主要产生负向作用，集中表现为村干部在认定过程中的"徇私"行为。规范化认定之后，熟人社会规则对低保对象的认定则主要产生正向作用，表现为舆论和面子、信息透明、地方性共识等借助于听证票决制度，促进了低保对象认定的公平和公正。内嵌于熟人社会之中的低保政策本身是影响低保对象认定的另一重要因素。在规范化认定之前，低保政策规范对低保对象认定的影响作用弱，规范化认定之后，政策本身对低保对象认定的影响得到了加强。在整个低保对象认定的过程中，都受到了来自熟人社会的社会情境和低保政策本身的影响。

本研究还发现，熟人社会与内嵌于其中的低保政策本身在影响低保对象认定的过程中存在着某种关系，即政策本身作用的加强能够强化熟人社会对低保对象认定的正向作用，限制负向作用。在规范化认定之前，政策本身对低保对象认定的影响作用弱，此时，熟人社会对低保对象的认定主要产生负向作用。而在规范化认定之后，政策本身对低保对象认定的影响作用得到加强，此时，熟人社会对低保对象认定的负向作用受到了政策本身的限制，借助于政策本身的作用，熟人社会对低保对象认定的正向作用得到凸显和强化。

2. 基于研究发现的理论认识

低保对象认定是低保政策实施的关键环节，本研究借助低保对象在熟人社会中的认定这个案例，探讨了政策实施过程中，地方性因素和政策本身对政策实施的影响。笔者认为可以把这种受到地方性因素和政策本身双重作用的政策实施称之为政策的地方性实施。政策的地方性实施是政策实施的一个派生概念，主要强调政策实施并不像第一代政策执行研究者们所宣称的是一个自上而下的科层制的控制过程，也不像第二代政策执行研究者们所宣称的是一个自下而上的基层的推进过程。它更接近于第三代政策执行研究者们提出的整合型模式：一方面政策制定者通过政策本身"自上而下"地对政策实施效果进行控制，另一方面政策执行相关参与者通过地方性因素"自下而上"地影响政策实施的结果。同时，这种政策本身"自上而下"的控制和地方性因素"自下而上"的影响在对政策实施产生作用时，并不是彼此孤立的，政策本身控制的加强能够强化地方性因素对政策实施的有利影响，减少不利影响。

地方性实施作为本文基于农村低保政策执行而提出的概念，既不同于"自下而上"的视角，也不同于"因地制宜"。前者的不同已如前述，首先地方性实施不是指低保政策的制定来自于基层，不是基层参与到政策制定过程中；其次，这里的"地方性"不是指上下一条线，而是地方的实践（互动）场域。地方性实施也不同于"因地制宜"。因地制宜是上面的宏观政策到地方后可以根据地方（当地）的实际情况而稍作变动，以利执行。"因地制宜"是一种授权，是上层制定计划者（或政策实施推动者）的一种可控的策略。但是，本文所说的地方性实施则是把当地的社会结构、熟人关系及人情世故卷进去的政策"执行"过程。对这一现象的概括，笔者曾想过使用"乡土性实施"的概念，但是后来觉得"乡土性实施"难表其意。正如格尔茨的"地方性知识"所表达的，"地方性"传达的是一个地方的包含了社会结构、社区文化、人情关系、事件情境、当事人感受的整体，是它的内在性质。在做了这种理解之后，笔者或以为，政策的地方性实施可以为政策实施研究提供新的研究领域和研究视角。

二、促进熟人社会中低保对象认定的公平与公正

1. 强化低保政策本身的作用

在熟人社会中，人情关系是人们的行动准侧，要在低保对象的认定上打破这一准侧，就必须借助于一定的外力，这个外力正是低保政策本身。从向村的案例来看，政策本身作用的强化不仅可以制约低保政策执行者的"徇私"行为，而且可以促进熟人社会对低保对象认定正向作用的发挥，低保对象的认定变得更加公平与公正。强化政策本身的作用可以通过规范和细化低保政策执行程序、加大监督和处罚力度等手段来实现。

2. 促进低保相关信息的公开

在熟人社会中，舆论压力和面子影响着人们的行为，对低保政策执行者形成制约作用，而信息透明也能够形成强大的监督力量，促进低保对象认定的公平和公正。然而这些作用的发挥都依赖于低保相关信息的公开。在实行听证票决制度之前，向村低保相关信息一直处于"捂着"状态，无法形成强大的舆论压力，村干部也不会因为面子上过不去而放弃"徇私"，信息透明也无法正常地发挥其监督作用。这在很大程度上助长了低保对象认定过程中的不公平、不公正。实行听证票决制度之后，低保相关信息在向村大范围扩散开来，此时，舆论压力和面子对低保政策执行者的制约作用显现出来，信息透明也促进了低保对象认定的公平与公正。因此，促进低保相关信息的公开是促进熟人社会中低保对象认定公平与公正的重要途径。各级政府应充分认识到信息公开对于熟人社会中低保对象认定的作用，在低保相关政策的制定和实行中，突出信息公开的作用，确保低保相关信息在基层能够实现真正公开。

三、本研究的不足

在访谈对象的选择上，笔者是按照熟悉程度进行挑选的。在评

审团成员访谈对象的选择上，由于向村19位评审团成员是按照上级文件要求的配额组成的，包括3名村民组长、3名村民代表、2名党员代表、2名镇民政所成员（不是向村村民）、2名村监委会成员、3名村两委成员、1名村支委成员、1名大学生村官、1名残疾协理员、1名包村组长（不是向村村民），考虑到访谈对象的代表性，笔者就按照这个分组对评审团成员进行了挑选，但对于同属一组的评审团成员，笔者是按照熟悉程度进行挑选的，即挑选那些笔者本人或是笔者父母比较熟悉的人。对于低保对象的选择，则是完全按照熟悉程度进行挑选的。笔者之所以这样挑选，是因为考虑到向村的实际情况，"熟人比较好开口，人家也能跟你讲实话，不是熟人人家肯定就敷衍你了"。这种按照熟悉程度挑选出来的访谈对象，会对笔者形成"自己人"的印象，并对笔者"敞开心扉"，这在一定程度上保证了访谈的顺利进行以及所获资料的"量"，但是否会对访谈对象的代表性及所获资料"质"上造成影响就不得而知了。

笔者在向村做访谈的时候，该村已经实行了低保听证票决制度，并在前一年（2012年）召开了第一次评审会，对2012年该村所有的低保对象重新进行了规范化的认定。由于向村几乎没有2012年之前低保对象认定的记录资料，此时欲了解向村在实行听证票决制度之前低保对象认定的情况，只能通过追溯访谈对象的记忆，但是这种记忆有没有偏离当时的实际情况，或是有没有受到当前现状的影响，也不得而知了。

本文试图通过对熟人社会中低保对象认定的研究，揭示出政策在熟人社会中是如何实施的，从而对政策在地方上的实施做出概括。由于能力和精力的限制，本文在概括方面还存在不足。

参考文献

艾广青、刘晓梅、田伟科，2009，农民最低生活保障对象界定方法探索，《财政研究》，第8期

波兰尼，2007，大转型：我们时代的政治与经济起源，浙江人民出版社

布洛维，2007，公共社会学，社会科学文献出版社

陈柏峰，2008，地方性共识与农地承包的法律实践，《中外法学》，第2期

陈柏峰，2009，乡村干部的人情与工作，《中国农业大学学报》，第2期

陈柏峰，2011，熟人社会：村庄秩序机制的理想型探究，《社会》，第1期

陈振明，2004，公共政策学：政策分析的理论、方法和技术，中国人民大学出版社

陈庆云，1996，公共政策分析，中国经济出版社

芳菲、李华燊，2010，农村最低生活保障制度运行中的示范效应研究，《中州学刊》，第2期

费孝通，1998，乡土中国 生育制度，北京大学出版社

风笑天，2005，社会学研究方法，中国人民大学出版社

格拉诺维特，2007，镶嵌：社会网与经济行动，社会科学文献出版社

桂华，2010，论村庄社会交往的变化——从闲话谈起，《中共宁波市委党校学报》，第5期

桂华、欧阳静，2012，论熟人社会面子——基于村庄性质的区域差异比较研究，《中央民族大学学报》，第1期

国务院，2007，关于在全国建立农村最低生活保障制度的通知（国发〔2007〕19号），http://www.gov.cn/xxgk/pub/govpublic/mrlm/200803/t20080328_32753.html

国务院，2012，国务院关于进一步加强和改进最低生活保障工作的意见（国发〔2012〕45号），http://www.gov.cn/xxgk/pub/govpublic/mrlm/201209/t20120

926_65594.html

苟天来、左停，2009，从熟人社会到弱熟人社会——来自皖西山区村落人际交往关系的社会网络分析，《社会》，第1期

贺雪峰，2003，新乡土中国：转型期乡村社会调查笔记，广西师范大学出版社

贺雪峰，2006，公私观念与农民行动的逻辑，《广东社会科学》，第1期

贺雪峰，2009，村治的逻辑：农民行动单位的视角，中国社会科学出版社

贺雪峰、刘锐，2009，熟人社会的治理—以贵州湄潭县聚合村调查为例，《中国农业大学学报》，第2期

黑尧，2004，现代国家的政策过程，中国青年出版社

黄光国，2010，人情与面子：中国人的权利游戏，中国人民大学出版社

黄建钢，骆勋，2011，新公共政策学，北京大学出版社

金太军等，2005，公共政策执行梗阻与消解，广东人民出版社

李合伟、蒋玲玲，2012，农村最低生活保障制度对象认定存在的问题及解决路径，《劳动保障世界》，第11期

李小云、董强、刘启明、王妍蕾、韩璐，2006，农村最低生活保障政策实施过程及瞄准分析，《农业经济问题》，第11期

李允杰、丘昌泰，2008，政策执行与评估，北京大学出版社

凌文豪、梁金刚，2009，农村最低生活保障对象瞄准机制研究——基于对河南省安阳市某村的实证研究，《社会保障研究》，第6期

刘峰，2012，我国农村最低生活保障制度改革的困境与突围，《贵州社会科学》，第7期

柳拯，2009，中国农村最低生活保障制度政策过程与实施效果研究，中国社会出版社

卢晖临、李雪，2007，如何走出案例？——从案例研究到扩张案例研究，《中国社会科学》，第1期

陆益龙，2011，定性社会研究方法，商务印书馆

吕承文、田东东，2011，熟人社会的基本特征及其升级改造，《重庆社会科学》，第11期

民政部，2007，民政部关于开展基层低保工作规范化建设活动的通知（民函〔2007〕177号），http://www.mca.gov.cn/article/zwgk/fvfg/zdshbz/200712/20

071210005658.shtml

民政部，2012，2012年12月份全国县以上农村低保情况，http://files2.mca.gov.cn/cws/201301/2013012818080188.htm

民政部，2012，民政部关于印发《最低生活保障审核审批办法（试行）》的通知（民发〔2012〕220号），http://www.mca.gov.cn/article/zwgk/fvfg/zdshbz/

201212/20121200394637.shtml

朴贞子、金炯烈、李红霞，2010，政策执行论，中国社会科学出版社

吴琼恩、周光辉、魏娜，2006，公共行政学，北京大学出版社

吴锡泓、金荣枰，2005，政策学的主要理论，复旦大学出版社

王思斌，1991，村干部的边际地位与行为分析，《社会学研究》，第4期

王思斌，2006，社会政策实施与社会工作的发展，《江苏社会科学》，第2期

王思斌，2011，中国社会工作的嵌入式发展，《社会科学在线》，第2期

现代汉语大词典编委会，2000，现代汉语大词典（上册），汉语大词典出版社

肖云、李晓甜，2009，论农村最低生活保障对象的目标定位，《许昌学院学报》，第1期

谢东梅，2010，农村最低生活保障制度分配效果与瞄准效率研究，中国农业出版社

宣城市民政局，2010，关于全面实行城乡低保听证票决制度的通知（宣民保〔2010〕6号），http://www.xcsmzj.gov.cn/arts.asp？id=1835

张骏生，2006，公共政策的有效执行，清华大学出版社

翟学伟，2006，熟人社会阻碍现代化进程，《人民论坛》，第10期

张云筝，2009，确定农村最低生活保障对象中的问题，《当代经济管理》，第31卷第1期

郑石明，2009，嵌入式政策执行研究—政策工具与政策共同体，《南方社会科学》，第7期

Burawoy, M. (1998). The Extended Case Method. *Sociological Theory*. 16(1), 4—33

Pressman, J. L & Wildavsky, A. (1973). *Implementation*. Berkeley: University of California Press

Sabatier, P. A & Mazmanian, D. A (1980). The Implementation of Public Policy :A Framework of Analysis. *Policy Studies Journal*, 8(4), 538—560

Smith, T. B. (1973). The Policy Implementation Process. *Policy Science*, 4(2), 197—209

Van Meter, D. S. & Van Horn, C. E. (1975). The Policy Implementation Process: A Framework. *Administration and Society*, 6(4), 46

超市促销员的工作方式

姜艳　北京大学社会学系系2010级
指导教师　佟新

第一章　绪　论

一、本文的研究问题

随着中国改革开放和市场化进程的深入，服务业获得了快速的发展，服务业类别多、从业人员规模大、行业分散，加上非正规就业在服务业的广泛应用，这些都使得服务业劳动者的状况更加复杂，基于此，本文将以服务业里面的非正规就业为研究方向，具体而言，以家乐福超市促销员为研究对象，以劳动社会学的服务业研究为基础，以非正规就业为视角，探讨在具体的劳动过程中，以超市促销员为代表的"多重雇主"用工方式下的非正规就业其劳动特点是什么？非正规就业如何可能？具体的研究问题如下：

（1）超市促销员的基本劳动特点

（2）超市促销员之间是什么样的关系性质？

（3）厂家与家乐福对超市促销员的管理方式

（4）超市促销员与顾客的关系性质？

（5）超市促销员的社会身份和主体性对其劳动过程的影响

（6）面对非正规就业的不稳定性，超市促销员发展出了哪些应对策略？

下面将围绕本文的研究对象超市促销员对已有的文献和研究视角

进行梳理，主要从服务业研究和非正规就业研究两个方面进行回顾，以为本研究提供研究框架和理论基础。

二、服务业研究的回顾

1. 制造业研究范式与服务业研究范式的结合

劳动社会学的发展与整个社会经济的发展阶段、经济结构的调整联系在一起。1990年代以前，世界经济的发展还是以制造业为主，虽然当时服务业也在经历着快速发展，但与制造业相比，仍然不占主要地位，因此1990年代之前的劳动社会学研究聚焦于制造业，从马克思到哈里•布雷弗曼再到迈克尔•布洛维，这些劳动社会学家创造了很多制造业研究的经典方法和概念，比如"去技能化"（布雷弗曼，1974）、"概念与执行的分离"（布雷弗曼，1974）、"专制与霸权的工厂政体"（布洛维，1985）、"制造甘愿"（布洛维，1979）等，同时制造业的研究还经历了一个视角转换的过程，马克思将工人看作一个抽象的客体，使用阶级的视角来看待工人与资本主义的关系，而1974年布雷弗曼的《劳动与垄断资本》一书则将视角转向了工人具体的劳动过程，认为资本家对工人的剥削是通过剥离工人对生产规划的把握，即去技能化来实现的，虽然此书受到很高的评价，但许多人认为布雷弗曼忽视了工人的主体性和反抗性，布洛维的《生产的政治》一书则是对上述批评的回应，对劳动过程理论做了进一步发展（李洁，2005）。布洛维认为资本主义发展的不同阶段，资本对工人的剥削和控制策略是不相同的，不同的控制和管理策略使得工人具有了不同的行动和反抗可能性，在这一思想的基础上，布洛维提出了工厂政体的概念。

可以看到制造业的研究已经形成了一套完整的体系和思路，1990年代之后服务业的快速发展使得许多劳动社会学家将研究的目光转向了服务业工人，服务业与制造业一个突出的差异使得一开始制造业研究范式很难被应用到服务业研究上，即劳动者、资本和顾客的三方关系以及生产与消费的同时进行。这些差异向劳动社会学提出了挑战，之后的服务业研究大体沿着三种思路进行：一种是在将服务业与制造业进行比较的基础上，从二者的相似点入手，将制造业研究中的相关概念和分析方法应用到服务业研究中，比如阶级、生产政体、控制、反抗、游戏、劳动者主体性、工人与资本的关系等概念和分析角度相继被运用到了服务业的研究中，这表明制造业范式对于服务业研究有一定适用性；第二种是在将两个行业进行比较的基础上，从二者的差异入手，将服务业不同于制造业的独特性提升和概念化，创造服务业自己的研究范式和概念，像制造业研究一样逐步建立一套服务业研究的体系和思路，从这样的研究思路出发形成的研究成果已经成为了服务业研究范式的经典；最后一种思路实际上是在前面两种思路的研究成果基础上发展出来的，无论是从相似点还是差异入手，终究无法看到服务业的全貌，因此今天越来越多的服务业研究采取综合的视角，将制造业与服务业研究范式结合来考察不同的服务业类型，综合视角更能呈现出服务业丰富的内容和深刻的意义，因此两种研究范式的结合将是未来服务业研究的趋势和方向。

接下来，将围绕本文的主要关注点——超市促销员的劳动，梳理在以上三种服务业研究思路下形成的相关文献。

2. 劳动中的关系

（1）劳动者与雇主的关系

工人与资本的关系是制造业劳动研究的一个核心关注点，讨论二者的关系最终是为了说明资本如何获得利益而工人如何受到剥削。无论不同的劳动社会学家对制造业中工人与资本关系的具体描述和解释有何不同，一个核心的共识是资本与工人之间是控制与被控制、剥削与被剥削的关系。布洛维在《生产的政治》一书中提出的"生产政体"概念目前被广泛应用在服务业研究中，本部分文献回顾以布洛维"生产政体"概念的发展和在服务业的应用为基础。

布洛维认为，国家干预、市场竞争、劳动力再生产和劳动过程以及它们的相互作用影响了生产政体的形成，并决定了工人对资方控制的反应方式和斗争能力，而后者对生产整体有反作用，从而推动了劳动过程和生产政体的变化。在此基础上，布洛维将生产政体划分为专制和霸权两种基本类型，布洛维划分生产政体的关键是国家介入劳动力再生产的程度和特征（何明洁，2009），也就是工人可以依赖国家而不是资方实现劳动力再生产，国家扮演了重要角色。

布洛维"生产政体"的概念提出后很快就得到了应用，1992—1993年间，李静君在同一个电子公司位于深圳和香港的工厂进行了田野调查，她发现同样的公司、产品、管理团队，却产生了不同的管理方式。在深圳的工厂是一种基于本土关系的专制主义（localistic despotism），在香港的工厂则是一种家庭似的霸权制度（familial hegemony），虽然借用了布洛维的概念，但李在两个方面发展了布洛维的"生产政体"概念：第一，这两个地方政府和国家的干预和作用非常小，管理者形成这样的管理方式的关键不是国家对劳动力再生产的介入，而是两个地区不同的劳动市场特征和女性工人特征，以及这些工人除了工资外可替代性生存资源的不同；第二，李静君将"专制"和"霸权"看作一种协商的秩序（negotiated orders）和控制的机器（apparatus of domination），而不是如布洛维一样将其作为资本主义历史趋势的制度反映（李静君，1995）。李静君对布洛维"生产政体"概念的发展使其更加具体化、更贴近工人的实际劳动、更适用于研究服务业劳动者与雇主的关系。

何明洁（2009）在对和记酒楼的研究中发现，资方利用前台的小妹和后台的大姐不同的劳动年龄分工以及家庭角色和社会责任的差异，在女性劳动者内部产生了分裂，导致大姐处于专制型的统治，小妹身处霸权型的管理。作者在此处对生产政体分类的关键仍然是工人为实现劳动力再生产而依赖资方的程度，与李静君的研究相似的是国家依旧在分类标准中缺位，国家没有成为劳动者获得生存资料的替代性资源，相反，是劳动者的年龄、家庭角色和社会责任的不同决定了他们对工资的依赖程度的差异，雇主利用此种分化特点形成了不同的管理方式。可以看到，服务业中劳动者与雇主关系的研究基本上沿袭了制造业工人与资本关系的研究思路和方法。

本文也将运用"专制"与"霸权"来探讨超市促销员与资方的劳动关系，以上的研究都局限于探讨一个雇主与一类或多类劳动者的关系，即一个雇主针对不同类别的劳动者形成不同的管理方式和劳动关系，本研究力图扩展专制与霸权管理方式的使用范围，探讨两个或多个雇主与同一类劳动者的不同劳动关系。

"专制"与"霸权"描述的是资本或雇主对劳动者的控制和管理方式，劳动者与雇主关系的另一面则来自劳动者对雇主控制的反抗。反抗是制造业劳动社会学的经典概念，在马克思那里，工人的反抗是与工人阶级的形成密切相关的，工人阶级的集体反抗最终会推翻资本主义的统治，工人获得解放。到了布雷弗曼那里，工人的主体性和反抗消失了。布洛维则重拾工人的主体性，但他认为工厂政体（factory regime）的不同会对工人的斗争方式产生影响，并且国家力量及其他诸如市场、劳动力再生产等因素，都是透过作用于工厂政体而影响工人的抵抗和斗争，相比于"专制"政体，"霸权"政体会削弱工人的抵抗能力。从此，反抗成为了制造业劳动社会学研究不可或缺的因素，而学者们也总能在不同行业中发现工人的反抗和行动，但因为行业的差异、工人力量（按照埃里克·怀特的观点，工人阶级的力量分为"结社力量①"和"结构力量②"两个方面）的差异、资方管理方式的不同、国家和法律介入的差异性等，不同行业的工人其反抗行动也存在很大差异。国内对于工人的反抗行动研究主要集中于建筑业工人、制造业女工、新生代农民工、国企下岗失业工人等。潘毅、卢晖临（2010）等对建筑业农民工的研究显示了建筑业工人反抗资方剥削的集体行动以及他们作为一个新兴工人阶级艰难孕育的过程，潘毅（1999）在对深圳电子厂女工的研究中开创了一种抗争的次文体，她认为中国经济特区工厂生活中的尖叫和梦魇作为一种身体痛楚的地带，是一种对资方的抗争身体。刘爱玉（2003）在对国有企业制度变革过程中工人的行动选择研究中认为工人作为情境理性的行动者，面对国企改革，大量工人选择服从、退出和个人倾诉作为行动选择，这是一种积极的无集体行动。李静君（2007）在 Against the law: labor protest in China's rustbelt and sunbelt 一书中描绘了位于中国东北和珠三角地区的工人抗争方式，两个地区的工人由于其传统、抗争目的、

---

① "结社力量"是工人阶级形成自己的组织，通过各种集体行动表达自己诉求的能力。

② "结构力量"是由工人在经济系统中的位置而形成的力量。

对国家和法律的态度的差异而出现了不同的抗争方式，东北的工人多为国企下岗工人，有着社会主义传统，抗争目的主要为经济性，抗争方式是直接走上街头，而珠三角作为新的工业区，工人多为农民工，没有社会主义传统，抗争目的兼具经济性和社会性，抗争方式为先诉诸法律和政府，走上街头直接抗议则为最后的选择。

制造业往往规模较大、工人较为集中、工会的渗透较深、工人反抗的事例较多，这些因素都促进了制造业工人的反抗精神和反抗行动，而服务业的迅速发展，加上服务业规模小、较分散、工人流动性高、工会根基浅等因素，造成了服务业劳动者反抗行动的缺失和不足，从服务业劳动社会学研究中对劳动者抗争行动描述的缺失中也可窥其一二。本文将运用制造业劳动研究中的反抗视角来探讨超市促销员对资方的反抗行为和行动选择，以彰显服务业劳动者的主体性和能动性。

（2）劳动者之间的关系

制造业的劳动研究除了非常关注雇主与劳动者的关系外，自然也比较关注工人之间的关系，早期如马克思和布雷弗曼的著作中较少提及工人之间的劳动关系，因为在他们那里，工人是抽象的客体，没有把工人作为一个真实的社会的个体来看待，到了布洛维那里，在《制造甘愿》一书中，布洛维认为工人们都积极投身于工厂的"赶工游戏"（make—out）中，在工人之间造成了紧张和竞争关系，从而把工人与资本的纵向矛盾转化为工人与工人之间的横向矛盾，降低了工人团结起来反抗资本的可能性。因此，在布洛维看来，劳动者之间的关系或者是团结的，或者是竞争和充满矛盾的。

李静君（1995）的研究对上述团结或竞争的维度进行了补充，她发现同一家公司在深圳的工厂里的女工会因为家乡地域的不同形成不同的地方性关系网络，深圳和香港工厂里的女工因为年龄、家庭角色和社会责任的不同而分化，劳动者彼此之间既没有团结的关系，也没有产生竞争，只是因为不同的标准被分化开来，被分化开来的劳动者小群体由于有着不同的利益而无法形成团结关系。服务业的研究基本沿袭了该思路，即从团结、竞争与紧张、分化三个角度来考察服务业劳动者之间的关系。下面围绕本文的研究对象超市促销员重点进行销售员劳动者之间关系的文献回顾。

Amy Hanser（2007）曾对中国哈尔滨两个百货商场中的销售员进行研究，结果他发现在具有社会主义传统的国有百货商场中销售员之间是一种更团结的关系，而在另一家私有的百货商场中，销售员之间不仅存在竞争和矛盾，并且销售员形成的不仅是非团结关系，更是一种碎片化和原子化的关系，在Amy Hanser看来，不同的社会体制和传统会影响工人之间的关系。除了这种团结或非团结的关系外，作者认为处于不同类型百货商店中的销售员试图通过一系列的策略和方法使自己与其他百货店的销售员区分开来，在他们看来，其他百货店的销售员或者在地位上，或者在服务的顾客类型上都与自己存在差异，因此Amy Hanser（2008）认为百货商店是产生社会区隔（social distinction）与分化的地方。

与Amy Hanser不同，蓝佩嘉对台湾百货专柜化妆品女销售员的研究发现专柜小姐之间的关系倾向于相互竞争，而非集体认同。销售小姐常常会比赛哪一家比较快达到销售目标，许多公司的佣金采用个人业绩的方式来计算，这不仅可避免同一专柜中有人偷懒搭便车，也有鼓励专柜小姐之间相互激励的效果。这样的薪资制度造成的政治效果，类似Burawoy（1979）和谢国雄（1997）在计件制工厂所观察到的"赶工"（make—out）效果。工作变成像在打电动玩具一样，可以消除工作的单调乏味，并且展现个人的工作能力。赶工不只是为了物质报酬，而是心理的补偿效果，当柜台只有少数的顾客时，小姐之间可能因抢顾客而造成怨阋；具有傲人业绩的"超级营业员"也会变成小姐之间忌妒、其它化妆品公司挖角的对象（蓝佩嘉，1998）。

可以看到，服务业劳动者之间的关系性质是非常复杂的，并且会受到诸如社会体制和传统、业绩计算方式等因素的影响，即使同样是销售员的工作，售卖产品的不同、工作地点的不同、所在组织和文化的不同、工资计算方式的不同都会在劳动者关系上产生不同的效果，因此劳动者之间的关系性质是一个需要放置到具体工作环境中进行考察的问题。

（3）劳动者与顾客的关系

由于制造业中不存在顾客这一主体，因此制造业劳动研究中没有涉及过劳动者与顾客关系的问题，因此对这一问题的研究是服务业劳动的独特之处。目前没有关于劳动者与顾客关系的系统研究，只是在不同行业的研究中可以看到对二者关系的讨论，总结如下：

Cathy Goodwin（1996）认为服务业中劳动者与顾客的关系是一个介乎公社式的关系（communal）与交换关系（exchange）之间的连续统，而不是二分对立关系，他认为公社式的关系与亲近的亲戚和朋友关系（close friends and family）相近，而交换关系则与经济交易关系（transactional business）相近，决定劳动者与顾客关系处于连续统哪个位置的有三个因素：一是劳动者与顾客之间就与当前提供的服务无关的话题进行对话的数量；二是除了提供服务所要求的之外，劳动者与顾客之间是否有自我表露（self—disclosure）和互相帮助（helping behaviors）的行为；三是前两个因素的效果取决于劳动者与顾客是出于自愿（voluntariness）还是机会主义（opportunism）的想法作出上述行为。当然公社式的关系会产生很多积极的效果，有利于服务的顺利提供和开展，但如果劳动者与顾客双方对二者关系性质的认知和解读不一致，则可能会导致劳动者与顾客产生矛盾和冲突。Cathy对劳动者与顾客关系的论述类似涂尔干所说的机械团结和有机团结，以及滕尼斯对公社与社会的划分，只不过Cathy将二者看作一个连续统，从而增加了劳动者与顾客关系的更多可能性。

Amy Hanser（2008）在描述两个不同所有制的百货店销售员劳动时论述了销售员与顾客的关系，在国有百货商店，由于销售员与顾客的社会地位相似，均属于工人阶级行列，加上国有百货店的社会主义传统为销售员增加了较多的文化资本，因此国有百货店的销售员与顾客是一种平等、互惠的关系，由于销售员年龄多在30—40之间，因此他们还能凭借丰富的工作和生活经验对顾客的购买行为进行指导。而在私营百货店里，销售员多为20多岁的年轻女性，顾客的社会地位远远高于销售员，因此销售员与顾客是一种不平等关系，销售员必须服从顾客的要求，顾客永远是对的。由此可以看出，销售员与顾客的社会和阶层地位极大地影响了二者在互动过程中的关系。

Sherman（2007）对美国两个豪华饭店的研究显示，虽然劳动者与顾客之间存在悬殊的社会和阶层地位，但二者之间却形成了互惠关系（reciprocity），作者认为主要有以下几个原因：第一，这种互惠关系部分来自于在更大社会范围内公认的一种互惠规范（norm of reciprocity）；第二，顾客希望通过互惠关系减少剥削劳动者的感觉，同时希望得到劳动者的真诚而非虚假的热情接待；第三，豪华饭店的产品及其环境的特殊性也促使顾客产生互惠行为，以降低顾客的消费焦虑。除此之外，豪华饭店的劳动者也会通过一系列策略来降低自己与顾客的不平等关系，从而使双方形成和谐友好互惠合作的关系，这些策略包括"游戏"、比较、互惠性规范。

与劳动者与雇主的关系类型相似，劳动者与顾客的关系基本上围绕不平等、平等、互惠等维度展开，一方面二者关系的性质受到劳动者与顾客社会与阶层地位的影响，另一方面二者所处的更大的组织环境和文化规范也会对关系性质产生影响，当然，不能否认劳动者在建构二者关系中的主体性和能动性。

3.社会身份——劳动者主体性的回归

自马克思开始的制造业劳动研究将工人看作被剥离了主体性的客体，不关注具体的工人，而关注作为整体的抽象的工人阶级的存在，这种传统一直延续下来，使得很长一段时间我们忽略了工人和工厂之外的社会对劳动的影响。布洛维之后，许多劳工社会学家才开始慢慢关注到工人的主体性和社会身份对劳动的影响，李静君（1995）在研究深圳和香港的电子工厂时就将性别、家庭角色、社会责任的因素引入工厂女工的劳动分析中，托马斯（1985）则将种族、公民身份等维度带入劳动的分析中，沈原（2007）将建筑工人先赋性的社会关系如血缘、地缘、朋友等关系带入劳动过程中，提出"关系霸权"的概念来解释建筑业农民工的劳动行为。这些社会文化因素外生于劳动过程，在生产过程中被生产和再生产，它们与阶级一起交互建构成为权力关系的基础，同时成为工人反抗的资源（李静君，1998）。接下来将回顾服务业中引入劳动者主体性的主要研究。

佟新（2009）通过对小型餐饮业的调查发现，该行业的劳动关系具有拟家庭化的特点，既有家长式权威也有庇护。从业人员在劳动过程中感受其边缘化的阶级身份，且阶级身份又与其外来人口的身份相重叠，并在与顾客的关系中得以强化。这种拟家庭化的劳动关系是建立在劳动性别分工和年龄分工基础上的，男性借此获得了向上流动的可能，同时却固化了女性的阶级地位。这种劳动性别分工并非是一种自然的秩序，而是一种社会建构，这种社会建构混杂着性别、阶级和城乡关系的多重作用，这也可以在一定程度上解释为什么中国的劳动力市场充斥着剥削，但却极少公开反抗的原因，因为借助劳动的性别分工，社会给予了男性更多的好处，其结果是弱化了边缘劳动力的团结。这些劳动力不会因为他们在生产过程中相同的结构位置而结合起来，共同抗争，因为由于有劳动的性别分工和年龄分工，在生产过程中两性具有了不同的结构位置。

何明洁（2009）同样从性别视角出发，借助布洛维"生产政体"理论的分析框架，对一家酒楼中的劳动过程展开分析，探讨了其中女工的内部分裂。作者展示了中国服务业中性别、年龄、社会身份等外在于劳动过程、看似属于劳动者个体特征的因素如何参与生产的过程，加深了劳动过程研究与性别视角的结合。她发现劳动者工作场所之外的社会、文化身份对她们的工场表现有关键作用。资方利用了社会文化传统对女性年龄的社会性别建构及其造成的家庭角色和社会责任的差异，对女性劳动者实施分而治之的管理策略，这种策略得到劳动者自身的认可和响应。原本属于劳动者个体主观体验的"女性年龄感"经过与劳动力市场状况、劳动分工和劳动力再生产三个变量的结合，演变成具有客观分类效力的"性别化年龄"，在劳动者中制造出有差异的社会类别，并且得到工人自己的认可和响应，最终形成同一家企业中"大姐"与"小妹"分离的生产政体。

从以上研究可以看出，将劳动者的社会身份和主体性带入劳动过程不仅增强了劳动过程理论的解释力，同时这些社会属性还会影响劳动的方方面面，包括雇主的管理模式、劳动者的行为方式以及工作场所中劳动者的反抗可能性，本文也将把超市促销员的社会身份带入其劳动过程中，以解释他们的劳动选择和反抗策略。

三、非正规就业研究回顾

非正规就业国外一般称为不稳定就业（precarious work），指的都是劳动用工和劳动形式的灵活化（flexibility）。Arne L. Kalleberg（2009）对美国非正规就业的发展阶段、原因、后果、对劳动社会学的挑战、应对非正规就业的公共政策等方面做出了论述。他认为美国当前非正规就业已经扩展到了几乎所有工作领域，从以前的非正规经济扩展到了正规经济领域，一些专业化工作和管理工业也面临灵活化，这与全球经济结构的调整和服务业的快速发展相关，非正规就业普遍化将产生更大的不平等、不安全性和不稳定性，这些后果向劳动社会学提出了挑战，他认为在非正规就业研究方面，劳动社会学还处于理论真空状态，应重点关注以下领域：劳动者与雇主的劳动关系；劳动关系的组织背景；劳动者主体性的形式和机制；不同发展程度的国家其非正规就业的差异。应对非正规就业的公共政策包括给劳动者提供良好的社会保险、规范管理劳动力市场、发起社会的抵抗运动（countermovement）。

Arne L. Kalleberg（2001）的研究是对非正规就业的一种宏观描述，形成了对非正规就业的整体印象，相较之下，Nils Timo则进入具体的非正规就业领域，对澳大利亚酒店行业的灵活就业现象进行了探讨，他认为灵活就业的形式不仅仅是核心—边缘的划分，为了适应酒店最小化成本的需要，它们对灵活就业的类型进行了细致的划分，在类型上包括了功能性的灵活化（functional flexibility）、数量的灵活化（numerical flexibility）、薪酬给付的灵活化（pay flexibility）、外包（outsourcing）。作者认为酒店里的灵活用工与酒店业以部门层次为中心（departmentalization）的管理方式以及酒店业的劳动任务结构有关。

与国外的研究相比，国内对于非正规就业和灵活就业的研究大部分是宏观的劳动力市场研究，或对有关就业人员的基本情况、收入、社会保障、工作时间等的描述，再有就是对非正规就业的公共政策研究。对具体从事非正规就业劳动的工人或劳动过程的社会学研究，则比较缺乏。

灵活就业与非正规就业在国内的研究中含义相同，只是称谓不同，二者可以互相换用。据中国劳动与社会保障部的统计，2003年底，中国城镇地区的灵活就业人口为4700万。非正规就业的基本含义是存在于非正规部门和正规部门中区别于正规就业的各类从业形式的总称。其劳动关系的主要特点是劳动条件低于传统固定就业标准，而且不被劳动法主流调整框架所覆盖。从就业形式看，非正规就业的类型包括三类：一是正规部门的非正规就业，指机关和大中型企事业单位雇佣的临时工、非全时工和劳务工等；二是非正规就业部门就业，指城市社区服务业、城市公益性岗位、家庭服务工作、主要为加工制造业配套服务的小型和微型企业、商业服务业中的小型企业、个体经营等；三是社会中介机构的从业人员和高科技、文化领域和咨询领域中的自由职业者（石美暇，2007）。中国劳动和社会保障部劳动科学研究所课题组（2005）于2004年10月、2005年2—3月的调查显示灵活就业的行业分布呈现出"一高、一低、一上升"的不平衡特点：在服务业尤其是劳动密集型服务业领域就业比重较高，灵活就业已成为主体，如批发零售贸易、餐饮等社会服务业；电信、金融保险、文化艺术及广播电影电视业，灵活就业的比重较低；传统的制造业、采掘业及建筑也，灵活就业的比重逐年上升，有些已成为该产业用工的主要部分，如建筑行业已占到80%。

非正规就业出现的原因，主要有以下几方面：一是发展中国家人口乡一城迁移的状况，导致城市人口快速增加；二是经济结构的调整通过就业制度、收入水平、失业率、产业结构、商品市场的供求等因素，对劳动力的供给和需求产生影响，进而对非正规就业发生作用；三是经济的全球化带来了国际市场上更加激烈的竞争，带来了资本在国际间的自由流动和广泛的国际经济合作和交流；四是技术进步和思想观念的多元化对就业方式选择的影响，非正规就业已经成为一些劳动者自愿选择的一种就业方式（李军峰，2005）。

与正规就业人员相比，非正规就业人员的劳动具有以下特点：用人单位大量使用劳务工以摆脱或减少劳动法律义务；劳动合同签订率低、劳动合同期限短；劳动报酬较低、工作时间超时；劳动安全条件差、工伤事故比例高；大多数人被排斥在社会保险体制之外；个别劳动权益缺失、集体劳动权益更显不足（石美暇，2007）。

第二章　中国服务业的发展和用工制度的变化

一、中国服务业的发展

1. 服务业的迅速发展

第三次产业，在我国习惯上又被简称为第三产业，目前，世界各国由于国情不同，对第三产业的划分也有所不同。我国根据国家统计局的有关规定，把第三产业分为流通和服务两大部分，具体又可划为四个层次：流通部门、为生产和生活服务的部门、为提高科学文化水平和居民素质服务的部门、为社会公共需要服务的部门这四个层次（钱小华，2008）。在这种分类方法中，各类型服务业都划入了第三产业，所以从1985年起，在我国国民经济核算中，第三产业一直都是服务业的同语（许宪春，2000）。

回顾中国产业结构的变化，服务业的迅速发展是近三十年左右的事情。随着中国改革开放的推进，服务业在拉动经济增长中的作用日渐显著，在全球，服务业正成为国家经济增长的重要引擎，是现代经济持续快速发展的主要源动力（于潇，2008），除此之外，服务业发展最吸引人的地方是服务业就业的增长（曹跃群，2004）。从表一可以看到，三大产业占GDP的比重，第一产业呈现逐年下降趋势，而第二产业呈现了一个先降后升再降的趋势，虽然2011年还处于三大产业之首，但2001年到2011年45.1%至46.6%，仅1.5%的波动范围预示着第二产业的发展已趋于饱和，未来将不太可能呈现大幅增长的趋势，相反，第三产业基本上一直都呈现上涨的趋势，比照发达国家三大产业的比重结构，可以预见我国的第三产业将继续快速增长。

在就业方面，2000年，第一产业的就业百分比为50%，为三大产业之首，到2011年就业百分比下降到34.8%，第二产业2001年的就业百分比为22.3%，到2011年上升为29.5%，第三产业2001年的就业百分比是27.7%，2011年上升为35.7%，超过第一产业成为三大产业之首，可以看到，服务业的发展对增加就业岗位、解决就业问题起到了不可忽视的作用，服务业就业人数的持续增加要求我们必须关注服务业从业人员的劳动和生活状况。

表2—1　三次产业占GDP比重及就业结构变动（2000—2011）[①] 单位：%

年份	三次产业占GDP比重			三次产业就业百分比构成		
	第一产业	第二产业	第三产业	第一产业	第二产业	第三产业
2001	14.4	45.1	40.5	50.0	22.3	27.7
2002	13.7	44.8	41.5	50.0	21.4	28.6
2003	12.8	46.0	41.2	49.1	21.6	29.3
2004	13.4	46.2	40.5	46.9	22.5	30.6
2005	12.1	47.4	40.5	44.8	23.8	31.4
2006	11.1	47.9	40.9	42.6	25.2	32.2
2007	10.8	47.3	41.9	40.8	26.8	32.4
2008	10.7	47.4	41.8	39.6	27.2	33.2
2009	10.3	46.3	43.4	38.1	27.8	34.1
2010	10.1	46.4	43.2	36.7	28.7	34.6
2011	10.0	46.6	43.4	34.8	29.5	35.7

2. 超市——作为一种零售业态的增长

2003年，国家统计局根据2002年新颁布的《国民经济行业分类》，对第三产业划分进行了重新规定，新规定的第三产业划分内容主要包括15个行业：交通运输、仓储和邮政业、住宿和餐饮、金融业、批发和零售业、房地产业、科学研究、技术服务和地质勘探、教

---

① 来自国家统计局网站电子版《中国统计年鉴2012》，http://www.stats.gov.cn/tjsj/ndsj/2012/indexch.htm。

育业、文化、体育和娱乐业等（曹跃群，2004）。2011年，批发和零售业的增加值为43，445.2亿元，在第三产业的增加值构成中占比21.2%，其2011年的增加值指数为112.6[①]，批发和零售业在这三项指标上均为第三产业所有行业之首。除此之外，批发和零售业的商品销售总额2011年为360，525.9亿元，从业人数为901.1万人，其中批发业2011年销售总额为288，701.0亿元，从业人数373.5万人，零售业2011年销售总额为71，824.9亿元，从业人数527.6[②]万人，虽然商品销售总额上批发业远远高于零售业，但是零售业的从业人数却远远高于批发业。

中国零售业的发展，如果以业态的发展为标志，可以划分为两个阶段：20世纪90年代以前在城市是以国有大型百货业态为主体的单一业态阶段；1992年尤其是1996年以来以连锁超市为主体的多业态并存的阶段（李飞 王高，2006，83）。而所谓的多业态则包括了超市、仓储式商场、便利店、专业店、专卖店、购物中心以及无店铺零售。1999年中国零售业五十强排名中，连锁超市首次超过了百货业，这标志着连锁超市已经在国内零售业中确立了领导地位，直到现在情况仍然如此，表2显示，除了专业店因为店铺数量上的优势在商品销售额和从业人数上超过了超市和大型超市外，其余的零售业态其商品销售额与从业人数均低于超市和大型超市。百货商店这种零售业态在国内国外均有较长历史，百货店在中国计划经济时期就已经存在，曾经是中国零售业的主导业态，劳动社会学中不乏对百货店从业人员的研究，相比之下，超市则是在改革开放之后逐步进入中国的，对超市的经营和研究均无经验可循，其强劲的增长势头与劳动社会学中对其研究的匮乏促使我将目光转向超市和超市从业人员。

---

① 来自国家统计局网站《中国统计年鉴2012》，http://www.stats.gov.cn/tjsj/ndsj/2012/indexch.htm。

② 同上。

表2—2　　　　　按业态分连锁零售企业基本情况（2011年）①

	商品销售额（亿元）	年末从业人数（万人）
便利店	226.0	7.1
折扣店	47.6	0.8
超市	3398.2	59.0
大型超市	2594.5	33.3
仓储会员店	795.7	5.9
百货店	3226.8	26.5
专业店	22919.3	96.3
专卖店	1031.0	16.7

3. 家乐福——中国超市零售业的行业代表

此次我选择中关村家乐福店为研究地点，作为欧洲第一大零售商，世界第二大国际化零售连锁集团的家乐福集团，从1995年在中国深圳开的第一家店开始到2006年7月末，家乐福已经在中国内地的31个城市开了79家大卖场，其规模仍在继续扩大，2005年商务部发布了连锁零售企业排行榜，家乐福以年销售额174亿元的成绩在连锁企业中排名第九，在驻中国外资合作合资的零售企业中排名第一（陈广，2007）。

作为零售店铺，家乐福的盈利主要来自两个方面。一个是通道费盈利，即向供货商收取各种费用和销售返利，自进入中国以来，家乐福一直以收取高额的通道费为业内所关注，由于其零售巨商的地位，大多数供应商为了借此提升自己的知名度不得不与其合作，久之，其盈利模式为大多数零售商所效仿，成为业内惯例；另一个是赚取进销差价，由于家乐福进货规模大，可以获得较低的进价，再加上许多供货商希望借助家乐福的平台为自己的产品做销售和广告宣传，愿意以低价出货，使得家乐福可以薄利多销，靠赚取进销差价获得利润（陈广，2007）。

---

① 来自国家统计局网站《中国统计年鉴2012》，http://www.stats.gov.cn/tjsj/ndsj/2012/indexch.htm。

这样一个家喻户晓的零售巨头近几年来却频频遭遇与供货商和促销员的纠纷，它的名声没有和它的销售业绩一样蒸蒸日上，反而多番被人诟病，一度陷入危机之中。2003年的"上海炒货风波"曝光了家乐福的通道费盈利模式，其高额的进场费导致部分炒货企业成本大大增加，甚至因此陷入亏损。上海炒货行业协会试图与家乐福就双方进场费问题进行谈判，但遭到家乐福拒绝，这样就引发了阿明、正林、台丰等在内的知名炒货企业暂停向家乐福超市供货（陈广，2007）。家乐福高昂的进场费和名目繁多的收费项目成为其与供货商之间的矛盾焦点，任何试图打破此种平衡的行为都可能导致双方的冲突。

除了与供货商之间的矛盾外，2011年出现了两起促销员状告家乐福的事件。盛女士被厂家威露士派到北京家乐福方庄店工作，在怀孕之后被迫离职，盛女士起诉家乐福希望让其继续工作并赔偿损失[①]。同年7月，成都的唐女士在连续加班4个通宵后与家乐福进行沟通，再去家乐福时却被告知已解雇，派遣唐女士的中粮公司与家乐福互相推卸解雇责任，无奈之下唐女士向成都市劳动局仲裁委员会提出了仲裁申请，要求成都家乐福公司支付其加班报酬[②]。家乐福超市促销员在劳动过程中与多方主体存在关系，这种复杂的劳动关系使得促销员在维护自身权益的过程中无法找到正确的主体，从而导致维权成本过高，维权效果甚微。

基于以上种种家乐福的矛盾表现，本研究将焦点对准家乐福超市，研究家乐福超市中的促销员。

二、促销员职业的产生——从代销到引厂入店

超市这种零售业态诞生于20世纪的美国，1990年广东东莞虎门镇诞生了我国第一家超市—美佳超级市场，随后国内的超市如雨后春笋般涌现，1996年后一批世界级大型超市（家乐福、沃尔玛等）相继进入中国，到今天为止，超市在中国仅有20年左右的历史，本文的研究对象超市促销员与超市并不是相伴而生的，它的产生要远远晚于超

---

① 来自新浪新闻网，http://news.sina.com.cn/c/2011—02—12/010021939932.shtml.

② 来自新浪新闻网，http://finance.sina.com.cn/chanjing/gsnews/20120904/082613038547.shtml.

市，它是随着超市经营模式和零售市场竞争环境的变化逐步产生的。超市促销员产生的过程就是中国改革开放和市场经济发展过程的折射和反映，是宏观经济过程的微观表现。

中国零售业基本上以1978年为界可以划分为两段截然不同的历史，1978年以前的计划经济体制基本上扼杀了零售业的生长，仅存的零售店承担的都是国家的配给任务，不存在现代意义上的零售业。而1978年以后，中国零售业至少发生了两个方面的变化：一是零售业所有权的扩展，二是零售业内部组织的变化，（Amy Hanser，2008）。所谓的所有权扩展是指从改革开放前的零售业基本由国家所有逐步向集体、私人或外资开放，比如在1980年出现了承包责任制和个体户，1995年之后，伴随着所有权的扩展，零售业形态也从单一的百货业扩展到了包括专卖店和超市等在内的多种业态。

零售业内部组织的变化以曾经在零售业中占据主导地位的百货业内部组织的变化为例，大致经历了两个阶段。第一个阶段是1980年到1990年早期的代销制，这一销售制度的出现主要源于生产厂商之间激烈的竞争，为了提高自身的竞争力，他们纷纷选择跳过中间的批发环节而与零售商直接联系，以使自己的产品能更快到达市场，在代销制下，厂商为零售商供货，零售商在货物销售之后再给付货款，同时从销售额中抽取一定比例作为收入，由于供货商负责收回未售完的货物，这极大地降低了零售商的运营成本和风险，因此代销制在当时受到了生产商和零售商的一致欢迎。此时的代销制并没有引起销售员劳动的巨大变化，销售员的工资仍是由零售商支付的（Amy Hanser，2008）。第二阶段则是从1990年中期开始，1990年早期代销制的发展使得零售商获益丰厚，它们加大了对零售业的投资，同时零售业的不同业态也开始兴起，从而使得零售商之间的竞争也不断加大，在1995年，主要零售商的利润都出现了下降趋势。生产厂商以及零售商之间日益激烈的竞争使得零售业采取了"引厂进店"这样的运营模式以使得自己更具竞争力（Amy Hanser，2008）。引厂进店一般是由厂方提供商品，派出人员在商店进行销售，按协定赚取批零差价或实行不同的利润分成方法。这样做使工厂能直接了解产品销售情况，及时掌握市场信息，有利调整生产结构，不断开发新的产品，实际上起了前店后厂的作用，对商店而言，既扩大了业务经营，又节省了人员和开支，收到了较好的经济效益（李少民 何小锋，2000，128）。在引厂进店制度之下，销售员的工资不再由零售商支付，而是由厂商支付，同时厂商也必须支付在商店的库存、销售和展示区费用，这进一步地降低了零售商成本。

当然，以上是以百货业内部组织的变革来看1978年以来整个中国零售业内部组织的变化，正如Amy Hanser（2008）所说，不得不注意的是，引厂进店这一实践已经在中国的现代超市以及广泛使用厂方派遣人员的商店中得到了越来越广泛地运用，引厂进店这一新的销售制度迅速从百货业扩展到了其他的零售业形态，引厂进店这一实践在超市的运用则产生了本研究所关注的对象：超市促销员。超市促销员这一职业的产生与中国市场化改革背景下零售业内部组织的变化密切相关，这一实践和这一职业构成了本文下述探讨的基础和背景。

第三章　研究方法与田野进入

一、研究方法

为了全面地理解超市促销员劳动的特点，以及劳动过程中形成的各种权力关系及其运作模式，本研究采用了劳动社会学尤其是劳动过程研究中常用的田野民族志方法，再辅以工作场所外对促销员的深度访谈，以揭示家乐福超市促销员的劳动过程特点。

"民族志"指的是有着人类学专业背景的各种民族志，是一种把关于异地人群的所见所闻写给自己一样的人阅读的著述。而田野工作是人类学家获取研究资料的最基本途径，是民族志架构的源泉。民族志方法奠基于20世纪初叶，一般认为英国功能主义大师马林诺夫斯基是田野民族志方法的奠基人，马林诺夫斯基之后，以参与观察为圭臬训练出来的专业人类学学者，从事田野作业撰写的民族志，被称为现代民族志或科学民族志。现代民族志方法以科学人类学追求和方法论层面的"客观性"为取向，其知识论背景则是直至20世纪中叶仍旧经久不衰的"笛卡尔典范"（阮云星，2007）。

20世纪60年代以后，现代民族志及其科学性权威受到了严峻挑战，在此前的现代民族志实践过程中，人类学家较少反省自身在研究过程中的角色和作用，人们逐渐看清了人类学研究中科学主义客观中立主张的虚假性，在反思的背景下出现的民族志成为后现代民族志，其主要代表是阐释人类学民族志和反思人类学民族志。阐释人类学民族志的代表人物是格尔茨，在再造认知体系和文化话语的过程中，格尔茨提出的认知新角度是"地方性知识"，而具体操作的新符号手段即是"深描"，反思人类学的民族志则提倡和践行"对话"与"多声道"的范式（阮云星，2007）。

综上所述，现代民族志撰写方法是在自然科学研究方法高歌猛进、坚信能够成为人文学科研究方法的知识生产风潮中型构的，其哲学认识论背景是"主客两分""单向理解"追求客观真理的"笛卡尔典范"，而后现代民族志探索诱发于质疑人文学科科学实证主义研究方法时期的人类学以及社会科学研究的表述危机，其反思和探索的一个重要的后设理论是伽达默尔"对话本体论"、"双重诠释"的哲学诠释学方法（阮云星，2007）。

无独有偶，劳动社会学中运用人类学的田野民族志方法写出了诸多经典作品的迈尔克•布洛维在阐释自己对于田野民族志方法的运用时也提出了从科学到反思的发展模式。他将自己运用的田野民族志方法称为拓展个案法（extended case method），是一种通过参与观察，将日常生活置于其他地方和历史性情景中加以考察的研究方法。作为一种研究方法，它体现了"反思性科学"的原则，但却一直受到另一种科学模式，亦即实证科学的指责。因为实证科学模式下的调查研究追求研究的可靠性、可重复性和代表性，但事实上实证科学也无法完全实现它的原则，因此布洛维提出了方法论的二重性，亦即两种科学模式——实证科学和反思性科学——的共存和相互依赖（布洛维，1998）。总之，布洛维赋予拓展个案方法的创见，在于立足点的方向转移——从个别个案转移到宏观权力，它将社会处境当作经验考察的对象，从有关国家、经济、法律秩序等已有的一般性概念和法则开始，去理解那些微观处境如何被宏大的结构所形塑，其逻辑是说明一般性的社会力量如何形塑和产生特定环境中的结果（卢晖临、李雪，2007）。

布洛维对拓展个案方法的理解是他多年田野工作经验的总结，从《制造甘愿》到《生产的政治》再到《辉煌的过去》，布洛维几乎所有的研究都是以扎实、深入、持久的田野民族志为基础的，他以参与观察的方法在赞比亚、美国、匈牙利和俄罗斯的多个工厂当过工人。劳动社会学尤其是劳动过程研究的这种传统也沿袭到了服务业劳动的研究中，可以看到今天比较有影响力的服务业研究都是在扎实的田野民族志基础上完成的，当然，这些田野民族志研究都遵循民族志方法的发展趋势，在参与观察的过程中加强研究的反思性。

本研究也采用了经典劳动社会学研究的田野民族志方法，在2013年3至4月，我以超市促销员的身份在中关村家乐福超市进行了为期一个多月的田野调查，期间我参与了促销员劳动的整个过程、观察了厂家与家乐福超市对促销员的管理方式、促销员之间的互动关系，在与其他促销员建立了良好关系与信任的基础上，还对不同类型的促销员、厂家督导、家乐福管理人员进行了深度访谈，加上每天对田野观察的记录与反思，所有这些通过田野调查获得的资料让我对促销员的劳动有了更深入的理解，这些构成了本文研究发现的资料基础。

二、进入家乐福超市

所有的田野民族志研究在开展之前都涉及到如何进入田野以及以何身份进入田野的问题。就服务业的劳动研究而言，进入田野的途径大体上有两个，一个是通过熟人介绍，然后以劳动者的身份进入田野，另一个则是为了减轻通过熟人介绍进入对研究的影响，通过正常的应聘渠道进入田野。以何身份进入田野、是否要告知被研究者自己的研究身份在田野民族志中一直存在争议，一种是以研究者的身份进入，并告知身边的研究对象、自己的研究目的，这样做可以极大地方便之后的研究和调查，一旦获得研究对象的信任和合作，研究者将获得丰富的资料，但直接以研究者的身份进入则可能对研究对象造成影响，甚至改变他们的行为方式，调查中可能也难以获得真实的田野资料；另一种是以观察者的身份进入，即不告知被研究对象自己的研究者身份，以降低对研究对象的影响，这种情况下研究对象更可能呈现真实的行为和表现，收集的资料也更可信，但这种方法往往缺乏可持续性，而且一旦被研究对象发现研究者的真实身份，则可能出现不合作与不信任，此外，隐藏研究者身份的研究也存在一定的伦理和道德问题。

对以上问题进行权衡考虑后，我决定以研究者的身份进入田野，由于我并不认识厂商的督导，而之前在中关村家乐福访谈过的促销员早已经不在家乐福做了，我无法依靠熟人的介绍进入田野，因此我决定自己应聘，同时也能了解促销员找工作的过程和厂商招聘的流程。作出了这些决定，我就开始了寻找促销员工作机会的过程，根据以前的访谈资料，厂商是不会在网上发布招聘信息的，之前的访谈资料记录的小细节提示我可以直接到超市通过询问促销员寻找工作机会，因为我的第一个访谈对象，促销员王大姐最开始以为我是寻找兼职的。

想起了这个细节，我决定去中关村家乐福超市直接向促销员询问工作机会。在家乐福的地下二层售货区，卖家用电器的、卖衣服的、卖鞋的促销员都告诉我他们的厂家现在都不需要人，到了地下二层售货区的尽头，在通往地下一层卖场区域的电梯口附近是售卖被子、床单等床上用品的地方，这个售货区域很大，因为是上午人不多，售卖区站了几个促销员，我向站在最前面的促销员表明了我的来意，询问是否她所在的厂商需要兼职促销员，她所在的厂家现在不需要人，但告诉我楼上卖洗涤用品的地方招人，但不确定是否厂家已经招到了人，让我去试试。在表达了感谢之后，我随着电梯到了地下一层，下了电梯往右就看到了洗涤用品区，不太宽的通道里站满了促销员，我朝着立白厂家前面站着的促销员走了过去，询问她是否知道有厂家需要兼职促销员，她把我带到了隔壁通道开米促销员那里。开米正在招周五周六周日三天的短期促销员，我表明兼职意愿后，她就把开米厂家业务代表的电话给了我，让我自己打电话跟她联系。出了家乐福，我马上给开米的业务代表打了电话，在简单询问了我几个问题后就告诉我周一去公司面试。

周一上午我到了面试地点，是开米公司在国贸租的几个小房间，办公地点不大，里面的设备家具也非常简单，我进去的时候有几个促销员正在面试，在表明来意后，他们让我等负责中关村家乐福的督导来面试我。几分钟后来了一位宋先生，他负责中关村家乐福，等他坐下，我以为面试要开始了，没想到他直接给了我一张信息表格，让我填写个人信息，然后给了我中关村家乐福两个开米长促的电话，跟我讲了下短促的工资计算方法，他略略看了下我填的表，就让我周四来培训，周五开始上班，说完他就要走，可是我觉得有必要在他决定聘用我之前说明我的研究目的，这样我可以放心地进行研究。宋督导听完我做兼职的目的后非但没有很惊讶，表示完全没有问题，还问我能否帮他再找一个同学来做短促，因为他们现在正在到处找人。不到10分钟的时间给了我两个独特的印象，一是促销员进入的低门槛，厂家甚至都不愿意花时间来面试就直接上岗，二是因为缺乏促销员，我这种带着研究目的的兼职轻易地获得了许可。

周四的培训从上午9点持续到中午12点，3个小时的主要培训内容为促销员职责和产品知识，其中产品知识占据了约70%的时间。周五开始正式上班，工作地点是中关村家乐福地下一层日化产品课开米厂家售货区域。

第四章　超市促销员的劳动特点

一、促销员劳动的基本情况

1. 促销员类别

在中关村家乐福超市，以我所在的洗涤产品区域为例，促销员包括以下三类：

第一类是长促，也就是长期被厂家雇佣，与厂家签订了劳动合同，有正式劳动关系的促销员。这些促销员年龄偏大，多为已婚妇女，一般都有3年以上从事促销工作的经验，身着黄色家乐福制服，工资采用底薪加提成的计算方式，按月支付。长促与其他促销员相比有以下特点：第一，长促需要倒班，在早班、中班和晚班之间轮换，一般一星期轮换一次；第二，长促的主要工作不是卖货，而是在超市里帮自己的厂家订货、接货、拉货、上货、打扫卫生、盘点等，他们每天80%左右的时间都在超市库房里，很少出现在卖场卖货；第三，虽然他们并不经常与顾客打交道，但由于订货需要经常跟课长与课长助理打交道，所以长促跟家乐福管理人员的关系较好；第四，长促在所有促销员中有着最高的权威性和权力，一方面厂家要依赖长促管理自己在超市的货物，另一方面长促和家乐福管理人员建立了良好的关系，厂家和家乐福都依赖长促管理短促，厂家通过长促来了解和监督短促的表现，短促在超市里的所有行为都必须向长促汇报。

第二类是长期短促，这类促销员中大多数都没有与厂家签订合同，工资是按天给付，每天能拿到的钱由底薪加提成组成，他们的特点是：第一，他们每周的上班和休息时间与长促一样，工作六天，休息一天，只是不需要倒班，长期短促只需要上中班；第二，与长促不同，长期短促的唯一工作就是卖货，他们不需要跟长促一样为厂家和家乐福干活，只要把货卖好就行；第三，由于长期短促每天主要的接触对象是顾客，与家乐福管理人员接触机会很少，因此长期短促与课长、课长助理就是纯粹的管理与被管理的关系，与长促的关系除了管理与被管理之外，因为每天都会接触，所以长促与长期短促之间还有着一定的私人关系；第四，由于长促基本上不卖货，短促每周只工作很短的时间，因此厂家的销量任务基本都放在了长期短促的身上，他们也就成了整个卖场里卖货和销售压力最大的促销员。

第三类是短促，短促是厂家在五六日卖货高峰期或在超市有厂家档期促销时聘用，唯一的任务就是帮助厂家多卖货，工资也是按天结算，根据厂家的不同规定，有固定工资和底薪加提成两种报酬计算方式，短促承担了卖场小部分的销售任务。短促基本上由两类人构成，一类是大学生，他们主要在周五、周六和周日到超市来做兼职短促，我也属于兼职短促，主要在超市客流比较多，厂家卖货竞争比较大的周末工作，我所在的洗涤产品区基本上每到周末都会有不同厂家的许多大学生促销员出现，招聘大学生做周末的兼职促销员已经是一个普遍的现象了，另一类是有过促销经验的人，与大学生不同，他们主要做厂家档期促销，很少做五六日，他们做短促主要有两个原因，一是刚刚离开上一份工作，正处于找工作的空档期，短促时间要求宽松，可以边做边找其他工作，另一个是有过促销经验的人认为做长促不自由，工作比较累，工资也不是很高，所以选择更加灵活的短促。短促由于完全根据厂家的需要来变动工作，流动性非常高，因此无法在一个超市与长促建立长期持久的关系，长促与短促间就是纯粹的管理与被管理关系。

2. 工作时间

促销员的工作时间根据促销员类别的不同而存在差异。

长促每周工作六天，休息一天，休息日只能在周一到周四之间选择，因为周五、周六、周日超市客流最多，是厂家卖货高峰期。长促每隔一周倒一次班，每天分早班、中班和晚班，早班从早上7点到下午3点，中班从上午10点到晚上7点，晚班从下午2点到晚上10点。早班和中班基本上都能按时上下班，所以长促们最喜欢上早班和中班，晚班很少能够准时下班，因为超市都是10点之后才开始清场和理货，所以晚班的长促常常下班之后还得留下来清场和理货，长促们告诉我晚上12点下班再正常不过了，再晚的话就是夜里2点左右，要是遇到每个季度仓库盘点的话，基本上就得是通宵了。上晚班的长促下了班基本上已经赶不上公共交通了，只能让家里人开车来接或者打车回家，有些住得离中关村家乐福远的长促告诉我经常一个晚班的钱还抵不上下班打车回家的车费呢。厂商和家乐福都知道长促晚班加班严重的情况，但没有任何人愿意为长促的加班支付加班费和交通费，对长促来说，这种普遍的晚班加班现象已经是家常便饭了，也不会有人向厂商和家乐福讨要加班费，毕竟所有长促都会加班，这不是个别现象。

长期短促与长促一样，每周工作六天，休息一天，休息日也只能在周一到周四中选择，但与长促不同的是，他们不需要倒班，每天的工作时间是从上午10点到晚上7点，中午有一个小时吃饭休息时间。长期短促的唯一任务就是卖货，不需要帮助超市做额外的事情，因此长期短促基本上都能按时下班，但我也见到过长期短促为了提高销量多挣钱自愿加班的情况。安姐是开米的长期短促，因为安姐在立白时销量很高，加上口才不错，在开米长促李姐的推荐下，开米厂家就把她从立白挖了过来，安姐告诉我开米厂家给她的销售压力很大，把她挖过来就是想让她提高销量，所以她必须想尽办法多卖东西。有几次到7点我准备下班走了，她还站在货架前，她说7点之后还有好多顾客，很多人是吃完了晚饭再来逛超市，加上7点之后其他厂家的促销员都走了，就没有人跟她竞争顾客了，所以每到五六日，她基本上到晚上9点才走。因为长期短促是整个卖场的销售主力，厂家和超市的销售任务基本都落在了他们的肩上，再加上底薪加提成的薪酬制度，这些都使得他们自愿延长工作时间，以提高每天的销售量。

短促的工作时间分为两种，一种短促是专门做周五、周六、周日的，另一种是当厂商在超市有档期促销时才做，他们的工作时间就与厂家的促销活动期一致，档期结束，他们就会离开超市，与厂家的劳动关系也自动解除，开始寻找下一份工作。两类短促每天的工作时间都是从上午10点到晚上7点，中午吃饭休息一个小时。由于短促的主要薪酬计算方式为固定日薪，卖多卖少工资一样，因此短促基本都是准时下班，没有加班的情况。

3. 劳动报酬

促销员的劳动报酬计算方式主要有两种，一种是在长促和长期短促中比较普遍的，底薪加提成的方式，不同的厂家所给的底薪和提成比例都不一样，但大致的标准是如果厂家的货比较好卖，促销员容易出销量，底薪就会低些，反之，底薪则会比较高。在进入家乐福超市工作之前，我参加了开米厂家的促销员培训，培训我们的厂家代表讲解了开米的促销员薪资方案，如表4—1所示，底薪是1800元，提成需当月销量达到5000元以上才行，5000元以上则根据销量的不同以不同的比例提成。如果当月销量是15000元，按3%的提成比例计算，总的收入为2250元，若销量达到30000元，按4%的提成比例计算，总的收入为3000元，也就是说开米长促的每月工资收入为3000左右，除却保险、房租、其他生活花费，长促仅靠3000左右的工资在北京生存是非常困难的。对于长期短促而言，报酬是按天计算，底薪加上每天的提成，但不同厂家底薪数量和提成方式都不同。

表4—1 开米长促薪资方案

底薪	提成标准	提成比例
1800元	5000元以下	0%
	5000—15000元	3%
	15000—30000元	4%
	30000元以上	5%

第二种劳动报酬计算方式是固定日薪制，主要是针对短促，固定日薪没有提成的激励，但对促销员也会有一点销量的要求，但不是很严格，基本上卖多卖少都拿这么多钱，固定日薪一般会比长期短促每天的底薪略高一些，因为如果固定日薪与长期短促的底薪一样，则工资太低，基本上就没人愿意做了。

4.劳动合同签订情况

经过一个月多的田野观察，我发现身边的大部分促销员都跟厂家没有签订劳动合同，长促基本上都会跟厂家签订合同，但合同期限都在一年以下，我访谈的蓝月亮厂家督导告诉我蓝月亮的长促合同期限都是3个月，不会签一年的，因为促销员流动性太高了，所以他们都采用3个月一签的方式，督导说这样既方便促销员流动也方便了厂家。合同里会规定公司为长促提供的保险福利，一般而言是三险，失业、医疗、养老保险。如果签订3个月的劳动合同，则一般就没有试用期，但督导通过销量就能判断一个人是否能胜任这个工作，如果签订一年的合同，则试用期一般为3个月。长促在所有促销员的人数里大约只占30%左右，也就是说在所有为厂家工作的促销员里面，合同签订率仅为30%左右。

除了长促外，长期短促和短促一般都不跟厂家签订合同。参加开米厂家培训的时候，在场的短促长促一共20多个，培训日程的最后一项就是签订合同，但只有长促能留下来签合同，现场也没有短促提出异议，这足以证明短促与厂家之间无劳动合同的状况不仅普遍而且没有受到任何质疑，短促与厂家之间没有形成正式的劳动雇佣关系，无法受到劳动合同的保护，即使长促与厂家签订了劳动合同，但这种短期限的劳动合同仍然无法有效地保护长促的合法权益，所有这些都深化了促销员劳动的灵活化和非正规化。

5. 被阻塞的职业上升通道

促销员被厂家雇佣，然后派到家乐福来工作，厂家和家乐福都没有把促销员作为自己真正的完全的员工，由于劳动关系归属上与家乐福无关，因此促销员若要寻求职业发展的通道就只能在与自己有劳动关系的厂家内部寻找机会，促销员的直接上级是厂家督导，但事实上促销员要想成为厂家督导以获得职业上升的机会非常难。我访谈了蓝月亮的督导，她告诉我公司有制度，优秀的促销员可以被提升为督导，以此作为激励，但是成为督导的种种要求和标准却将促销员排斥在晋升的大门外。厂商对督导的要求：一是至少中专以上学历；二是会熟练操作电脑，运用office等办公软件；三是了解公司产品，具备一定的管理能力。蓝月亮的督导告诉我因为督导们每天都要在公司系统里维护每个促销员的出勤和销量情况，懂电脑，会操作软件是必需的。可是就第一条学历要求就已经把所有促销员都排斥在外了，因为促销员的学历基本上都是初中或初中以下，督导也证实了这个推论，在她做督导的几年里，没有一个促销员成为了督导。

当然，这是公司对督导的硬性要求，但实际上公司也有自己的考虑，督导跟我说有一些销量特别好的促销员实际上是可以破格提拔的，但公司不愿意，因为公司最看重的还是销量，把销量好的促销员提升为督导，公司的损失更大，一线更需要会卖货的促销员，而不是督导。因此，促销员本身的良好业绩也成了阻碍他们上升的障碍。

以上都可以归为客观因素，但在主观上促销员们也并不想成为督导。他们给出的理由如下：一是督导受到的约束更多，直接受到公司的管理，没有做促销员自由；二是督导需要经常在所管辖的几家店间来回巡视，经常要在外面跑，实际上比每天站着还累；三是在他们看来督导挣的是"死工资"，收入还不如做促销员，虽然我无法证实是否督导的工资比促销员少，但至少他们已经在主观上排斥把督导作为一种职业选择了。

虽然长促和长期短促在客观上和主观上都没有通过成为督导实现职业上升的机会了，但短促里面的大学生兼职促销员却受到厂家的青睐。督导告诉我他们非常欢迎在蓝月亮做过兼职的大学生促销员在毕业后到蓝月亮工作，而且就她所知，蓝月亮有好几位督导就是曾经的大学生兼职促销员，吸引他们成为督导对厂家来说有几个好处：一是大学生兼职促销员学历都比较高，至少都是本科学历，还有不少是研究生学历；二是由于大学生兼职促销员具有在一线销售厂家产品的经历和经验，无论对促销员、顾客还是产品都有一定了解，能较好地管理促销员和销售业绩。这些都成为了厂家积极吸引大学生兼职促销员的原因。

长促和大学生兼职促销员最开始都处于厂家内部相同的结构位置上，甚至长促还有管理和监督短促的权力，结构位置高于短促，但一旦劳动者将工作以外的社会身份带入工作领域，劳动者的劳动状况就受到了不同社会身份的影响，工作以外的劳动者社会身份不仅影响了工作状况，还在工作领域中被再生产。受教育程度作为一种社会身份是外在于劳动过程的，当劳动者将受教育程度这一社会身份带入工作领域时，将形塑劳动者的工作状况，同时拥有不同社会身份的劳动者在工作领域中获得的不同待遇又再生产和再现了这一社会身份的差异。

6. 劳动的性别分工

在超市促销员的劳动中，被带入工作领域的社会身份不止受教育程度一个，还有作为女性的性别身份以及作为妻子的家庭角色和生活经验。这些社会身份都形塑了促销员在超市的劳动行为。

我所在的洗涤用品区主要售卖各种品牌的洗衣液、洗衣粉、柔顺剂、洗洁精、衣领净、漂渍液、洁厕、去油垢等家庭清洁用品。我们销售区域的促销员全部都是女性，在我一个多月的田野调查里，出现的与促销员相关的男性只有三个，细细回顾一下出现的这三个男促销员，会发现有着很深刻的性别意味。

遇到的第一个男促销员是在开米厂家培训的时候，那天在会议室接受培训的促销员一共有20多个，因为房间比较小，大家都挤在一起，我坐在靠前的位置，所以对坐在我后面的促销员没有予以太多的关注，只是一眼望去都是女性。培训主要是讲解开米的产品知识，教授销售技巧，讲解到某些产品的时候，厂家培训人员经常会让坐在下面的一些已经开始售卖开米产品的促销员来回答问题，以检验他们对开米产品的了解程度。在讲到开米的一款洗蔬菜水果的产品时，那位男促销员回答了问题，听到男促销员的声音，所有的女促销员都好奇地盯着他，之后他就再也没有主动回答问题了。

第二个男促销员是在我进入超市两周后见到的，那个周末安洁厂家在家乐福做堆头促销，所以招了三个短促，因为安洁厂家的堆头离我卖货的区域不远，我一眼就能看到那三个促销员。我们这个销售区域一直以来都没有男促销员，所以我能感觉到那天大家都有些兴奋。工作时间我没办法离开卖货区与那位男促销员交流，后来听与他交谈过的蓝月亮短促小静讲，这位男促销员不用卖货，他的主要任务就是套在安洁厂家搬来的玩偶里，把玩偶舞动起来吸引顾客，因为这种形象玩偶非常重，而且很高，所以一般只能男生才能舞动它，这下我明白为什么安洁会有一个男促销员了，他做的是女促销员体力不能胜任的工作。

到了第三周的周末，奥妙家也来了一个男促销员，是个大学生，做兼职的，他负责卖奥妙的柔顺剂，因为我和他不在同一个通道卖货，基本上没有接触，但有一个蓝月亮的大学生短促和他站在同一个货架前，跟他有比较多的交流，她告诉了我很多有趣的事。首先是奥妙的长促大姐对这位男促销员非常好，经常走到他跟前让他差不多就去吃饭，站累了就到外面休息，不用跟她说。我们两都知道这是多么好的待遇，因为我们吃饭休息都得轮着去，还要跟长促汇报。除此之外，蓝月亮的短促还告诉我他基本上一天的时间里都没有像我们这样对着顾客叫卖过，只是站在那里，如果有顾客买，他才介绍，而且常常被顾客的问题难倒，不知道该怎么回答。据说有一次，一位顾客问他洗衣液和柔顺剂有什么区别？为什么要买柔顺剂？他当时不知道该怎么回答，顾客见他答不上来就要走，蓝月亮的这位短促才上前去帮他解围，告诉顾客就像我们平时洗头的时候要用洗发露和护发素，道理是一样的。顾客听完之后觉得很有道理，就买了奥妙的柔顺剂。那位男促销员非常感激，因为他实际上也不知道为什么要用柔顺剂，他自己在生活中就没有用，从这以后，他就把这位女短促的解释奉为圭臬，对所有的顾客都这么解释，效果着实不错。在看到旁边的女促销员都抱着产品向过往的顾客叫卖和介绍之后，他也开始拿着自己厂家的产品叫卖，蓝月亮的短促告诉我，一次他正在叫卖，刚好从他面前走过去一位顾客，一听到是位男士的声音，顾客立马回过头看着他，还颇有意味地说了句"呦，男促销员啊？不多见！"说完之后，顾客甚至还跟他聊了起来。我们都对他为什么来卖柔顺剂很好奇，他说这份工作是他同学介绍的，他之前都不知道是卖柔顺剂，厂家也没给他培训过，直接让他到超市上班，上了班才知道卖的是柔顺剂，他说如果早知道是卖柔顺剂，可能就不会做了。

以上三个例子说明，男性促销员在洗涤产品区域的出现或者是从事女性体力无法胜任的工作，要么就引来了女促销员和顾客的好奇，无论是女促销员、顾客还是男促销员自己的表现都说明在大家的意识当中，男性是不适合来售卖洗涤产品的，首先是在家庭中，卫生清洁洗护等工作传统上都是女性的责任，虽然现在男女两性在家务上变得越来越平等，但仍然还是女性承担了大部分；其次由于女性经常接触卫生清洁工作，女性在卫生清洁方面的知识多于男性，这些知识使得女性在从事洗涤产品售卖工作时比男性有着更高的权威性；最后女性的家庭分工和家庭角色、生活经验成为了他们的销售工具宝库，生活经验和家庭角色这种社会身份进入工作领域极大地提高了他们的销售业绩。

我刚开始进超市的时候都不知道怎么跟顾客介绍开米的产品，我就按照厂家培训时候所讲的重点，将产品的特点逐条地跟顾客讲解，但我发现实际上很多顾客听不懂这些专业术语，对他们来说，其他厂家的产品也可以用这些专业术语来忽悠顾客，至于产品的这些特点能对他们日常的生活产生什么影响，他们却无法从我的介绍或者产品说明中了解到，所以第一周我发现自己销量很低，许多本来已经对开米产品有兴趣的顾客却没能被我说服，最后购买了其他厂家的产品。后来安姐看我销量不行，就让我跟在她后面看她是怎么卖货的，我发现安姐真的能把很多对开米产品没有兴趣和不了解的顾客变成开米产品的用户，销量提高了很多，渐渐地我发现安姐的秘诀就是跟顾客介绍自己在做家庭卫生清洁方面的生活经验，很多时候都能跟顾客产生共鸣。有一次，一位顾客要购买洗洁精，这位顾客一直用的都是其他品牌价位相对较低的产品，安姐看到顾客在挑选洗洁精后就拿着开米的餐具净走了过去，先跟顾客介绍了开米产品的基本特点，这位顾客开始有点兴趣了，接着安姐就讲了自己的生活经验，她告诉顾客原来她也用的是其他品牌的洗洁精，但洗完碗之后手上全都是油，手还特别干，还需要再用洗手液洗手，但用了开米的餐具净后她就决定再也不用其他品牌了，开米的餐具净是分解油腻的，所以洗完碗之后手上不会油，加上它没添加磷这个成分，手不会干，添加的芦荟成分还可以呵护女性的手，连洗手液都省了，顾客听到这里，马上就拿起了安姐手中的开米产品，跟安姐说她一直洗碗都有这个手油、手干燥的问题，要是开米的产品能解决这个问题的话，她就愿意买，最后顾客满意地拿着开米的产品走了。

不仅仅是安姐通过运用自己的家庭生活经验来提高销量，其他厂家的促销员也都这样做，站在我对面的蓝月亮长期短促霍姐是专门卖蓝月亮衣领净、漂渍液等的，她已经结婚生子了，一次有个顾客过来想买漂渍液，霍姐就问她想要漂什么颜色的衣服，顾客说是想给孩子洗校服，校服是白色的，孩子不爱干净，把校服弄得很脏，洗衣液和洗衣粉都洗不掉了，她想买漂渍液回去试试。听到这，霍姐马上给顾客拿了衣领净，并告诉顾客她的孩子也特别顽皮，校服也很脏，她就是专门用洗衣领的衣领净来洗的，效果特别好，衣领净的去渍效果强于一般的洗衣液和洗衣粉。顾客听到这，马上产生了共鸣，竟跟霍姐聊了起来，最后满意地拿了衣领净走了。这样的例子还有很多，一个多月的田野里，我观察到了很多这种运用女性的家庭角色和生活经验来说服顾客购买产品的例子，在洗涤产品销售这个工作领域里，女性的家庭角色和生活经验对她们顺利完成销售任务发挥了重要作用。

二、超市促销员的用工特点

1. 灵活用工方式——劳动派遣

随着服务业的兴起，非正规就业也发展起来，其中劳务派遣是非正规就业的一种重要形式，满足了许多企业灵活用工的需要。劳务派遣，也称劳动力派遣、人才派遣等，指劳务派遣企业按照用工企业的需求招募劳动者并与之订立劳动合同，按照其与用工企业订立的劳务派遣协议将劳动者派遣到用工企业工作的用工方式（杨郑君，2011）。劳务派遣体现的是雇佣关系与劳动使用关系的分离，涉及了劳务派遣机构、用人单位和劳动者三方主体。与正规就业相比，劳务派遣就业具有临时性、周期性的特点，一般而言都是在用工单位有需求的时候劳动者才有工作，只有在被派遣期间就业才稳定，否则劳动者就只能失业或等待新的工作机会（张丽宾，2005）。

随着引厂进店制度在超市零售业的广泛应用，促销员的用工方式呈现出了与劳务派遣相似的特点，我将其称之为劳动派遣，即促销员由厂商雇佣，之后根据厂商的需要派驻到不同的超市工作，促销员在超市中则接受超市的管理，但促销员的工资由厂商发放，超市会按照人数向厂商收取促销员管理费，也就是说促销员与厂商签订劳动合同，具有劳动关系，而与超市则是管理与被管理的关系，这种促销员、厂商、超市三方主体的形式与劳务派遣相似。与劳务派遣不同的是，劳务派遣机构在将劳动者派到用人单位后，劳动使用权力就属于用人单位，而促销员的劳动派遣则不同，一方面促销员要受到厂商的管理，厂商会不定期派人监督促销员的行为，促销员每天也必须向厂商报告销售情况，另一方面促销员进入超市卖货，必须遵守超市的规章制度，甚至还必须帮家乐福做自己职责以外的工作，接受家乐福的管理。因此，促销员的劳动派遣用工形式使得他们处于双重的监督和管理之下，劳动关系与劳动空间分离，促销员没有被超市和厂商视为自己真正的、完全意义上的（full—fledged）员工，也就意味着促销员不是增强了而是削弱了与工作场所的联系。

与劳务派遣一样，劳动派遣的用工形式最大化了厂商和超市的灵活用工需要。由于促销员一般是根据厂商的需要被派往相应的超市，因此，一旦某个超市不需要促销员了，厂商就会将该超市的促销员调往其他超市，造成了促销员工作地点的灵活性，如果一旦厂商退出某个超市，则在该超市为此厂家卖货的促销员就面临着失业的危险或转换厂家的选择，这些都增加了促销员工作的不稳定性，却方便了厂家和超市用工。在中关村家乐福超市，几乎所有促销员都是劳动派遣的用工形式。以我所在的洗涤产品区为例，这里的品牌有十个左右，每一个厂商都有自己的促销员在家乐福卖货。

2. 自愿选择的非正规就业

一般而言，所有的劳动者都期望有一份稳定的工作和收入，不希望经常变动和换工作。但是一个多月的田野给我留下的最深刻印象是几乎所有的长期短促和短促都不愿意成为长促，与厂家签订劳动合同，甚至有很多长促也试图离职以寻找其他工作机会。在我与促销员的访谈中，我了解到有以下原因促使他们选择更灵活的就业方式：

第一，长促辛苦繁琐的工作以及受到的制度约束和管理使得长促的工作吸引力下降。我一直认为长促的工作应该男士来做，长促上班的所有时间基本都在库房里忙碌，他们帮着家乐福接货、运货、拉货、上货，而这些都是需要较多体力的劳动，就以货架缺货为例，每次李姐看到开米货架没货的时候总是要叫上其他几个长促跟她一起去库房拉货，因为库房货物太多，经常需要搭着梯子爬上爬下，找到了货还需要把它搬到推车上，之后再用推车把货从库房拉到卖场，卖场的货架有几层比较高，人站在地上踮脚也只能勉强够得着，这时候又需要促销员搭着梯子，把货物放上去，这整个过程都需要较强的体力支撑，一天在卖场和库房来回这几次真的很累人，长促还需要倒班，早班要起得特别早，晚班下班又很晚，还经常加班。除此之外，厂家和超市有任何事只找长促，他们最直接受到厂家和超市的管理和约束，没有长期短促和短促那样自由。

第二，短促工作的灵活性最大化地满足了促销员赚钱的目的。由于学历、能力等社会身份的限制，促销员们没有在职业上比较长远的规划，对他们来说，离开老家来到北京的唯一目的就是赚钱，回到老家后的职业规划都是以在北京赚到钱为前提的，许多促销员告诉我他们就想在北京赚到钱后回老家自己开店，卖服装开超市都可以。促销员们通过做灵活的短促确实能赚到更多的钱，一是他们会选择做厂家的促销档期，一般而言，促销档期在半个月左右，促销档期没有提成，但每天的固定工资比较高，如果选择固定日薪比较高的厂家，一个月下来能赚不少。做田野的时候认识了一个雀巢厂家的短促，她就是专门做厂家档期的，她告诉我雀巢给的工资很高，一天150，她每周六周日做，一周可以挣300，周一到周五她再做点其他的促销，工资一天最少也能挣100，这样算下来一周就是800元，一个月可以赚3600元左右，确实高于之前我们计算的长促3000左右的工资；二是短促的灵活性使得他们能根据一年的不同时节选择季节性热品销售，安姐告诉我她是最近才开始做洗涤产品销售的，去年过年之前她在卖红酒，因为过年红酒的销售量非常高，那一个月她赚了将近1万元，中秋节的时候她就会去卖月饼，卖这些热销品一个月赚的能是平时的两三倍，这种工作变化的灵活性是做长促无法给予的，短促可以说不做就不做了，但长促离职需要厂家同意，有时还要等到厂家找到替代人选，还要到超市找处长、课长签字，办完所有手续才能离开。

第三，女性的家庭角色和家庭责任迫使部分促销员选择灵活就业，更具体些，女性作为母亲的角色和责任让他们选择为了孩子和家庭放弃稳定的劳动。小张是开米的厂家档期短促，她告诉我她准备过不久就把儿子接到北京来上学，因为她老公也在这边，她太想念她的儿子了，休息的时候还给我看她手机里存的儿子的照片，每天都要往老家打五六个电话，她准备两个月回老家一次去看孩子，这样她就不能做长促，要不然请假很麻烦，一般也不会批，做短促想走就走，回家看孩子就很方便。等孩子到北京来上学了，她就连短促都不做了，准备找个理货的工作，理货的工作时间更灵活，只要把所负责的几个超市里厂家的货弄好就行，其他时间自由支配，这样她就可以有更多时间照顾孩子和接送孩子上下学。在开米只做了两天就因为身体原因走掉的邢姐在吃饭的时候也跟我谈起她的打算，她的孩子在老家上初一了，她和老公准备回河南老家去好好照顾孩子，因为她听说初二和初三非常关键，孩子的学习成绩很好，不希望他在关键时刻成绩跨下去，所以她准备再做几个月短促就回老家，她和她老公在北京已经待了10年了。小张和邢姐以前都做过很长时间的长促，但现在为了孩子和家庭，他们选择了更加灵活的短促，只有把劳动者的社会身份引入工作领域加以考虑后才能理解他们的劳动决策和劳动行为。

第四，对于获得保险费的低预期使得他们不愿与厂家签订合同。一旦与厂家签订合同，按照国家规定，厂家需要为促销员缴纳保险，每月的保险费用由厂家和促销员个人共同承担，促销员的部分则按照缴纳比例从工资中扣除。许多促销员告诉我，以前缴纳的保险能领出来，加上公司为促销员交的那部分保险费，与公司签订劳动合同能拿到更多钱，所以促销员们在当时有很大的激励签订劳动合同，现在保险不能领出来了，以后自己肯定是回老家农村，保险没接上，老了还是领不了，保险费就等于白交了，所以几乎所有长期短促和短促都选择不做长促，不签劳动合同，不上保险，这样每月还能多省下些钱。国家制订政策本意是保护劳动者的合法权益，但如果不考虑不同劳动者的实际情况和需求，这些保护政策有时会起到相反的作用，劳动者为了规避遵守保护政策带来的利益损害，结果就是主动逃脱政策的保护。

可以看到，促销员们自愿选择非正规就业其实是一种在权衡自身利益下的理性选择结果，促销员们的利益既包括赚钱也有作为女性的家庭责任，在他们可能的职业选择范围内，当非正规和灵活就业更能满足他们的利益追求时，就会出现一种看似自愿选择非正规就业的现象，但这种看似自愿的行为是促销员们理性选择的结果。

第五章　劳动中的关系

与许多服务业职业不同，超市促销员由于有两个对其具有管理权的雇主，他们的劳动关系更加复杂，两个雇主之间的关系和利益分配模式将极大地影响促销员劳动关系的性质，因此我将首先说明家乐福与供货厂商的关系和利益分配模式。作为中国最大的外资零售商，家乐福对供货商而言具有强大的平台吸引力，因此家乐福在选择供货商上也非常的挑剔，家乐福比厂商处于更加强势的地位。这种强势地位最重要的表现就是家乐福与供货商的利益分配，家乐福的收入包括前台毛利率和后台毛利率，前台毛利率来自进销差价，家乐福的前台毛利率可达20%以上，后台毛利率包括进场费、节庆费、促销费、店庆费等费用，家乐福的后台毛利率可达7%—8%[①]。家乐福与厂商之间不平等的利益分配关系也影响了促销员的劳动关系。下面从促销员与雇主、促销员之间、促销员与顾客的关系三个方面来呈现其在劳动中的关系性质。

一、多重权力关系下的多等级控制

一般的服务业劳动者会由于服务业三角关系而受到来自资方和顾客的监督和控制，超市促销员的灵活用工方式劳动派遣加上服务业三角关系，使得促销员处于厂家、超市、顾客的多重控制和监督之下，蓝佩嘉（1998）从福柯的权力理论出发认为应该看到劳动过程中多重的权力关系，要跳脱出马克思传统下把劳资对立视为既定而且绝对优位的资本主义内在逻辑。劳动控制并非一组具现资本家统一意志的连贯策略，而是涵盖异质的、甚至冲突的日常劳动控制惯行。同时执行劳动过程的代理人也是多元的、未必利益一致的，包括资本家、不同的管理阶层、顾客，甚至工人自己。基于此，我把超市促销员受到的

---

① 来自人民网财经报道http://www.022net.com/2011/1—25/494717352291021—2.html

监督和控制叫做多重权力关系下的多等级控制。

　　第一重权力关系来自于制服化的控制，正如蓝佩嘉所说，工人的穿著——劳动身体的"装饰"——不论在制造业或服务业的劳动环境里，经常是管理的内容之一，用来强调工人之间、或工人和管理之间的权力层级（蓝佩嘉，1998）。在家乐福你会看到身穿不同颜色和款式制服的人在超市里工作，一般而言，身着蓝色衬衫加印有家乐福标志蓝色小坎肩的是课长和课长助理，家乐福分不同的区进行管理，每个区设一个课长和一个课长助理管理该区的促销员及其他日常事务，课长和课长助理之下就是身着印有家乐福标志红色T恤的正式员工，这些正式员工一般都来往穿梭于库房与货架之间，除此之外家乐福的正式员工中还有身着红白相间条纹的收银员，他们的主要工作就是站立在收银台后面负责结账，在所有的这些家乐福正式员工之外才是穿着各色制服的促销员，长促的制服有两种，一种是家乐福所发的印有家乐福标志的黄色T恤，这一般是在厂家没有对促销员制服有特殊规定的情况下促销员必须穿的制服，另一种情况是如果厂家有自己的制服，那么促销员就要身着厂家的制服而无需再穿家乐福的制服。对于短促而言，则基本上或者身着厂家规定的制服，不然就是白衬衫、黑裤子和黑鞋。各色各样的制服形成了对促销员无形的控制，家乐福员工和顾客也依靠这些制服的不同来区分他们可以向何人获得何种帮助。第一天到家乐福上班的时候，我没有穿白衬衫和黑裤子，长促李姐就严肃地告诉我站在最后面，不要被课长发现，否则会被骂，并告诫我第二天一定要穿制服来上班，那天我就穿着自己的衣服站在货架前卖货，有个顾客走上前来问我"你是促销员吗？你怎么没穿制服呢？"在我告知他我是促销员后，他才放心地问我牙膏在哪里卖。

　　第二重的权力关系来自于促销员所签合约的厂家，厂家并不会每天到超市监督促销员的工作，但基本上都会不定期地来超市查看，对促销员而言，这种不定期的检查是个非常大的威胁，一旦你被发现没有认真工作或偷懒了，你就面临着被惩罚和被骂的可能。有天中午吃完饭回到卖场，李姐走过来告诉我今天下午督导要过来检查，不知道是什么时候，让我不要聊天，站得直一些，认真卖货，整个下午我的神经都紧绷着，害怕督导正在某个地方看着我。不止我，连向来除了拉货从不在货架前卖货的李姐和闫姐那天下午也站到了货架前面，因为厂家规定的长促职责，除了上货等事情外，他们还是需要卖货的。

第三重的权力关系来自于家乐福的管理人员。厂商将促销员派到家乐福工作，厂商无法时时对促销员进行管理，因此厂商每个月都需向家乐福支付管理费，将促销员的管理工作交由家乐福。分属不同区的促销员由不同的家乐福管理人员进行管理，家乐福的管理人员由低到高包括了科长助理、科长、处长以及店长。科长助理与科长基本上每天都要进场，他们的主要工作就是在卖场里巡逻，监督促销员的工作，一旦发现促销员不认真工作，他们负有教育和惩罚的责任。

第四重的权力关系来自于除家乐福主管外的家乐福正式员工。课长毕竟不可能时时看着促销员工作，而当课长不在场时，监督促销员的工作就落到了家乐福其他正式员工身上，这种权力的授予和下放不是一种默契，而是一种制度，一种为主管和正式员工都认可并且也去践行的制度，我在访谈课长时得到了如下的回答：

"家乐福的正式员工都可以监督这些促销员啊…那也不能说是传统还是规定，那我招一个正式员工进来不是说我让他干啥他就干啥啊，家乐福员工的晋升机会是很多的，那我们肯定平时就得培养员工的管理能力啊，不然到时候万一要晋升的时候，难道到时候再慢慢教他们吗？那肯定不可能啊，所以平时他们就得学习怎么管理"

第五重的权力关系来自家乐福超市的内保，内保既要监督促销员，也要监督顾客。内保一般都是顾客打扮，没人能认得出来，每天负责在卖场里巡逻，查看是否有促销员和顾客吃东西、偷拿东西的情况，促销员们都觉得这是最恐怖的监控，因为根本不知道监督的人在哪里，也就无法找出应对的方法。我一开始不知道有内保，婷婷有一次想送我一瓶佳丽厂家的赠品，感谢我帮她卖货，我想都没想就接过来放在了兜里，婷婷赶紧把东西从我兜里掏了出来，又放回了货架。我很不解地询问她原因，她说刚才好像是内保从我们通道走过去了，要是被他抓到就别想干了，还叮嘱我今天千万别带出去。因为害怕被内保抓到，婷婷给我的赠品直到好几天后我才敢带出超市。从那以后我感觉在我的头上多了一双监督我的眼睛，要时时刻刻注意自己的行为。

第六重的权力关系来自于管理者—员工—顾客关系的第三方顾客。服务业相比于制造业很重要的一个不同点就是服务业中必须要面对和考虑顾客，因此在服务业中顾客本身的在场就是对促销员最好的监督，促销员在满足顾客要求的同时也就是在认真工作，同时未能满足顾客要求时可能会遭受到的顾客投诉和责骂也迫使促销员必须认真工作，更何况他们的收入是与产品销量挂钩的，这使得顾客的在场对他们形成了一种无形的监督和权力，"空间中来自消费者的重重注目，反而形成最有效的规训监控。这样的规训机制不局限于职场藩篱内，不是中心化、压迫性的，而是匿名的、分散的、充满诱惑的"（蓝佩嘉，1998）。

不同的工作场域其控制和管理机制是不同的，就像Rachel Sherman（2007）在美国两所豪华饭店中发现的不同管理体制一样，等级制的专业主义（hierarchical professionalism）和灵活的非正规化制度（flexible informality）影响了不同体制之下员工的劳动关系和反抗可能性。家乐福超市里的多等级控制体制也造就了与其他工作场域不一样的劳动关系，同时这一制度也使得促销员的反抗可能性降低，他们面对的是多重权力之下反抗的多重阻碍。

二、"霸权"与"专制"的结合

布洛维（1985）把生产政体划分为"专制"和"霸权"两种基本类型，分类的关键是工人为实现劳动力再生产而依赖资方的程度，在早期资本主义社会，国家对工厂政体的干预是间接而无力的，市场在资源配置中起决定作用，工厂对工人的控制更多地采取强迫的方式，形成"专制"型的生产政体，进入发达资本主义时期，国家通过立法等手段干预劳动过程和组织，造成工人对工厂依赖性的下降，从而促使工厂控制手段由强迫向共识转变，形成"霸权"型的生产政体。当然，经过李静君等学者的运用和深化，"霸权"与"专制"已经成为了两种资方管理劳动者的不同制度和秩序，我发现这样两种截然不同的管理方式同时出现在了促销员的身上。

我将厂家对促销员的管理方式定义为"霸权"式管理，因为厂家是通过获得促销员的共识和认同来实现有效管理的。在我的田野印象中，厂家督导对促销员是相当客气的，而且还会想办法维护促销员的利益。在开米厂家培训的时候，培训员会教在场促销员如何避免经济利益受损的技巧，比如促销员要时刻关注自己的销量累计，特别是快到月底时一定要询问督导自己的销量情况，如果不到5000，促销员就要想办法在剩下的时间里尽快凑满5000，方法包括促销员可以自己买厂家的东西，然后再找超市退掉。当时听完之后非常奇怪，为什么厂家的培训员甚至愿意损害公司的利益来保证促销员的利益呢？我认为这跟厂家的"霸权"式管理方式有关。

还有一件事是我亲身经历的。3月18日开米开始在家乐福做厂家堆头促销，因为我是周五六日的兼职促销员，所以3月18日周一我就没有去超市。下午1点左右我接到开米督导的电话，询问我为什么没去超市上班，在我跟她解释我不是档期促销员，他告诉我堆头促销需要四个人，还差一个，问我能否现在去家乐福。按道理讲，我作为厂家雇佣的促销员，督导对我应该有指挥命令权，他们可以像家乐福那样要求促销员加班或帮他们干活，但督导在整个过程里以一种非常温和客气的口吻跟我说话，所以相比较家乐福的课长和课长助理，我不太怕厂家的人。不仅仅是开米，在卖场我见到其他厂家的督导巡店时对促销员都是非常客气的，促销员们也都觉得督导很容易说话，态度很好，不凶。

相较之下，家乐福对促销员的管理方式就是"专制"型的管理，他们不是通过获得促销员的共识和合作来管理，而是通过一系列严格的惩罚式的规章制度来管理，比如办理了家乐福胸卡的促销员都必须佩带四张卡片，卡片上都是家乐福对促销员行为的规定，其中的促销员守则基本都是对促销员的惩罚式条款，约30条，列出部分如下：

工作时间将个人物品带入家乐福超市，使用顾客自动寄包柜；身着制服出入收银线，或未在指定的收银机台结账；在家乐福上班时间内擅离工作岗位、戏闹、闲聊、干私活等情节较重；在工作时间内出入家乐福超市没有通过员工通道；未按家乐福规定进行打卡，托人打卡或代人打卡；在工作时间内购物、试吃、试用商品；不服从家乐福主管人员合理指导，换班、调班、不按工作时间表或分派的任务进行工作，在家乐福范围内侮辱、袭击顾客或家乐福员工，工作态度恶劣；在家乐福范围内诽谤或诋毁其他厂商的产品；随意张贴厂家促销海报和相关广告物品；因个人原因被客户投诉并经查实的；以不正当手段向顾客进行强行推销，欺骗消费者；一个月内累计无故迟到、早退达五次以上者，或一年内累计旷职3天以上者；与顾客或其他促销员发生争吵、打架等不文明行为；促销人员私自增订口袋或改变制服的原状；拒绝家乐福主管人员合理调遣、指挥并有侮辱或恐吓之行为者；偷窃或非法占有顾客、家乐福或其他员工的财务，无论价值多少；未经家乐福部门主管同意私自在工作时间内发放礼品或赠品

除此之外，还有一些没有写上去的惩罚条款，比如在卖场吃东西和喝水，一经发现，罚款500等。家乐福的管理人员们也严格地执行这些惩罚条款，他们对促销员经常会有言语上的侮辱和行为上的责罚，有一次我因为听错了通知，误以为所有的促销员都需要到仓库培训，等我发现自己弄错了要离开的时候，课长非常不客气的说"五六日的跑这来干嘛，他妈趁早给我滚蛋"，这样的话我经常在卖场听到，我想促销员们大概早就已经习惯了吧。言语上的侮辱还不算，有时候上货剩下的垃圾没及时清理或者拉来的货堵塞了通道，课长助理常常会毫不客气地使劲用脚踹推车，有时推车还会撞到促销员，但大家都不敢说什么。

在理解对同一批劳动者出现不同的管理方式上，布洛维的理论有着很好的解释力，关键就在于促销员为实现劳动力再生产而依赖厂家和超市的程度不同。对于厂家而言，促销员不在它们的直接管理监督之下，要想提高销量，它们必须依赖促销员的合作，但是促销员的高流动性以及"圈内跳①"的现象使得他们可以不依靠一个厂家来获得劳动力再生产的资源，原因有两个：一是促销员职业的低门槛，二是

---

① "圈内跳"指促销员跳槽主要是同质性流动，从一个厂家跳到另一个厂家，工作仍为促销员。

促销员工作机会丰富，获取工作信息比较容易，超市货物陈列的特点是相同类型的货物放置在同一个区域，促销员们的工作空间没有被分隔，他们的信息都是互通有无的，因此在超市要想找到一份促销员的工作是非常容易的。

与厂家不同，超市对于促销员劳动力再生产资源的获取发挥着关键作用。虽然促销员的工作非常容易找，但无论促销员为哪家企业工作，最终工作地点都在超市，只要仍然从事促销工作，就与超市有着密切的关系。促销员们告诉我"要是得罪了家乐福，以后你就别想在超市里干了，厂家也不敢雇你了，厂家雇的人要超市同意了才能进场"。因此对于没有其他更好的工作选择的促销员来说，不管他们在圈内流动多少次，他们始终只能依靠促销员这个职业来获得生存资源，所以他们必须紧紧依靠超市，超市才能形成对他们的"专制"型管理。

三、有规则的竞争和友谊

家乐福超市货物按类别分区排列和管理的组织方式使得促销员之间必定存在着竞争，因为相同的产品在一起售卖，加上促销员底薪加提成的工资计算方式，相互之间必定会为了增加自己的销量出现摩擦和矛盾，但我发现这种竞争不是经济学中所讲的为了利益最大化而出现的你拉我抢似的恶性竞争，所有的促销员都必须遵守一定的规则，如果在这个规则之下互相竞争，这是可以被大家接受的，否则就会引起大家的反感和厌恶。

我刚去的时候完全不知道有什么规则，因为我是抱着做研究的心态做促销员，所以我不会跟任何人抢顾客和销量，我这种无所谓的态度倒是让我非常受欢迎，我和站在我对面的蓝月亮短促们关系非常好，会互相帮忙卖东西。一次有个顾客要买专门洗羽绒服的产品，家乐福里只有开米和绿伞两个厂家有这个产品，我自然就向顾客介绍了开米的羽绒洗，顾客同时也看到绿伞的产品，他觉得绿伞的羽绒洗量大而且价格比开米的便宜，所以倾向于要绿伞的东西，这个时候站在旁边的蓝月亮大学生兼职促销员帮着我回应了顾客的说法，她说"我的同学都用开米的羽绒洗，它是高度浓缩的，那个虽然瓶大，但一次倒半瓶，开米的一次倒一点，还是开米的划算"，这时候绿伞的长促大姐刚好过来了，听到这话，毫不客气地当着顾客的面就批评蓝月亮的兼职短促"你是新来的吧，懂不懂规矩啊，谁跟你说的倒半瓶啊，谁家的产品不好了啊，你不知道不准说别人家产品不好吗？顾客拿你家东西的时候你就介绍你的就行了，顾客拿了别人家的你就别再说话了，下次再看到你这样，你就别想干了"，蓝月亮的短促立马脸红了，我也被这些话给惊到了，原以为这样就没事了，没想到过了一会，绿伞的长促大姐把蓝月亮的管事长促闫姐叫到了我们那个通道，指着刚才帮我的蓝月亮短促，跟闫姐告状和抱怨，闫姐也无可奈何，只告诉蓝月亮的短促以后不能这样了，千万别说别人的东西不好。这个事情之后，我才知道促销员不能抢顾客，不能诋毁别人家的产品，顾客拿了谁家的东西，这家的促销员就可以介绍，一旦顾客放下了自己家的产品，促销员就应该停止介绍，否则就会被视为抢顾客，这样的行为为大家所不齿。

开米的长促安姐就是一个抢顾客然后被大家讨厌的例子。刚开始安姐对我很热情，也教了我很多东西，可后来我发现安姐做事着实有些不厚道，我本来在卖货上就是无所谓的人，可安姐每次一看到有顾客在向我询问产品的时候，就会马上跑过来积极跟顾客介绍，然后顾客就被她抢走了，这样的事情很多次之后我也有些反感了，后来蓝月亮的短促霍姐告诉我安姐不仅抢自己人的货还抢蓝月亮的。一次一个顾客已经决定要蓝月亮的产品了，安姐却跑上前去向顾客介绍开米的产品，虽然最后顾客还是买了蓝月亮的，但霍姐心里非常生气，从那以后，我看霍姐对安姐的态度都冷冷的，也没怎么再说过话，我发现自己的态度也发生了变化，从之前对安姐的尊敬到后来的冷淡，原来我也不能忍受这种抢顾客的竞争行为。

虽然违背竞争规则可能会导致促销员之间发生矛盾和冲突，但有规则的竞争则保证了促销员之间良好的关系，我发现平日里促销员之间维持着一种和谐友好的关系，除了竞争规则的保障外，以下几个因素对这种和谐友好的关系也起到了促进作用：

第一，维持和谐友好的关系有利于促销员顺利完成工作。长促做的大部分体力活都需要人帮忙，良好的关系使得他们随时都能找到乐意帮忙的人，对短促而言，在你离开货架的时候，如果与周围的促销员关系好，他们非常乐意帮你卖货。我和佳丽的婷婷关系很好，她去喝水休息的时候，我就会主动帮她卖货，反之也是一样，刚才提及的蓝月亮短促因为帮我卖货而被批评的例子也能说明与其他促销员维持良好的关系对于在卖场的工作有很大帮助。

第二，促销员的"圈内跳"和依靠圈内关系网络获取工作机会的现象成为促销员维持友好关系的动力。促销员们虽然会频繁变动工作，但基本上只是从一个厂家跳到另一个厂家，以寻求稍好一些的工资待遇，而"圈内跳"则依靠强大的促销员关系网络实现，因为厂家的用人需求常常是通过促销员去传播的。因此良好的关系意味着能获得更多的促销员工作信息，随着关系网络的不断扩大，促销员的跳槽成本也越来越低。开米档期促销招来的两个短促晶晶和小张，都是促销员关系网络力量的体现，晶晶之前在蓝月亮做促销员，蓝月亮的长促知道了开米的工作机会，就打电话告诉了晶晶，小张则是安姐以前在其他超市做促销时的同事，开米的工作机会就是安姐介绍给小张的。

第三，长促对长期短促和短促有一定的权威性，具有管理他们的权力，与长促保持友好关系有利于将管理关系私人化，弱化加诸在促销员身上的约束和限制。佳丽的婷婷与她家的长促黄姐关系非常好，婷婷经常主动帮黄姐拉货、上货、卖货，而黄姐也在自己能控制的范围内给婷婷很多好处，经常让婷婷出去休息，可以早下班，厂家的赠品婷婷可以随便拿，黄姐跟厂家汇报婷婷表现的时候也都是说好话和夸赞。这些从良好关系中获得的好处虽然对促销员的工作和生活不能发挥大的作用，但却能在一定程度上减轻促销员工作的辛苦和劳累。

第四，销售工作的特殊性决定了促销员在工作时间里不可能一直都处于卖货状态，尤其在周一到周四，顾客特别少的时候，促销员无法完全依赖工作来打发时间，而是通过与其他促销员聊天、一起活动等度过没有顾客的时间。工作场所不止是劳动场所，也是一个社交场所，劳动与社交会相互影响。一旦你与周围促销员的关系不好，没有人跟你吃饭、聊天、活动，没有顾客的时候一个人在卖场会非常无聊。

促销员之间既有竞争和矛盾也有友谊与合作，但这都是以遵循竞争规则为前提，促销员之间的竞争不是恶性竞争，是有规则的竞争，遵循竞争规则保证了促销员之间友谊与合作的产生。因此劳动者之间的关系有时是非常复杂的，以往研究中的团结、矛盾或分化的单一视角在解释日益复杂化的服务业劳动和非正规就业时略显不足。

四、与顾客的关系 ——情感劳动的缺失

Hochschild（1983）在她对于美国空服员的研究中，观察到空服员的主要工作内容是为乘客制造愉快舒适的情绪，而空服员的感情和情绪也因而被纳入公司管理控制的范围，空服员的情绪劳动可透过两种方式来达成：一是"表面功夫"（surface acting），劳动者掩饰其真实的情绪、伪装被资方要求的情绪，二是"行如所感"（deep acting），资方对情绪的管理操弄已经深层地改变劳动者自己的感觉。如果按照Hochschild的定义，我认为超市促销员所付出的情感劳动连"表明功夫"都没有达到，就我的观察而言，促销员在面对顾客时甚至连笑容都很少出现，有时甚至懒得搭理顾客提出的与自己所卖产品无关的问题，比如询问其他产品的价格、问路等。对情感劳动的忽略不仅仅是促销员们个体的行为，厂家和超市也基本上默认情感劳动是不需要的。

在我参加的开米厂家培训中，培训内容包括促销员的工作职责、企业文化、产品知识、产品陈列、促销方案、促销员薪资方案、报表填写等，没有涉及到任何情感服务内容，三个小时的培训基本上都是产品知识，似乎只要促销员把厂家的产品弄明白了，销量自然就上去了。促销员进入超市后如果愿意办理胸卡则需要接受家乐福的培训，而培训就是当着他们人事部职员的面背诵家乐福给你发的促销员职责卡片上的内容，一旦背诵通过，家乐福就给你发放胸卡，这就算通过了家乐福的培训，促销员职责卡片上的内容如下：

礼貌促销；参与卖场商品补货，促销陈列；协助检查商品保质；

商品和赠品捆扎；收孤儿单品；保持责任区域的清洁（含商品、货架、设备、地面）；协助盘点本公司商品；协助部门回收装订磁扣、磁盘；维护卖场设备及资产的安全；准时参加人力资源部安排的培训；课长交办事项

虽然第一项是礼貌促销，但仅仅背诵一遍，我想也不会有什么效果，更何况礼貌促销难以监督，即使违反了也不会受到惩罚，促销员自然没有动力去执行这条职责。虽然促销员自己、厂家和超市都如此地忽视情感劳动，但顾客对促销员的情感劳动却是有要求的，一旦促销员没有达到顾客要求的情感劳动底线，则可能出现顾客与促销员的矛盾，无论顾客是对是错，站在超市的角度，他们是不可能批评顾客而只可能惩罚促销员的。田野调查期间，我亲眼目睹了这样的事。

小马是蓝月亮的长期短促，她在我隔壁的洗衣液通道。我没有目睹整个经过，等我知道发生了这件事时，课长和督导已经赶到在处理事情了。蓝月亮厂家做促销，满一定金额就可以送小推车，一个顾客已经买足了额度，想直接把小推车带到收银台去，结完帐就可以拿走，小马脾气有些大，语气比较冲，她告诉顾客结完帐再回来拿小推车，不然被保安抓住会被认为是小偷，顾客不满她的语气和态度，要求小马向他道歉，小马不愿意，最后顾客把课长叫了过来。听说与顾客发生矛盾的事后，我就到了隔壁通道，目睹了之后的经过，顾客跟课长抱怨小马服务态度太差，说话难听，还指着小马旁边的一位促销员说，"这位态度就很好，还对着我们微笑，很有礼貌"。课长的调解没有效果，顾客纠缠了很久之后终于走了，走之前他要求家乐福开除小马。当然，最后小马没有被开除，但据说遭到了课长和督导的严厉批评，之后的几天见到她，她都有些闷闷不乐。

厂家和超市对促销员情感劳动培训的缺失，顾客对促销员情感劳动的需求，缺失与需求在面对面的互动中最终产生矛盾和冲突，但冲突的矛头永远不可能指向超市和厂家，只会指向促销员，一旦与顾客发生矛盾，促销员不仅要忍受顾客的谴责和投诉，还要承担超市的批评和责罚，因此，虽然不是所有服务行业都要求劳动者进行情感劳动，但许多服务行业的顾客却对劳动者的情感劳动有需求，要求与需

求的不平衡就会产生矛盾。

反观厂家和超市对促销员情感劳动培训的缺失，大致有以下原因。首先是促销员较高的流动性，对厂家和超市而言，对促销员过多的培训是一种巨大的浪费；其次是顾客较高的容忍度，超市本身就没有向顾客承诺良好的服务，顾客对超市的需求也是在方便和廉价购物上，导致顾客对情感劳动缺失的状况容忍度较高；最后，超市属于大众卖场，提供的多为日常用品，顾客的购物方式为自选，使得顾客对促销员劳动的需求不高，情感劳动的有无对厂商和超市而言没有造成利益的受损，自然没有动力去培训促销员。

第六章　促销员的行动选择

面对高度灵活缺乏保障的工作、来自多方的监督和管理、低微的薪水和辛苦的劳动、潜在的与顾客的矛盾等，促销员通过哪些策略来保障自身利益，使得促销员这种非正规就业得以继续下去，我将呈现超市促销员面对非正规就业的种种不确定所作出的三种行动选择。

一、利用不平衡的权力关系反抗监控

一般而言，劳动者相对资本都是弱势的，这在只有一个资方的情况下基本都是适用的，可是在促销员的劳动中涉及到了厂家和超市两个资方，厂家和超市权力关系的不平等恰恰为促销员的反抗提供了机会，促销员可以联合厂家或超市中的一方以抵抗来自另一方的监督和管理。

在田野期间，其他厂家的督导我几乎没怎么见到过，但蓝月亮的督导从周一到周日，几乎天天到超市，她不仅给蓝月亮的促销员规定每天的销量，还跟她们站在一起卖货，每隔三个小时检查一下每个人的销量，蓝月亮的促销员告诉我只要督导在，她们连喝水休息上厕所的时间都很少，她一来大家都非常累。我以为这种状况会一直延续，没想到一个周六的上午，我目睹了一场促销员联合课长、课长助理赶走督导的事情。蓝月亮的芸姐去库房拉了很多货堆到了通道里，课长助理过来看到之后就开始骂，还跟蓝月亮的督导说今天都不准蓝月亮去库房拉货和上货，让蓝月亮促销员滚蛋，说话间还不停地用脚踹推车。刚开始我不明白，因为平时拉货堆在通道的现象非常普遍，课长助理平时没有因为这个事情发火的，在蓝月亮的督导离开超市后，蓝月亮的闫姐、开米的李姐等长促跑到课长助理前称做得好并要请课长助理吃饭。这一天，蓝月亮的所有促销员都非常开心，原来课长助理根本不是对促销员发火，他就是对督导发火，而且是长促们打电话让课长助理过来把她赶走的，这下我才明白为什么长促大姐们要请课长助理吃饭了。之后的几天蓝月亮的督导都没敢来，有一天上班的时候听蓝月亮的促销员说督导又来了，不一会课长助理出现了，李姐赶紧向他报告了情况，不久就听到他骂蓝月亮督导的声音，蓝月亮的督导又被赶走了。在这次对督导的斗争中，促销员们算是取得了胜利，重新夺回了自己卖货的自主权和独立性，促销员们之所以要发起这场反抗，主要原因是蓝月亮的督导触犯了他们的利益：一是督导在超市严格监督促销员的卖货行为，导致促销员丧失了平时的自由和卖货的自主性；二是蓝月亮给自己的促销员规定销售任务，意味着就抢了其他厂家促销员的销量，顾客固定这么多，蓝月亮多卖了，其他促销员的销量就受影响了，所以她也遭到了其他厂家促销员的怨恨；三是销售区域毕竟是超市的管辖区，在卖场里，超市才拥有对促销员最大的管理权，所以她的出现危害到了课长和课长助理的权威。如前所述，厂家对促销员的管理是"霸权型"的管理方式，需要获得促销员的共识与合作来实现销量，促销员们也认同了厂家的这种管理方式，一旦督导试图破坏"霸权型"的管理，而使用更加强制和专制的手段来管理促销员，就会引起他们的反抗，以往的研究认为霸权体制会瓦解工人的抵抗能力，但就促销员来看，厂家的霸权管理方式却并没有瓦解掉他们的抵抗能力，当然这需要获得超市管理人员的支持。

但遗憾的是，因为超市处于更加强势的地位，促销员对超市的依赖性也更强，因此虽然当面对超市严格的管理和监督时，他们可以依靠厂家的力量与超市进行博弈，但超市的强势使得这种反抗不会取得任何效果。在我田野的最后一周，刚好遇到家乐福检查促销员胸卡的事情，每个厂家都为自己的促销员交纳了办理家乐福胸卡的费用，但因为程序繁琐，所以许多促销员都没有办理家乐福的胸卡，我刚刚上班十几分钟，就被课长给赶了出来。无奈之下，我和蓝月亮的几个促销员就出了超市，小马给他们家的长促闫姐打了电话，闫姐让我们过一会就回超市，注意点保安就行，她已经告诉督导了，让她来解决。下午蓝月亮的督导就来了，是来解决胸卡问题的，她告诉蓝月亮的促销员已经跟超市沟通了，结果还是必须办胸卡，而且就这两三天内，促销员们有些失望，但没有办法，都张罗着准备办卡材料去了。

因此，当面对不止一个资方的时候，且不同资方的权力关系不平等，在某些方面还存在着利益矛盾时，劳动者就拥有了利用这种不平等的权力关系反抗资方监督和管理的机会，但面对权力最强大的资方，劳动者仍然只能接受加诸在自己身上的约束和监督。这种反抗不是全面的，而是部分的、策略性的。

二、做"兼职"提高收入

长期短促和短促因为诸多原因不愿做长促，其中一个是短促的收入并不比长促低。如果是这样，我相信会没有人选择做长促，但通过田野调查，我发现长促们每个月的收入并不低，他们早已经想出了一种利用超市独特的工作空间和组织方式最大化自己收入的策略——做"兼职"。

长促的工作职责主要是帮助厂家订货、拉货、上货、埋货等，只要不同厂家的货物在同一个促销员可及的空间内，那么一个长促往往可以胜任好几个厂家的这些工作，超市货物按类别放置的组织形式给了长促兼职的机会。我所在的销售区域，长促兼职好几家的现象非常普遍，我常常看到同一个长促在上不同厂家的货，对长促来说，如果能够兼职几家，即使每个月没有销量，只靠这几个厂家的底薪也能达到很高的收入，这样一来，长促销量的压力不仅没有了，还能获得更高的收入，难怪这种兼职现象如此普遍。虽然普遍，但却必须悄悄地进行，因为厂家是禁止兼职的，不同厂家的产品存在竞争，如果兼职，那么长促卖谁的产品都有钱拿，就失去了厂家聘用促销员推销自己产品的目的，所以一旦厂家的督导来超市巡查，这个厂家的长促就不敢去接她兼职的厂家的货，也不敢卖兼职厂家的货，以向督导表明自己没有兼职。超市对兼职现象原则上也是禁止的，但因为货物都在超市里，顾客无论买哪个厂家的货超市都会获利，所以超市不仅没有动力去禁止长促的兼职现象，反而还从长促兼职中获利，因为长促兼职虽然能瞒住不在场的厂家，但根本瞒不住课长和课长助理，在订货、拉货、上货等所有环节几乎都有课长和课长助理的介入，因此长促兼职都得到了课长和课长助理的默许，但长促每兼一个厂家需要每个月给课长和课长助理一定的费用，这样课长和课长助理才会替长促保守秘密，不告诉厂家。在这个过程中，超市管理人员从中获益最多，促销员其次，厂家的利益受到了损害，因此，当存在多个资方的时候，最弱势和利益最易受损的不一定是劳动者，也有可能是某一个资方。

闫姐是蓝月亮的长促，同时兼着开米的长促，两份底薪加上一定的提成（短促的销量都归长促），使闫姐过得不错。我曾经在访谈蓝月亮督导时问过她是否知道有长促兼职的现象，她告诉我有这种现象，但马上跟我说，"蓝月亮的管理和制度非常严格，厂家绝不允许这种兼职现象存在，蓝月亮的长促不敢做兼职"。这是所有促销员共同的秘密，我自然也不能跟蓝月亮的督导说，但是在促销员和超市的合谋下，厂家被欺骗了。

三、促销员对超市规则的违背

虽然促销员在超市里处于重重的监督和管理之下，但仍然能找到办法成功违背规则来获得在超市工作和做促销员的利益。

在超市工作，自然最大的好处之一就是清楚知道促销、打折信息，可以购买到便宜实惠的商品，但超市不允许促销员在上班时间购物，而下班之后很多打折促销品很可能已经卖完了，所以促销员们都会在上班时间将超市的促销品提前拿好，藏在货架里，等下班之后再从货架里取出付款带回家。小静是蓝月亮的短促，我几乎每周末都会看到她在上班时间里买东西，她说超市每天都有打折的东西，要是下班之后再去买可能就没有了，只要不被发现，上班的时候买东西没问题。确实，一个月多的田野里我看到很多促销员悄悄在上班时间买东西，他们隐藏得很好，都没有被超市发现。

做促销员的一大好处就是可以经常免费获得不同厂家的赠品。厂家经常会有促销活动，会对购买产品的顾客送赠品，因为赠品的条码在超市的收银台没有记录，所以可以直接带出超市，但如果被超市发现就会被认为是偷拿东西，会被超市清出场。即使有这么严格的规定，促销员们还是能把自己想要的赠品带出去。婷婷一次给了我五瓶佳丽的赠品空气清新剂，因为瓶子比较小，我直接装在裤兜里就带出去了。对于一些比较大的赠品，就需要其他方法了。立白的丽丽姐想将赠品拖把带回家，但拖把比较大和显眼，直接拿出去会被超市发现，小静刚好买了超市的促销品要去结账，丽丽姐就让小静结账的时候顺便把拖把带了出去。

除此之外，促销员们会互相合作和帮助以逃脱超市的检查和处罚。在超市检查促销员胸卡的那段时间，没有胸卡的促销员一旦被发现将罚款500，但胸卡一时半会也办不好，在还没办好胸卡而超市又在严格检查的那些天，促销员们相互帮助，一旦保安过来检查，站在前面的促销员就会马上通知后面的人，大家就能躲起来以逃过检查。

促销员对超市规则的违背是以促销员之间一致的利益诉求为基础的，因为单靠促销员个体要违背规则获取利益并逃脱惩罚是非常困难的，正是在一致利益诉求下不同个体的相互帮助和保护使得对超市规则的违背得以实现，在超市促销员那里，团结的基础是一致的利益。

第七章　结论与讨论

随着服务业的迅速发展，非正规就业作为一种灵活就业方式也迅速在服务行业中流行开来。本文以服务业中的超市零售业为行业背景，以中关村家乐福为例，研究家乐福超市里的促销员劳动，以此揭示非正规就业的现状和其可能性。超市促销员特殊的多重雇主和劳动派遣用工方式将他们与其他的服务业劳动者区别开来，这种用工方式将传统的服务业资方—劳动者—顾客的三角关系扩展到四角关系厂商—超市—促销员—顾客，服务业劳动主体的扩展也使得超市促销员形成了独特的劳动特点和劳动关系，也产生了特殊的反抗策略和行动。这些独特性使得本研究在以往服务业和非正规就业研究的基础上得出了一些有创新性的结论：

（1）非正规就业并不一定是一种被迫无奈的选择，当非正规就业与劳动者的利益一致时，劳动者会自愿选择非正规就业，这种看似自愿的行为也是劳动者理性选择的结果。超市促销员可选的职业机会少，加上赚钱和女性的家庭责任这样的利益倾向，最终导致超市促销员一种自愿选择非正规就业的现象。但是当劳动者只能牺牲工作的稳定性和保障，通过选择灵活和非正规就业来实现自身利益，获得生存资料时，对于劳动者权益的保护会更加困难，而这就是市场化改革逐渐深化的当今中国将要面临的严重问题，面对无情的市场，国家和社会力量的缺失，劳动者试图通过个体的力量来应对市场的最终结果就是逐渐牺牲掉劳动的稳定性和保障。非正规和灵活就业的普遍化趋势迫切需要国家和社会力量的回归。

（2）"霸权"与"专制"不是两种截然分开的劳动体制，在同一类劳动者身上也会出现二者相结合的管理方式；超市促销员面对着厂家和超市两个雇主，促销员在获得劳动力再生产所需的资料上对厂家和超市的依赖程度不同，从而导致了厂家和超市对促销员不同的管理方式，由此出现了"霸权"与"专制"的结合。

（3）竞争不仅仅只会产生矛盾和冲突，有规则的竞争会产生合作与友谊；超市独特的工作空间使得不同厂家的促销员在同一个空间劳动，销量的压力并没有使他们形成恶性竞争，遵循规则的竞争保障了促销员之间友好关系的产生，这种友好关系也符合促销员的利益选择。

（4）劳动者所在的组织环境和劳动空间将影响他们的行为、决策和策略；超市促销员劳动派遣的用工方式和超市独特的货物组织方式及劳动空间极大地影响了促销员的劳动行为，如厂家和超市对促销员不同的管理方式，促销员之间有规则的竞争和友谊，促销员通过做"兼职"提高收入，对超市规则的违背等。

（5）劳动者并非总是最弱势的，资方也并非总是强势的，面对多于一个的资方时，资方之间不平衡的权力关系会提高劳动者的地位，赋予劳动者反抗的资源和可能性。超市相对于厂家而言处于更加强势的地位，这种不平等的权力关系赋予了促销员反抗的空间，他们可以通过联合一个资方来反抗另一个资方，但这种反抗是不全面的，当面对权力最强的超市时，与厂家的联合反抗几乎没有效果，促销员还是只能接受加诸在自己身上的限制。

当然，以上结论只是在中关村家乐福一家超市调查所得出的结论，田野研究虽然能得到深入、理解性、过程性的定性研究材料，但在结论的普遍性和推论性上有着很大缺陷。在田野调查中，确实有促销员告诉我，不同的超市之间在管理方法、货物陈列方式、顾客类型等方面都有差异，比如蓝月亮的督导就告诉我欧尚超市不招河南籍的促销员。我想如果我选择了其他超市，或许研究重点和研究结论也会有所差异，囿于时间原因，我无法做不同超市之间的比较研究，希望这项关于家乐福超市促销员的研究能成为今后进一步比较研究的基础。

参考文献

布雷弗曼，1979，劳动与垄断资本：二十世纪中劳动的退化，商务印书馆

布洛维，2008，制造同意：垄断资本主义劳动过程的变迁，商务印书馆

布洛维，2007，公共社会学，社会科学文献出版社

曹跃群，2004，中国服务业发展的现状及对策研究，重庆大学硕士学位论文

陈广，2007，家乐福内幕，海天出版社

何明洁，2009，劳动与姐妹分化——'和记'生产政体个案研究"，《社会

学研究》，第2期

霍奇斯柴德，1992，情绪管理的探索，台湾桂冠图书股份有限公司

李飞 王高，2006，中国零售业发展历程1981—2005，社会科学文献出版社

李少民 何小峰 游汉明，2000，中国工商经营，北京大学出版社

李洁，2005，重返生产的核心，《社会学研究》，第5期

刘爱玉，2003，国有企业制度变革过程中工人的行动选择———一项关于无集
　　体行动的经验研究，《社会学研究》，第6期

蓝佩嘉，1998，销售女体，女体劳动：百货专柜化妆品女销售员的身体劳
　　动，《台湾社会学研究》，第2期

李军峰，2005，中国非正规就业研究，河南人民出版社

卢晖临 李雪，2007，如何走出个案——从个案研究到扩展个案研究，《中国
　　社会科学》，第1期

潘毅 卢晖临 张慧鹏，2010，阶级的形成：建筑工地上的劳动控制与建筑工人
　　的集体抗争，《开放时代》，第5期

潘毅，1999，开创一种抗争的次文体：工厂里一位女工的尖叫、梦魇和叛
　　离，《社会学研究》，第5期

钱小华，1998，我国第三产业发展现状及对策，《黑龙江对外经贸》，第170
　　期

阮云星，2007，民族志与社会科学方法论，《浙江社会科学》，第2期

沈原，2007.市场、阶级与社会，社会科学文献出版社

石美遐，2007，非正规就业劳动关系研究，中国劳动社会保障出版社

佟新，2009，性别、阶级和流动——以小型餐饮业为例的研究，，《江苏社
　　会科学》，第3期

许宪春，2004，中国服务业核算及其存在的问题研究，《经济研究》，第3期

于潇，2008，服务业：现状、国际比较、对策及展望，《经济研究导刊》，
　　第9期

杨郑君，2011，从政治经济学视角看劳务派遣的发展历史，《文化商业》，
　　第1期

张丽宾，2005，对劳务派遣发展现状的研究，《中国劳动》，第6期

中国劳动和社会保障部劳动科学研究所课题组，2005，中国灵活就业基本问
　　题研究，《经济研究参考》，第45期

Burawoy, Michael,1985,The politics of production: factory regimes under capitalism and socialism. London: Verso

Burawoy,Michael&Lukacs,Janos,1992,The Radiant Past. Chicago: University of Chicago Press

Goodwin,Cathy,1996, Communality as a Dimension of Service Relationship. Journal of Consumer Psychology

Hanser,Amy, 2008, Service encounter: Class, Gender, and the Market for Social Distinction in Urban China. Stanford California: Standford University Press

Kalleberg Arne L.,2009,Precarious Work, Insecure Workers: Employment Relations in Transition.American Sociological Review

Lee,Ching Kwan,2007,Working in China: Ethnographies of labor and workplace transformation. USA and Canada: Routledge

——,2007,Against the law: labor protest in China's rustbelt and sunbelt. Berkeley: University of California Press

——,1995,Engendering the Worlds of Labor: Women Workers, Labor Markets and Production Politics in the South China Economic Miracle. American Sociological Review

Sherman,Rachel,2007, Class acts: Service and Inequality in luxury hotels. University of California Press

Timo,Hils,2001,The Flexibilization of Labor In the Australian Hotel Industry. Sociology of Work

白沟箱包产业集群的个案研究

廖炳光　清华大学社会学系2009级
指导教师　沈原

第一章　引言：无处不在的集群经济

本文的田野调查地点——白沟镇位于华北地区的河北省北部，处于北京、天津和保定三个城市围成的区域的中心。改革开放以来，白沟的箱包产业发展非常迅速，以家户工厂为载体的箱包产业遍布白沟及其附近地区。与此同时，具有一定规模的箱包工厂及其品牌也在白沟地区兴起。90年代以来，白沟本地市场的箱包交易活动也非常繁荣，白沟镇的箱包市场已成为全国最大的箱包专业市场之一，同时也是北方地区最大的小商品集散中心，与浙江的义乌一南一北，遥相呼应。如果把白沟地区单独划成一个特区，其经济特征可以概括为一个出口导向的工业区加上一个自由市场。出口的范围从周边的区县，一直延伸到外省和国外。同时本地市场上交易着各种箱包、服装、小商品，这些商品大多由白沟本地及其周边区县生产，或者从南方运来，北方其它地区的商贩（主要是华北和东北）来此进货，再倒卖到自己的家乡。在规模巨大的箱包产业集群和影响力、辐射面积巨大的专业市场背后，是千千万万个小规模的家户工厂的持续的生产活动及其与各地经销商之间的交易活动。

值得注意的是，白沟箱包集群的兴起是在不具备任何经济学区位优势的前提下完成的。经过改革开放近三十年的发展，白沟箱包集群逐渐成长为北方地区最大的箱包产业集群和专业市场所在地，同时也是北方地区最大的小商品集散地，有"北方小义乌"之称。事实上，除了白沟箱包集群，河北省内还有著名的容城服装集群、清河羊绒集群、辛集的人造革集群等产业集群。而白沟的箱包产业集群就是河北三个规模最大的产业集群之一，在全国的箱包产业中的地位也非常重要，几乎占到全国箱包产量的1/3和交易量的1/2，是长江以北最大的箱包生产基地和交易市场。

在空间上，产业集群从改革之初的沿海少数地区向全国扩张，并且在当地经济中占有重要的分量。浙江省目前已形成了成百上千个专业村、专业镇，其中，产值超亿元的就有500多个，大约占了浙江工业产值的一半。广东省各种产业的集聚现象也十分明显，据初步估计，在240多个建制镇中传统产业领域已形成一定规模的专业镇就接近60个。此外，苏南地区的IT产业、晋江的制鞋业、山东寿光的蔬菜、河北清河的羊绒和北京中关村的信息产业等都形成了发展良好的产业集群（吴利学等，2009）。

从时间上来看早在民国时期，华北平原就有不少的专业县，例如以纺纱闻名的高阳县。与集群经济同时兴起的乡镇企业已经几乎退出了历史的舞台，而产业集群仍然在地方经济中扮演着重要的角色。产业集群的主要成分是个体企业，由小规模的分散化的个体家庭企业通过地缘上的集中来形成产业集群。当乡镇企业已经日渐式微时，农村的个体私营和股份制企业却在一步步壮大，相应的产业集群也在不断发展壮大。在个体私营企业最发达的浙江和广东，产业集群也最发达。

此前对于白沟箱包产业集群的研究主要从两个视角展开，一个是劳工研究的视角，另一个是市场结构的视角。在劳工研究方面，童根兴（2005）发现在工业化进程中，工业生产的普及并不必然导致阶级的产生和形成，白沟的"家户工"的反抗意识和动力被既有的社会网络所削减，工人最终选择服从父权制的合法控制体系。闻翔（2008）的研究进一步发现工人的籍贯分化以及族群关系对劳资关系有着双重影响：一方面，资本会有意识地利用族群形成工人的分化，从而降低控制成本；另一方面工人也会利用族群形成彼此之间的团结乃至集体行动。胡丽娜（2007）发现白沟的农民工面临着两大困境：由于人际网络化的劳动力市场、人格化的交易、家庭式的劳动生产过程以及家长式的治理模式，工人们处于既无法产业工人化，也无法市民化的境地。为此该研究通过以白沟镇农民工夜校为载体来尝试通过"社会学强干预"的方法来为工人赋权，探索工人自我解放的途径。

在市场结构方面，沈原（2007）提出传统商民、集体农民和地方干部三个社会群体之间的社会互动是白沟箱包集群得以兴起的重要原因；同时，政府官员和商民在解决纠纷过程中的互动也是构成市场的社会规范的基础。李凝紫（2010）则通过怀特（H. White）的生产者市场的理论将白沟的市场结构模型化，提出白沟的箱包市场是一个"生产者相互观察"的市场，但是生产者在市场中的自我定位却受到一系列的正式和非正式的社会规则的影响。陈秋虹（2011）通过对白沟箱包业家庭工厂的细致研究，发现规模较小的核心家庭在生产过程中承担了非常多的经济功能，乡村工业化的外部条件、家厂合一的经营模式、邻里之间的相互协作以及小农家庭"求稳定"的社会心态等条件共同支撑了家庭的经济功能在生产过程中的发挥。

在以上研究的基础上，本文将"白沟现象"理解为一个产业集群形成和发展的过程，因为其具备产业集群的几个基本特征：（1）产业在空间上的聚集；（2）白沟的箱包业符合区域经济学关于聚集经济的"空间外部性"的界定，即具有一定规模的集群内存在的共享、匹配和学习的机制为集群内的所有企业带来了成本的降低和生产率的提高。1978年以来，白沟从一个经济落后的农业区发展成为中国北方地区最大的箱包集群。白沟箱包集群的形成不具备区域经济学提出的各种区位优势（人力资本、原料、交通等）。既然空间区位在白沟箱包集群的兴起中扮演的角色并不重要，那么其它方面的制度、经济和社会等因素在白沟集群兴起过程中又扮演了什么的角色呢？这就是本文要回答的问题。

第二章　社会科学视野下的集群经济

　　人类经济活动向区域集中的现象由来已久。早在大机器工业兴起之前的18世纪初期，英国传统毛纺业的家庭手工工场主要集中在约克郡等三个地区（保尔·芒图，2009，34）。工业革命以来，大型企业的规模扩张以及廉价而且便利的运输条件促进了主要工业国的重工业企业的集中化。到了19世纪中期，西欧的主要工业区包括法国的东北部、德国的鲁尔区、英国的东北部和西北部，这些地区都是各国重要的钢铁和冶金工业基地。美国的东北部、俄国的圣彼得堡、波罗的海沿岸以及中央工业区也分别成为它们各自最重要和集聚程度最高的产业区（哈巴库克和波斯坦，2002，432—433）。二战以后，在全球化和区域经济整合的背景下，发达国家和发展中国家的产业集群都获得了快速的发展。其中，意大利东北部和中部以及美国的硅谷高新技术产业集群成为战后发达国家新产业区的代表。在发展中国家，产业集群成为众多政府发展本国经济的重要手段，并在一些国家的经济起飞过程中发挥了重要推动作用，例如印度南部泰米尔纳德邦的针织产业集群、班加罗尔的软件产业集群、墨西哥的电子工业集群以及尼日利亚内维的汽车零部件产业集群等（刘长全等，2009，3）。

一、区域经济学

　　早期的区位理论认为产业聚集带来的最大优势在于为企业节约生产和运输成本。马歇尔最早对"外部经济"的现象做出了解释，他认为"外部经济"是由许多性质相似、在生产的各个阶段形成专业分工的小企业集中在特定的工业区形成的；产业区内的企业可以共享专门人才、专门机械、原材料提供、运输便利以及技术扩散等便利条件，从而带来外部规模经济的高效率和社会层面规模报酬递增（马歇尔，1964，278—294）。

后来的区域经济学将马歇尔提出的外部性分为三类：（1）市场规模扩大带来的中间投入品的规模效应；（2）劳动力市场规模效应；（3）信息交换和技术扩散。前两者称为货币外部性（pecuniary externalities），它通过投入的共享和运输成本的节约带来了企业产品生产成本的下降。后者称为技术性外部性，是指技术和知识的溢出会随着地理距离的增加而发生衰减，产业的空间集聚区域企业生产效率的提高（陈建锋，唐振鹏，2002，24；孙海鸣，2011，35）。

作为德国古典区位理论的奠基人之一，韦伯（Alfred Weber）关注的是聚集如何使企业的成本得以降低。他认为集聚使得单位产品成本获得附加节约，这种节约是由特定的集中化规模产生的。韦伯还指出影响聚集（agglomeration）的一般因素包括技术设备的专业化、劳动力组织的发展以及整体经济组织良好的适用性，这些因素共同导致了"一般经常性开支成本"的降低（韦伯，2010，131—135）。古典区位理论在Weber之后最大的进展在于将经济学的一般均衡理论引入对集群的分析，并且提出区位问题实际上是厂商权衡运输成本和生产成本而做出的选择，这与厂商在其它方面的成本最小化和利润最大化的努力没有差别（梁琦，2005）。

二、空间经济学

在马歇尔之后，空间经济学（新经济地理学）的代表人物克鲁格曼从理论上证明了工业活动倾向于空间聚集的一般性趋势，他认为产业集群是由企业的规模报酬递增、运输成本和生产要素的自由流动通过市场传导的相互作用而产生的。克鲁格曼则通过"中心—外围"的经济地理模型来说明运输成本和关联效应对集群形成起到的作用。他提出在规模报酬递增和不完全竞争的市场结构的前提下，规模报酬递增的工业生产活动最终会导致聚集，并且形成制造业"中心"和农业"外围"的结构（Krugman，1991）。他和合作者在《空间经济学》中进一步指出较低的运输成本、较大的规模经济（制造业产品的差异化）以及较大的制造业份额是集群形成的三个条件。其中，中等水平的运输成本最有利于集聚发生，而且处于中等水平的运输成本会使企业间的前后向联系最为紧密；较大的制造业份额意味着较大的前后向的关联效应，其带来的金融外部性是集聚的驱动力。较低的运输成本和关联效应反过来又强化了经济地理的中心—外围结构（梁琦，2005）。

此外，Duranton 和Puga（2004）提出共享（sharing）、配置（matching）和学习（learning）是集聚经济形成的三种微观机制。其中，共享的机制包括共享中间品投入、劳动力的专业化分工、风险分担；配置的机制包括改善配置质量和提高配置机会；学习机制则包括知识的产生、信息和知识的溢出、知识的积累和动态外部性。"空间外部性"的三种机制——共享、配置和学习——能够帮助集群内的企业降低运营成本。在规模收益递增和存在运输成本的情况下，同类或相关产业彼此临近，可以共享中间品投入、劳动力市场和公共基础设施，从而获得来自中间产品、劳动力和公共基础设施成本降低而产生的外部性。另外，企业的空间接近还可以最大限度节省产品销售到消费者或者下游企业从上游企业购买中间品投入时的运输成本（孙海鸣，2011，34—36）。

三、国家竞争优势理论

与区域经济学和空间经济学的关注点有所不同，波特的集群理论主要关注集群带来的产品创新和差异性方面的优势。在波特看来，竞争不仅是成本竞争，也是产品的差别化竞争。集群（cluster）的一个重要作用就是促进创新率的提高和创新的成功。集群的这种积极的影响体现：（1）集群内的企业更容易接触到消费者的需求和倾向以及市场状况；（2）现场参观的便利和频繁的面对面联系有助于集群内的企业更早地了解到演进中的技术、零部件和机械的可用性，服务和营销概念等；（3）集群内的企业更有可能获得创新过程所需要的要素，同时供应商和合作伙伴的参与能够确保创新成果与客户需求一致（波特，2000）。

根据波特的观察，从20世纪80年代初期开始，国际需求正从标准化、大量生产的产品转向更讲究客户需要、高格调、高质量的产品，在生产技术上则由固定模式、重视规模的生产流程转为小量、更有弹性的作业方式。意大利的产业竞争优势也随之从廉价劳动力转移到有细分的产业环节、产品差异与流程的创新上。意大利企业大多着眼于高度专业化的产业环节，并且以推出新产品维持竞争力。在企业维持和发展创新能力的过程中，家族经营和地理集中性为专业知识和技术的传递提供了环境（波特，2002，403）。

此外，意大利产业集群的地理集中性非常明显，一种产业的上百家企业齐聚同一城镇的现象非常常见。地理集中性的形成也有利于产业知识的积累和传播速度，企业在地理上的接近有利于信息积累、传递与扩散。在较小的地理范围内可以面对面地交流信息，这对技术创新十分重要。而在此地理范围之外，信息漏出较慢，扩散有限（王缉慈，2001，121—123）。他认为对产业而言，地理集中性就好像一个磁场，会把高级人才和其他关键要素吸引进来。地理集中性也会使产业集中的过程与产业集群内部的互动更完善，使得各个关键要素的功能充分发挥，使钻石体系[①]成为一个活的系统（波特，2002，148）。

四、新产业区理论

70年代的石油危机使西方国家经济普遍陷入困境，但这一时期"第三意大利"地区的中小企业却逆流而上，出口几乎没有受到影响。这种现象引起了一代经济学家和社会学家的关注。早在1982年，布鲁斯科（Brusco，1982）就提出"艾米利亚"模式的概念来概括中小企业集聚和专业分工、生产所产生的区域经济发展模式。根据他的观察，在产业区的地方生产系统中，仅有少数企业生产最终产品，多数企业从事中间产品生产，企业间的合作依据产品生产的不同环节逐步展开。

通过对比发达国家其它产业集群的特征和表现，皮埃尔和萨博（Piore & Sabel，1984）将"艾米利亚"模式扩展为"弹性专精化"

---

① 波特认为影响着一国产业的国际竞争力的"钻石模型"由六个要素构成：（1）生产要素；（2）需求条件；（3）相关和支持性产业的表现；（4）企业的战略、结构和竞争对手；（5）机会；（6）政府。其中前四个是固定要素，后两个要素是变数。（波特，2002，前言）。

的生产模式。他们认为"弹性专精化"的生产模式从20世纪70年代以来在发达国家开始取代大批量、标准化的生产模式。在他们看来，产业区内数量众多的中小企业生产高度专业化，通过上下游企业间的分工协作，使下游企业获得灵活多样、具有成本优势的产品组合，实现所谓的"弹性专精"生产方式。从产品的生产结构考察，在垂直方向上，存在着处于不同生产阶段的企业间的合作供应关系，强调的是企业间的分工、协作。在该产品同一生产阶段的水平方向上，则存在着不同供应企业，这些企业之间进行着激烈的竞争（王传英，2005，37）。企业的高度专业化和纵向协作关系能够帮助企业在日常生产中获得高度灵活性。企业可以利用生产分包制带来的优势，在产品需求发生变化时及时对产量进行调整。此外，企业还可以根据实际市场需求，通过调整承包商的结构，使产品生产出现差异化。

新产业区内小企业之间的协作是新产区最重要的特征之一。新产业区内弹性专精的生产方式和组织结构以及弹性劳动力，可以对不稳定、不确定的外部环境作出快速的反映。在市场和供给高度不确定的条件下，弹性专精的中小企业能够快速转变产品，在短期内调节产品的浮动，从而应付不断变化的市场需求。新产业区的灵活性取决于企业间的协作，即发包商和下游承包商之间为了及时、定量地生产高质量的产品而进行的互补行为，也包括竞争对手之间为了创造外部规模经济而进行的合作（王缉慈，2001，129—140）。

总之，产业集群与产业竞争力之间有着密切的关系：就同类产品而言，采取产业聚集方式的地方的竞争力显著强于没有采取这种方式的地方（刘世锦，2006）。虽然马歇尔的"外部经济"思想在总结产业集群的竞争优势上仍然有一定的局限性，但是其仍然是很多后续研究的理论源泉。其中，将产业集群作为重点研究领域的区域经济学和空间经济学主要关注集群内部成本的降低和生产率的提高；而波特的集群理论和新产业区理论一方面关注集群中信息传递和技术扩散带来的单个企业创新能力的提高，同时也强调企业之间纵向价值链上的密切协作导致的弹性生产体制和产品的多样化。马歇尔、克鲁格曼和波特的产业集群理论有一个共同的基础，即空间因素在产业集群的形成中起到了主要作用。而新产业区理论则强调产业区内协作的重要性，尤其对于产品的多样化和产量的灵活调节的重要作用。总结这些理论可以发现，较低的成本、产品创新的能力以及生产的灵活性共同构成了产业集群的竞争优势（见表2—1）

表2—1　　　　　　　　　产业集群的竞争优势

理论	产业集群的特征或竞争优势
区域经济学	（1）市场规模扩大带来的中间投入品的规模效应；（2）劳动力市场规模效应；（3）信息交换和技术扩散。
空间经济学	共享中间品投入、劳动力的专业化分工、风险分担；改善配置质量和提高配置机会；知识的产生、信息和知识的溢出、知识的积累和动态外部性。
竞争优势理论	提高生产效率、提高专业化生产的程度、产品多样化、传播专业化知识
新产业区理论	产品多样化、定制化生产、产量的灵活条件

第三章　社会网络与集群经济

一、社会学的网络理论

社会学家对于网络的研究分为两种思路，一种是以格兰诺维特的思路为代表，强调网络作为结构对人的自主性的限制和对人们行为的塑造，更多地强调从网络地位到个人行为这一因果关系；另一种思路则以伯特（R. Burt）为代表，强调以个人为出发点，将网络作为一种工具性机制来研究，更多地强调从个人行为到网络关系到回报这一因果关系（周雪光，2003，119、123）。前者强调网络作为一种正式的治理结构的整体的特征、功能和独有的运作规律，而后者侧重分析网络在很多经济过程中带来的绩效，如资源摄取、机会的获得以及占据竞争优势。

在格兰诺维特提出"嵌入性"的概念后，大量研究证明了"社会网络嵌入性"对经济活动的影响。组织间的网络关系既能帮助企业获得信息和资源，加快产业和技术更新的速度。很多研究都暗示了不同组织之间紧密的互动能导致新的改革和知识。此外，组织间的网络也有助于提高生产力和便于引进新的生产方式。在意大利的中小企业集群中，制造商和工艺生产商之间的长期关系导致了一种能使时装保持竞争性价格的存活战略。日本领航企业依赖于与供应商之间的广泛互动来避免在最低竞价上的讨价还价和在小瑕疵上的冲突（Powell，1990）。而Uzzi在对纽约服装市场和小规模信贷市场的研究发现"嵌入性"的社会关系在市场交易中能起到信息传递、合作性整合、共同提出解决困难的方案等功能（Uzzi，1996）。

社会学家鲍威尔（W. Powell）则更进一步，明确地提出了网络的治理机制不同于市场和科层制的治理逻辑。鲍威尔（Powell，1990）在"既非市场也非科层制"一文中指出网络不是像威廉姆森（O. Williamson）解释的那样是位于组织的连续统一体中间的一种形式，而是独立于市场和等级制意外的第三种经济组织形态，其有着自身的独特逻辑和协调经济活动的显著形式。网络的运行不是依赖价格机制或者正式的权威命令机制，而是依赖于网络中的行动者在长期反复的互动中形成的关系、共同利益和声誉。网络在现实经济生活中比等级制更具灵活性，网络中的个体处于与其它单位的关系之中，互相补足和融合，在需要有效的、可信赖的信息的环境中更能显示其灵活性。"网络关系的基本假定是每一方都依赖于另一方所控制的资源，并且通过资源的共享可以获得收益。本质上，网络中的参与者同意放弃在损害他人利益的情况下追求他们自己利益的权利"。网络实际上是两个或以上的经济行动者在保持相对独立边界的条件下放弃部分自主权，相互之间自发结成的相对长期的合作协定。在这种伙伴关系中，主要是通过讨论协商以及确保合作的互惠规范来解决问题。Powell还列举了五种产业实例来证明网络治理机制的广泛存在。

此外，社会学家波多尼和佩吉（Podolny &Page，1998，59）也提出了对网络的治理机制的类似定义。他们认为组织的网络形式是指一群追求相互之间重复的、持续的交换关系的行动者，这些交换关系并不由一个共同的中心权力来指导，这个中心权力能够强制左右关系的走向或影响纠纷的解决方式。

二、集群经济中的社会网络

在马歇尔的产业区理论中，外部经济的形成不仅依靠地理上的集中，产业区本身也是一个相对独立的社会和经济区域。马歇尔最早认识到了社会文化因素在地区经济发展中的作用。他认为，产业区内的经济主体一般具有相同的文化背景、价值观念和行为规范，这促成了经济主体间的相互信任，对于形成高度合作的"产业空气"十分重要。因此，社会文化等因素在产业区内经济发展过程中有一定的作用，产业区的发展是区域的社会力量和经济力量合作结果（李胜兰，2008，179）。此外，马歇尔在《产业与贸易》一书中，也强调了经济国家的概念，强调了经济行为与其所根植的社会环境的关系。

但是社会—文化背景对产业区发展的重要性直到20世纪70年代新产业区学派对"第三意大利"地区的产业集群现象做出新的解释后才引起人们的重视。新产业区学派又称为意大利学派，强调企业嵌入社区和社会—文化的联系中，指出社会关系、规则、传统等非正式制度因素影响着作为经济主体的人的决策活动，进而影响到他的经济行为。新产业区的首要标志是紧密的本地化网络，即产业区内经济主体在长期交往中所形成的非正式合作关系。90年代学者们在其它国家和地区也发现了类似于"第三意大利"的产业集群在运作，而且特定地区的社会文化也是促进当地集群内企业合作、创新以及当地经济发展的一个重要原因（李胜兰，2008）。"弹性专精化"理论实际上重新提出了马歇尔的产业区理论中一直被忽视的一部分，即产业区内的经济主体所共享的文化背景、价值观念和行为规范形成的"产业氛围"对企业之间的相互信任和合作至关重要。相对于区域经济学定义，"弹性专精化"的理论将研究范围扩宽到产业区内的社会经济机制，并且强调只凭借空间集中还不足以启动新产业区的内生性的创新能力，"外部经济"的实现必须依靠需要借助一定的社会经济机制，即特定的文化背景和社会经济网络。

在"第三意大利"之外的地区，特定的社会文化背景和社会网络连带也是促进产业区内企业的合作、创新及当地经济发展的一个重要原因。例如Saxenian（1991）发现硅谷地区的发展归功于区域内由产业合作网络、社会关系网络与人际关系网络所构成的区域创新系统的发展，其中社会关系网络和人际关系网络在她看来尤为重要（林竞军，2005）。Schmitz and Nadvi（1999）进一步拓展了 Marshall的分析框架，他们发现产业集群能够催生集体行动，这种集体行动能够产生集体效应。Nadvi（1999）在巴基斯坦的实证研究支持了这一观点。有关产业集群参与全球化竞争的研究进一步发现，在与外部市场竞争的过程中，产业集群内部企业之间的合作得以增强，这一合作通过上下游企业间的连接、商会的协调等形式实现。另外一些实证研究探讨制约产业集群发展的因素。许多研究发现，约束和信用机制对产业集群的发展至关重要，如果没有好的约束与信用机制，高度分工的专业化生产就会因为高昂的交易成本难以维系。Brautigam（1997）在研究尼日利亚的产业集群时发现，社会文化网络能够增加企业家之间的信用，减少交易成本，对产业集群的成败有着关键性的作用（张西华，阮建青，2009）。

在发展中国家，社会—文化—制度背景对产业集群的发展同样有着重要的影响。例如产业集群中的企业与上下游厂商之间网络关系也有助于企业保持在成本和创新两方面的优势。80年代以来在中国东南沿海迅速发展的乡镇企业、个体企业和私营企业大多位于大城市周边的乡镇和农村地区①。关于中国乡镇企业的代表性研究也指出了中国乡村社区的政治制度、产权安排和其它社会—文化因素对农村工业的发展路径、运作模式和经济绩效都有显著的影响（海闻，1997）。其核心观点、共同文化背景和社会经济网络是产业区内的小企业在产业链上形成纵向分工和协作的"弹性专精化"生产模式的必要条件。根据已有的研究，对于产业集群中的社会网络的类别和功能可以作以下概括：

---

① 中国的产业集群的典型特征包括：从城乡分布看，我国多数产业集群是在农村和小城镇兴起。从企业组成看，我国产业集群基本上由非公有制企业组成，而且以中小企业为主（刘长全等，2009）。

表3—1　　　　　　　　　　　产业集群中的社会网络

按网络的功效和影响	降低成本	本地企业群，非正式制度的合作形式主要是为了降低企业之间日益增长的交易费用（Scott，1992）
	学习和创新	创新是区域集体学习的过程（Brusco，1982）
	生产的灵活性	"第三意大利"地区是弹性专精化生产模式的代表，工业区的小型家庭企业可以通过灵活的分工和合作调整生产任务（Piore &Sabel，1985）
按网络的类型	家族和血缘关系	血缘、亲缘、地缘纽带基础上的"信用网络"是温州商人实现协作和提升技术的主要途径（汪少华，2002）；血缘和亲缘关系的远近影响横向和纵向协作的形式（史晋川，2002）。
	地方性网络（同乡、邻里关系）	乡村社区规范的非正式制度对集群有重要影响（谢思全，2004）。家族、社区是浙江产业集群最主要的网络形式，是地方性的合作与信任的基础（朱华晟，2003）。社区是影响集群内部合作的重要因素（张曙光，2008）
	市场网络	嵌入性关系对交易成本的降低有积极作用（Uzzi，1996，1997）

　　总之，与标准的区域经济学理论相比，新产业区理论更加注重集群内部人与人之间的互动以及社会—文化共同体的背景对实现集群的空间外部性绩效和竞争优势的影响。国内也有学者从产业集群的社会—文化维度出发，对解释产业集群的区域经济理论做出反思，并且勾画出了作为一个"社会共同体的产业集群"应该具备的特征：

　　产业集群虽然立足于、也离不开区域概念，但主要是一个由人与人关系加以定义的区域概念。这里的区域是一个由无数企业群居而形成的生态群落和企业网络，一个由无数企业共生而组成的利益共同体，因而，这样的区域主要是一个群落空间，而非地理空间。其边界和范围要用共同体的生存环境和共享利益来决定，其实质也要由共同体共生共荣的生存方式来体现。在这种区域中，人们发生着面对面的交流，不仅有产品的交易，而且有知识和信息的交流；不仅有编码知识和文字信息的交流，而且有默会知识和非编码信息的交流；不仅是正式的契约和交流，而且是身心的接触和碰撞以及非正式契约的交易。这样的区域概念就不是一个静态概念，而是一个动态概念，不是一个单纯的地理概念和行政概念，而是一个由微观主体行为和共享利益界定的经济概念。这种概念讨论的是一种没有掩饰、也无法掩饰的人与人之间的群居关系（张曙光，2008）。

三、本文的理论发现

在总结各类产业集群发展经验的基础上，一些学者提出了对产业集群的分类方法。马库森（Markusen，1996）将产业集群分为四个类型：马歇尔式产业区、轮轴式产业区、卫星平台式产业区和依赖政府型产业区。Knorringa和Stamer在马库森对产业集群分类的基础上对前三类集群的特征重新作出归纳（见表3—2，转引自陈剑锋，唐振鹏，2002）。通过他们的分类比较可以看出，意大利产业集群的竞争优势主要体现在创新活动上，而卫星式和轮轴式产业集群的竞争优势主要体现在成本上。

表3—2 产业集群的基本类型

	意大利式产业集群	卫星式产业集群	轮轴式产业集群
主要特征	以中小企业居多； 专业化性强； 地方竞争激烈，合作网络； 基于信任的关系	以中小企业居多； 依赖外部企业； 基于低廉的劳动成本	大规模地方企业和中小企业； 明显的等级制度
主要优点	柔性专业化； 产品质量高； 创新潜力大	成本优势； 技能/隐性知识	成本优势； 柔性； 大企业作用重要

还有学者提出产业集群的不同特征和竞争优势主要来源于发展路径的不同，Shimitz（1995）认为存在创新型和低成本型集群两类集群。其中高端创新型集群（high—road，innovation—based）以在欧洲成功的产业区为典型，其现象特征是创新、高质量、功能的灵活性和良好的工作环境，并且在良好的法规制度下企业间自觉地发展合作关系；而低端低成本型集群（low road，low—cost—based）参与竞争的基础是廉价的原料、劳动力以及对大量劳动力的灵活安排（转引自王芹，2007）。

在现实中，意大利产业区和硅谷等代表的高端创新型集群有着高附加值、多样化、精细化等特征，这些特征也帮助了这一产业区的出口产品在国际市场上的优势。这类的竞争力在很大程度上依靠的是大批受过良好的职业训练并且具有创新意识的工人和专业技术人员。面对来自发展中国家产品的激烈竞争，尽管它们在劳动力成本上并不占优势，但是仍然凭借高品质的产品赢得了市场。以艾米利亚产业区为例，其中的中小企业将其产品出口定位在国际市场的高端部分，特别突出了产品的差异性，这样在很大程度上避免了与来自发展中国家产品的直接竞争，保持了较稳定的市场份额和利润率（王传英，2005，69）。

上述对发达国家和发展中国家产业集群的"二分法"也受到了来自现实的挑战。2009年世界银行的年度报告指出在发展中国家，产业集群内部的竞争不仅体现在产品价格上，也体现在产品差异性上（世界银行，2009：129）。事实上，在新兴市场国家，中小企业之间的分工和企业家不断的模仿学习极大地帮助了他们的产品在市场上确立地位。在分工方面，Schmitz（2004）证实了产业集群内中小企业之间形成的垂直分工具有竞争的优势，这种竞争优势能够帮助产业集群更新产品和生产方式，为发展中国家大规模的出口做出了重要的贡献；在学习方面，Schmitz和Nadvi（1999）发现在发展中国家的工业化早期阶段，产业集群所带来的知识外溢使得企业家能够通过模仿学习的方式提高自己技术水平和经营能力，从而克服技术和能力上的进入壁垒（转引自张西华，阮建青，2009）。

高柏（2011）对深圳山寨手机集群的研究则揭示了在高薪技术行业内，"低端低成本"的生产者如何通过学习适应市场和开展相互协作来提高产品质量，从而与苹果、三星等高端手机品牌开展竞争。高柏的研究指出山寨手机的生产体制是一个由非正式经济和正式经济整合的准多部门企业（quasi—multidivisional structure），这种体制同时兼顾了资源配置的效率和产品形式的多样化以及灵活性。一方面，来自于非正规部门的小公司能够集中于他们的工作（选择产品的功能和外形设计）而且做得最好，因为他们更了解消费者的品味。另一方面，通过生产的服务化和纵向的整合，生产者也能灵活调整产品的设计和产量，因此能够对市场条件的任何变化做出快速反应。

上述研究其实指出了发展中国家传统的以低成本为特征的劳动密集型集群已经逐步改变了其产品和技术低端的状况，而是同时具备生产成本、生产灵活性和产品创新以及多样化等三方面的综合优势。在已有对新兴市场国家集群经济的研究中，台湾学者熊秉纯正式提出了"非精工生产"（non—craft based production，也被其译为"非精致化生产"）的概念。她的主要观点是：80年代以来台湾的"经济奇迹"是建立在无数个劳动密集型的小型家庭企业的基础之上，这些家庭企业的特征包括：通过独裁式的"家长式控制"提高工人产量；通过企业间的分包网络来应对市场需求的波动；依靠在大众化市场中的占有率而不是研发投入的增加来盈利；这些小企业用单一用途的机器和非技术工人实现了标准化的大规模生产（熊秉纯，2005，36—39）。"非精致化生产"的概念不仅反映了台湾的经验，也代表了80—90年代以来新兴市场国家以劳动密集型产业集群的一般特征，即依靠大规模生产低成本、低技术含量的产品占领大众化的消费市场。这种"非精工生产"的规模型集群的最典型案例来自中国大陆的沿海地区（特别是经济发达的浙江和广东两省），那里的私营和乡镇企业从80年代以来就成为中国出口导向工业体系的主要部分。

鉴于新产业区理论和社会网络理论已经指出了社会网络在集群经济中的重要作用，本文的主要任务在于解释社会网络在熊秉纯所概括的这种"非精致化"的产业集群中的作用。熊秉纯本人的研究侧重于分析家庭和家族网络如何支持台湾卫星工厂体系的运作，包括工厂内部权威体系的建立和工厂之间分包网络的运作（熊秉纯，2005，138—139），却忽略了地缘性网络和市场网络在整个集群经济的分包体系和市场销售过程中的作用。

本研究的主要贡献在于采用一个综合的视角来分析社会网络在"非精致化"集群的特征和竞争优势的形成中所起到的作用。具体来说，本文的发现包括：首先，箱包户以及工人的家庭网络和亲缘网络为规模生产提供了稳定的劳动力来源，从而使最终产品具有价格优势；其次，本地和外地箱包户分别在地缘和业缘关系为主的社会网络的基础上组建起了分包网，从而实现了对产量的灵活控制；最后，与下游经销商的非正式网络为箱包户提供了最新的市场信息和更新产品款式的途径。

本文的第二部分将对有关"非精工生产"集群的做一个简单的文献回顾；第三部分将介绍田野研究的背景和白沟产业集群发展的简史；第四部分介绍家庭网络对规模生产的影响；第五部分介绍基于社会网络的分包网与产量灵活性的实现；第六部分介绍市场网络与产品多样化的关系；第七部分将对全文进行总结。

第四章 白沟箱包集群的历史与现状

白沟箱包产业集群的大发展开始于1978年的改革开放。1978年以前，箱包产业属于集体副业，由生产小队组织生产来弥补粮食产量和工分的不足。1978年以来，白沟箱包业的发展大致可以分为四个阶段：（1）1978—1988，箱包业从集体经营变为个人经营，物美价廉，迅速占领周边市场。但是家庭企业都需要到外地购料和销售；（2）1988—1997，先后经历"国民经济三年整顿"和白沟市场秩序整顿，箱包业的发展受到影响，但是也有发展，包括规模企业的出现、产品种类和款式的增加、基础设施的改善（箱包大厅建成）等；（3）1997—2007，随着中国入世出口箱包增多，2000年以后国内劳动力流动也更加自由。集群内企业的数量和规模都在增加，并且箱包产业还在往周边地区扩张；（4）2008年以来受金融危机影响，出口急剧减少，但是在危机期间产品的质量和档次也有显著的提高，而且仍然是国内最大的箱包产业集群之一。

在白沟的地方志的记载中，白沟作为地方市场的历史可以追溯到千余年以前，白沟镇早在宋代就是当时著名的边境贸易城镇，是宋辽商人互市的市场。但直到19世纪末期，随着华北平原农村经济的发展，白沟再次作为商业城镇兴盛起来。它是清代以来新城县的"第一大集"（平白，2002）。民国时期的新城县的商业发展水平处于河北省的第二梯队（一共四个梯队），大概属于中上水平。在日本人主持的满铁调查中，白沟也是他们的调查对象。根据《满铁调查》资料的记载：白沟镇位于拒马河东岸，为重要水陆码头。拒马河乃平汉铁路沿线与平津市场联系的重要水陆通道。该镇倚河而立，本地区运销天津的货物，均在此集散，而河北省银行亦在此设分行。镇内建有小型火力发电厂，有电灯，田舍稀少，当事人誉之为"文明城市"。1936年新城县白沟镇全镇380户，325户为农户，55户为商户，粮食略自给。在满铁调查的河北省11个商镇中，白沟的商户占总户数14.5%，仅次于辛集和樊屯（从翰香，1995，127、200、205）。总之，解放前白沟的集市在华北地区有一定影响。其主要特点包括：历史悠久；承载地方文化特色；货源充足形成一些产品的集散地；辐射面积广。

解放后，白沟的商贸活动因休养生息的政策得到了短暂的恢复和兴盛期，但随着合作化和社会主义改造运动的逐步推进，白沟的工商业活动也逐步陷入停滞，直到1958年9月新城县完成对全部工商业的社会主义改造。此后，私营工商业在白沟地区不复存在。

在计划经济时期（1952—1978），白沟公社农业生产条件就远不如周边村庄，不适于耕种的沙质土地使得当地农民的生活水平比周边村庄都要差。尽管市场交易活动失去了合法性，但是在"三年自然灾害"时期（1959—1961）和文革时期（1967—1976），短期的和地下的农副产品交易活动仍然存在。白沟公社的农民也一直通过经营各种副业和地下贸易来维持生计，例如为牲畜买卖充当经纪人，制作小泥货等传统工艺品或者加工油料等。人们迫切需要调剂农副产品以满足日常的生存需要，而此时的个体工商业被认为是"资本主义的尾巴"，属于非法行为，白沟的商业活动仅由供销社一家独营。

集体经济的突破口在70年代初期被打开，来自上层的政策放宽为下层农民改善生存条件提供了一线转机。60年代中央政府提出过一系列的鼓励农村工业发展的政策，但是直到70年代初期，中央政府才制定具体的政策扶持农村"五小工业"的发展，即钢铁、化肥、机器、水泥和电力。1970年7月召开的全国金融工作会议制定了具体的财政补贴计划。这样，白沟的集体工业的实力在短期内得到快速的发展，更重要的是，集体经济具有政策上的合法性，它可以通过灵活地执行上层的政策来最大限度地改善农民的实际生活水平。从1971年开始，高桥八队通过一次偶然的机会发现制作人造革自行车套能带来较高的副业收入。其它大队也模仿高桥大队从京津地区购入人造革边角料，由村集体组织加工成自行车套送往附近供销社推销。到1974年，高桥村有一半的小队加入人造革产品的生产，附近其它地区的村庄和邻县的村庄也开始经营人造革制品（访谈资料20090316）。

进入90年代后，白沟的箱包产业从原来以单个家庭为单位的分散状态迅速向专业村为基础的产业集群发展，并且开始形成全国范围内的影响力。经历了1989—1992年的"三年整顿时期"后，1992年邓小平"南巡讲话"重新确定了中央政府支持非公有制经济发展的决心，乡镇企业、私营企业和个体企业在90年代都获得了空前的发展（刘小玄，2008，169）。90年代也成为白沟箱包产业集群发展的"黄金时期"，各个箱包专业村的规模和专业化程度都有显著地提高。越来越多的本地农户加入箱包生产，同时也形成了为数众多的箱包专业村。到 1994年，白沟全镇有4700户农户和90%以上的劳动力以及辅助劳动力投入到箱包生产和经营活动中。白沟所在的高碑店市则有18个乡镇的184个行政村在生产箱包，共有加工户15727户，从业人员52245人，其中外地工人7400人，年产人造革1500万件、拉链15万米，加工各类箱包4500万件，占全国总销量的10%，箱包加工业占全市工业总产值的38.5%[①]。根据2000年的统计，构成白沟产业集群的主体中，有56 家规模企业，3000多家普通加工企业和4.2万家加工户。总之，以白沟为中心向四周辐射的众多村庄成为全国最重要和最密集的箱包产业集群之一。

另一方面，白沟本地的市场逐渐合法化1979年，新城县撤消了"文化大革命"时期专门用于交易农产品的大集，恢复了逢农历三、五、八、十的传统集期。1980年3月恢复大集市上的"插花集"，最终取消了关于集日的所有限制，实现了"日日是集"的常规市场。附近的农民也逐渐开始在白沟的集市上出售箱包，最初的箱包交易出现在白沟的镇区的"石桥坑"地段，后来扩展到花局子的四条街道和九个胡同，这些街道两侧和中间树立2米的铁焊梯田式货架，上面挂有

---

① 访谈资料19970322SSC。

各种箱包，这就是白沟箱包市场的雏形。

　　白沟的箱包专业市场初具规模后，早期营销大军外出推销箱包的场面逐渐减少，摊位经营成为家庭作坊生产的箱包产品的主要营销方式。市场的主体也由原来社队集体和本地的回民老商户变成上千个箱包专业户（也就是家户工厂）和外地客商。同时，一些村民看准了原料供应过程中的商机，开始经营箱包制作原料和配料的贩运。白沟箱包市场的交易关系可以用图4—1来表示：

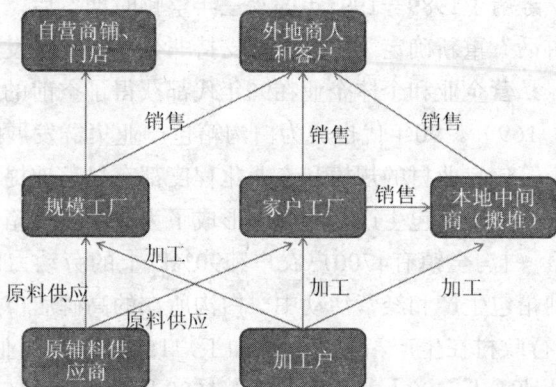

图4—1　白沟的市场网络结构

　　到1993年，新的箱包大厅开始修建，1994年5月开始招商营业。新的箱包大厅分层经营各类箱包，设有300间精品屋专营名牌。厅外南北两侧设棚架摊位6000多个。1994年5月白沟政府主导投资修建的箱包大厅开始招商营业，这是一个能容纳上千个固定摊位的交易中心，也是当时北方最大的箱包集散地，白沟箱包交易的条件得以大大改善，也吸引了更多外来的客商前来进货和承租摊位。箱包大厅的修建也标志着政府逐渐重视对市场的投资、建设和长远发展。2006年，白沟政府投资的第二个箱包交易中心"国际箱包城"也建成了，未能在旧箱包大厅中获得摊位的商户开始迁往新的箱包大厅。两个箱包大厅能容纳几千家户商户。这样，白沟形成了以两个箱包交易城为中心的专业市场群落，这两个箱包交易中心也巩固了白沟作为北方最大的箱包生产基地和集散地的地位。

第五章　家庭经营与规模生产

一、"家长制"的生产政体

白沟的箱包产业在集体经济时期已经获得了初步发展。在1978年的农村改革中，人民公社体制被家庭联产承包责任制所代替，农户家庭取代了生产队成为农业和副业的经营主体，获得了对土地、劳动力和资金等要素的经营自主权（蔡昉，2008，28—29）。在白沟，一些原来属于集体所有的生产工具（例如缝纫机等）被分给生产箱包的农户，由他们自负盈亏地组织箱包经营。

家庭箱包企业的组织结构特征和内部分工模式可以用"麻雀虽小、五脏俱全"来形容。早期的箱包户的规模一般为10人左右，生产者主要由三类人员组成：雇主及其直系家庭成员、雇主的亲戚以及非亲属的外地工人。这三类人在生产中有明确的分工：男性家长主要负责外出采购原料和销售产品；女性家长则在家负责生产管理以及做饭、卫生等后勤事务；一些子女负责产品设计和质检；其他子女、亲戚以及工人完成剪裁、缝纫、组装等基本生产工序。

在具体的组织和管理制度上，白沟的家庭箱包企业具有典型的"家长制"特征。布络维发现1790—1820年间的英国棉纺织业中流行的家长制需要依赖家庭来招聘、进行劳动分工和监督，大部分纺纱工人的招聘范围仅限于狭小的亲属关系的范围之内（Burawoy，1985，96—99）。熊秉纯认为在60年代的台湾卫星工厂生产体系中，家庭体系和亲属关系帮助了雇主维持了对各种背景不同的工人的管理和剥削[1]。她将这种"大家长式的社会关系"的特征概括为：

平常工厂里各种形式的管理都是通过大家长式的社会关系来运作、加强的，这种大家长式的社会关系是以原本已经存在的家庭体系

---

① 熊秉纯（2010，152）的研究发现，台湾的卫星工厂的雇主通过安排发薪日期、向工人提供食宿、亲自参加劳动以及向厂外代工外包等方式来控制工人。

和亲属关系为基础。因为很多老板都雇用直系或旁系亲属，所以劳资双方的利益冲突往往以家族内的分歧呈现出来……从老板的立场而言，最重要的是，怎么样让来自各地不同背景的工人都能顺服于工厂的严密管理。（熊秉纯，2010，139）

Burawoy和熊秉纯的研究实际上指出了"家长制"的两个基本功能：（1）通过家庭和家族关系为生产活动吸纳和补充劳动力；（2）通过家族关系来安排生产分工、管理工人和调节冲突。这两点也适用于解释白沟家庭箱包企业的组织和管理方式。在家庭企业中，家长权威和"大家长式的社会关系"支配着家庭成员在生产中的分工以及外来劳动力的"同化"过程。

1. 通过家庭网络来招聘工人

白沟的箱包户启动规模生产的关键在于找到了引入外地劳动力的合适途径。改革开放以来，农村剩余劳动力的自由流动受到各种制度性的制约，农民工的大规模跨省流动和进城务工的现象直到90年代末期才出现（蔡昉，2008，122）。尽管如此，白沟的箱包户却借助了一些偶然的条件改善了劳动力供给的状况。这些偶然的条件首先来自于80年代初期一些在内地省份跑业务的单身农户，他们在河南、陕西、四川等地长期推销箱包的过程中在当地结婚成家①。随着两地亲戚之间的来往，白沟缺工的消息很快传到女方的家乡，白沟的就业机会和相对优越的生活水平吸引了很多箱包户的外地亲戚前来打工。对于很多内地农民来说，平均60元的月工资非常有吸引力，而且白沟的生活水平也比他们家乡高出不少。

这批最早的外地工人还有另一个重要的作用，就是作为老工人向箱包户引荐新工人（在当地被称为"带工人"）。当很多箱包户仍然需要招聘工人时，他们就委托自己或者其他箱包户家里的老工人从家乡带新工人过来。具体而言，每年春节假期之前，有用工需求的雇主委托老工人在春节期间回家乡时为自己联系合适的工人，这些人一

---

① 80年代白沟相对富裕单身农民到内地省份跑业务的过程中在当地娶了媳妇。这些人的经济条件比内地农民强，因此不难娶媳妇。事实上，本地条件好的箱包户，即使到了40岁也能娶上媳妇。

般都是老工人的亲戚和同乡。正月初三左右，雇主会亲自前往老工人的家乡确定人选并与新工人家长见面，同时就工作和工资等条件与工人家长达成口头协议。正月十五后，老工人负责将新工人领到白沟上班。90年代以后，大部分外地工人都是通过这种"老工人带新工人"的方式进入白沟的数千家箱包户的。

我们厂的工人以前都做过包，而且也都在白沟干过，都是亲戚关系。不读书就出来了，以前也是通过在白沟打工的老乡带出来的。今年带过来的有14—15个，去年有13—14个，有一半的人是去年的那些人。（访谈资料20090220SC5）

到1996年，白沟80%的箱包户都至少雇有1—2个工人。更重要的是，大批外地工人的进入帮助白沟的箱包户将规模生产扩大到了一个新的阶段。到90年代中期，箱包生产活动从早期的十几个村庄扩展到白沟的家家户户，白沟所在的高碑店市有18个乡镇的184个村从事箱包生产，共有加工户15727户，从业人员52245人，雇佣外地工人7400人，加工各类箱包4500万件，占全国总销量的10%[①]。整个白沟地区的箱包年产量从1990年的1.5亿只增加到2008年的6.5亿只。

在白沟，这种由社会关系支撑的劳动力流动机制在很大程度上弥补了相当长一段时间内正式劳动力市场的缺位。老工人作为招工中介能带来两个好处。首先，劳动力市场中的信息不对称的问题可以得到解决，工人及其家庭能够获得来自雇主的用工信息（包括工资水平和劳动条件等），同时雇主也能从老工人那里获知新工人的基本情况。其次，老工人也为雇主和工人双方提供了可以同时信任的沟通渠道。在白沟仍然不时有工人被拖欠工资和被欺骗的情况，很多工人家长更倾向于选择自己同乡推荐的雇主。

2.建立长期雇佣关系

除了工人数量的多少，影响箱包户生产规模的还有熟练工的人数和比重。一般来说，新工人经过2—3年的工作经验才能成长为熟练工人，后者生产的效率和箱包的质量都要优于新工人。此外，新工人入职初期还需要老工人抽出时间和精力来培训。因此，很多箱包户的经

---

① 访谈资料19970322SSC。

验是：年初大批招聘新工人的年份，一般都会在上半年或者全年出现亏损。只有等到下半年甚至第二年随着新工人技术的熟练，箱包户才能扭亏为盈。为了扩大生产规模和降低生产成本，箱包户不仅需要扩大雇佣规模，也需要尽可能留住熟练工。

在家庭企业中，雇主和工人在工作和生活场合身份界限的模糊降低了对立的情绪。雇主一家一般和工人在一个庭院内，在一起吃饭或者从事休息娱乐活动。雇主们也认识到"在劳务市场不健全的情况下，凭感情、凭人性维持劳务关系"才能留住工人[①]。很多雇主会照顾生病的工人，或者在工人年底回家前赠送一些礼物和红包。按照风俗，雇主每年年初还会亲自去工人的家乡给工人家里拜年，并且请专车接工人回来上班。总之，家庭企业的雇主与工人之间的关系较少的表现出阶级对立的关系，共同的生活经历和平等的工作氛围帮助工人形成了对雇主家庭的忠诚和认同。

雇的人跟我们一样，不分家里人和工人。我们干一样干，吃一起吃，工作的时间也一样。我们当工人是自己家人，吃住都没什么区别。工人如果生病，感冒工伤等，我们厂家都会负责，会主动发自内心地帮助治疗。有的雇主还会在年底工人回家前还会给工人买衣服、礼物、车票等，有的还因为当年效益好向每个工人分发100—200元的红包。（访谈资料20090222SC12）

此外，工人工资的"年结制"也有利于雇佣关系的稳定。白沟的箱包户的招工对象一般都是15—24岁的年轻人，对应的年龄段一般处于处于初中毕业和结婚成家之前[②]。对于这一阶段的年轻人来说，家长和一般的社会期望也要求这些年轻人能学点东西、不要惹祸、能干多少是多少（刘玉照，2009）。在家长们看来，过于频繁地更换工作不利于子女们学习技术和积蓄工资。因此，很多家长不仅替子女选好雇主，也会和雇主通过口头契约定好工资数额。白沟大部分箱包企业

---

① 访谈资料19970306SSC。

② 在白沟工作的大多是16—24岁的年轻人，他们一般14—16岁初中毕业后外出务工，22—24岁结婚，结婚后的前几年一般会在家中照料孩子，到孩子4—5岁后又会出来工作。（访谈资料20120621LGZ）。

都采用"年结制",即雇主根据工人家长的要求,平时只发一部分工资,到年底再统一结算发放全年的工资[①]。同时,工人在没有家长允许的情况下也不能随意更换雇主。这样,家长们通过雇主来控制工人们过度消费的行为,同时也减少了工人的流动性。

工人工资按月结,压一个月,这个很普遍。但是工人的家长提出来要年结,家长们都说你每个月给他300块钱就行了,怕他们乱花,年底没留下什么钱。(访谈资料20090716YWB)

家长制中的生产体制的基础在于家庭内部父系家长对其他家庭成员的统治以及分包商和雇主的联合(Burawoy,1985)。布洛维所描述的家长制的特征也指出了白沟的箱包企业中雇佣关系的稳定性的来源,即工人同时对两个家庭秩序的遵守:在自己的家庭中工人必须遵守家长的指示,在雇主的家庭中工人也要听从雇主和老工人的安排。不在场的父权权威以及工人和雇主家庭的"超经济关系"成为雇佣关系的"稳定器"。在白沟,很多年轻工人从十六七岁出来到二十多岁结婚前都会一直在同一家企业中工作[②]。雇佣关系的稳定性有助于箱包企业内熟练工的增多和比重的提高,最终有利于箱包企业提高劳动生产率、扩大生产规模和降低生产成本。

总之,在白沟的箱包户扩张生产规模的过程中,他们通过"带工人"招工方式克服了劳动力短缺的问题,同时也将雇佣关系的稳定建立在与工人及其家长共同通过编织的人格化关系之上。家族和亲戚网络一方面为家庭企业的生产补充了大量的廉价劳动力,另一方面借助家庭和亲戚关系来安排分工和处理工作中的矛盾,保持了生产关系的稳定。这样,家庭箱包企业得以稳步地扩大劳动力和生产规模,同时通过留住熟练工保持了较高的生产率。

二、规模生产与薄利多销

80年代以来,随着居民人均收入的增加,各类日用消费品的市

[①] "年节制"有两种情况,一种是平时工资滞后一个月按月结算,年底结算最后几个月的工资;还有一种是平时只发基本生活费,年底统一结算工资。

[②] 访谈资料20090717CYZ.

场需求不断扩大。1984年国务院出台关于放松对农民长途贩运的规定后，白沟的箱包推销员开始带着样品包活跃在全国各大交易市场和商场。在北方地区县以下的商场中，产自白沟的箱包产品随处可见。

箱包业的迅速发展为农民带来了实际的收益，同时也扩大了整个集群的生产规模。在利润的刺激下，白沟的箱包加工户的数量迅速增多，箱包加工业逐渐取代农业成为白沟农民的主业。到1991年，白沟全镇4700户农户中有90%以上的劳动力和辅助劳动力投入了箱包以及相关行业（保定地委，1991）。到90年代中期，箱包生产活动从早期白沟的十几个村庄进一步扩展到周边高碑店市的18个乡镇和184个村庄，个体箱包加工户的数量达到15，727户[①]。

1. 实体经营的成本优势

农民的家庭经营活动具有实体性的特征，实体性的农户在农业生产中并不将劳动等要素当成成本来计算投入和产出的收益。恰亚诺夫的观点是，家庭农场中的农户家庭经过全年劳动获得单一的劳动收入，并且通过与所获得的物质成果的比较来对劳动的耗费作出评价（恰亚诺夫，1996，8—9）。这种将家庭劳动投入不计工资成本的特征在农户家庭的手工业生产中也存在。农户家庭经济的这种实体性特征对于手工业生产也同样适用，刘玉照在调查淀村的家庭塑料袋手工作坊发现：

农户在计算生产成本时，更看重的是在生产机器上的投入，以及生产经营过程中所投入的原材料成本、消耗的电费和必须缴纳的各种税费，而对用于生产的住房，以及在生产过程中付出的劳动力，通常很少算作成本开支。（刘玉照，2009）

虽然改革后的家庭企业更接近追求市场利润最大化的"理性小农"的形象，但是其经营活动仍然保留了实体性的特征。白沟人多地少，80年代初期人均耕地面积仅为1.2亩/人，而且耕地的质量和产出也较低。在这种条件下，农业产出随劳动投入的增加而收益递减，形成农业的"内卷化"（黄宗智，1987）。一般的农户的家庭劳动力在从事农业之外都有富余，因此只要人造革生产具备保本微利的条件就

---

① 访谈资料19970322SSC.

可以从事。而且生产者一般都是家庭成员，劳动所得为家庭收入，没有向具体生产者支付工资的观念（保定地委，1991）。在"家长制"的条件下，扩展家庭的家庭成员能够在一个家庭企业中开展分工协作、共同生产。尤其在家庭企业兴起之初，这些家庭成员作为家庭企业的生产主力将家庭企业在工资上的支出降到最低，从而使其产品保持了价格上的竞争力。

白沟的东西为什么便宜？农民兼营种地，房屋、工时和及其磨损都不算钱，只算毛利。箱包从副业上升为主业，箱包专业户的收入的9/10靠箱包，有些人已经开始在高碑店买房子了，放弃了土地。（访谈资料19970309SSC）

此外，家庭经营的特征也帮助农户节省了在原料、厂房以及设备等方面的投入和开支。在原料上，家庭企业的生产规模较小而且较多手工裁剪加工，这样可以利用大机器生产所无法利用的边角料、废料和残片。这些原料的价格比成品料便宜三分之一以上[①]。在机器、厂房等设备消耗上，对于加工箱包所用的缝纫机、尺、剪、笔等工具，农民一般都不计消耗；厂房一般都是农民的院落，更没有折旧的观念。有的农户虽然盖了厂房，购置了部分机具，往往也不计消耗和作为成本。

由于家庭经济的这种实体性特征，尤其是家庭成员在生产中的劳动投入不计成本的核算方式使得家庭企业生产的箱包产品与国营企业相比具有较大的价格优势。白沟生产的箱包比国营商店的便宜30%—50%，有的产品便宜60%以上，因此很快抢占了新增的市场份额（郭洪崎，1990，79）。到90年代中期，白沟的箱包户不仅成为京津地区各大商场的主要供货者，还牢牢占据着华北和东北地区县域及以下的农村市场。与此同时，国营的人造革皮件厂的市场地位和竞争优势则在不断下降，很多陷入困境的国营人造革厂不得不把自己的生产任务转包给白沟的箱包户，这样又进一步增强了白沟箱包集群在国内箱包

[①] 例如从白沟市场上买一卷（40米）普通人造革160元，比国营商店便宜40元；能制作36*26公分的提包80个，比机器裁剪多出4—5个。其它衬布、零配件每个不足2元，比工厂便宜6角多。每个提包消耗原材料不到4元，比国合企业生产同样一个包成本低1.5元左右（保定地委，1991）。

行业中的地位。

2. 建立"薄利多销"的经营模式

个体箱包户凭借价格优势战胜了国有箱包企业，但是他们之间的价格竞争也日趋激烈，从而导致箱包的平均利润率不断降低。在80年代初期，一个售价为5—6元的人造革提包的利润为2—3元，利润率大约为50%；到80年代中后期，同样售价的人造革提包的利润率下降到20%—30%，只能赚取1元钱左右；而到1991年前后，上述提包平均只能赚取几角钱，平均利润降到10%以下（保定地委，1991）。

在这种情况下，箱包户的亲戚 同乡网络为其补充了外地工人，使得箱包户的产量成倍增加，到1996年有80%的箱包户至少雇有1—2个工人，每月的平均产量也从几十个增加到上千个。另一方面，家庭企业的雇主也设法通过与工人发展人格化的关系来留住更多的熟练工。在白沟，"在白沟很多年轻工人从十六七岁出来到二十多岁结婚前都会一直在同一家企业中工作"[①]，这是家庭企业在长期能保持大规模生产的重要条件。

雇佣规模的扩大和熟练工的增多改变了个体箱包户的收支模式。以一个被调查的箱包户为例，在家庭企业不向家庭成员支付工资的前提下，他们一个三口之家每天平均可以生产20个包。每个箱包的出厂价约为10元，按照10%的平均利润率，该箱包户每天和每月的净利润分别为20元/月和600元/月。当该箱包户雇佣6名工人后，家庭内部的分工调整为：男主人负责在市场上骑三轮车进料、拉货，女主人负责在家做饭和后勤服务，子女则负责培训工人同时也参加生产。这样该户的孩子和6名工人一起每天大约能生产50个包，共盈利50元。除掉工人的工资（约80元/月/人）和生活开支，每月的盈利接近1000元[②]。这个箱包户的例子反映了增加雇工和扩大生产规模能给一般箱包户带来更多的盈利。

现在农民见到雇佣有了效益，由个体发展到雇人，是规模的扩大，效益的吸引。而且随着市场价格的变动，以往加工的毛利是

---

① 访谈资料20090717CYZ.

② 访谈资料19970322SSC.

10%—20%，后来降到了10%—0.5%，这就促使农民走规模效益的路子，但以薄利多销的方式扩大了市场。（访谈资料20090717CYZ）

生产规模的扩大和平均利润率的降低使得白沟的箱包集群走上了"薄利多销"的道路。在箱包的平均利润和出厂价格不断降低的条件下，"以廉促销，有利就销"成为箱包户促进销售的新途径①。这场"销售革命"的标志是箱包的交易形式从批零兼营转向以批发为主。一般来说，同种箱包的批发价一般比零售价要便宜10%—30%；在批发交易中，客商的采购量越大能享受的价格折扣越多（"批发量大差价大，批发量小差价小"）。到90年代中期，白沟的箱包批发量已经占到市场总成交量的90%以上。在"薄利多销"的经营模式下，廉价的箱包产品吸引了大量的国内外采购商，市场交易规模得以不断扩大，有进一步推动了箱包户生产规模的扩大和平均成本的降低。很多箱包户也从这种大批量快速流转中获取了可观的收入（刘文波，1999，64）。

白沟的家庭工厂认识到只有靠扩大生产规模、降低产品价格才能维系和扩大市场的需求。他们信奉"薄利多销"的原则，用当地人的说法是"货多招远客，薄利促多销"。他们意识到了各地市场的不平衡和白沟特有的优势，集中大量资金，组织大批量生产和经营，多产多进快销，薄利多销，以多取胜，以快取胜。（保定地委，1991）

总之，在白沟箱包集群的规模扩张过程中，"家长制"的生产体制从两方面帮助箱包户确立了"低成本大规模生产"的特征。首先，箱包户对家庭劳动力的有效动员和组织降低了工资成本，从而使得箱包户的产品凭借价格优势取代了国有企业的位置，并且占据了北方地区中低档箱包市场的主要份额。其次，在箱包行业进入"低利润时期"后，箱包户利用自己和工人的家庭网络来补充和更新劳动力，同时通过与新工人发展人格化关系来留住熟练工。新注入的劳动力支撑起了"薄利多销"的经营模式，进一步巩固了家庭企业的价格优势。

---

① 访谈资料19970322SSC.

第六章　分包网与产量灵活性

一、箱包集群的空间扩张

从80年代以来，一些箱包企业经过不断的积累和发展，开始为扩大生产规模雇佣更多的工人，同时也积极投资提高产品设计能力和扩宽销售渠道。它们中一部分资金充足、经营绩效较好的箱包企业在地方政府的支持下成为当地箱包行业的龙头企业，并且集中到了镇上的工业园区中。同时，村庄中的很多家庭箱包企业在90年代也扩大了规模，箱包生产的原料加工、产品生产、销售等各个环节开始出现分工和专业化，由此产生了一些专业村和专业户。按照村干部的说法，白沟在90年代形成了两个工业区，一个是由规模型企业组成的镇级工业园区，一个是村级的工业小区。

镇村两级箱包企业的发展推动了白沟箱包产业集群的形成及其辐射范围的扩大。1995年白沟的工农业总产值为8.6亿元，其中，箱包行业产值6.2亿元，占总数的70.3%，上缴税金730万元，占税金总数的91%。

与此同时，白沟箱包集群的范围从最初的白沟镇逐步扩张到保定市以外的地区。这种扩张的动力既来自于附近地区大批农民转向箱包加工业，也来自于外地人在白沟及其周边地区经营箱包产业的活动。到1994年，高碑店有18个乡镇，184个村从事箱包加工业，有加工户15727户，从业人员52245人。其中，雇佣外地7400人。整个高碑店地区的年箱包产量为4500万件，占全国总产量的10%。此外，附近的定兴、容城、雄县等地区有32个乡镇，289个自然村，从业人员6.9万人也加入箱包生产，一共有1540个箱包企业[①]。

[①]　其中，定兴、荣城、雄县涉及16个乡镇，105个自然村，从业人员1.7万人。其中，定兴县的北南菜、北田、杨村、国家营、月宫寺、梁家庄7个乡46个村从事箱包加工业；容城的晾马台、平王、张市、八于4个乡镇、40个村从事箱包加工业；雄县的东阳、朱各庄、北沙口、大营、西昝5个乡18个村从事箱包加工业（访谈资料19970322SSC）。

由于越来越多的周边和外来人口加入箱包生产，整个产业集群的规模聚集程度不断提高，白沟及其周边地区的村庄逐渐发展成为全国最重要和最密集的箱包产业集群之一。同时，随着作为集群"核心区"的白沟镇下属的各个村庄的人口容纳力的饱和，后来落户的外地人的家庭作坊都位于集群的"外围区"，包括高碑店市的其他乡镇和高碑店以外的其他县市（见表6—1）。到2012年，集群"外围区"大约有8，000家雇佣人数在10人以下的家庭作坊和近10万外地工人，箱包集群中的外地人口规模超过白沟镇本地居民（4.3万）的两倍[①]。

表6—1　　　　　　　　白沟箱包集群的空间分布

时间	地区	生产规模	与白沟距离
80年代	邓庄、义和庄、东马营	2700多户箱包户	100km以内
1994—1996	新城、定兴、容城、雄县	32个乡镇，289个自然村，6.9万人	200—200km
2012	涞水、易县、涿州、弹县、徐水、固安、霸县、任丘	规模企业300多家，个体箱包户3000多家，加工户7000多家	300—500km

资料来源：访谈资料19960128、19970310、19970322SSC、20120624SB

二、分包网的形成

1. 分包网形成的经济条件

核心区的箱包企业和外围的加工户在经营特征上有显著的差异，前者已经具备了现代企业的组织结构和运营形式，而加工户仍然处在家庭作坊的经营阶段（见表6—2）。

表6—2　　　　　　箱包集群"核心区"箱包企业与"外围区"
的加工户经营特征比较

特征	规模型箱包企业	加工户
家庭成员	家庭成员负责管理，不参加劳动生产；	以核心家庭为依托，夫妻二人和子女都参与生产；
雇佣规模	平均雇佣20—30人，少数企业达到70—80人；	以家庭成员为主，吸纳少量雇工共同生产；

① 其中有5万河南人，湖南、四川、辽宁海城各有7000—8000人（访谈资料20120624SBJ）。

主要设备	专用缝纫机、大轴机、平整机	家用缝纫机与剪刀，几乎没有专用设备
设计能力	具有简单的设计和仿制能力（打版）	没有设计能力，从事来样或来料加工
商标品牌	有自己的注册商标，同时也做贴牌生产	贴牌生产
销售途径	有自己的客户和市场摊位	从箱包户那里获得订单，为其做加工
分布地区	白沟镇下属的村庄中（核心区）	白沟镇周边的乡镇和邻县的村庄中（外围区）

在这些经营特征的不同方面中，规模企业和加工户在设计能力和销售渠道上的差距决定了它们在市场结构中的不同地位。规模箱包企业拥有独立的设计能力和自主品牌，这使得他们能够吸引更多的客户和订单，销量的增加带来的利润又能使他们雇佣技术更好的专业设计师和采购更好的设备，从而保持在市场中的优势地位。而"外围区"的加工户的生产人员以非技术性的家庭成员为主，没有独立的产品设计能力和自主品牌，再加上他们有限的生产规模也难以满足大客户的订单需求。因此，对于外围区的加工户来说，除了为少数客户加工小批量的订单外，他们同时也会以来样加工和来料加工的形式为一些规模型企业加工分包订单。

作为核心区规模企业的卫星工厂，加工户也有自己的优势。首先，加工户的生产者以核心家庭成员和半劳动力（老人和孩子），这些人在成本核算时不计入自己的工资开支。再加上集群外围区的房租和生活成本低于白沟镇，因此加工户的平均生产成本比规模企业更低。其次，加工户的成员与规模企业的工人相比更能承受更长的工作时间。在需要赶工时，加工户可以一直工作到晚上10点甚至更晚，这使得加工户的人均产量比规模企业高出20%[1]。与加工户相比，规模企业的工资成本、管理成本以及厂房租金都高于加工户，同时工人的人均产量却低于加工户，因此很多规模企业出于节省生产成本和时间的

---

[1] 以男包为例，大厂一天的平均产量是80个，小厂一天的平均产量则达到100个（访谈资料20120622HN）。

考虑会将一些订单分包给加工户来完成。

　　小厂都是家庭成员，成本低，产量也大。一家五口人，再雇几个人。家里人做不计这个报酬，雇的人要开工资，像自己家人就不算这个。他们吃完晚饭就开始做去了。大厂就不行，工人要按时上下班，要求得特别严，所以同样的时间内小厂生产的多。（访谈资料20120622HN）

　　2. 分包网形成的社会关系基础

　　规模企业和加工户在经营特征上的互补性为分包网形成提供了基本条件：加工户需要规模企业的订单来生存和发展，而规模企业需要利用加工户来降低成本和提高产量。但是具体分包关系的匹配——箱包户选择哪些加工户作为自己的分包厂——则主要受到社会关系的制约。具体来说，以下三类社会关系影响着分包关系的形成和运作。

　　首先是以前的朋友和同行关系。最早一批来到白沟经营箱包的外地人大多来自广州花都，他们中很多人在广州已经认识并且通过朋友的介绍才来到白沟。这种同行加朋友的关系网络为第一批外地人独立创业提供了帮助。

　　"我一开始也不知道这个地方，朋友说过来看看，我一看还挺有发展潜力的，就过来了。我的朋友以前也是打工仔，看他在这边做的工厂还可以，想着他能做我也能做，这样一个带动另一个，越带越多，这外地人就越来越多了"。（访谈资料20090716YWB）

　　家户工厂和加工户之间建立分包关系一般通过朋友介绍。家户工厂在选择加工户时，不仅会考虑产品质量和成本，也非常重视加工户经营者的个人信誉。对于家户工厂来说，加工户经营者的良好的个人信誉不仅能保证其在生产过程中完全按照家户工厂的要求负责地完成生产任务，也会保守样品包的秘密，不会随意模仿和扩散。这两点对于家户工厂的短期盈利和长期绩效都至关重要。

　　如果卖的好的包来不及做的话，就会上外面找加工厂，考虑的因素就是这些厂能不能办事，交货付款及时不及时，人品怎么样。上外面找加工厂很多时候也得通过朋友，主要考虑是如果跑了怎么办，认识的话可能没事，质量第一，不能砸了买卖。（访谈资料

20090218SC2）

其次是雇主—工人关系。很多加工户的成员都有在本地箱包户中当工人的经历。他们在当工人的几年中积累了不少技术经验、资金和少量的客户，这是他们自主创业的基础。更重要的是，在雇主家做过包的老工人对雇主生产的箱包的种类比较熟悉，他们接触到的特定的箱包生产技术和客户源使他们在选择生产与原来雇主一样的箱包。一些外地工人在结婚后还会返回白沟，在临近的村庄中租房加工生产。他们除了为自己的客户生产外，还会不定期地为老雇主加工订单以增加收入。雇主也愿意找这些老工人为自己加工，因为老工人对自己的产品种类和款式比较熟悉，也会为雇主保守商业和技术上的秘密。

加工户也有他以前雇的人，后来上易县、涞水，结婚了不来了，就让他在家里给他做加工。他们原来做男包的，以后出去不在这个厂做了，肯定还做男包。原来在女包厂做的以后还做女包。因为他只有那个技术，不会做别的包。还有那种关系，在工厂做过，客户和卖原材料的他都会接触到，利用老板的平台和客户的资源马上就起来了。（访谈资料20120622HN）

最后是亲戚—同乡关系。外地加工户在白沟的繁殖和裂变有不同的途径，但是大部分都依赖于家族、亲戚或者同乡网络：一些家庭企业发展壮大后，起初在家庭作坊里当工人的年幼的兄弟姐妹也会逐渐分离出去自己办厂；还有些外地人则是在亲友的介绍下将自己的箱包厂从广州等地搬迁到白沟[①]。较早开始经营的箱包户也会向后来者提供资金和技术上的支持，例如很多加工户在正式生产前会先派工人到亲戚或者同乡的箱包厂中学习技术。这种技术扩散的路径带来的一个结果就是外地加工户依托于亲戚和同乡关系"扎堆"生产同类箱包。

一个典型例子是白沟河南商会会长经营箱包厂的过程。1996年他在同乡的介绍下带着家人和同乡来到白沟办厂，第一批工人全是亲戚和同乡。2005年父亲去世后，他的兄弟也都来白沟办厂做包。再后来他妹妹、两个舅舅、丈人和小姨子等亲戚也先后都跟着他来到了白沟

[①]　有人形容白沟的箱包产业就是靠外地人"一个带动另一个，越带越多"才发展起来的（访谈资料20090716YWB）。

办厂做包。他的亲戚做包的资金和技术都是他提供的，整个家族网络以他为中心都在生产男包[1]。

总之，外地人进入村庄后，其经营的家户工厂很快镶嵌在村庄内原有的分工和协作网络之中，社会网络对于他们的经营业绩和绩效也有非常重要的影响。在箱包集群的二元结构中，"中心区"的规模箱包企业和"外围区"的加工户在经营特征上的互补性为它们之间形成分包网提供了经济条件。而具体的分包关系的建立在同行、朋友、亲戚、老乡、雇主—工人等具体的社会关系之上。

三、产量的灵活调整

外地人经营的家户工厂嵌入到了村庄内部原有的生产网络之中，扩大了整个产业集群的规模。同时他们能够借助各种有利条件维持低成本的生产和运营，保证了廉价的箱包产品源源不断的向市场供应，巩固了产业集群的价格优势。

1. 内单加工和外单加工

箱包户的订单分为内单和外单，这两类订单产品特征和加工量的区别影响到了箱包户对分包对象和数量的选择。一般来说，内单对应的加工户数量较少，同时分包关系也更加稳定；而外单则需要由数量更多的临时性的加工户来完成。

内单的数额一般在100个到数千个箱包之间不等，而且大部分都是售价在300—500元之间的中档包[2]。与大批量出口到非洲等欠发达地区的低档包相比，白沟生产的中档包主要供内销。中档包的生产不仅需要质量更好的原辅料，也对生产者的技术水平有较高的要求。尤其对于加工户来说，他们生产的产品质量和规格必须符合箱包户的要求。因此箱包户的内单分包对象一般都是由亲戚、朋友、同乡以及以前的老工人开办的加工厂，这主要是由于：（1）很多加工户生产的箱包种类与他们的雇主或者亲戚和同乡一致；（2）加工户与他们的雇主、亲戚和同乡之间已经存在着某种形式的分包生产的合作基础。

---

① 访谈资料20120622HN。
② 访谈资料20120623ZCQ。

生产同类产品意味着加工户对这类产品的生产技术、流程和产品规格较熟悉，能更接近箱包户规定的质量标准；而特殊的社会连带和合作生产的经历又为双方提供了信任的基础，箱包户必须选择能够为他们的圈内声誉负责的加工户来建立分包关系。

大厂生产的箱包针脚特别规范，小加工户的箱包针脚不直，疏密不等。这主要和设备水平以及雇工的熟练程度有关。如果是手生的工人，制出来的产品就不规范。很多给别人加工的加工户因为质量问题慢慢失去合同，因为他们的产品不能通过验质。（访谈资料19970310）

这些加工户在箱包户的内单分包网中有着不可替代的地位，即使在淡季他们也能从箱包户那里获得分包订单。长期分包关系的维持能够为小加工户提供生产保障，使他们不至于因为无单可做而解雇工人和停产。对于箱包户来说，长期分包关系的维持也有重要的意义，他们可以在订单增加时随时找到可靠而且合适的分包对象，迅速动员整个分包体系的生产能力。

外单的加工量比内单更大，经常达到几万件甚至几十万件箱包。这些平均价格低于10美元的低档包一般通过集装箱出口到东欧、非洲和拉美等地。外单的每种类型和款式的箱包的加工量更大，客户和箱包企业都希望通过大规模的标准化生产来降低成本。订单组装是完成外单的主要形式，也就是将订单按客户需要的品种、数量以及每个加工户的生产规模和技术优势进行分割，由几户到几十户的加工户来共同合作生产（刘秉龙、杨桂花，2010，66）由于产品质量要求不高和生产技术简单，因此外单产品"几乎家家户户都可以做"[1]。集群外围的大部分加工户都能成为外单的分包对象。

现在大家跑到更远的地方放加工去，向周边辐射，拉动周边经济。现在方圆4—50公里都有加工户，放单的除去油费还能赚。而且样品也流失得慢点，你上本村放加工，邻居家挂个包好卖，他就赶紧买回去自己做。（访谈资料20120623SLJ）

对于数量较大的订单，加工户降低生产成本的一个重要途径就是

---

[1] 访谈资料200902。

延长工人工作时间。这种订单分包的任务一般要求加工户限时限量地完成一定的生产任务，加工户只有生产出超过一定数量的产品才有盈利的机会。

大家都这样（晚上加班到10点多），不然出不了量，产量跟不上。我们都跟工人商量，多工作半个小时或一个小时，其实都是计件。（访谈资料20090712XL）

2. 销售淡季和旺季

除了内单和外单的区分，箱包的生产和销售还分为淡季和旺季。每个类型或者品种的箱包的市场淡季和旺季也各不相同，根据款式更新的频率可以将箱包产品分为两类，一类是女包、休闲包、时装包等更新较快的产品，这几类产品每个季度都会有新款上市。女包的旺季比较长，每个季节都会有不同的新款产品上市。还有一类是男包、拉杆箱和旅行包等款式比较稳定的产品，它们款式更新速度比较慢，通常一款男包的流行期可以长达2—3年。而像电脑包和钓鱼包这类款式相对长期固定的箱包则没有明显的淡、旺季区分。

女包和休闲包的利润空间比男包和拉杆箱要高，但是市场风险也更高。生产者必须及时掌握市场流行款式的信息并且提前安排生产，才能适应市场节奏的变化。很多女包和休闲包的生产者都保持着"生产一档，开发一档，构思一档"的状态，一般要提前3—4个月来准备下个档期产品的款式设计和原料预购的工作。很多箱包企业为了保证市场旺季的供货量或者提前向市场推出产品，需要与一些小型加工户建立临时性的分包关系。这种临时性的分包加工对象一般不限于老工人、亲戚和同乡，箱包企业在多数情况下通过熟人介绍和发布招聘广告来寻找合作者。对于加工户来说，箱包企业就是他们的主要"客户"。一个加工户可以在不同时期为多家家户工厂服务，一个家户工厂订单的减少并不会影响加工户的生存，加工户可以随时转向为其他的箱包企业服务。

在临时性的分包关系中，箱包企业对加工户的控制主要通过提供原料和技术指导来实现。箱包户会向加工户提供箱包样品和个部分的模板以及各类原辅料（包括皮革或者人造革以及线和五金）①。同时，箱包户会派出一些打版师到各个加工厂中，负责技术指导和生产安排。加工户生产的成品最后由箱包户拿回来统一质检和包装。因此，通过向加工户提供技术指导和原辅料，箱包户能够协调整个分包网的生产过程和提高产品的标准化程度。

现在白沟的家庭企业都辐射到周边，那边小加工户雇一两个人更便宜。他们把单放到各个加工厂，打板师傅打好版放出去，料都裁好了拿过去。一个师傅包几个工厂指导，大厂再拿回来组装。（访谈资料20120624SBJ）

这样，外单分包网实际上将集群外围的加工户变成一个巨大的公共生产车间。在这个巨大的生产车间中，箱包户根据订单量的大小来确定临时加工户的数量并且通过技术和原料的双重控制来实现标准化生产。加工户则可以根据自己的日程安排选则加入不同的临时分包网来增加订单和收入。不同品种的箱包的季节性的销量也有周期性的变化，订单要求的生产规模经常超过或少于家户工厂的生产能力。分包网有助于调节市场上的供需矛盾，平抑市场需求的波动带来的影响。

总之，分包关系的主要功能在于帮助箱包企业实现了产量的灵活性，使得不同的生产组合能够适应内单和外单、以及淡季和旺季的不同市场要求。分包网形成的基础部分在于集群内部的分化以及规模箱包企业和加工户的经营优势的互补性。然而，雇主—工人关系和亲戚—同乡关系也为分包网的形成提供了必要的技术条件和信任的基础。不同的社会关系基础也决定了内单和外单在组织形式上的差异。

第七章　市场网络与产品多样化

一、箱包产品多样化的趋势

90年代以后，箱包产品从生活必需品逐渐变成一种时尚品（香港

---

① 访谈资料20100713GQ3。

贸易发展局，2010）。箱包产品与服饰商品一样，也有符号商品的特性，可以彰显使用者的身份、地位或品味等社会性的意涵（王明辉，2003，64）。收入水平的提高使得消费者更新箱包产品的速度更快，他们的消费行为受到时尚性的引导。对于生产者来说，只要能针对市场流行款式增加产品的多样性就能占据市场。在这种条件下，白沟以"薄利多销"和成本优势为基础的箱包产业遇到了严峻的挑战。

"薄利多销"和"以量取胜"的发展模式的成本不断增加而且变得不可持续。一方面，家庭企业对技术尤其是款式设计能力的投入不足，同时为了压低成本导致偷工减料和产品质量低劣。随着箱包企业的增加和竞争的加剧，他们的平均利润率却在不断下降了。另一方面，国内箱包业的竞争加剧，对白沟的箱包户形成了压力。与广州、泉州和上海等地出产的中高档箱包相比，白沟最初生产的箱包，绝大部分来自农村的千家万户，大多是仿冒别人的名牌商标，各种国际名牌商标在白沟随处可见。而且"白沟卖得动的包，家家都跟着轧，所以创新的精神少"[①]。

为了避免低价竞争，白沟的家庭企业也逐渐改变了80年代以前相互模仿和以量取胜的竞争策略，转而大力推进箱包款式的更新。这种更新既包括老款的改动，也包括新款的推出。以基本款型比较固定的男包和拉杆箱为例，有些老款的周期比较长，在很长一段时间内只需要不停改动细节，就能获得销路。而在淡季，为了拉动市场需求，家庭企业也必须加快产品款式的更新速度。在2008年金融危机以后，一家本地的拉杆箱企业一年推出的新款超过200个，才能维持原来的销量。

男包的一个版一般能做三年以上。不过现在是淡季，男包改版一点不去比女包少。去年做十个包，三个是新款，今年做十个包，有八个是新款。市场不行就得换版，老款不给你下订单，你不能叫工人歇。新款也只有放那好卖再跟你要点，放那不好卖给你退回来。（访谈资料20120622SLJ）

白沟的箱包企业开发新款式主要得益于两方面条件的改善，即产

[①]　访谈资料19960113。

品设计能力的提高和原料采购的多样化。

首先，为了提高产品的时尚性，箱包企业必须通过提高设计能力来增加款式的变化，针对不同的季节和时段推出系列化的多种款式的产品。专业设计师的大批引入成为白沟箱包技术转折的关键。早期的专业打版师都集中在广州花都就业，白沟对专业设计业务的巨大需求吸引了大量的打版师前来就业。随着时间的推移，这些外地打版师在本地招收的学徒也成为整个箱包集群重要的技术储备人才。

"箱包的辐射面广，按下面的人们说，都得了箱包的益处，要苦心把箱包弄好。也就苦心琢磨着那种包，你比方说，那种包适合白沟卖，季节性啊，款式呀，他都想琢磨一个好款式。没有吃斋的性，但有吃斋的心。"（访谈资料19960113）

其次是原材料的多样化趋势。进入90年代后，新式箱包产品采用的面料和配件与80年代相比都更加丰富（见表7—1）。人造革作为80年代最广泛使用的箱包产品的面料逐渐被皮革和PU革取代；拉杆箱的主要材料由塑料变为ABS版和铝合金；女包的五金配件和面料的更新速度也大大加快。新式材料的种类也更加多样，白沟市场上的PU革和ABS板有数十种，而各种女包配件则有上千种。

表7—1　　　　　白沟箱包生产的主要原辅材料和服务行业

原料和辅料	主料	贴胶涤纶布、尼龙布、PVC人革、贴胶尼龙布、贴合类、棉类、过胶尼龙布、涤纶布、配皮、PVC胶皮、
	副料	拉链拉头类、织带类、绳线类
	五金	五金扣具、五金钉类、五金螺丝
	塑料	管条类、PE板、塑料扣具、蜂巢板、PE袋
	拉杆配件	拉杆配件类、拉杆类
	包装材料	吊卡、纸箱、塑料袋、纸板、
行业服务		烫花、印花、油边、复合、印刷、制版、刺绣、月刀

二、人格化交易网络的形成

白沟箱包早期的销售方式是外出推销。在1978年之前，白沟各大队和小队派出推销员联系附近地区的供销社和各城市的商场，负责推销箱包产品。集体经济解体后一直到90年代初期，个体箱包户仍然延续着外出推销的方式，即由农民带着自己制作的箱包产品或者样品包到周边地区和其它城市的供销社和商场中去推销。根据白沟官方资料的介绍，白沟的箱包产品在80年代已经开始销往北京、天津、保定、张家口、石家庄、哈尔滨、拉萨等城市。

90年代以来，随着箱包生产规模的扩大，白沟在国内市场中的影响力和知名度有了显著的提高。白沟箱包市场的基础设施条件也在不断改善，交通、通信和物流设施都有了巨大的进步。白沟镇政府在1996—2009年间先后投资建成了北方地区最大的箱包专业市场群落（见表7—2）。市场交易条件的改善吸引了大批外地客商前来白沟采购箱包。这些客商以批发商为主，他们一般在其他城市或者海外商场中有自己的档口，他们从白沟进货后拿到自己的档口上销售或者转销给其他的分销商和零售商。

表7—2 　　　　　　　　　　白沟的箱包交易专业市场

箱包市场	情况介绍
箱包交易城	1994年开业，是北方地区最大的箱包专业市场。2004年改建后经营面积3.4万平方米，经营33大类，1100多品牌，30000多个花色品种；2.在国外设立经销窗口，国内设分市场；3.开展网络营销；4.2005年日客流量8万人，年成交额65亿元。
国际箱包城	2006年4月建成，占地100亩，经营面积6万平方米，总建筑面积15万平方米，内有精品商铺3000余间。产品远销全国各地以及世界上110个国家和地区，是国内最大的箱包专业批发市场。
银领国际箱包大厦	2010年5月开业，总建筑面积28862平方米，地下1层，地上26层。以白沟的箱包集群为依托准备打造成全球箱包产业的总部基地。

随着前来白沟进货的外地商人不断增加，本地的箱包户不用外出销售，转而成为"就地销售"的坐商。本地的箱包户大多在市场中有自己的摊位，他们把家庭作坊生产的箱包直接拿到摊位上向外地客商出售。通过市场交易成交的箱包数量（包括批发和零售）在高峰期占到了整个白沟地区80%的箱包产量，其中大部分箱包都是批发给外地中间商。

随着箱包交易次数的增加，很多箱包户和客商之间逐渐形成了相对稳固的客户关系。客商认定了一些信誉好、产品质量有保证的箱包户作为自己的长期供应商，他们每次来市场也会直接去找这些固定的箱包户的摊位，或者直接到箱包户家中进行交易。在交易中，双方逐渐形成了一些惯例性的安排，包括中间商先付一部分定金，双方确定好发货时间，箱包户发完货后中间商再付完货款。这种人格化的交易关系带来了市场交易关系的长期化和固定化。

客户直接到家里，看中了哪个款，就下订单，那个时候就给你定金。主要是建立长期供货关系，是稳定的，不在市场，直接到各户，来了以后住下或者用电话联系，或者直接从旅馆里租车子去联系。（访谈资料19960135）

这种人格化的交易关系的形成有两方面的原因。首先，"老客户"的关系意味着交易双方的信誉能够得到保证。长期的人格化的交易关系有助于减少交易中的不确定性和克服欺诈行为。在即时交易中，对任何一方来说从事机会主义的行为的成本都较低，只要可以随时更换新的交易对象就无需为信誉负责。因此很多外地中间商抱怨箱包户供应的产品以次充好或者不能及时交货，同时也有很多箱包户被外地中间商拖延货款甚至赖过账。因此，外地中间商和箱包户都试图通过建立长期而固定的交易关系来降低交易中的不确定性和机会主义行为。

我们和经销商是以前通过朋友介绍认识的，现在关系很稳定，他们不会随便换下家。如果一个加工厂，经销商不认识你不熟悉你，就不知道你做的产品质量怎么样，款式怎么样。所以他们一般都是做熟人，像我们都是做了好几年的。（访谈资料20090716YWB）

其次，客商和箱包户或者中间商之间形成长期的非正式合约关系有助于降低生产和交易过程中的成本。频繁更换交易对双方都有不利的影响。对于箱包户来说，箱包生产活动具有很强设备和技术的专用性，不同种类的箱包要求的生产设备和工人技术差异很大，因此大多数箱包户都专注于生产1—2类箱包产品，这样也有利于工人熟练度和效率的提高以及原料采购费用的降低。反之，产品种类和款式的频繁变动会给箱包户带来额外的成本。

我们为天逸做的女式休闲包原来一个月换一版。今年金融危机，我们做的包都走内单。现在20多天就得换一板，甚至10多天，一个礼拜就要换版。不仅是样式变，材料也会变。样式和材料变了工人又要重新学习，这样做怎么受得了，所以我们后来就没做了。（访谈资料20090712XY3）

三、新款式的开发

随着箱包款式更新速度的加快，邻里间相互模仿带来的款式趋同，逐渐成为白沟箱包业发展的障碍。在这种情况下，与箱包户长期交易的中间商通过向箱包户提供款式相关信息和试销的机会帮助了箱包户提高了箱包款式的多样性。

1. 中间商提供款式信息

箱包产品的更新换代主要表现为款式和面料的变化。一般来说，经销商与各地的其他经销商之间有着密切的联系和互动，他们通过经销商之间的网络能够获取市场最新款式和原料的相关信息。在销售过程中，中间商会通过各种方式向有长期合作关系的箱包户提供关于款式的各种重要信息，例如样品包的款式图片和购买方式，样品包使用的原辅料以及各地市场的流行款式①。中间商经常在第一时间通过手机和互联网（短信、电子邮件、QQ）向箱包户传递信息。箱包户因此能够快速开展新款的设计工作，很多新款样品一出现在广州等地市场上就会很快被带到白沟并且被大量地仿制。

中间商提供一部分款式的信息，销售以他们的意见为主。因为咱们在家接触的面小，而他们长期在市场上卖，还认识很多卖货的和其他销售商。他们会看哪个档口走哪种款式，然后给你打电话。有时候他把你叫到他那边市场上去看看，然后你就买这个料。比如这种革，黄颜色就好卖，在市场上抓紧时间就去找这个颜色的料。（访谈资料20120621LGZ）

这些由中间商提供的信息为箱包户的设计提供了方向，有的样品只需要更改部分面料和细节设计就可以维持一个版型的长期销售，因而可以降低箱包户面临的市场风险。很多箱包户认为来自中间商的款

---

① 访谈资料20120622HN。

式"不容易跑样，风险不太大，至少能保证基本的销量"①。

除了为箱包户提供市场流行款式的相关信息，中间商对于箱包户的产品款式的长期改进也有很大的帮助。通过不断修改自己的老款产品的设计，箱包户可以提前生产一些库存产品，保证在旺季有货可销，或者用改进后的款式打开新的市场。

"一款包卖的好，一定要找它的毛病，精益求精，不断改进才能有长久的销路。改的越好，卖的越多。最后一个款式卖几千个都有可能。我自己改动的一个款式卖了8年，仿制的人特别多但是他们都不成功，因为我一直在更新外形设计和内部结构"。（访谈资料20120622LW）

而这种对旧款产品的改进在很大程度上依赖于来自中间商等"内行人的提醒"。多数箱包的款式差别往往在于细节设计，例如拉链的位置、纽扣的数量、内置口袋的造型等。中间商长期接触市场和各类产品，他们对于各类产品及其不同款式之间的差异都了然于心。而且不同的中间商可以从不同角度来提出修改意见。中间商从这种专业咨询的过程中获得好处是得到新款产品的充足供应。

自己买样品包回来修改，同时还要给几个效益比较好的中间商帮你鉴定一下。你个人看着好没有用，他们会指出哪里好，或者哪里需要改动。比如五个人在五个不同的地方卖货，有不同的眼光，他们都看好的样品才差不多。这就是守着大树好乘凉，只有守着几个有眼光的带着自己才能做好包。（访谈资料20120623ZCQ）

2. 中间商组织试销

中间商的另一项功能在于通过试销中得到的反馈信息再决定批量生产哪些种类和款式的箱包产品。试销是指经销商通过集中来自不同的箱包户的各类不同款式的箱包产品并且进行小批量的销售来获得市场反馈信息的过程。

在市场中，由于单个箱包户生产的产品种类和款式有限，对于休闲包和女包这类客户对款式多样性要求比较高的产品，他们几乎无法满足客户的需求。因此，箱包户愿意集中各家各户的样品放在同一个

---

① 访谈资料20100713GQ3。

经销商的柜台上来向客户展示或者直接分配给下游的不同分销商。一个中间商也可以为多家箱包户同时代销产品。这样，中间商就成为箱包户的产品款式集中展示和销售的平台。

  休闲包和女包就得看样子多，一个箱包户自己只有两三个样子也弄不出来，必须要四五家弄个一系列的比如十个、二十个样子摆出来放在那儿，才可以卖出去。客户也愿意找摆堆的来做，因为摆堆的样式多，一个款型有十个八个的样子。（访谈资料20100713GQ1）

  同类箱包中款式接近的箱包产品会被集中起来形成"系列化产品"，"系列化产品"内部的细节设计、面料和颜色各有差异。例如下表中的两个款型的包（546513和876354号）属于一个系列的产品，这两个型号的女包出自同一个原型包，在材质、风格、加工方式、流行元素、图案等内容上都完全一致，但是在款式、面料硬度、开盖方式和颜色上有所区别（见表7—3）。

表7—3   **两种女式休闲包的产品信息**

货源类别：	现货	品牌：	包之源
型号：	546513/876354	产品类别：	休闲包
适用性别：	女	材质：	PU皮
加工方式：	漆面	风格：	韩版风范
款式：	斜挎包、单肩包/手提包、单肩包	箱包形状：	横款方型
肩带根数：	双根	开盖方式：	拉链/包盖式
硬度：	中偏软/软	流行元素：	流苏
图案：	纯色	颜色：	黑色/棕，卡其，黄，黑
是否外贸：	否	是否库存：	否

  这些"系列化"产品被销售给客户和分销商后，中间商很快就会从他们那里得到各款产品的销售情况。畅销的样品包很快会得到返单，这时中间商会组织箱包企业进行大批量生产来满足市场需求。其它款式的产品则会被淘汰或者进一步改进或者缩减产量。通过这种有计划的试销，中间商和箱包户最终能确定最有市场潜力的箱包款式，

并且减少他们面临的市场风险。

我们一般都小批量的先生产，每个中间商先发一点。有的包下面反应很强烈，假如有一款做得好，代理商信息很快就能反应回来。中间商对反映好的包会下单。比如说这个版，一个型号要一百个。（访谈资料20120622HN）

波特在对意大利产业集群特征的归纳时提出专业化、精细化是产品多样化的前提。他认为在许多产业中，意大利的成功是因为它结合产品风格、设计表现，还有积极投资于高标准的生产设备、专业化与快速改善等能力（波特，2002，440）。与意大利产业集群这种"弹性专精化"的专业化模式相比，白沟的箱包集群的专业分工程度相对较低，生产者必须满足中间商和零售商对产品款式的要求才能获得长期的信息和订单。众多企业仍然以模仿为主，自主研发的能力很弱小，因此与经销商的关系对于产品创新更为重要。

第八章　结论与讨论

本文要解释的因变量是"非精致化"集群的经营特征，而用来解释这些特征的自变量是社会网络。因此，一方面需要了解产业集群一般具备哪些方面的竞争优势以及这些优势是否适用于"非精致化"集群，另一方面需要了解社会网络对于产业集群发挥竞争优势的影响。本文既希望通过中国的案例来说明"弹性专精化"理论的不足以及"非精致化"生产模式对中国经验的适用性，同时也希望指出以各类社会网络为基础的生产模式，也是白沟的箱包产业集群难以进一步提升技术水平、精细化生产程度以及产品附加值的根本原因。

一、从空间、经济和社会三个维度解释集群现象

本文的第一个发现是理解产业集群的形成和特征应该从社会、经济和空间三个维度出发。从区域经济学到新古典经济学，空间的因素

被从经济学的一般均衡模型中除去，主流经济学一般也不讨论产业集群的问题。但是70年代以来产业集群现象在世界各地的兴起以及产业集群在中国出口工业体系中占据的重要位置，都需要研究者给出其它的理论解释。

区域经济学从空间—经济的二维视角解释了产业集群形成的条件和外部性优势。但是白沟箱包产业集群却是在没有任何先天的要素（劳动力、资本、技术、原材料）优势和区位优势的条件下形成和逐步发展的。众多与白沟类似的产业集群（清河羊绒、温州小商品、泉州制鞋和服装）的现象对区域经济学将集群的产生和竞争优势的形成归结于空间要素的解释提出了质疑。

经典理论和对现实现象的解释都要求将社会的维度引入产业集群的分析。在早期的区域经济学理论中，A.马歇尔和A.韦伯等人都指出了产业区所处的社会环境和背景对产业区的经济绩效有着重要的影响。20世纪70年代以来以"第三意大利"为代表的"精致化生产"（craft—based production）的产业集群在很多地区出现，开始引起学者们的关注。"第三意大利"地区产业集群的成功被归结为"弹性专业化"（flexible specialization）的作用，而支撑"弹性专业化"生产体制的正是地区性的文化传统和社会关系网络。"第三意大利"的相关研究重新提出了"空间—经济—社会"三维视角来分析产业集群现象，这对本研究有重要的启示。

二、社会网络对集群经济的影响

1. 社会网络对集群经济带来的优势

在缺乏其他外性优越条件的前提下，各类社会网络帮助白沟的家庭企业提高了在市场上的竞争优势。社会网络对箱包集群的正面作用主要体现在三个方面。

首先，家庭网络是家庭企业实现了规模生产的基础。衡量产品的市场竞争力的一个重要标准就是家庭企业的产品是否价格低廉、结实耐用。家户工厂之间的设备和技术水平都非常接近，劳动力的熟练程度成为影响劳动力生产率和企业盈利的最重要因素。因此，家庭企业不仅需要雇佣工人增加生产者的数量，也需要维持工人的稳定性。一个熟练工人不仅能比新手生产更多的产品，也能手把手地向新手传授生产技术。家庭企业一般采取计件制来激励工人提高产量，同时也会向熟练工支付更高的工资。

其次，加工户的加入和分包网的运作极大地补充了家户工厂的生产能力，扩大了产业集群的生产规模。分家制度使得白沟的家庭企业一直以核心家庭为依托，很难进一步扩大生产规模，雇工人数一般为10—30人。这样生产同类产品之间的箱包企业就有合作的必要。这样，在种类分工的基础上，每个家庭企业都进行整件制的规模生产，同时通过横向上的协作和分包来形成同种产品的规模优势。白沟的生产者面对箱包市场的需求规模大，在旺季赶工生产的压力大。而且市场需求具有不稳定性，因此小规模的家庭企业之间有合作的需求。横向的协作和分包关系弥补了单个家庭企业规模不足的劣势。订单规模的扩大和生产的紧迫性使得规模工厂无法限期限量地完成订单任务，规模型企业仍然需要通过协作与分包生产来弥补产能上的不足。在国内市场需求不断增加的同时，来自海外的订单也有增无减。白沟的规模工厂的雇佣规模一般为100—200人，而一个大单经常就达到10万件产品。在这种情况下，家户工厂必须寻找额外的产能来弥补周期性的产能不足。由于加工户之间的激烈竞争和压低成本，其生产出来的产品的价格也非常低廉。到2009年，白沟箱包年产量达到6.9亿只，其中大部分的产量增长都是来自于90年代中后期进入的规模工厂和加工户。家户工厂利用了廉价的厂房、设备和其他生产的服务设施来降低生产成本，并且通过价格竞争来争取分包的订单。

最后，与中间商和经销商建立的市场网络在帮助家庭企业提高技术水平和及时获取市场信息方面也起到了非常重要的作用。提高技术水平和增加产品的款式多样性成为家庭企业竞争力的最重要体现。在80年代，由于市场需求巨大，大量的家庭企业都在扎堆生产女包、公文包和学生包等少数几类产品。这几类产品的生产和需求规模最大，竞争激烈程度也逐渐增加。与家庭企业有长期合作关系的经销商通过私下交流各类市场信息为箱包企业的技术更新指明了方向。很多家庭企业转向新品种和款式的生产，这种转向也带动了其他生产者从竞争激烈的品种转向新的品种。到90年代，白沟生产的箱包产品的款式也越来越多，涵盖了5大类和36小类产品系列。

2. 社会网络对集群经济的制约

尽管上述三类社会网络对白沟箱包集群的竞争优势的形成起到了重要的促进作用，但是在一定程度上，这种以网络为基础的生产模式却未能帮助白沟箱包集群进一步提高各方面的竞争优势。"第三意大利"和白沟箱包集群属于两种不同的产业集群，前者是以高工艺水平和产品质量、集群内高度分工和产品具有高附加值为特征的"精致工业化"（craft—based production）的产业集群，后者则是以低成本、灵活的规模生产和产品多样化为特征的"非精生产"（non—craft—based production）的产业集群。两类产业集群面临着不同的技术起点和市场需求特征（市场定位）。尽管社会网络在这两类产业集群及其优势的形成中都起到了重要的作用，但是社会网络的作用机制和结果并不相同。

白沟生产的箱包产品在价格上具有显著的竞争优势，但是在生产的协作水平和产品的多样化程度方面仍然存在着局限。在"第三意大利"的产业集群中，社会网络的主要作用在于促进和维系纵向的产品生产环节的分工。共同的地方文化背景使得负责产品生产的上下游企业间形成信任关系，每个家庭企业负责一个产品环节的专业化和精致化，从而使得最终产品具有质量高、多样化和高附加值的特征。

与之相比，白沟的家庭企业一直保持着小规模的、分散化的生产形态，每个家户工厂只负责生产1—2种箱包的生产。尽管不同种类的箱包对原材料、技术、设备、资金以及对工人的技艺的要求有着不同的组合，但是单个的家户工厂只能选择1—2种产品进行批量生产，而无力生产其他的箱包。这样家庭企业之间的协作只能通过横向的产量分包的形式来完成，而缺乏以产品生产环节作为分工基础的纵向协作的动力。

另一方面，以人格化关系为基础的销售网络成为生产者稳定的市场信息来源，这在一定程度上也减少了生产者越过经销商获得异质性信息的动力，也使得大部分生产者没有足够的动力对原创性的产品研发进行大规模的投资。传统的销售网络和市场信息的流通渠道足以帮助所有的生产者维持合适的利润。

参考文献

波特•迈克， 2000，《簇群与新竞争经济学》，《经济社会体制比较》第2期

波特•迈克尔， 2002，《国家竞争优势》，华夏出版社

蔡昉、林毅夫，2003，《中国经济》，中国财政经济出版社

蔡昉、王德文、都阳，2008，《中国农村变革与变迁：30 年历程和经验分析》，格致出版社

陈秋虹，2011，《家庭即工厂：河北北镇乡村工业化考察》，清华大学社会学系硕士学位论文

从翰香，1995，《近代冀鲁豫乡村》，中国社会科学出版社

高柏，2011，《信息革命与全球化时代的非正式经济：中国山寨手机产业探究（英文）》，《社会》2011第2期

哈巴库克、波斯坦，2002，《剑桥欧洲经济史（第六卷）：工业革命及其以后的经济发展》，经济科学出版社

海闻，1997，《中国乡镇企业研究》，中华工商联合出版社

胡丽娜，2007，《白沟农民工夜校：一项"社会学强干预"的尝试》，清华大学社会学系硕士学位论文《来自浙江的实践》，《经济论坛》第7期

李凝紫，2010，《生产的市场结构——基于中国市场田野调查和工业普查数据的经验研究》，《社会学研究》第3期

李胜兰，2008，《非正式制度与产业集群发展研究综述》，《制度经济学研究》第2期

李胜兰，2008，《非正式制度与产业集群形成和发展的理论与实践》，中国社会科学出版社

梁琦，2005，《空间经济学：过去、现在与未来——兼评<空间经济学:城市、区域与国际贸易>》，《经济学（季刊）》第3期

林竞君，2005，《网络、嵌入性与产业集群：一个国外研究综述》，《世界经济情况》第10期

刘秉龙、杨桂花，2010，《白沟模式研究》，河北大学出版社

刘长全、李靖、朱晓龙，2009，《国外产业集群发展状况与集群政策》，《经济研究参考》第53期

刘文波，1999，《市场经济一瞥：河北三大商业现象概论》，河北日报社编印

刘小玄，2008，《奠定中国市场经济的微观基础：企业革命30年》，格致出版社，人民出版社

刘玉照，2009，《家庭经营的成本核算与经营决策：以白洋淀塑料加工户为例》，《社会》第2期

陆立军、王祖强，2008，《专业市场：地方型市场的演进》，格致出版社，人民出版社

马歇尔，1964—1965，《经济学原理》，商务印书馆

芒图•保尔，2009，《18世纪英国产业革命》，商务印书馆

平白，2008，《白沟志略》，中国经济出版

恰亚诺夫，1996，《农民经济组织》，中央编译出版社

秦熙，2002，《产业集聚的意义及其发展态势——访国务院发展研究中心刘世锦研究员》，《理论参考》第2期

沈原，2008，《市场、阶级与社会：转型社会学的关键议题》，社会科学文献出版社

史晋川，2002，《制度变迁与经济发展：温州模式研究》，浙江大学出版社

世界银行，2009，《2009年世界发展报告：重塑世界经济地理》，清华大学出版社

孙海鸣、张学良，2011，《区域经济学》，人民出版社

童根兴，2005，《北镇家户工：日常实践逻辑与宏观政治经济学逻辑》，清华大学社会学系硕士学位论文

汪少华、汪佳蕾，2002，《浙江省企业集群成长的创新模式》，《中国农村经济》第8期

王传英，2005，《社会经济网络与中小企业发展：意大利"艾米利亚模式"及其对中国的启示》，经济科学出版社

王缉慈，2001，《创新的空间：企业集群与区域发展》，北京大学出版社，2001

王明辉，2003，《白沟现象：中国北方农村市场兴起的社会学考察》，稻乡

出版社

王芹，2007，《国外产业集群理论研究综述——关于产业集群的概念、分类与产生机制》，《生产力研究》第19期

威廉姆森·奥利弗，2004，《资本主义经济制度》，商务印书馆

韦伯·阿尔弗雷德，2010，《工业区位论》，商务印书馆

闻翔，2008，《箱包工厂里的"族群"：重访北镇家户工》，清华大学社会学系硕士学位论文

香港贸易发展局研究部，2010，《中国内地主要城市皮具消费调查》

谢思全、黄玖立，2004，《乡镇企业集群的交易治理结构分析——以王庆坨自行车企业集群为例》，《南开学报》第1期

熊秉纯，2010，《客厅即工厂》，重庆大学出版社

张曙光，2008，《企业网络和群体空间——产业集群的经济学解释及对经济学的挑战》，《中山大学学报（社会科学版）》第1期

张西华、阮建青，2009，《基于产业集群的工业化发展模式——个文献综述与来自浙江的实践》

中共保定地委，保定地区行署，1991，《一条工贸连体、薄利多销的农村集贸市场发展之路——关于白沟市场的调查报告》

《中国农村市场模式研究》编委会，1993，《中国农村市场模式研究》：新华出版社

周雪光，2003，《组织社会学十讲》，社会科学文献出版社

朱华晟，2003，《浙江产业群：产业网络、成长轨迹与发展动力》，浙江大学出版社

Brusco S. "The Emilian Model: Productive Decentralization and Social Integration." *Cambridge Journal of Economics*, Vol6 (1982), pp.167–84.

Burawoy, Michael: *The Politics Of Production: Factory Regimes Under Capitalism And Socialism.* London: Verso, 1985

Duranton, Gilles, Puga, Diego. 2004. "Micro—foundations of Urban Agglomeration Economies." JV Henderson & JF Thisse (ed.), *Handbook of Regional and Urban Economics, edition 1*, volume.4 North—Holland: Amsterdam

Krugman, Paul. "Increasing returns and economic geography", *Journal of Political Economy,* 1991, 99(3). 483—499.

Markusen, Ann, 1996. Sticky Places in Slippery Space, *A Typology of Industrial Districts in Economic Geography* 72, p.296

Michael J. Piore & Charles F. Sabel, *The second industrial divide: possibilities for prosperity*. New York: Basic Books, c1984.

Podolny, Joel M., and Karen L. Page. 1998. "Network Forms of Organization." *Annual Review of Sociology* 24: 57—76.

Powell, Walter. 1990. "Neither Market nor Hierarchy: network forms of organization," *Research in Organizational Behavior* 12(1990):295~336.

Schmitz, H.1995: "Small shoe makers and Fordist giants: Table of a super cluster", *World Development* 23: 9— 28.

Uzzi, Brian. 1996. "The Sources and Consequences of Embeddedness for the Economic Performance of Organizations: The Network Effect," *American Sociological Review* 61:674~698.

1997. "Social Structure and Competition in Inter—firm Networks: The Paradox of Embededness." *Administrative Science Quarterly* 42:35~67

1999. "Embeddedness in the Making of Financial Capital: How Social Relations and Networks Benefit Firms Seeking Finance." *American Sociological Review* 64: 481~505.

三八红旗手评选

王剑莹　北京大学社会学系2010级

指导教师　郑也夫

第一章　三八红旗手概说

每一个中国人都知道三八红旗手是中国最负盛名、最有分量的女性荣誉。然而，大多数人对它只有一个臆想出来的陈年刻板印象：短发的中年妇女，粗布工装胸前的大红花等等，甚至不知道三八红旗手是什么、她们是如何评选出来的。本文将以评选过程为中心对三八红旗手的历史发展、红旗手群体属性的变迁、中央与地方的策略以及它对颁奖组织和国家—社会的影响等问题展开论述，进而分析国家荣誉的现实意义以及荣誉背后的政治策略。

一、历史沿革

1960年的"全国三八红旗手"是这个荣誉的最初形态，以后各级地方妇联上行下效地开展了本地的三八红旗手评选，各省市县乃至单位、企业也评选了自己的三八红旗手。由于国家级的"全国三八红旗手"是最正规、最悠久且最有影响力的荣誉品牌，本文的重点将放在这个级别的三八红旗手上。根据档案资料（截至2012年3月妇女节），52年共计32，091名全国三八红旗手，其年代分布如下：

表1—1   历年全国"三八"红旗手数量

年份	数量	年份	数量	年份	数量	年份	数量
1960	4063	1989	1443	1997	115	2005	12
1979	8976	1990	211	1998	300	2006	1027
1982	1	1991	130	1999	76	2007	18
1983	8563	1992	209	2000	120	2008	1454
1984	51	1993	249	2001	192	2009	2012
1985	151	1994	218	2002	167	2010	10
1987	3	1995	82	2003	182	2011	378
1988	50	1996	227	2004	1062	2012	339

　　在纪念"三八"国际劳动妇女节50周年之际，为了与50年代开始表彰的"劳动模范"相呼应[1]，1960年全国妇联首次进行了万名"三八红旗手"的评选和表彰，可惜保留的档案资料有所缺失[2]。文化大革命爆发后，由于各级妇联组织的瘫痪，评选中止。1979年的评选是文革结束后的第一次评选，它与接下来的1983年的评选都延续了"万名"的规模。此后，由于评选人数过多、工作量过大，评选规模骤然萎缩，1985年再一次大规模评选并未正式执行，而是同时授予同年获评"全国妇女改革先进人物"的女性"全国三八红旗手"称号；1988年的"全国三八红旗手"授予了同年评选的50名女企业家。1989年是逢十的国庆，这一年除了3月妇女节评选的一千多名全国三八红旗手之外，在国庆前夕又为1985年以来的400多名[3]女性劳动模范和先进工作者授予了红旗手荣誉。90年代的红旗手评选表彰方式主要是

---

　　① 全国劳动模范的评选表彰始于1950年，但其中的女性比例非常低，1950年、1956年和1959年分别为8.4%、10.88%和11.11%，文革后的1979年这个比例仍然只有13%（根据历次劳模大会统计系列整理而成，参见齐燕庆《荣誉地位的取得及其演化——一项有关劳模的调查研究》第10页表2—2）。鉴于此，妇联认为有必要在以妇女为对象评选表彰类似于劳模的荣誉，三八红旗手应运而生。

　　② 参与编写"名录"的工作人员介绍，1960年资料已经尽所能在全国范围内进行搜集，但很遗憾还是存在大量缺失。

　　③ 表彰500名，其中65名曾获全国"三八"红旗手称号的女性，不再重复授予。

"同时授予"，人数基本上在100—300人之间[①]；90年代末到21世纪初，全国"三八"红旗手的评选再次"正式化"并"常规化"：自1998年起，每两年（双数年份）进行一次"中央—地方—中央"的全国三八红旗手评选的专项工作，评选人数从100多人增加至1000多人，并授予"双学双比"和"巾帼建功"活动中非常突出的先进个人（这些突出个人被授予"标兵"称号）以及其他相关活动的先进个人"全国三八红旗手"荣誉称号。2004年起，从曾经获评（该年或以前）的全国"三八"红旗手中选出最突出的十位代表授予"全国三八红旗手标兵"；而在单数年份仍然授予某些活动或领域的突出个人该荣誉。2009年，为了配合建国60周年庆典，9月之前评选了2000名全国"三八"红旗手；次年是"三八国际妇女节"100周年，由于去年刚刚结束一轮大规模的评选表彰，这年只评选出10名"全国三八红旗手标兵"，在3月妇女节百年的活动中隆重表彰。此后三年每年评选一次全国三八红旗手，规模为300多人，同时授予10名曾获此荣誉的突出个人"全国三八红旗手标兵"称号；而据相关负责人介绍，近三年的这种制度将会延续下去并尽快以正式文件的方式制度化、常规化。

二、文献综述与研究意义

中国古代的旌表制度始于先秦（秦永洲、韩帅，2007；吴艳艳，2009；张树华、潘晨光，2011），此后发展出完备的对义夫、贞女节妇、孝子等儒学教义下的模范遵从者的表彰，至清朝已经形成完整体制（王彦章，2007）。民国早期的国家表彰继承了古代旌表对家庭伦理的强化、甚至依然带有压迫性的封建残余[②]；但逐渐地，特别是后

---

① 由于这一时期妇联组织大规模开展的针对农村女性的"双学双比"活动和针对城镇女性的"巾帼建功"活动；该时期的很大一部分的全国"三八"红旗手荣誉授予了"双学双比"和"巾帼建功"活动的先进个人；而在1989年以来，由于对党群组织、特别是党群基础组织的重视，全国妇联在组织建设上得到了发展，妇联系统的先进个人也占据了一部分荣誉。参见十四届四中全会《中共中央关于加强党的建设几个重大问题的决定》和1995年5月26日全国妇联《关于加强妇联基层组织建设的决定》、全国妇联《1999—2003年妇联基层组织建设规划》等。

② 1914年3月14日袁世凯政府颁布的《褒扬条例》（《政府公报》，第662号）和1917年11月20日冯国璋政府颁布的《修正褒扬条例》（《政府公报》，第664号）均主张褒扬节烈贞操妇女，并鼓励建坊立碑。见中华全国妇女联合会妇女运动历史研究室编.《中国近代妇女运动历史资料（1840—1918）》.中国妇女出版社，1991.711—712。

期南京国民政府在此基础上做出改造。1939—1947年之间国民党新创设出来了18个节日（简涛，1998，227）并以节日为依托对不同人进行表彰，对农民节的研究（陈惠惠，2009；王丛丛，2013）指出，通过制度化的仪式，国民政府造就了驯顺的肉体，以"纪律"来使得人体因"更顺从而变得更有用"（福柯，2003，155—193）。社会主义中国政权的建立产生了一系列全新的、源于根据地动员策略的制度安排，例如单位制（陆风，1993；李汉林，李路路，1999）及其相关的激励机制。"荣誉"制度发挥了不可或缺的奖励—激励作用，它们集中于劳动生产竞赛、增产节约运动等，在政权巩固时期、经济恢复乃至物质匮乏的年代获得了巨大的动员激励效果（Walder，1994）。关于荣誉评选表彰的行政化过程的学术研究似乎作为常识性存在而暂存空白，但于荣誉表彰相关的"典型"却已经产生了许多研究（刘林平、万向东，2000；冯仕政，2003；赖静萍，2011；苗春凤，2011，2012；郭晓宁，2012）。时至今日，中国的荣誉体系中既有专业性较强的奖励表彰，例如军衔制度、国家科技奖励等，也有适用全民的国家—社会荣誉，本研究的对象属于后者。社会主义中国最著名的国家荣誉包括"劳动模范和先进工作者"、"五一劳动奖章"、"五四青年奖章"和"三八红旗手"等。这些荣誉分别由国务院及党领导下的三大群众组织——中华全国总工会、共青团中央和中华全国妇女联合会[1]——评选、授予、表彰，而这三大组织各自面对的是荣誉

---

[1] 中华全国总工会、共青团中央和中华全国妇女联合会是中国三个最大的官方—群众性组织，它们具有明显的官方特质：一方面，就行政级别而言，它们与国家部委同级，享有国家部委级政治待遇和资源；另一方面，它们在全国各地、各个级别的行政单位拥有自己的不同层级的机构，从中央到地方，从政府部门到企事业单位，全国妇联的基层组织也以村妇女代表大会的形式深入到村一级行政单位。这三大组织及其各级机构有效地联系起了国家与劳动者、青年和妇女的联系，促进了各组织所面向的社会个人的发展，同时也对社会产生了政治影响。具体而言，工青妇为代表的中国群众组织都是在中国共产党领导下存在和开展活动的，接受和服从中国共产党领导是这些组织的根本性质；这些群众组织是拥护和支持中国共产党以及国家政权的重要社会支柱，在中国共产党对国家政权和社会基本成员的领导方面起着重要的支持和协助作用；这些组织兼顾群众利益代表者和共产党、国家政权意志代表者的身份，在中国共产党、国家政权和基层群众之间起着重要的沟通、中介、协调和传到作用；不论这些组织是不是纯粹的政治组织，它们的政治作用和政治色彩都十分明显。见吴爱明、朱国斌、林震著《当代中国政府与政治》，中国人民大学出版社，2004/2010，第47页。

授予对象分别为劳动者、青年和妇女。与当代中国的荣誉有关的研究主要集中于两个方面：一是介绍中国国家荣誉制度，详述中国有哪些荣誉、授予对象是谁，等等（张树华、潘晨光，2011），这方面的研究有丰富详实的资料，但并没有展开学术性的分析；二是建立在个案访谈基础上的对荣誉获得者的研究（齐燕庆，1996；宋婧，2003），这类研究由于个案方法的资料所限，未能在个人与国家政治之间进行沟通。不过，另一些并未以"荣誉"或"表彰"为主题的研究涉及到了相似的主题，即社会主义中国如何通过"表扬"和思想激励来实现对人的行为的塑造和意识形态的教化（Chan，1985；Bakken，2000），Bakken（2000）在他对中国示"模范社会"（the exemplary society）的分析中详述了表扬教化的各个方面并对树典型、学模范活动进行了讨论。

荣誉与国家表彰并不是中国所独有的，除了军功奖励，当代各国也依然着对突出个人的荣誉授予与官方表彰，例如总统奖、杰出公民奖以及专业性较强的科技奖、艺术奖等等。以美国为例，它的荣誉从战争中孕育，并逐渐演变为平民奖章，授予在各领域做出贡献的平民。美国的国家奖励分为总统奖励和国会奖励，包括总统自由奖章、总统公民奖章、反恐战争奖章、国会奖、国会金质奖章、功绩奖章、美国参议院生产力奖章以及勇士奖章等（余瀛波，徐建红，2008）。与当代中国的荣誉制度更为密切的是社会主义苏联的荣誉体系，列宁曾提出要用"榜样的力量"、特别是要用"劳动公社的模范"和"模范公社"教育群众（杨春华，1990；赖静萍，2011），1919年他倡导"模范的共产主义星期六义务劳动"典型；1935年斯大林发起了著名的斯达哈诺夫运动（Stakhanovism）来树立、表彰先进工人并激励全体社会主义劳动者[①]；中国劳模的设立与斯达哈诺夫运动密不可分。而朝鲜也在以国家名义表彰先进劳动者，称为"劳动英雄"。张树

[①] 1953年中国翻译出版了苏联斯达哈诺夫运动的三篇文献，包括斯达哈诺夫本人的《斯达哈诺夫运动诠释》以及发表在苏联VOKES杂志第五十七期的《斯达哈诺夫运动的新特》和第七十六期的《战后斯达哈诺夫运动概况》。见【苏联】斯达哈诺夫等著，孙斯鸣译，《今日的苏联17·斯达哈诺夫运动，上海出版公司印行，1953年。

华、潘晨光等人在《中外功勋荣誉制度》（2011）一书中对各国的荣誉体制的进行了详细的介绍；但与此同时，对荣誉体制和国家表彰的系统的学术研究却迟迟未展开。

作为国家表彰，"三八红旗手"是国家—社会关系的体现：在历史维度上，它一改通过国家表彰来实现伦理教化的传统，从而由国家倚赖以家庭为组成方式的社会变为国家控制以单位为组成方式的社会；在现实维度上，它通过荣誉评选和授予有效地沟通起国家、社会以及个人，同时它也敏感地反映出当代国家—社会关系的变化。国家—社会关系是社会科学中一个重要问题，也是一个研究框架。中国的国家—社会关系存在争议，它是基于中国以外的经验现实提炼的问题，是基于一种权利分立的观点而形成的设问（张静，1998）。与本文相关的研究集中在这样的主题：中国的新富阶层拥有何种政治特性、他们与国家的呈现何种关系。作为推动"社会"一端的力量，社会团体和中产阶级本该是发展社会并削弱国家的力量，但实际上原本作为社会自主性和民主化力量的代言人的社会精英与中产阶层在当代中国的国家—关系中倾向于与国家妥协而不是对抗，更愿意从与国家的合作中获得特权而不是从与国家的对抗中争取权利（郑永年，1994，245；Goodman，1996 & 1998，258；Pearson，1997；Dickson，2003；戴东清，2005；McNally，Wright，2010）。这些研究指出，主导着"社会"的中产阶层普遍支持维持政治现状，而不倾向挑战政治权威，他们对于民主并不感兴趣，因为他们需要的是一个可以维护秩序、收取贿赂、保障其特权的政府。"三八红旗手"所处的国家—社会关系正是处于产生上述不同观点的中国情境中，这个情境让许多看似矛盾的观点由于现实的复杂性和不明确性而能够获得调和，也让本文的研究对象找到诸多契合点。下文的分析将说明，三八红旗手的评选表彰显示了国家的权威，它的宣传又体现了社会一端的诉求，而荣誉获得者身份的变化印证了国家与社会精英的合谋。但此处需要指出的是，目前大多数国家—社会关系的研究均以"社会"为切入点，例如社会团体、社会精英等。然而，实际上这种合作与妥协的局面的形成也与国家为了获得社会资源所采取的政治策略有关，这就需要以"国家"为视角来考察它与社会的关系，国家荣誉正是这样一个切入点。

此外，"三八红旗手"是一项针对女性而颁发的荣誉，荣誉获得者形成了中国社会一个特定的女性群体，因此"性别"是本文不能绕过的一个视角；但正如上文所说，荣誉获得者由国家和政府评选并表彰，所以"性别"在本研究中显得并不纯粹，它作为对政治的回应而存在，甚至被政治因素弱化到不可思议的程度——这种弱化基于中国妇女运动在近代以来的民族—国家建构史中的有限空间，也基于中国共产党政权卜将妇女视为单命斗争、政权巩固和社会建设的力量的逻辑。本文在此处不对这种在国家政治中的"性别弱化"的历史渊源和现实原因做详细分析。

三、资料来源与研究方法

本文所采用的资料与方法一方面在文字来源上兼顾历史档案、近年政府公文以及媒体报道，力求以官方话语与社会话语体现荣誉评选的变化或固化，另一方面在调查上兼顾他者经验与自我经验，以他者经验为基础并通过自我经验来发现新问题。

1. 档案分析

全国妇联保存了几乎所有的三八红旗手的相关资料，它们包括以下四类。一、《全国三八红旗手名录，1960—2006》：2006年全国妇联办公厅联合全国妇联档案资料处对历年三八红旗手的姓名等基本信息进行了搜集整理，资料汇总成为"全国三八红旗手名录，1960—2006"并出版，除了1960年的部分缺失和少数遗漏、错误[①]，该资料较为齐全，它按年份划分，包含的三八红旗手人口学资料包括姓名、单位、职务、推荐/上报单位，但受现存档案所限部分信息并不完整。二、"登记表"：评选时红旗手来源单位将各自评选出的候选人以登记表形式上报，其产生和保存都不完整，但提供了最为详细的资料。笔者将近2个月时间搜集了5260份三八红旗手个人登记表，主要信息

---

① 例如某年出现两位同名同姓红旗手时漏掉其中一位，又如在录入过程中漏掉某页的档案资料。笔者用原始档案对这些遗漏和错误进行了补充和改正。

包括：姓名、性别、出生年月（或年龄）、民族、文化程度、政治面貌、工作单位及职务、通讯地址、邮编、联系电话、主要获奖情况、主要事迹、推荐单位意见、省（区、市）妇联意见、全国妇联审核意见。三、"汇总名册"：全国妇联档案资料处保留了1979年、1983年、1985年和1989年的较为完整的汇总名单，这些年份的《名录》也在此基础上完成。汇总名单是各个推荐单位对上报的红旗手的基本信息进行的汇总，每人一行，其信息包括姓名、性别、出生年月（或年龄）、民族、文化程度、政治面貌、工作单位及职务。汇总名单覆盖了这四年的18，619名红旗手。四、官方授予文件和官方出版物：官方文件，特别是官方授予文件包括常规化大规模表彰决议和个别授予文件[①]。共有52份包含红旗手人口学信息的个别授予文件，其来源为在全国妇联档案资料处和"中国妇女网"文件库。此外，一些相关的官方出版物，例如先进女性宣传手册、妇女典型事迹材料汇编等，也包含着有关信息。除了以上四类资料之外，先进女性事迹材料、业务往来的政府公文以及媒体报道也在成为本文的资料来源。本文对32091名红旗手进行了编号，即No.1到No. 32，091；根据三八红旗手的评选情况和重要政治事件将三八红旗手的五十二年的历史划分为1960年、1979年、1982—1988年、1989—1991年、1992—2002年和2003—2012年六个时期[②]，每个时期用STATA随机抽取了500个样本，总共抽取了3000个样本并将其人口学档案资料进行录入，最终形成了可用作进一步研究分析的数据库。

　2.参与式观察

　2012年2—3月、8—9月以及2013年的1—3月，笔者为进行三八红旗手的研究进入全国妇联，在主要负责该荣誉评选、表彰与宣传工

---

① 个别授予的三八红旗手并没有登记表或名册存档，因此这授予文件成为其唯一资料来源。

② 为了使时段划分围绕中国社会发展和政治事件，本文的红旗手档案信息截至2012年3月评选表彰的全国三八红旗手。2013年的评选是在新的社会政治环境下进行的饿，中共高层和政府高层进行了更新，以习近平为首的新一届领导上台。在新的环境下，2013年的评选很快就显示出了不同，例如3月取消了最为重要的活动之———人民大会堂的表彰大会。在2013年3月到5月之间，全国总工会、共青团中央和全国妇联陆续实现了主要领导的新老交替，5月初，原中共中央组织部常务副部长沈跃跃接替陈至立成为新一任全国妇联主席。

作的宣传部进行实习调研，亲身参与了三八红旗手的部分相关工作。这些工作看似琐碎，却让笔者有机会亲身了解该荣誉的产生过程，这个笔者参与的过程包括三个方面，即评选、宣传以及颁奖。笔者参与的主要是全国妇联层面的评选过程，这个过程包括向35个单位发送下一个年度的全国三八红旗手评选通知、审核各单位拟定的名单、以及三八红旗手标兵的评选。琐碎而漫长的过程兼具了模式和异数，既有围绕一个荣誉评选的展开的行政组织的既定程序，也有因为突发事件而不得不做出的改变。宣传包括妇联系统的内部宣传和对外宣传，前者主要以办公厅文件形式印发该年最终获奖名单下发各个单位，后者主要为组织主流新闻媒体进行宣传报道。表彰过程涉及众多环节，包括制作奖杯/奖状、进京受表彰的先进个人的交通食宿安排及接待、组织先进个人参与表彰大会及妇女节相关活动等等。表彰活动让笔者接触到三八红旗手个人，并在实际工作的参与过程中观察并体会到"仪式"的功能。

　　3.访谈

　　本文采用访谈法获得了大量一手资料。访谈对象集中于两个群体，一是妇联干部，共13名，兼顾了全国妇联、省部级妇联、市级妇联以及县级妇联4个级别，在地理上涉及了中国东西南北共5个省市以及1个同级行政单位；二是全国三八红旗手，共22名，在获评时间分布上从1979年到2012年，在地理范围上则更为广泛；也有一部分零散的非正式访谈，源自于负责2012年和2013年的全国三八红旗手（标兵）及妇女代表的接待工作过程中与红旗手代表的"闲聊"。

第二章　半个世纪的群体面貌

　　基于六个时期的3，000个抽样样本，本章将描绘这半个世纪以来全国三八红旗手的年龄、民族、政治面貌和受教育水平。红旗手们的职业分布将在下文详细展开。

一、群体面貌的变迁：年龄、民族与政治面貌

年龄：3000样本中，有1808位第二到第六时期的红旗手的档案资料包含了年龄或出生年月信息，1960年的该项信息全部缺失，而第三时期（1992—2002年）的相关资料也不完整①。红旗手的平均年龄为43岁，其中年纪最小的是一名17岁的杂技演员，而年纪最大的是一名79岁的退休干部。从第二到第六时期（1979—2012年），红旗手的平均年龄变化不大，较为稳定但有所增加，分别是41.9岁、41.79岁、43.79岁、44.82岁和45.02岁，而标准差逐步缩小，从11.0减少到7.9。

民族：同样地，1960年的民族信息也没有保留，数据库中有1778名从1979年到2012年的红旗手的资料中有民族信息。这五个时期中，平均汉族所占比例为90.72%，但20世纪90年代这个数字稍有下降，为89%。为了更为清晰地了解三八红旗手的汉族比例与全国人口的汉族比例是否存在差异，表2—1对这二者进行了比较：

表2—1　　　　　总人口与三八红旗手的汉族比例（%）

时期	1953	1964	1982	1990	1995	2000	2010
全国总人口	93.92	94.24	93.30	91.92	91.02	91.59	91.60
全国三八红旗手			90.95	92.49	89.41	89.41	89.5

*资料来源②：

1.《全国三八红旗手名录，1960—2006》（全国妇联办公厅编，中国妇女出版社，2007年）。

2. 中华全国妇女联合会宣传部档案、中华全国妇女联合会档案资料处档案。

3. "中国妇女网"——资料库、文件库。

4.《中国人口年鉴》（1985—2011）；《中国人口统计年鉴》（1988—2006）；《中国人口与就业年鉴》（2008—2010）。

1990年前后是一个特殊时期，这段时间三八红旗手中的汉族人口的比例比总人口汉族比例高，而在其他各个时期，三八红旗手的少数民族人口比例比总人口的少数民族比例高。这种差异预示着评选红旗

---

① 在20世纪90年代，1998年以前，三八红旗手这项荣誉的评选工作并未常规性开展，而是授予一些获得其他妇女荣誉的先进个人，因此，登记表及信息汇总表都出现了缺失。

② 以下图表、表格资料来源均同此。

手时对少数民族身份的偏好，这种偏好也在与妇联干部的访谈中得到了证实。而少数民族红旗手相对高的比例也显示了政府主导下的国家荣誉的特点：作为中国共产党领导下的群众组织，妇联同样也承担着稳定社会群体、调和社会矛盾等职责，而加强民族团结正是一个有效途径，同时也能够促进国家—社会关系的良性发展。为此，一定数量的红旗手荣誉被授予了少数民族女性代表。通过荣誉授予，国家不仅肯定了少数民族女性为社会主义中国做出的贡献，也彰显了党和政府对少数民族发展事业的关心[①]。然而，在1990年前后则出现了异数，关于这个特殊情况将会在下文结合红旗手的政治面貌的有关数据进行分析。

政治面貌：2012年底，中国共产党党员超过8200万人，在全国总人口中的比例不足6%。然而，在全国三八红旗手当中，党员的比例非常高，从1979年到2012年这一比例平均为89.6%。图表3是第二阶段到现在的三八红旗手中的党员比例的变化情况，略有波动，在近20年间成一个缓慢下降的趋势。

表2—2　　　　　　　　全国三八红旗手党员比例

时期	1979	1982—1988	1989—1991	1992—2002	2003—2012
比例（%）	91.27	86.59	95.28	92.00	88.69

有两个方面需要注意：第一，中共党员的比例相当高；第二，从第三到第四时期，三八红旗手中的党员比例有一个明显的激增。实际上，在官方的评选文件中并没有对党员身份的偏好；相反，在某些年份里的评选特别强调了对其他政治面貌的候选人的偏好，例如"群众"以及八个民主党派成员[②]。然而，为什么实际上中共党员占据了红旗手的绝大部分呢？中共党员与红旗手的这个巨大的重叠部分可以被政治控制与社会个人的共生关系（entwined evolution）所解释、同时也是这种共生关系的一个指标。一方面，不同领域的卓越女性更有可能成为单位内的积极分子、从而更容易加入中国共产党；另一方面，作为中共党员，这些先进女性也更有可能在事业上获得成功。这种共生

---

① 在某些年的官方评选文件中规定，各级单位应该评选出一定比例的少数民族女性。

② 在1983年，三八红旗手特意单独授予了8位民主党派人士。

关系逐渐演化成为更具体的政治权力和上层个人的亲密关系，并形成了一个互惠机制：政党身份促进个人的成功，而反过来，成功的个人对政党奉献自己的时间、能力和忠诚。近年来，虽然三八红旗手中的党员比例依然很高，但是有更多地来自体制外的、政治面貌为"群众"或民主党派成员的先进女性成为三八红旗手，这些女性较少受到党员身份的影响。在这种情况下，互惠机制是否依然有效？该如何修正以使得这种行之有效的机制持续运转？这些问题将在"调和矛盾"这个部分中进行详细阐释。而关于第二个值得注意的地方，即第三和第四时期之间的党员比例的骤然上升则与当时中国特殊的政治环境有关。

二、文化程度：日渐扩大的差距

虽然官方评选文件中并未表现出对于高学历的偏好，但是数据统计结果显示，三八红旗手的文化水平远远高于中国女性的整体水平[①]。根据中国人口普查的划分标准，本文同时也将文化程度分为五个层次（未受过教育、小学、初中、高中/中专/技校、大专及以上）以进行不同群体的差异比较。不过，由于前两个时期（1960年和1979年）的相关资料缺失，本文的分析对象为1982—2012年的全国三八红旗手。

表2—3　　　　　　不同时期全国三八红旗手文化程度（%）

时期	1982—1988	1989—1991	1992—2002	2003—2012
大专及以上	13.31	32.82	77.11	85.20
高中/中专/技校	16.91	29.46	14.46	10.06
初中	31.29	25.84	6.02	4.19
小学	32.73	10.08	2.41	0.56
未受过教育	5.76	1.81	0.00	0.00

表2—3显示出受教育水平从一个较低的程度向一个较高的程度的转移。从1982年到1992年，文盲比例逐渐减少至零，这意味着从1992年起几乎所有三八红旗手都是受过教育的。相反，受过良好教育的红

---

① 红旗手的教育信息来自于登记表所登记之时，因此，这部分资料可以真实反映出红旗手们当选时的真实文化水平。

旗手比例显著上升，从少于15%增加至超过85%。这个趋势应该与中国人口、特别是中国女性人口的整体受教育水平的趋势发展相一致，表2—4是这三者的文化程度的比较：全国三八红旗手、女性总人口、总人口。

表2—4　　　受教育程度比例对比 1982—2012年

受教育水平	类别	1982—1988	1989—1991	1992—2002	2003—2012
大专及以上	全国三八红旗手	13.31	32.82	77.11	85.20
	全国女性总人口	0.35	0.99	3.00	8.85
	全国总人口	0.68	1.59	3.81	9.53
高中/技校	全国三八红旗手	16.91	29.46	14.46	10.06
	全国女性总人口	5.73	7.26	10.43	13.56
	全国总人口	7.48	9.04	11.95	15.02
初中	全国三八红旗手	31.29	25.84	6.02	4.19
	全国女性总人口	14.85	26.5	32.73	39.25
	全国总人口	20.03	21.46	36.53	41.70
小学	全国三八红旗手	32.73	10.08	2.41	0.56
	全国女性总人口	33.84	41.34	42.44	31.01
	全国总人口	39.94	42.27	39.97	28.75
未受过教育	全国三八红旗手	5.76	1.81	0.00	0.00
	全国女性总人口	45.23	28.95	11.41	7.33
	全国总人口	31.87	10.61	7.75	5.00

　　1982年到2012年间，无论是三八红旗手还是整体中国人口都享受更高的教育水平，享受到了教育发展的成功。然而，一方面，它们之间的对比显示出不一样的增长率，三八红旗手的受教育水平的提升速率远远高于普通人；另一方面，由于增长率不同，三八红旗手与普通女性之间的差距越来越大。此外，中国女性人口的受教育水平低于全体中国人口，她们当中有更多的文盲、而高学历者更少。表2—2的"大专及以上"几行显示了三八红旗手、女性人口和全体人口的高学历状况，三八红旗手拥有相对高的受教育水平是不难理解的，因

为她们是突出的先进女性。然而，她们与普通人之间的差距为何如此巨大、而且越来越大？一般而言，随着教育的发展，普通人将不断提高文化程度、获得追赶知识精英的机会，因此普通个体与先进人物的差距应该减小；而作为全体女性的代表，当这个整体处于低文化水平时，作为代表的人物的文化水平与她们的基数的差距也不应该太大，而且应该是逐步缩小。然而事实是，受过高等教育的女性在三八红旗手与全体女性的比例的差距从12.96%扩大到76.35%。在2010年，只有8.85%的中国女性人口受过大专及以上的高等教育，然而在她们的先进代表——三八红旗手——当中，这个比例却超过了85%。一方面，与政治面貌相似，更高水平的教育有助于事业的成功，间接地也有利于荣誉的获得；另一方面，当两位候选人条件相当时，文化水平有时也会起到决定作用，受教育程度更高的人更可能被推荐上报。虽然先进人物有更好的教育背景是合情合理的，然而这个巨大的差异却也会引起对所谓"广大女性的代表"的三八红旗手的代表性的质疑：三八红旗手能否被认为是全体社会主义中国女性的代表、或者说只是文化精英？下文将结合对红旗手的职业变迁的分析来回答这个问题。

三、社会政治变迁的影响

与数字中的形象一起变化的还有评选规则、评选缘由以及媒体中的女性典型等。以"评选缘由"为例，三八红旗手的评选历经了多次党的代表大会、逢十的国庆典礼以及五年规划，中国女性对这些政治方针路线的实践、对社会发展的贡献使得她们有资格获得国家荣誉，也使得以国家表彰来激励中国女性更好地实践与贡献变得很有必要。

表2—5　　　　　　　　　　评选缘由（部分年份）

1979年	庆祝新中国成立30周年
1985年	国际劳动妇女节七十五周年；十二届三中全会精神、四化建设
1989年	改革和两个文明建设
1998年	党的十五大；社会主义两个文明建设
2004年	中国妇女九大；全面建设小康社会

2006年	构建社会主义和谐社会；"十一五"规划
2008年	党的十七大；夺取全面建设小康社会新胜利
2009年	新中国成立60周年
2012年	胡锦涛总书记"七一"重要讲话和党的十七届六中全会精神；"十二五"规划
2013年	党的十八大

评选缘由带有浓重的政治色彩，这种政治色彩正是时代特色的体现，例如对经济发展的推崇、对社会主义忠诚的肯定、对道德品质的褒奖。除了官方文件，媒体中的三八红旗手形象也组成了文字的一部分。但值得注意的是，对三八红旗手的宣传报道权几乎完全掌握在国家媒体中①。备受媒体追捧的不同时期的明星三八红旗手是时代的产物，也承载着这个国家对女性的社会政治角色的要求。1960年的首次全国三八红旗手评选表彰是以"女界劳模"为目标展开的，为此最初几次全国三八红旗手的评选表彰将重点放在了社会主义女劳动者，郝建秀和赵梦桃首先成为这个时代的明星三八红旗手；改革开放大潮中的女性经济人物也是同样也是妇联组织需要的明星三八红旗手，技术创新、效率与效益、勤劳致富等成为明星三八红旗手的新标签，1987年全国妇联授予辽宁省本溪市东明商业集团总经理关广梅为全国三八红旗手，她的成就充分体现了"八十年代妇女敢于改革，善于改革，奋发自强，大胆探索的崭新风貌"②；90年代初期出现了上文所说的潘星兰与杨大兰，她们的表现契合了这个时期对全体国民的政治要求，而她们的女性角色则更具宣传价值和教育意义——她们是

---

① 表彰大会只允许新华社记者进入、三八红旗手表彰决定及公开事迹的发布源头即是全国妇联宣传部，至今社会媒体也只是以"转载"方式对这些文字进行自己的包装。因此，媒体宣传在很大程度上与官方文件相重合，这种重合不仅表现在官话的运用、精神的贯彻等刻板的方面，也体现在政治要求之下的对三八红旗手形象的塑造。

② 《全国妇联授予关广梅同志全国"三八"红旗手的决定》，1987年3月5日。这份授予决定弥足珍贵，因为此后再无对女企业家的单独授予，而本该随着社会经济发展而备受瞩目的女企业家群体在妇联的重点宣传中却显得十分暗淡，就数量而言她们在三八红旗手群体中占据了重要的份额，在第五章对红旗手的职业分析中将用数字说明这一点，但个人明星光环似乎刻意在避开她们，她们在获得经济领域的无限风光的同时似乎也失去了成为明星红旗手的资格。

在用孱弱之躯抵抗歹徒、践行对党、对人民、对国家的责任[①]；而在90年代中期，随着"社会主义精神文明建设"成为政治主题，李素丽成为这一时期、这个主题下最耀眼的明星，她"为传播社会主义精神文明做出突出的贡献"[②]。21世纪的第一位明星三八红旗手是原河南登封市公安局局长任长霞，她组织破获了多起大案要案，维护了社会治安、稳定了政治大局，代表了国家干部的良好形象。近年来，随着对"道德"问题的关注，全国道德模范成为新的宠儿，而"道德"也成就了近来最有影响力的两位明星三八红旗手——"最美妈妈"吴菊萍和"最美教师"张丽莉，她们由于突发性事件一夜成名，她们的事迹似乎为这个道德信仰缺失的社会带来了可燎原的星星之火。

　　与其他荣誉不同，三八红旗手的评选标准一方面是社会政治的体现，但另一方面也基于女性本身的视角。这种二重性体现在，荣誉获得者既可以是社会主义建设中"去性别化"的个人，也可以是结合了鲜明性别特色的先进分子。官方对女性典型的要求首先体现在对"去性别化"的先进劳动者的强调，她们获得荣誉的筹码是工作，是超额完成国家的任务，是为社会主义多做贡献。这些"铁娘子"的成就无关乎性别，她们与男性劳模一样成为国家所倚重的力量（Honig and Hershatter，1988; Young 1989; Hershatter，2004）。其次是随着对经济发展的强调所导致的对致富女能手的肯定与表彰，不仅仅包括女性企业家、也包括基层女农民，这些获奖者及典型的塑造契合了国家对经济发展的鼓励。再次是对女性公务人员、知识分子等人的肯定，在劳模评选尚未将她们纳入其中时，三八红旗手已经注意并及时表彰了这批人，除却专业领域或单位系统内部的奖项，三八红旗手无疑是一个适合她们的官方奖励，女警、女科学家等也往往成为典型。这些类型更多地是以社会政治视角来衡量先进女性，当然她们的成就也因贴

　　①　潘星兰与杨大兰是湖北省枝江县董市镇桂花信用分社的女职工，在1989年12月25日凌晨值班守库时与持刀歹徒进行了殊死搏斗，拒不说出保险柜密码及钥匙存放处，最终杨大兰壮烈牺牲，潘星兰深受重伤、被歹徒割去左耳。她们的事迹犹如这一特殊时期的强心剂与定心丸，立即受到了各级组织的高度重视，一时举国轰动，江泽民、杨尚昆、李先念等党和国家领导人接见了潘星兰并为"二兰"题词。

　　②　全国妇联资料，《李素丽事迹材料简介》。

上性别标签而显得更为来之不易，但此外也有更为具有女性特色的获奖者，她们中的代表之一就是"军嫂"，"军嫂"身上所体现的不仅仅是与丈夫共有的对国家的忠诚，同时还有对家庭的责任与义务；此外，还有70、80年代的"保育员"（党政、国企、军队等幼儿园的教员）等服务人员，她们获奖是因为其工作支持了国家行政机器的正常运转，这也是典型的女性角色。

无论是数字、文字，还是我们耳熟能详的明星三八红旗手，时代的变迁无疑地塑造了这项荣誉的历史趋势。三八红旗手面向社会，却是国家政治生活的一部分，而国家—社会二重性也为这个荣誉提出了不少问题：略显空洞的评选要求如何实现在现实层面的操作？这些问题将在下一章围绕三八红旗手的产生这个主题展开分析，而红旗手整体形象进一步的历史演化也将在下文呈现。

第三章　三八红旗手的评选

全国三八红旗手的产生带有强烈的行政指令色彩，它生动展现了中央—地方以及上下级之间的互动。五十多年的实践已经让官方荣誉的评选者发展出一系列策略；而令人吃惊的是，这些策略在评选规则的弹性空间中不约而同地发展出了极大的相似性。

一、地方策略

名额分配是1960年以来一以贯之的规定。以35个省级单位妇联为界，每一年度的全国三八红旗手的名额问题被一分为二：在中央与35个单位之间是等额问题，中央要求多少、地方上报多少；在35个单位内部的各级组织实行名额再分配和差额评选候选人，最终产生了地方上报中央的等额名单。

1. 名额分配与两个平衡

按照"建制"平均分配是35个单位向下一级组织进行名额分配

的最主要形式，例如省级妇联将名额平均分配到各个地市，而解放军将名额平均分配给各个军区。在访谈和参与中，笔者发现，名额分配需要以"地区平衡"和"行业平衡"为原则。U省执行的就是严格的"各市（地区）+省直（行业）"的名额分配方式："我们就是结合，省直的一半，也就是系统行业的；然后还有一半呢是分给地区。各占一半。名额呢，也是个人和集体加起来分配的。像全国的名额呢，每年给我们都多少，几个个人，几个集体，加起来。……然后各个行业，部门啊，企事业啊，大中院校，也很多，交给省直，有XX个单位。我们就是让地方推荐报上来，地区和行业，然后再定夺，从中选出。"（U省妇联干部B访谈）

"行业"方面除了以省直机关为来源，也有其他做法。J省会考虑其他省直机关之外的行业："……剩下的话，我们就是兼顾一些行业，比如说，比较重要的重点工程，因为我们现在不是各个地方，各省都在修地铁啊，做一些重要的项目建设，这种重点工程我们一般会给他们一个"（J省妇联干部W访谈）。

天津的名额分配方式虽然也是依据"地区"和"行业"的平衡，但更为直接地把名额分配到各个行业中，当名额足够分配时等额评选；当名额较少时对候选人进行再一轮的筛选。2009年天津获得了60个红旗手名额和38个红旗集体名额，这个数量让评选能够兼顾所有行政区划（15个区、3个县）和行业单位[①]。在为2012年的表彰所开展的评选工作中，天津市获得了8个全国三八红旗手名额和5个全国三八红旗集体名额，而地区和行业共有29个"口"，那么必须从这29个"口"推荐的候选人中差额选出为数不多的候选人。

不过，有时候、有的地区并不采用三八红旗手和红旗集体名额数量相加再分配的方式，或者相加后名额依然不够，因此会采取其他策略，最普遍的策略就是轮流，它因保证了各地的平衡而深受欢迎：

① 这些行业单位包括：市委市级机关工委、市委政法委、市委宣传部、市委统战部、市委纪检委、市委国资委、市委教育工委、市委科技工委、市委城乡规划建设交通工委、市委金融工委、滨海新区工委和农村工作委员会见天津市妇联《关于推报全国三八红旗手（集体）的通知津妇发[2009]37号》，http://www.xinddy.com/html/third/art3_7232.html。

"你看我们有11个市，全国给我们6个，一个市拿不到一个的，这个也只能轮着来，这种大锅帽，今年给你，明年就不给你了。三八红旗手10个、集体6个，我们还有省直，（总共就有）12个，轮着来。有时候省直不一定能轮得上，先给了市里，省直的就没有了……三八红旗手呢，有时候，有一年吧，是让她们每个市报一个，然后再去掉几个，有一年是这样。但是呢大部分都是大锅帽，轮着来。"（A省妇联干部J访谈）

省级妇联之外的其他几个单位更为直接地向各下级单位下放任务三八红旗手名额分配任务。以新疆生产建设兵团为例："我们兵团是十四个师，农垦区，我们叫农师，采用的是党政军企合一的建制，所以我们的（候选）人就是从这十四个师上来，由她们报过来。我们有农场，有牧场，团场，有企业，有学校，有武警，这些都有（先进女性）。兵团里女性占49.7%，有120多万，都分在各个口里。"（新疆生产建设兵团妇联干部F访谈）

在保持地区和行业平衡的同时，也有一些特例会获得格外的倾斜，例如重点地区和女性较多的行业。U省的省会K市由于人口多、经济发展水平较高、有"龙头单位"，自然而然地"拥有更多的先进女性"，几乎每次都能够获得全国三八红旗手的名额；T市会照顾女性较多的窗口行业，因为其中的一线女性居多。不过，各个单位对该有所倾斜的看法也不尽然相同，J省妇联就认为女性占少数的行业也能够出典型，这种偏好合情合理、也与领导的意见有关："就是'急难险重'的，我们是有考虑这些。比如说重点工程，它长期是在工地，虽然说女性比较少，但是女性在里面所能起到的带头作用也还是比较突出的……大型的，比如说电力，电力里头其实也有很多女性……因为我们自己的领导，我们的主席就是电力系统过来的，所以她自己曾经就是要背着电工包、爬上非常高的塔楼，所以她非常了解电力里头，虽然说收入是比较高吧，但是这里头的艰辛也是挺多的。"（J省妇联干部W访谈）

尽管方式不同，但是地区和行业的平衡总是被坚持，名额分配有条不紊地让以不同标准来划分的各个方面——无论是不同地区、不同行业、还是不同级别的组织——都满意地共享着荣誉资源。然而，这种看似和谐的等额分配方式的正当性却被忽视，一个最为简单的逻辑就能让等额分配的不合理尽显：合格的红旗手怎么可能在每一年每个市刚好出现一个？同理，山东省与河南省何以恰好年年产生同样数量的先进女性？先进人物的产生是一个自然的过程，而这个自然过程的表现首先应该是偶然性所带来不平衡，某个地区可能比其他地区出现了更多见义勇为者，某个行业可能比其他行业出现更多创新者。在国家荣誉与行政管理的意义上，这种自然产生并且天然存在着的先进女性既不能兼顾行政组织与社会行业的公平公正、又因零散而不能产生全国层面上的规模效应，因此人为的等额分配摧毁了这个自然过程，这一分配原则下，全国各省以及4个单位每次都能有符合规定名额的在数量上相去无几的先进女性出现、同时她们应该覆盖各行各业；而在中央的这个原则的指导下，地方也假设各个行政子单位每次都能产生平均数量的候选人。地区平衡与行业平衡导致的后果是对荣誉评选目标的偏离：它可能遗漏同地区同行业的次优分子、又因平衡地区和行业而接纳了原本平庸的候选人。两个平衡原则的建立与实施也催生了造模运动，因为同一地区、行业内的竞争愈发激烈，而这种竞争使得每个有可能入选的候选人的形象都不断地向高大全的方向发展。

　　2.差额过程与三标准

　　从名额的分配方式中可知，在各个层级，先进女性和三八红旗手的名额都无法达到完全的契合与匹配，而大多数情况是候选人多但名额少。这种情况下需要进行的是差额，其一是市级妇联、省直机关或各行业内部进行的择优，另一种是省级妇联等单位从超出规定人数的候选人中进行优中选优。

　　第一种差额发生在省级以下，当某市/单位存在比所分配到的名额更多的候选人时，就要进行比较、淘汰部分候选人，进一步往上级部门上报。由于市级妇联所能分得的名额十分有限，有时候"差额"在市级妇联的日常工作考察中已经完成，这得益于妇联在日常工作中对本地的女性先进个人已有的一些了解，也有助于妇联提前为本地区争取到候选人名额。为了使得候选人进入市级妇联视野并在"差额"

中获胜，候选人的事迹必须一再突出、形象必须更加丰满。2011年，云南某市"相中"了一位年轻的见义勇为女英雄："我印象深刻的是一个叫铁飞燕的孩子，是个90后。92年出生的小姑娘。当时啊她是跟她父亲去旅游，一开始这事迹不是在云南，是发生在她去四川旅游的途中，她发现有人落水，二话不说就下去救人。天气还挺冷的，而且她是在生理期……铁飞燕的事迹很难得，一个小姑娘，后来我们知道她还收养弃婴。而且特别是作为90后……这个时候大家不都觉得90后都是一些比较不好的吗，铁飞燕就能很好地纠正这种认识，也很能给其他年轻人树立一个好的榜样，让大家知道年轻人有这样的思想境界。当时我们也展开宣传活动，挖掘她的事迹，让更多的人认识她、了解她、学习她！"（M市妇联干部W访谈）在这个造模过程中，年龄、性别以及生理期、见义勇为等因素被发现并被放大；而对她的事迹的"挖掘"使得各组织与社会媒体满意地发现了她的少数民族身份，她以微薄收入收养了一名弃婴，她在收费站工作中勤勤恳恳、助人为乐、堪称楷模。在这些因素的共同作用下，铁飞燕成为社会媒体与官方组织的宠儿并被塑造成为万千人学习的青年偶像。2013年，20岁的她在云南省第十二届人大一次会议上全票通过当选为全国人大代表。

差额更多地发生在第二个过程，即省级妇联等单位进行的优中选优。差额评选需要解决的两个问题是"谁来选"和"如何选"。一般来说，省级妇联担任了裁判，例如J省："各个单位很希望这个名额能够落到他们那里，每次知道要评选了，很多人的电话都会打到领导那里来，也有一些跟领导的关系比较好的，但是基本上我们的原则就是刚才所说的，一是首先这个人要站得住的，不是说先考虑什么单位的；其次就是说，党组的大家一起来讨论，因为她跟一个领导熟不可能跟所有领导熟啊，所以我觉得这种党组研究的工作方式还是比较好……我们党组会就跟辩论会一样的，有什么质疑和意见都会说出来。"（J省妇联干部W访谈）

不过，有时候最终名单是妇联联合其他单位共同决定的，这种方式既能获得多元化的意见、做出更为公允的评选，又能将责任分散化，使得这些单位也必须对最终决定负责。天津、河北等地采取了这种方式："我们会组织三八红旗手的评委会，主要是由市委宣传部、组织部，还有纪委，文明办，人力的，还有社保局，还有工会和团委等等等等，相关部门的负责人参与，让他们派评委过来。评委会主要通过了解她们的事迹来投票，决定最终的人选……形式就是先进事迹报告，讲述事迹，结合PPT，通过这样的形式来了解候选人、了解候选人做了哪些工作、有哪些突出的事迹，然后评委们会有自己的判断，进行投票。"（天津市妇联干部Y访谈）

"如何选"需要有一些标准和条件来比较候选人的"优"与"更优"。这些评选标准中最重要的是事迹先进性，所有妇联干部都提到、并且强调了"看事迹"、"比先进"。对于抽象的"先进性"，可操作的方式是转化为"行业领先"和"特殊性"，前者是最为普遍的衡量方法。大多数省份规定得非常笼统，仅有"行业内领先"或者"作出突出贡献"简单几个字[①]；有一些省份会优先考虑某些行业中的先进分子；有的单位会规定具体指标，新疆生产建设兵团一师阿拉尔市详细指明了衡量方式，例如"农业系统：利润、产值在本单位、本行业名列前3名"、"医疗卫生系统：无医疗事故和纠纷，在护理和患者测评中满意度高，群众公信度高，在近三年考核中获得一次优秀"[②]。与此同时，"特殊性"能够成为进一步"挖掘"先进性的动力，也能够最终在相似的先进程度的候选人中决出胜负。"（常寿兰）刚开始不够丰富，没有深入去挖掘材料。通过我们进一步深入的了解，我们发现，欸，她的事迹是很特别的！在我们新疆边区，塔城的电影放映员，做的是基层工作，非常艰苦的。她一干就是这么多年。然后呢，她又是少数民族，达斡尔族。还有就是，我们后来知道

---

① 全国妇联和天津市妇联2009年评选文件中对此项标准的文字叙述均为"在全面建设小康社会、构建社会主义和谐社会的伟大实践中锐意进取、奋力拼搏、艰苦创业，为社会主义经济建设、政治建设、文化建设、社会建设以及生态文明建设作出了突出贡献"；见全国妇联《关于评选表彰全国三八红旗手（集体）的通知妇厅字 [2009] 9号》；天津市妇联《关于推报全国三八红旗手（集体）的通知津妇发[2009] 37号》。

② 新疆生产建设兵团一师阿拉尔市，《关于印发<一师阿拉尔市"三八"红旗手（集体）管理办法（试行）》的通知>师市办发 [2011] 53号》。

她丈夫去世了，非常辛苦，非常的不容易，还有一个女儿……所以，这些事情一加进来，她的事迹就特别感人，是很有代表性的典型。"（新疆维吾尔自治区妇联干部R访谈）。常寿兰身上的地理、民族、家庭等特殊因素让她具备了成为模范的条件，新疆边境让她的事迹更为难得、达斡尔族身份让她成为民族团结的一面旗帜，而她家庭的变故使得她成为自立自强的代名词。在后续的宣传报道中，这些因素被不断放大，也塑造了高大全的形象。

第二个标准和第三个标准分别为"曾获荣誉"和"是否已经成为典型"。由于有了"曾获省部级及以上（含省部级）荣誉"这个标准，因此一般而言地市妇联往省妇联上报的候选人都是符合这个要求的，为此需要进行进一步的比较。首先，荣誉的"质量"比"数量"更为重要，这种"质量"也与评奖机构的等级与官方属性紧密关联。"我们更加注重党政机关、官方群众组织颁发的荣誉，同一级别的"优秀共产党员"比同一级别的"先进工作者"更被看重，也比我们的省级红旗手，还有五一劳动奖章和五四青年奖章更重要。但工会和团委的荣誉，就没比我们妇联的重要。"（T市妇联干部访谈）

第三个标准即是否被官方树为"典型"，"典型"的排序依据与"曾获荣誉"十分相似，即选树典型的机构的重要性和典型宣传力度的大小：一般是中宣部、省委宣传部本年的先进典型容易受到重视，比如我省推出的L。排序基本就是中宣部、全国妇联、省委宣传部。一般而言，可能受到省主要领导批示的典型会得到多一些的关注。妇联系统自己推出的先进典型其实也是妇联领导期盼的。（A省妇联调查问卷）

"如果有出现这种重大典型的话，那是肯定的，因为毕竟来讲，为什么涌现出来？就是因为所有报刊媒体都在宣传你；为什么宣传你，因为你是省宣确定下来的重大典型；为什么是省宣确定的重要典型？那就是省委的意见了。"（J省妇联干部W访谈）

"曾获荣誉"和"是否典型"之所以能够成为差额标准的最直接也是最重要的原因是，它们能够在较大程度上保证候选人是优秀的并能够经得起检验的；其次，以"曾获荣誉"和"是否典型"为参考是对颁发荣誉、树立典型的官方部门的认同和尊重，这种对官方行为的跟从使得一种组织内部、不同组织之间乃至政治领域内的趋同现象得以滋生；对这两个标准的参考也隐含着节约成本的考虑，评选机构的执行者需要对候选人进行综合审查，其成本高昂并且不一定能够实现，而已经被其他权威部门"认证"过的候选人的考察成本则可以省略；最后，这也是规避、分散风险的考虑，所谓风险即评选出了不合格的三八红旗手，"曾获荣誉"和"是否典型"不仅能够将不充分审查可能带来的风险降到最低，也能够在将来风险发生时找到责任的共同承担者：不是我妇联一家看走了眼。

正是由于三八红旗手这个官方荣誉评选方式中的等额分配与差额淘汰方式，大量候选人必须展开对有限名额的争夺。伴着这种争夺，造模运动应运而生，不平凡却平淡的人物与事迹变得生动起来，并逐渐向着高大全的完美形象发展。这也是第一阶段的造模，这一阶段的造模是为了确保候选人能够在激烈的竞争中获胜、顺利进入各个省级单位的配额当中。这些配额中的一部分人就此完成了她们身上的完美化，但另有一小部分人将会被卷入更为变本加厉的造模运动中。

二、中央统筹

在这个评选过程中，中央层面的权力无法在全国范围内直接参与对先进分子的考核与选拔，然而它作为规则的制定者、评选表彰工作的统筹者以及结果的公布者，一方面它有权以行政级别规则的逻辑对结果做出调整；另一方面它通过打造"全国三八红旗手标兵"使得最高级别的造模运动的主导权依然属于它。

1. 审核与调整：统筹者的权力

当35个单位将候选名单上报之后，全国妇联需要做的就是收材料、审材料。对材料的审核首先需要确保向全社会公布的名单的准确性，其形式是三八红旗手的姓名、地区和职务，例如"徐晓河南省郑州海龙集团董事长"，短短几个字的最终确定需要多次繁琐工作。有一种情况是一人在多个单位身兼多职，而最终落实在表彰决定上的只能有1—2个单位职务，因此需要与省级妇联、具体单位以及红旗手本人进行协调，而近年来全国妇联在三八红旗手的"职务"上加大了干预，这种干预表现在两个方面：一是对党委干部身份进行了空前的弱化，当某三八红旗手身兼党委干部与行政职位/专业职称/企业负责人时，全国妇联在资料审核中直接去掉党委干部一项、保留另一项职务叙述；二是在党委干部身份弱化的情况下对行政职务的进一步弱化，当从事非官方工作的三八红旗手同时身兼官方组织的较高级别职务时，该组织与三八红旗手在组织中担任的职位也会被抹去。在全国妇联看来，党政干部占三八红旗手的比例过大会产生不好的社会影响：一方面，三八红旗手这项荣誉是党政部门对社会先进人物的嘉奖，党政干部优先占据大部分荣誉资源将引起对荣誉的社会代表性的质疑；另一方面，过多的党政干部使得荣誉被视为权力交易的结果，特别是包括妇联在内的党政部门、官方机构之间的交易的结果，这会使得这项荣誉的合法性大打折扣。

对红旗手进行资格审核的主要依据是评选通知，需要遵从的包括"评选规则"和一些具体要求。最需要审核的集中在两个标准，一是是否曾获得过省部级以上（含省部级）荣誉称号，二是三八红旗手的行政级别，担任行政职务的级别不能是司局级及以上。这两个标准的执行较为严格，虽然也存在"原则上"与"实际上"的变通。例如在候选人行政职务级别的控制上，考虑到一些司局级女干部即将荣退、或女干部职务性质（驻外大使），规则便被打破；有时候对级别的控制也只是表面文章，在表达上以职称代替行政级别，例如以"高级记者"来取代部门主任一职。此外，还需要看各省、各单位上报的候选人是否符合评选文件中所规定的"妇联系统（包括妇联直属单位）的干部及单位比例不得超过15%"这个条件，某年即因为这个严格规定而使得一名清洁工取代了一位市妇联主席最终获评全国三八红旗手；但有时却依然只是表面文章，地方妇联为自己所报送的妇联干部更换了职务，例如社会社团的参与者或负责人。

中央统筹不仅确保评选表彰工作的顺利开展，还具有更多的意义：第一，中央不断地对地方妇联强调规则内的各种要求，这增加了对中央权威的认同；第二，中央要求使得地方在申报时必须严谨，而这种严谨则要求妇联组织与三八红旗手本人及所在单位紧密联系以获取准确信息，无形之中增强了妇联组织的社会网络；第三，存在着的变通的情况成为上下级关系的润滑剂，对规则之外的行为的容忍让地方妇联感受到了上级组织的特别优待，而它将为日后中央某些工作的开展赢得地方更多的支持；第四，中央需要估计这份向全社会公布的表彰名单所可能带来的社会负面影响，为此中央在通过对规则的严格执行以降低负面影响的可能性的同时更多地做了一些表面工作，从而成功地避开了一些可能带来的风险。

2. 十大标兵：中央—地方对顶尖女性典型的共同塑造

"全国三八红旗手标兵"这项荣誉始于2004年，原计划每两年评选表彰一次，但2010年后变为一年一次，这种变动与另一项两年一次的中国女性高级别荣誉——中国十大女杰——的取缔有关①。由于重点宣传表彰工作不能停止，与十大女杰实质相同的"全国三八红旗手标兵"年年评选表彰。标兵是红旗手中的最优秀的先进分子，她们从历年（含本年度）全国三八红旗手当中产生——这保证了她们已经通过至少一次严格的审核。它的评选工作与红旗手、红旗集体的评选工作同时展开，每个单位可以推荐一位标兵候选人并在上报红旗手（集体）时同时上报标兵候选人的相关资料。

地方对标兵的塑造并非易事，如上文所述，需要对她们进行挖掘，塑造出高大且丰满的形象，在强调其行为英勇、贡献巨大的同时也要发现她们其他方面的优点——几乎所有参评的女企业家都热心公益，几乎所有见义勇为者的行为都让她们身边的觉得"一点都不吃惊"因为她们在日常工作中就是如此乐于助人。不过，只有一个本来

---

① 中国"十大女杰"曾经是中国女性、也是全国妇联系统所表彰的最高奖。它始于1995年，由全国妇联与人民日报、光明日报、经济日报、中央人民广播电台、中央电视台等11家媒体共同组织评选，两年评选一次，共评选出了七届中国十大女杰。自2004年起，由于全国妇联在"全国三八红旗手"的评选中增加了"全国红旗手标兵"的评选，而"标兵"同样也定位于"中国女性最高荣誉"，于是十大女杰与十名红旗手标兵的评选则交叉年份评选，单数年份表彰十大女杰、而双数年份表彰"全国三八红旗手标兵"。但是到了2009年第七届中国十大女杰的评选结束后，中组部开始进行荣誉奖项的整改与清退，规定取消国家级带有"十大"字眼的荣誉，"中国十大女杰"的评选也随之停止。

就有料可挖掘的候选人才能被塑造出完美形象，于是如何确定候选人是一个最基本而且最重要的问题。天津妇联推荐全国三八红旗手标兵十分成功，2010年、2011年和2012年连续三年她们推荐的全国三八红旗手标兵候选人都成功当选，以2010年的标兵为例："滨海新区是我们国家非常重视的地方，这里的先进人物当然也非常具有典型性，她（张丽丽）既能够引起重视，评上后又能够发挥带头作用。区域受到关注，她们自身素质也好，这些都是推荐她们的原因，也是她们能够成功当选的条件……张丽丽，她是天津港的总工程师，东疆保税港区建设总指挥，个人的技术能力啊、业务能力啊，都非常强。现在她已经是天津市南开区区长了。她是道德模范，天津市道德模范，也是全国敬业奉献模范。"（天津市妇联干部Y访谈）

全国妇联收到各地申报材料之后首先需要审核标兵候选人资格。部分单位会因为没有合适人选而主动放弃申报，2012年即有7个单位放弃，因此最终只有28位候选人。审核资格时大量时间精力花在对候选人的姓名、单位、职务、出生年月、政治面貌、学历、政治身份（是否最近一次全国党代会代表、人大代表或政协委员）等基本信息和事迹材料的审核上，因为它们需要被公示，必须保证其准确无误。地方妇联对基本信息五花八门的填报方式使得中央层面的工作量变大，有的信息不完整，填报了年份而未具体到月份；有的信息不精确，在政治面貌方面时而是"群众"时而又变成"无党派人士"；还有的存在夸大的情况，例如获得提名却申报已经获评某荣誉。"夸大"应该是比信息不完整、不精确更为严重的劣迹，因为它直接针对的是最为重要的先进性的表现；然而，在全国妇联工作中，打击夸大信息显得并不那么重要，不仅因为操作困难，同时也因为工作本身的指向性——最重要的是确保那些一目了然的必要信息能够准确出现在公众视野中。因此，候选人究竟是几月出生的成了更需要去核实的问题，尽管它并没什么实质意义。

其次是材料加工，这部分的工作最耗费时间与精力，需要根据标兵候选人的材料整理出每人500字的"简要事迹"和每人3000字左右的"主要事迹材料"，而500字材料由于会被公示而显得更为重要。

3000字事迹材料详细而冗长，除了控制字数之外，就是检查语句、突出重点，这些事迹材料一般都需要小标题从而将模范的事迹分为几个方面并提炼出模范的先进性。2011年候选人曾玉萍的事迹材料中的小标题分别为"星星村的守护神"、"星星村的领头雁"、"星星村的活雷锋"①。材料加工的重点在于简要事迹材料，有几个原则需要遵守：第一，无实质内容的话尽量少写，这些语句显得空泛而且没有特殊性；第二，涉及数字的语句应给予保留，尽管其含义并不能被一般大众所理解，但是数字更为直观且动人；第三，若候选人是国企企业家，需特别说明其国企属性，因为作为国企掌门人的候选人被妇联视为是更具责任感与担当意识的企业家；第四，在简要事迹材料这段话的末尾要写候选人曾经获得哪些全国性的荣誉，而荣誉则遵照"党中央/国务院—妇联系统—其他政府部门/官方机构"来进行先后排序。材料的加工使得造模运动更上一个台阶，模范的先进事迹更加突出、形象更加丰满，而且每位候选人都变得十分模式化，这种模式化让她们的事迹一目了然。

当材料加工完成并且审核无误后便进行候选人的公示。2012年2月7日，28位候选人的资料在中国妇女网和中国妇女报进行为期一周的公示，公示内容包括：候选人的标准照和工作照；基本信息（出生年月、民族、政治面貌、单位、职务以及政治身份）；500字左右的简要事迹材料。除了用于公示，这些材料还用于最重要的标兵评委会的差额评选。全国妇联拟建立一个"标兵评委库"，由全国妇联领导（书记处书记）、全国妇联业务部门负责人（如妇女发展部部长或副部长）与主流媒体负责人（如经济日报社主编）等人组成。公示结束后，全国妇联从妇联负责人和社会媒体人组成的评委库中抽出11—15人，以投票方式进行评选。评委投票会将于公示期结束后召开，2013年1月30日确定了评委并向评委发出了邀请，在2月4日下午三点在妇联所辖某酒店举行了本年度的评委会，这些评委包括一位分管宣传工作的全国妇联书记、两位司局级全国妇联干部以及新华社国内部副主任、光明日报国内部主任、经济日报副总编、中国妇女报总编等人。

---

① 全国妇联宣传部《曾玉萍事迹材料》，2012年2月。

评选流程上，全国妇联分管宣传工作的书记作为评委会主席首先说明了评选规则并介绍了今年标兵候选人的基本情况，接下来是给评委发放材料，包括候选人名单信息汇总、简要事迹材料和详细材料。评委们拿到材料后进行了交流和讨论，提出自己的意见——他们的意见很可能与自己所负责的工作有关，当然也有的评委的建议没有行业领域针对性。接下来，工作人员给评委发选票，选票上印着各位候选人的序号、姓名、推荐单位和评委意见栏，评委在中意的15名候选人的意见栏里打勾。选票投入投票用的木箱后，立即进行唱票，选出得票最多的15人后再次进行15选10的投票，出现末位等票的情况则需要再进行投票，最终产生10名标兵。

标兵投票过程紧张而激烈。候选人的资料已经经过一轮轮的加工，造模运动也已经进行了很多次，有些候选人已经是耳熟能详的新闻人物，展现在评委面前的都是最优秀的候选人，选谁都有充分理由，弃谁都觉得可惜。社会氛围发挥了重要作用，例如这两年道德模范类的候选人得票都很高；甚至有时候一个人一句话改变了整个局面。2011年的第一轮评选中，女指挥家郑小瑛获得了很高的票数，几乎没有悬念必定能够当选，但在第二轮投票前，有位评委随口嘟囔了一句，"郑小瑛，郑小瑛什么奖没拿过啊！还在乎这个？"这似乎提醒了所有评委，荣誉等身的郑小瑛没必要拿该奖，于是她最终落选。由于各个评委思考的角度不一样，在大多数情况下票数很难集中，经常出现好几位候选人票数相等的情况，因此需要多轮投票，而最终名单的确定也充满了未知数，连着几年最后一次的投票是在末位等票的情况下进行的二人终极PK，不到最后一票被唱出就不知道是谁当。

评委会一致评选出10名标兵之后，这个结果将上报妇联书记处的会议，通过她们的决议后就进行公布。向社会公布时，全国三八红旗手标兵的宣传是十分重要的，最顶级的官方媒体必须挤出时间和版面来宣布这个结果。妇女节前夕，央视一套在新闻联播上宣布本年度的三八红旗手标兵评选结果，而人民日报和光明日报为这则消息留了版面，这是非常不容易的，因为二三月间总有太多事情占据了媒体的大部分资源，例如两会。人民日报对2013年全国三八红旗手标兵评选结果的报道如下：

本报北京 2 月27日电（记者潘跃）"三八"国际妇女节前夕，全国妇联作出决定，授予张丽莉等10人全国三八红旗手标兵荣誉称号。

她们是：面对生死抉择挺身而出，用生命诠释师德大爱的黑龙江省佳木斯市第十九中学语文教师张丽莉；坚守媒体神圣职责、与党心民意共振共鸣的人民日报社高级记者卢新宁；下岗创业不忘回报社会，倾心帮助困难企业渡过融资难关的江苏省吴江市巾帼农村小额贷款股份有限公司董事长钱阿玲；弘扬崇高医德、扎根基层服务群众的湖北省武汉市汉口医院副主任医师王争艳；传递先进企业文化、以大爱回报社会的河南省郑州海龙集团董事长徐晓；坚守当代军人光荣使命、在高危岗位奉献青春的中国人民解放军６６４２７部队销毁站副站长兼专业技术１０级助理工程师刘晶；勇攀科研高峰，在人类基因研究等领域取得重大突破的上海交通大学医学院教授黄薇；不畏高原艰辛跋涉，潜心藏区农业一线填补品种科研空白的西藏自治区农牧科学院农业研究所经济作物研究室主任尼玛卓玛；在平凡岗位追求卓越、带领班组创立百项创新成果的中航工业西飞国航总厂"薛莹班"班长薛莹；传播现代农业发展理念，在黑土地辛勤耕耘喜获硕果的黑龙江省哈尔滨市双城市周家镇东跃村农民刘彩华①。

这个豆腐块发在2月28日《人民日报》04版，虽然报道不长，但是确实在关于人大的报道的夹击中杀出一条血路已经实属不易了；同事，报道虽然短小，不过寥寥数字已经将每个女模范的闪光点刻画得一览无遗并且高大巍峨。此外，人民网在3月4日上午对其中3名红旗手标兵进行了访谈和网络直播；同一天晚上在中央电视台举办的专题晚会并给年度妇联评选的先进个人颁发了荣誉，但只有红旗手标兵的颁奖环节会在3月8日晚上央视一套播出。高层官方媒体的塑造虽然起点高、影响广，但是高层资源毕竟有限。因此，标兵们的更多的宣传来自于妇联系统所掌握的媒体资源以及她们来源地的地方媒体资源。以红旗手标兵刘彩华的宣传为例，3月10日的《中国妇女报》为她发了篇文章《新型女农民的致富经——致全国三八红旗手刘彩

---

① 《全国妇联授予张丽莉等10人全国三八红球其实标兵荣誉称号》。

华》，省级、市级主要官方媒体对此进行了报道并纷纷转载，刘彩华的母校也没有放过这个造模机会①。除了被宣传表彰，这些标兵将受邀参加全国妇联组织的三八国际妇女节的活动，接受领导人的表彰，她们将在很长一段时间内被社会所认识、而标兵带给她们的光环也会对她们产生正面影响。

第四章 评选工作对妇联的意义

作为一项有着悠久历史和社会影响力的荣誉，三八红旗手的评选表彰在妇联看来更多的是一项例行的工作，它的任务就是找到这群人、表彰这群人，然后宣传这群人。但实际上这个工作的执行过程有更多的意义，包括组织的运转、联系的建立、组织影响力与控制力的增强以及候选人的认同与感激。

一、三八红旗手评选与妇联的科层化运转

全国妇联成立于1949年3月，最初名为"中华全国民主妇女联合会"，在1957年和1978年两次改名后最终确定了今日的"中华全国妇女联合会"。它源于1922年中共中央设立的指导妇女运动的妇女部，历经两次国内革命战争与抗日战争，终于在新中国成立前夕实现了联合组织。这段经历与最初定位也使得妇联至今依然带有强烈的政治色彩：一方面，作为群众组织的它同时是中共中央直属机关；另一方面，在工作方式上，它依然以上下级之间的行政指令式的传达为主，封闭在官僚制度里。为此，对于妇联来说，三八红旗手的荣誉评选表彰工作是一项政治任务，它们通过这个任务首先完成了本组织内部的行政化运转以及与外部业务联系。

全国妇联机关共有10个厅局级部门，每个部门下设3—11个处室

① 见《黑龙江农业经济职业学院毕业生刘彩华获得2012年度全国"三八"红旗手标兵荣誉称号》。

不等。负责全国三八红旗手的是全国妇联宣传部，与三八红旗手评选表彰有关的大部分工作交由新闻宣传处来完成的，但作为一项重要的工作，其他部门也积极参与其中。相对而言，从中央到地方的配合则更为紧密，而实际工作的开展需要的正是妇联组织不同层级的科层运作，全国三八红旗手的评选表彰是整个地方组织的"大事"。妇联实行"地方组织和团体会员相结合"的组织制度，其组织包括各地的妇女联合会组织、各单位的妇女工作委员会（妇委会/妇工委）以及团体会员。就妇联组织而言，全国妇联是中央层面的最高组织，包括机关各部门和直属事业单位。在地方，妇联按照国家的行政区划建立地方各级组织，包括省、自治区、直辖市，设区的市、自治州，县、自治县、不设区的市和市辖区等。再往下，是妇联的基层组织，即乡镇、街道社区建立的妇女联合会以及农村妇代会。仅以2009年的西藏为例，当时西藏妇联在自治区内已经覆盖7个地市73个县/市/区682个乡镇5453个村居委会[1]。妇女工作委员会是党政群机关、教科文卫等事业单位妇女的群众组织，它在中央最高级有国务院妇女儿童工作委员会、中共中央直属机关妇女工作委员会，接下来是中央国家机关各个部委、中共中央各直属机关以及它们在全国各地各级各单位的分支，它们可以根据需要下设妇委会分会和妇女小组，因此数量也十分庞大[2]。此外，妇联还有第三个组成部分，即团体会员，"企业基层工会女职工委员会及其以上各级工会女职工委员会、以女性为主体会员的各类社会团体"，目前全国性的妇联团体会员有15个[3]，这些团体会员以社会组织的形式汇集了一批各个领域的精英女性，同时也延伸了妇联组织的触角。

---

① 参见《截止2009年底西藏已有专兼职妇联干部2万多名》2010年6月7，中国新闻网。

② 参见《在机构改革中推进机关妇委会建设》•中国妇女网•湖北省妇联，http://www.women.org.cn/zhuanti/2002zuzhibu/neirong/hubei.htm。

③ 这15个全国性团体会员分别是：全国总工会女职工委员会、中华基督教女青年会、中国女企业家协会、中国女科技工作者协会、中国女法官协会、中国女检察官协会、中国女摄影家协会、中国女医师协会、欧美同学会妇女委员会、中国市长协会女市长分会、中国老区建设促进会妇女工作委员会、中国人才研究会妇女人才专业委员会、中国旅游协会妇女旅游委员会、中国城市规划协会女城市规划师委员会、全国工商联女企业家商会。

当中央发出全国三八红旗手的评选通知之后，这项工作任务沿着组织的各个层级与各地分支迅速传达开来，而评选工作就像粘合剂，将上级与下级联系在一起。由于名额有限，在制定符合本省、本市、本地区的评选文件时上级组织需要与下级组织充分沟通、确定下级是否有特殊需求，以便在文件中能够准确表达。以贵州省评选2012年表彰的全国"三八"红旗手（集体）为例①，贵州省妇联与各地妇联组织以及各单位的妇工委进行了充分的沟通，将总共16个名额进行了分配，这个名额分配方案顾及了贵州省的所有行政区划并预先锁定了标兵候选人；而为了这一份定位准确的分配方案，贵州省所有妇女组织都被动员起来，荣誉评选给予了它们这个上级向下级了解情况、下级向上级申报特殊要求的契机。此外，随着表彰决定的尘埃落定，各层级的妇女组织将在红旗手的宣传、学习活动中进一步合作，上级需要下级搜集并提供更多的先进事迹以便更好地造模、而下级需要上级领导人莅临本组织的表彰大会以便提高规格、扩大影响。

在全国三八红旗手评选表彰的整个过程中，妇联除了强化与内部各个层级的组织之间的粘合度以外，还发展了同外部组织的联系，而这些看似与妇联本职工作无关的联系正是由于荣誉评选表彰这一契机才得以建立的，它们包括配合妇联造模的党政宣传部门、官方媒体与社会媒体等，包括开展表彰活动所需要的场地提供方，甚至也包括制作奖杯奖牌的文具公司和接送红旗手的汽车租赁公司。它们不仅仅发生在北京发生在与中央电视台、人民大会堂的沟通协调中，更发生在中国各地各级组织围绕着三八红旗手而展开的对外联络工作中，而这些对外联络工作无形之中拓展并加强了妇联的社会关系网络。

二、影响和控制：对"先进人"的全面扫描

对荣誉的评选授予对象——"先进人"——而言，任务的执行过程也是她们被影响、控制力的过程：在日常工作与生活中，她们各个方面的表现都将被了解以便于被评判；在进行评选时，她们的各方面

---

① 参见贵州省妇联《关于评选表彰全国三八红旗手（集体）的通知黔妇通字[2011] 56号》，http://www.gzswomen.org.cn/SysHTML/ArticleHTML/44995_1.shtml。

表现将被或迅速浏览或细细考察，从而最终被判定是否有资格成为候选人；获评荣誉后，她需要在各种宣传、表彰和庆祝活动中叙述自己的先进事迹，认同并且不断被强化接下来要更好地做贡献等观念。

35个单位共同组成了全国三八红旗手的候选人来源；这也意味着，为了筛选出真正有资格的候选人，这35个覆盖全中国各领域的单位有权对"管辖"内的女性进行考察。作为党群组织，妇联拥有特殊身份所赋予它的权利，它的中央机关是正部级、它的县级组织是正科级，因此它能够发号施令让整个官方系统里同级或下级各个机构配合她对候选人进行考察与筛选；另一方面，上文所述的庞大的组织制度使得它对中国全体先进女性进行扫描成为可能。妇联组织制度为先进女性织了三张大网，一是妇联组织在地理范围和行政区划各层级的分支，二是它们通过"单位"关怀并考察着女职工的妇女工作委员会，三是全社会，因为妇联同时是一个关注社会明星的群众组织。网络达到了重复的地步，因为对候选人进行影响和控制的可能是多个组织，例如地区妇联和单位妇工委的双重考核，曾经有一位某国有银行的候选人就被山西省妇联和国资委报送了两次。在这种多重网络中，中国女性、特别是先进女性接受着来自各个方面的关怀，却也通过各个方面的关怀而被牢牢掌控在国家体制里。

合格候选人以及最终当选的三八红旗手们受到更为全面而细致的考察影响。全国妇联下放的通知中"评选条件"一项略显空泛，但这并不意味着这项荣誉的评选仅仅围绕着几句空泛的评选条件展开。2009年福州市妇联为评选省级三八红旗手而制定了如下规定："对评选推荐出的对象，要征求同级纪检监察、治安、综治、计生等部门的意见，其中属于企业和企业负责人的，还应征求工商、税务、审计、环保、劳动保障和安全监督部门意见。所推荐对象上报前，要采取适当形式在所在单位或本部门公示，公示内容一般应包括评选表彰的名称、评选条件、拟推荐对象姓名、单位和简要事迹等"[①]。这些出自具体执行部门的文件规定更具有操作性，它们要求提供几类"部门意

① 福州市妇女联合会、福州市公务员局《关于推荐评选福建省三八红旗手（集体）的通知》2009年12月24日。

见"从而共同构成了对三八红旗手候选人的全方位的扫描。全方位扫描被认为是十分有必要的，一方面这是评选程序严肃公正的体现，另一方面它确实能够将不符合具体规定的候选人排除在外。J省近年来对女企业家候选人的全面扫描十分严格，源于对未来风险的考虑，怕将来一旦容易"出事"的女企业家"出了事"，会坏了三八红旗手和妇联的名声；而A省曾在等额评选中收到不符合以上具体规定的候选人的材料："我们09年的时候，还是08年的时候，有一次报上来以后，我们全部都给它删了，就是好多我们认为不符合的。好多是明显的不符合的，比如说特别明显的，连计划生育都不符合，计生部门的证明上就写了生了两个孩子的，甚至还有三个的。你两个的可能还稍微好一点，你三个……还作为一个干部……类似于这样的"（A省妇联干部J）。

　　除了有关部门出具的各种证明，扫描还包括候选人单位的领导、同事对她的评价，这些不会写进证明里、但或许能够写进事迹里。铁飞燕成名后的许多报道就引用了她的领导和同事对她的高度评价，这些评价积极地参与到对铁飞燕这个女模范的塑造中，对她的完美化身功不可没；然而，从另一个角度来看，模范却也被全面监督、全面暴露：她自己都未必能留意到的工作和生活中的细节，在组织需要时可以被悉数刨出，虽然在这个造模过程中被刨出来并且被曝光的都是好事——这意味着，不仅你做了坏事以后组织要查你，你做了好事组织一样也可以查你。

　　在官方各种证明、同事评价之外，对候选人还需要进行第三个方面的扫描——家庭生活。不一定每个候选人的"家庭生活"都能够为她们的形象添砖加瓦，但是为了能够找到更多的砖瓦，对候选人家庭生活的考察就成为一种必然：没有什么先进性，那就不写；但如果有，就不要遗漏；而不去打探不去考察，怎么能知道到底有没有。2009年来自N省的一位全国三八红旗手是一位村支书，她的主要事迹中有一段关于她家庭生活的描述："她孝敬父母，尽心赡养公婆，年迈的公婆在她的细心照料下，身体健康，衣着整齐；她关心儿女，两个儿女都相继考上了大学；她关爱丈夫，千方百计筹钱为环患尿毒症的丈夫做手术，并精心照顾丈夫，使已经没有生活勇气的丈夫成功的做了手术，并逐渐恢复健康。"[1]这种考察并不是人人欢迎的，特别是家庭生活并不幸福的候选人。E的丈夫曾涉嫌生活作风问题，这不会写进考核材料，但大家避谈起家庭其实正是建立在得知或重温E家的丑闻之上。

在对红旗手候选人的全面扫描过程中，有时仍然有信息无法获知，它们或者被候选人自己刻意隐瞒、或者被候选人与其单位、基层组织沟通、合谋后刻意回避。但绝大多数情况下，通过与官方部门的合作、三八红旗手候选人领导同事的评价以及对她们的家庭生活的了解，对三八红旗手全方位的审核得以执行并取得了丰硕的成果，候选人至少在官方组织的视野内被全面曝光，她们生了几个孩子、她们的丈夫是做什么的、她们在工作中有什么先进事迹或瑕疵，等等，都无法隐藏。这意味着，面对官方组织，她们必须服从。通过"扫描"而产生的控制力和影响力让她们中的先进分子时刻准备着，为了评选工作和组织的需要曝光自己的一切；她们中的非先进分子也时刻准备着接受负面评价——为了做出她们在该项荣誉评选中没有资格这个结论，她们的领导将不得不再次想起她们的平庸，而这种平庸将因为五花八门的评选而被一次次被强化。总之，她们无处可逃。

三、组织与个人的关系缔结

当全国三八红旗手这项荣誉的评选表彰结束后，妇联这个颁奖组织就要转向别的工作，获得荣誉的三八红旗手们继续她们的生活，似乎就这样结束了一项一次性任务。但实际上这个一次性任务对双方的影响都是持续且漫长的，因为评选表彰将原本可能毫无关联的颁奖组织与获奖个人联系起来，为二者提供了建立并发展亲密关系的契机。

全国三八红旗手WX退休前是一位农民工子弟小学的校长。当她还是普通语文教师时，虽然她在教师这一岗位上表现得很出色，也得过一些教育领域的国家级和省级的荣誉，但她并没有与妇联发生任何联系；最初当上校长也是如此。随着学校的发展，她个人也有了些

---

① 2009年全国三八红旗手登记表·N省。

名气，一些有关部门这才关注到她的学校、进而关注到了她；而妇联正是这些有关部门中的一个："Z小学一直都是第三、甚至第四世界啊。因为是乡镇、市郊这种类型的……后来看我们发展得不错，所以也把省里的行风评议组带到我们学校来，我们小学就代表J县，他们对我们小学评价很高。05年以后，学校就开始获得了很多荣誉……（原来我跟妇联的联系）很少啊！我没有自己主动找她们联系过……我们又不是搞政治的。后来呢就是省政协的人带她们来学校参观，来了以后联系就比较多了。说是学校嘛，小孩子嘛，妇女儿童嘛，算是妇联的工作……我一般就是学校教育这块，很少去（妇联）那块跑动。也是最后才比较有联系……哎原来妇联主任是谁我也都不知道的，没有了解。都是跟着学校的名气来的，有些活动我们配合。"（全国三八红旗手WX访谈）在学校发展过程中，妇联扮演的是一个迟到者的角色：它在WX是优秀教师时没有出现、在Z小学发展过程中没有出现，在Z最初声名鹊起时还是没有出现，一直到Z小学已经获得了很多关注时才出现，而它的出现是由省政协牵线完成的——实际上，它与小学的联系本该比政协更早、更紧密。她个人虽然一直从事也属于妇联工作的儿童教育，但是一直与妇联未发生任何联系。但随着学校的发展，她与妇联的绝缘被打破，小学作为儿童工作一项成果受到妇联组织的关怀和重视，而她本人则因此与妇联的联系逐渐多了起来，以学校之名配合妇联的工作。随着业务联系的增多，WX也进入了妇联"考察"的视野，最终获评全国三八红旗手。

ZS是一名原本与妇联无联系的民警，但成功被推荐并且获评全国三八红旗手之后，妇联找上门来，她成为了当地妇联各项活动的形象大使："以前（跟妇联组织）倒是没什么联系……现在，哎呀，基本上，什么活动都会叫上我啦，爱心妈妈代表发言啊，还有一个巾帼志愿者的启动仪式啊，也有叫我去做做发言的。获得（全国三八红旗手荣誉）以后，好像是……更多的有形象代言人的感觉吧。你本来不是说上周要来吗？礼拜六她们就有活动叫我去，本来还想着叫你一块去的……每次，每次都有，可能我这个行业，各方面的条件，更适合去做这些活动吧，所以现在就是每次都会叫我啦，妇女，儿童，扶贫，帮教，啊，更多的……我都会积极去参与啦，我个人也很喜欢这样的活动。"（全国三八红旗手ZS访谈）ZS很有亲和力，这种亲和力在警服下尤为难得，加之她个人对参与社会活动十分热心，为此虽然她在行业领域内处理的是审查卷宗、押送犯人等与妇联毫无关联的工作，但是她在获评荣誉、与妇联建立联系后自然而然地成为妇联的代言人，作为"每一次"该市妇联开展的活动的积极分子。

MF和刘晶分别是90年代中期和近两年的全国三八红旗手，她们分别来自于地震研究领域和军队。她们并没有与妇联建立起太多的联系和互动，尽管如此，她们也多多少少加强了对荣誉、对组织的认识。MF与妇联唯一的联系就是获得全国三八红旗手："我自己就是……就是单位里面，那个全国地震系统先进工作者开始的，后来就是系统的妇委会下来找了，要我们推荐什么人，就要女的，那就推我了……我跟省妇联没有什么联系，我就去过一次妇联，是登记啊还是拿奖状那次，好像还有个奖章。我们就是搞业务的，这些东西不是我们专业，会分心，我都不爱去的。"（全国三八红旗手MF访谈）刘晶的特殊身份使得她与妇联没有任何直接联系——她的所有活动都需要打报告，向组织请示，绝对服从。与她的一切联系都必须通过解放军总政治部，再由他们一级一级通知到个人。在这种情况下，妇联组织对她的影响被最大限度地弱化，而她本人的了解也很有限："之前我是知道妇联组织的，我是听到过有妇联组织、有这么个组织的，就是那，做一些什么的……其他的我就不太清楚了。没有联系过。不过，三八红旗手这个荣誉我倒是知道的，我小时候就听我爸说过，女性最高荣誉就是三八红旗手，哈哈。"（全国三八红旗手标兵刘晶访谈）

一般而言，"全国三八红旗手"这个荣誉至少让红旗手增强了对组织、对荣誉的认识，进而建立起个人与组织或强或弱的联系。联系的建立有如下特点：第一，在二者的关系中，妇联显然是更为主动的，建立联系的时机、建立何种程度的联系，都是由妇联来掌控的；第二，妇联建立联系是有选择的，并不是每名红旗手都成为组织活动的积极分子，能够配合妇联的儿童工作的WX和会演讲会发言的ZS都成为了妇联工作的形象代言人，只是拿了奖走人的MF与妇联断了往来，刘晶隶属的组织使得维持联系的成本太高，因此妇联与个人的关系有了亲疏远近的差异，三八红旗手本人的一些属性和妇联"工作的需要"最终决定了哪些人更值得被争取；第三，"参加活动"是红旗手与妇联组织联系的最基本形式，三八红旗手能够参加这些活动对妇联来说尤为重要，先进人物是群众活动的最好的招牌。联系的建立以及这个过程中妇联的主动性说明了这样一个事实：妇联尽力在争取这些女性，努力使得她们向这个组织靠拢、甚至是将她们抢过来。值得注意的是，不仅妇联，社会主义中国的党政机构和官方组织都热衷于对先进典型进行荣誉授予，这一方面说明了组织的趋同（Meyer，1977；DiMaggio & Powell，1984；周雪光，2003），而另一方面也使得先进典型身上出现了荣誉的马太效应（默顿，1968），本文暂不对此进行详述。

四、谁感谢谁

笔者访谈过的所有三八红旗手都就获评"全国三八红旗手"表达了"感激"——不仅仅是对本单位的栽培，也包括对妇联、对党和国家的感激。JZ是1989年的全国三八红旗手，当时她的身份是一家中外合资工厂的女企业家。她在当年入了党此后一直专职从事党政工作和社会活动，直到退休；而她一直认为事业与荣誉都是政府关心、支持的后果，因此也对政府、对妇联怀着感激之情："妇联、政府，对我们都很关心……塑料厂是第一家中外合资的，而且那时我们这个社区是全国百强的……是领头羊。不过我们原来哦，当时我老公啊，一开始做的是汽车配件，哎呀以前啊就是叫做地下黑工厂啊，政府在打击这个的。改革开放以前……五金咯，汽配咯，还有麻纺厂的配件。现在无所谓啦，原来是资本主义啊，抓到了要枪毙的。也就是政策允许，政府说可以了，后来我们大哥（菲律宾华侨）来办这个厂，就把我们招过去，那我们就放开做了，也才做成这家塑料厂啊……要说这些荣誉，那真是的对我们非常关心。对我们支持我们才能做起来啊，才能有这个三八红旗手啊。79年，79年上面开始来考察我们，那时我的堂兄是负责这个厂的。当时还是P做省长，对我们工厂非常支持，

80年代发展很好。"（全国三八红旗手庄进治访谈）

与庄进治相比，QY似乎没有从党和国家的关怀中享受到很多实惠，但是获得荣誉依然让她心生感激之情："很高兴啊！就是说……嗯，虽然自己的工作是很平凡的，但能够得到这样一个奖，还是很高兴的。嗯，这也可以说是我得到的唯一一个这种国家级的奖吧，这种大奖。对工厂啊妇联组织，也还是很感激的，肯定也会觉得是对自己的关怀。那我工作上就要更认真啦。"（全国三八红旗手QY访谈）

刘彩华是访谈对象中对党、对国家、对妇联组织怀有最强烈的感激之情的三八红旗手。作为一名在黑土地上靠种地而获得无数荣誉的女农民典型，她深刻意识到是党和国家的支持让她有了今天，而她饱含深情的表达也使她成为宣传工作的宠儿："那还用说，我的这些荣誉，都不是我一个人的，我代表的是农业妇女，这就是党和国家对农业妇女、对农业的关心，鼓励，支持！要说感激，那肯定是非常感激啊……妇联嘛，妇联就跟我的娘家一样，陈至立主席都到我农场去了呢！那时问我有什么困难尽管说，我就说，没有喷药的飞机，要几十万一架呢。陈主席就说，好，就给你一架飞机！后来，是发展部吧？后来真给批了……我呢，我就是一个农民，给我再多的荣誉，我也是农民，每次获得更高的荣誉，我都告诉自己，我要时刻准备，保持清醒，更加努力。荣誉就是鼓励，是鞭策，我觉得我自己责任重大，我要带领农村姐妹们致富啊，姐妹需要带头人！"（全国三八红旗手刘彩华访谈）

感激的程度在两个维度上产生变化：一是三八红旗手的身份，越是从平凡岗位走出来、经历了从平凡到不平凡的艰辛历程的三八红旗手，在获得荣誉后对组织、对党和国家的感激之情就越深厚；二是三八红旗手所获得的来自组织、党和国家的支持，支持越多三八红旗手就越感激。因此，为了最大程度地培养起荣誉获得者的认同、感激以及忠诚，官方意识形态宣传需要这两个方面着手，让红旗手们在"谦虚"的态度下既认清自己是平凡的、又认可荣誉是至高无上的，由此制造出的"角色距离"[①]（Role Distance，戈夫曼，1961/1990，95）——自我认定的普通人与社会认定的女模范之间的距离——最终突出的是荣誉的至高无上以及荣誉授予者的权威，因为模范的完美形象是由授予者赋予的。

先进分子似乎是表彰的最大受益人，她们获得了至高无上的荣誉，成为党政机构、官方组织和社会媒体的宠儿，成为众人膜拜的女模范。但与此同时，通过妇联组织这个桥梁沟通起的另一端——国家——也享受着荣誉带来的好处。埃菲尔·艾恩（2006，85）指出，"受益的并不是接受者而是给予者。如果我们表扬别人，他们很可能会做我们所欲之事，这本身不仅对我们有利，而且还赋予我们权力感。受到我们表扬的人也会更喜欢我们，这又是一大诱惑"；同时，艾恩也指出，表扬通常隐含了地位上的差别，即地位高的表扬地位低的，因此当地位高的人的工作受到地位低的人的表扬时，表扬会被看成是放肆甚至侮辱的行为（2006:90）。在国家表彰这种"表扬"方式中，作为"给予者"的党和国家同样获得了类似的好处：首先，如在第四章对组织与个人联系的建立所分析的那样，最终获奖的三八红旗手们中的一部分人参与到妇联活动中，做妇联希望她们做的事，为妇联提高了名望、也促进了"群众工作"的开展，而进一步地她们参与到党代会和人大、政协会议中，成为申纪兰似的没有投过反对票的代表；其次，通过表彰，党和国家充分显示了自己的权力，它通过日常教化和仪式使接受者对这份关怀与肯定感恩戴德、对领导人的接见欣喜若狂、对"跟党走"的意识形态强烈认同；再次，在表彰中，党和国家占有绝对的主动性，想表彰谁、怎么表彰、用哪些话来表彰，都是荣誉给予者说了算，接受者永远只是被动的接受者；最后，表彰显示并拉大了给予者与接受者的距离，荣誉是高高在上的党和国家授予平民百姓的，即使是这些平民百姓已经被塑造成为重大典型。通过仪式与宣传，党和国家权威得到加强、形象更加高大，因为正是党和国家的领导才使得尔等平民百姓有机会干出成绩、获此殊荣并能够在国

[①] 戈夫曼认为，这种在个体和他的假定存在的角色之间"有效地"表达的显著区别即"角色距离"，并认为个体否认的不是角色、而是角色中为所有表演者暗示的实际上的自我。

家政治的核心宝地完成这场加冕。

就这样，组织通过荣誉的评选表彰这项工作完成了几大任务：组织内部的顺利运转与内部层级之间关系的加强；通过对组织"辖内"的先进对象进行筛选、扫描和教育宣传从而达到影响与控制；通过荣誉授予以及相关活动有策略地建立了与先进个人的联系；等等。这些任务最终将各自的对象深深卷入整个国家体制内。与此同时，她们培养起了先进分子的认同与感激，这种认同与感激不仅针对组织本身，更是指向了党和国家，因为官方组织正是连接党和群众、国家和社会的桥梁，因此控制与影响、关怀与代言、造模与抢模，这些以"为了人民"为表现的工作同时也是"为了组织"，更是"为了党和国家"。正如全国妇联的宗旨中所说的，"中华全国妇女联合会是全国各族各界妇女在中国共产党领导下为争取进一步解放而联合起来的社会群众团体，是党和政府联系妇女群众的桥梁和纽带，是国家政权的重要社会支柱"①。

第五章　红旗手职业分布与国家政治策略

国家荣誉有两个任务，一是通过认同与感激的培养将先进分子纳入国家政治体制，二是通过选树典型及其宣传活动让全民意识到党和国家的绝对权威。为此，国家荣誉的评选表彰必须兼顾两种资源，一种是精英，包括体制内的政治精英和体制外的有着巨大影响力——无论是财富还是名望——的社会精英；另一种是平民百姓、草根明星，以此彰显国家对平民的关心，坚定人们对这个国家里的平民能够做出成绩、获得表彰的信念。以下对这半个多世纪以来的三八红旗手的职业职务分布的分析将揭示出这两种资源在历史上的趋势。为了更好地呈现变化趋势，本文对"政治"和"经济"领域内的三八红旗手的职

---

① 《中华全国妇女联合会简介》，"中国妇女网" http://www.women.org.cn/quanguofulian/fljianjie.htm。

业职务进行进一步的区分；而这些变化是国家在对待两种资源的不同
策略的生动演绎。

一、红旗手的行业分布

关于全国三八红旗手的职业信息保存得较为完备，这是因为这部分的信息是需要对外公开的。在这3000抽样样本中，各个阶段的2，646位三八红旗手有职业信息。下文将从两个方面来展开：一是这半个世纪的三八红旗手与全体中国女性的不同行业分布，二是几个特定行业内的三八红旗手职务分层。

在综合档案中所保留的行业领域划分的基础上做适度加工，本文将这些全国三八红旗手所处的行业领域分为6个大类，其时间分布变化明显：

表5—1　全国三八红旗手分时期行业分布（1960年—2012年）%

行业领域	1960	1979	1982—1988	1989—1991	1992—2002	2003—2012
农业	37.47	33.20	24.40	7.36	6.41	2.44
工业/交通/基建等	24.53	19.00	17.40	30.20	13.85	7.94
商业/金融	1.35	3.60	7.80	15.23	16.67	18.53
教科文卫	11.32	18.20	22.60	27.66	24.36	29.12
政府部门/官方组织	11.32	15.80	19.00	14.72	37.18	39.92
其他	14.02	10.20	8.80	4.82	1.54	2.04

从时期1到时期3（1960—1988年），贡献最多的三八红旗手的行业是农业，分别有37.47%，33.2%和24.40%的三八红旗手从事农、林、牧、渔等行业。然而，在第三时期（1982—1988年），来自农业的三八红旗手的比例已呈明显下降趋势。同时，更多的三八红旗手来自于教育、科技、文化和卫生领域（这个趋势也一直持续到第六阶段），这些领域一般被认为是女性集中的行业。更明显的下降趋势是1988年后从事农业劳动的三八红旗手的比例，这个趋势持续了30年。在第四阶段（1989—1991年），产生最多三八红旗手最多的行业领域

不再是农业，而是工业、交通、基础建设，这个趋势只持续了很短的时间，第五和第六时期它的领先地位被政府部门/官方组织所取代，这说明官方公职人员在三八红旗手中所占的比例越来越大。

　　为了进一步阐释变化趋势，本文对来自两个领域的三八红旗手与同样领域的中国全体女性、中国全体人口进行了对比，这两个领域分别是"农业"①——这个下降趋势最明显的领域和上升趋势最明显的"政府部门/官方组织"。

表5—2　　　　　农业从业人口比例分时期变化（％）

时期	1960	1980	1985	1990	2000	2012
全国总人口		73.66	70.95	72.24	64.38	48.34
全国女性总人口		75.58	76.09	68.84	53.22	
全国三八红旗手	37.47	33.2	24.40	7.36	6.41	2.44

表5—3　　　　政府部门/官方组织从业人口分时期变化（％）

时期	1960	1980	1985	1990	2000	2012
全国总人口		1.54	1.66	2.00	2.35	2.57
全国女性总人口			0.89	1.01	1.44	1.86
全国三八红旗手	11.32	15.80	19.00	14.72	37.18	39.92

　　对于这两张图表来说，1990年前后都是一个关键点。虽然改革开放始于1978年，但是90年代初才是真正的社会经济改革与转型的开始。始于1990年的农业人口的下降是产业转型的一个指标，随着第二、三产业的发展，从事农业的劳动人口开始下降。1990年以来，这种下降的速率不断增大，无论是总人口、还女性人口，近20年来这个比例稳定在22.87%—23.9%；另一方面，虽然中国主要劳动力，无论是总人口还是全体女性从业者，从事农业的比例很高，60年代在70%以上、而近年来也在50%左右。但是三八红旗手中，从事农业生产的比例非常低并且越来越低。这一强烈对比说明，尽管农业吸收了大多数劳动力、虽然包括政府在内的全社会都承认农业非常重要，但是

---

　　① 这里的"农业"指的是从事的职业，红旗手资料中根据她们个人信息中的"单位"、"职业"和"界别"判断，而总人口的资料来源于全国人口普查与抽查的"在业人口的行业构成"、"各行业人口状况"、"各职业人口状况"相关统计表。

来自这个领域的先进人物未能得到与其庞大基数相符合的政府表彰和官方荣誉，更多的宝贵的荣誉被其他行业的先进人物所获得。在1990年，7.36%这个数字已经相当低了，与其行业相比，农业并没有获得改革开放以来社会经济发展所带来的荣誉方面的利益，分到农民手里的此类官方资源少之又少；而在1990年后下降速率的放缓一方面是这个数字几近触底，另一方面也是因为80年代末、90年代初对合法性的强调，一项中国共产党主导下的社会荣誉要保证其来源的多样性、不能让女农民都评不上，同时也标榜社会主义政权切实重视农业劳动者。

表5—3同样描绘出了巨大差异：政府部门和官方组织中的三八红旗手的比例相当高，而这在全体人口和女性人口中的比例却非常低，不足3%。这个差异同样也在不断扩大，二者之间的数字差从1980年的不到15%到2010年的超过35%。1990年前后依然是一个转折点，来自政府部门和官方组织的红旗手在该时期全体三八红旗手中的比例在接下来的十年里从14.72%激增到37.28%。最近十年该数字继续上涨至40%。随着社会各行业的发展，特别是改革开放以后经济的蓬勃发展，社会——而非政府——本该产生更多的先进人物，更多的红旗手应该来自于非政府领域，但事实上三八红旗手这一官方荣誉越来越多地最终又回归到了官方公职人员自己手中。造成这一现象的原因可能有很多，本文从国家—社会关系出发认为，在近年来为了更好地影响并控制日益强大的"社会"，既有集权传统、又有社会主义的"全能"特点（邹谠，1994，41—56）的中国"国家"通过不同的途径来保持它的内部力量，例如激励公职人员，为此表彰先进的女官员或普通女公务员是一种有效的方法。对公职人员的荣誉奖励的加强发生在1989年之后，这或许也与特定政治背景：在1989年之前，三八红旗手中公职人员的比例略微下降；但是之后，该趋势迅速呈相反趋势发展。通过加强对公务员的奖励以加强政府工作可以说是在国家—社会关系中对"国家"自己的处理方式，但新的问题是，在中国共产党领导下的荣誉评选—表彰组织又该如何以有限的荣誉资源去应对日趋庞大的社会和越来越多的社会精英们？

由于"工业/交通/基建"和"商业/金融"都是经济单位组织为基

础，因此本文将二者合并为经济领域，这也是"国家—社会关系"中"社会"一端的代表。来自这个领域的三八红旗手可以分成三个层次，括号内为全体红旗手的在三个层次的分布：

高层，管理者（46.24%），包括单位组织的业主，企业家和其他高层管理者，国企党委书记；等。

中层，中级管理者和技术人员（26.71%），包括中层管理者，主管，车间主任，部门党/团支部书记，工程师等技术人员；等。

底层，普通雇员（27.5%），包括普通工人、职员；等。

在这三类人中，高层管理者占了最大的比重（46.24%），而在一般常识中，"三八红旗手"本该是以劳动为中心、偏向于体力劳动者的一个荣誉，即更多的工人和普通雇员而非领导应该获得该荣誉。加入时间维度，如表5—4所示，历史趋势更加让人吃惊：

表5—4　分时期经济领域三八红旗手内部分层（%），1960—2012

时期	1960	1979	1982—1988	1989—1991	1992—2002	2003—2012
底层	60.00	36.67	39.02	24.26	23.73	0.78
中层	28.33	48.33	30.89	28.40	11.86	16.41
高层	11.67	15.00	30.08	47.34	64.41	82.81

在1960第一次评选表彰全国三八红旗手时，底层的工人和普通职员占据了经济领域中的绝大部分。然而，在1979年，该领域内最多三八红旗手来自于中层，即中层管理者和技术人员、工程师等，而普通工人职员的比例在1980年代以后不断下降，在近十年更是急剧下降。相反，高层企业家和高管的比例却不断上升，在这52年间从11.67%攀升至82.81%。在这个领域中，荣誉精英化的趋势十分明显，越来越多的荣誉被高层所获得。

根据行政职务界别，从事政府/官方公务工作的三八红旗手分为四个层次，分别为基层公职人员、基层官员、中级官员和高级官员，括号内为各层次的三八红旗手在该领域内的比重，而表5- 5将显示时间上的几个层次的比例变化。

高级官员（4.46%）：正/副司局级官员及以上，包括省部级官方单位局长、市长及同级别党委书记；等。

中级官员（19.70%）：正副处级官员，包括省部级官方单位处长、区长、县长及同级别党委书记；等。

基层官员（27.14%）：正副科级官员，包括省部级官方单位科长、乡镇长及同级别党委书记；等。

基层公职人员（48.70%）：一般公务员，村长、村支书或村妇代会及其他组织负责人；等。

表5—5 分时期政府部门/官方组织三八红旗手内部分层（%）1960—2012

时期	1960	1979	1982—1988	1989—1991	1992—2002	2003—2012
基层公职人员	94.29	90.16	85.87	62.26	11.93	26.06
基层官员	5.71	6.56	8.70	26.42	48.62	34.57
中级官员	0.00	3.28	3.26	9.43	32.11	32.45
高级官员	0.00	0.00	2.17	1.89	7.34	6.91

与经济领域内部各分层所占比例不同，在政府部门里，来自"基层"的三八红旗手占了最大的比例，将近一半（48.70%）。然而，也与经济领域各分层的历史变化趋势类似，处于底端的基层公务员的比例同样经历了大幅度的下降，从1960年的94.29%降至第五个时期（1992—2002年）的11.93%，与此同时，基层官员的比例有所提高；而在最后一个时期，基层公务员的比例有所上升，至26.06%，基层官员比例降至32.45%。中级和高级官员的则经历了从无到有、比例增大的过程，分别增至32.45%和6.91%。这种变化趋势表现，该领域内的三八红旗手的最主要来源从底层转移到了上层；但四个不同层次之间的差距趋于缩小。从底层到上层的转移以及底层依然保留较大比例这两种情况共同造成了今年来四个层次相对平均的分布。这种趋势说明，一方面上层公职人员在缺乏监督与约束的情况下越来越可能获得荣誉，"例外"使得一纸文件并不能有效阻止荣誉资源向上层转移的趋势；另一方面，作为基础官员和基层公务员的红旗手依然拥有较大比例，这与地方基层的政府重要的政治作用密不可分。米格代尔（2001，88）认为，地方政治会导致国家对地方的适应、并且地方政

治可能攫取国家政治，然而在当代社会主义中国则显示了一个国家化的社会，而不是社会化的国家，社会主义中国政治个网络中的每一级组织都非常重要——实际上，基层公职人员和基层官僚在地方上可能更为重要，因为他们直接参与当地具体的政治事务，而且他们的影响真正渗透到社会的各个角落。来自两个较低层次的红旗手当中，大多数人是基层政府部门或官方组织的一把手①，这是共产党政治的基层权力来源，同时也是治理中国、管理中国的主要执行力量。

以上对历年三八红旗手的文化程度、行业领域以及领域内部分层的分析对于第三部分所提出的三八红旗手国家荣誉是否呈精英化趋势这个问题做出了肯定的回答：受过良好教育的、从事回报较高的职业的、处于政府部门或经济领域中的上层的先进女性的比例不断增大，本应惠及各阶层的国家荣誉日趋集中到社会上层。从这个意义而言，中国步入了一个赢家通吃的社会（the winner—take—all society，Frank & Cook，1995/1996），利益被少数处于顶端的精英所分享。然而，在社会主义中国，"赢家通吃"存在着特殊情况：第一，如上文所分析，中国的基层政府组织中的公务人员和基层官僚也是通吃的赢家；第二，即使实际情况是赢家通吃，为了保证合法性，社会主义公平也必须被标榜，底层的成就和共产党政权对底层的关怀必须被强调。在这种情况下，中国必须应对国家—社会关系中的几组矛盾：（1）发展中的社会—发达的国家；（2）日益壮大的社会—有限的源于社会的荣誉获得者；（3）数量有限但影响力强大的社会精英—数量庞大但影响力微弱的社会普通先进个人；（4）社会转型中的政治经济利益—社会主义合法性；等等。实际上，中国已经发展出了应对策略，这些策略将使得职业分布中的不合理变得合理。

二、调和有效性与合法性的政治策略

尽管社会日益壮大，但是国家给予社会先进个人的荣誉却越来越少，因为大部分荣誉资源流入了"国家"自身。这个现象也是国家第

---

① 数据库统计显示，在最低一级的"基层公职人员"中，有84.02%是地方基层政权或政府组织的一把手，余下的为二把手或普通公务员。

一个策略的结果，即国家将越来越多的荣誉授予了政府部门和官方组织的公职人员，以激励这个领域内的先进女性，从而加强控制社会的政治能力，这是应对逐渐壮大的社会的一种策略。第二个策略涉及到对于非政府公职的社会先进个人的荣誉分配方式，在数量上有限且日益稀少的荣誉必需合理分配从而达到最大效果，因此更多荣誉被给予了社会上层精英——她们拥有更大的社会影响力，从而对荣誉影响力的提升和中国妇女发展成就的展示有更好的效果，而授予底层先进个人的荣誉非常少。接下来的第三个策略即是在官方组织与社会上层精英之间建立互惠机制（reciprocal mechanism）从而达到国家—社会之间的更多方面的紧密联系，无论进行互惠的何种类型的资源，互惠使得不平衡分配的效用能够最大化。第四个策略是在宣传力度上，虽然底层荣誉获得者非常有限，但是妇联和官方媒体投入了巨大的精力宣传一线工人、农民等先进个人，例如通过专题和报告团等形式进行典型塑造、开展学典型活动等等，从而营造出关心底层、关注底层的社会氛围；相反地，对大部分社会上层精英只做轻描淡写。

把相对较多的荣誉授予上层精英的第一个好处是成本较低但效果显著，因为某领域内的一个组织的领导人比普通员工更能够被该领域或当地的大部分人所认识，而将荣誉授予她们能够将荣誉所蕴含的国家关怀和女性发展成就更好地为大部分人所知。第二便是互惠机制的建立。McNally和Wright（2010）一针见血地指出：中国私人资本所有者已经通过"关系"深度嵌入了中国现存的政治体制中①，而这种关系的建立方式既包括与生俱来的与政府官员的亲戚血缘关系、经营出来的与官方的朋友关系，也包括他们的政治身份，如人大代表、政协委员等。本文从两个方面扩展这个结论：一方面，私人资本所有者之外的更多上层精英也同样地"深度嵌入"政治体制；另一方面，是国家政府、而不是私人资本所有者或其他社会精英自己，首先发起

---

① "嵌入"指的是，在发展着的社会关系中，个人和机构并不被认为是相互独立的（Granovetter, 1985, p. 182）；"政治嵌入"是指在个人或机构与政治的相互关系中的深度与广度 Christopher McNally 与Teresa Wright 认为中国私营企业家与党政国家（party—state）的机构、代理人之间的嵌入具有特别的"深度"——私营业主被党政国家的权力结构力量所塑造，而且他们积极地发展与党政国家及其代理人之间的关系(Christopher McNally和Teresa Wright, 2010)。

了这种"嵌入"行动，官方欢迎、吸引并接纳社会上层精英加入政治体制，通过赋予他们政治身份和官方组织的职务来建立起一个既能促进社会上层精英发展、又能促进政府工作的互惠机制。就这个意义而言，这种互惠机制的建立更多地是在中国政治环境下的产物，而官方的荣誉制度正在强化这个产物。如上文所述，中共党员的政治身份不仅能够促进党员的事业发展，同时也能够将事业有成的先进分子纳入政党；与此类似，国家荣誉所建立起来的互惠机制也有这种双重效果，特别是在党员身份的促进作用在社会层面有所衰退时，以"社会先进分子"为包装的国家荣誉在一定程度上替代了政党身份。互惠机制伴随着三八红旗手的评选—表彰过程而建立，这个过程在原本可能毫无关联的全国妇联和社会上层精英之间建立了紧密联系。通过这种联系，上层精英一方面感受到了来自中国共产党、国家、政府、官方组织的关心，作为回报，他们更愿意带着对国家的感激之情而贡献她们的力量；另一方面，荣誉确实促进了三八红旗手的事业发展，她们的个人职业发展履历上多了一项中国女性的最高荣誉，这是对她们的肯定和褒奖，而国家荣誉也是她们获得更多荣誉、提升社会声望乃至升职的重要指标。互惠机制的运行有更多、更为复杂的具体细节，此处用两段访谈节选来说明为什么选择社会上层精英对官方组织而言是重要、不可替代的：

"所有人都知道杨澜！如果她能参加，我们的活动对广大女性来说都会更有吸引力，也更能引起媒体的关注，所以呢也能够通过活动更好地宣传中国女性的发展。杨澜是08年评的标兵，这些年我们做了一个"接力女性"（活动），我们不用出钱，全都是用她自己的资源，去为女性的发展做那么多工作，这（活动所用的）马路整个（布置）……花了很多很多钱。"（全国妇联干部XY访谈）

"C嘛，她是S地产的总经理……就是，我们在评选了她之后，她向我们的儿童发展基金会捐赠了三十万，她就是希望回馈到公益事业里面去，不要说是拿什么东西给我们，因为这个东西，我们就是一个工作嘛。还有一个呢是定期资助我们的"巾帼志愿者"（活动），她是我们巾帼志愿者的副会长。其实这也是我们在考验她嘛，比如说这种比较有公益意识的企业家……这不是获奖前作为交换条件，而是说获奖后问一下，看看她们能不能支持我们的一些公益事业，她们都非常乐意。"（J省妇联干部W访谈）

访谈资料表明，顶端的社会上层精英能够提供政府部门所需要、但是自身所没有的宝贵资源，这些资源包括名人效应、经济资助等。通过互惠机制策略，全国妇联实现了三个目标：一是实现了国家与社会之间的资源交换，以社会交换来实现政权合法性的巩固（布劳，1964/1986）；二是通过对领域内领导人和负责人的荣誉授予来提升"三八红旗手"荣誉品牌知名度和妇联的知名度；三是通过将荣誉授予社会上层精英来对这些社会各领域的领导者施加政治影响。

然而，社会各个领域的先进人物并不都是领导者，中国全体女性的基数更多地是普通人构成的。能够落到她们手上的荣誉少之又少，这不仅无法满足庞大的普通先进人物这个群体的需求，也对中国社会主义政权的合法性提出质疑。为此，国家采取的策略是对这些少之又少的普通荣誉获得者进行"树典型"活动。在三八红旗手的树典型运动中，为数不多的普通人典型被不断宣传和强调，从而让人觉得这些普通人就是三八红旗手的代表、而三八红旗手大多数也就是这些在身边可以学习的平凡人。在2012年的全国三八红旗手表彰大会上，三位发言代表都是社会普通先进女性，分别是纺织女工、志愿者和女农民，虽然实际上更多的女公务员和女性精英获得了该荣誉。2011年和2012年得到官方媒体和社会媒体最多关注、也最为社会所熟知的三八红旗手分别是吴菊萍和张丽莉，她们是因见义勇为而一举成名的普通员工和中学教师。也正因为此，大肆宣传报道的对象往往是平凡女性，而精英、尤其是经济领域的精英，往往是不声不响地拿走大奖却并不招摇，因为有限的宣传资源必须集中在最能为国家带来利益的地方：一方面，这些什么都没有的平民百姓会最大化地珍视官方赋予的"名"；另一方面，大众将会在舆论的主导下意识到国家对底层的支持与关怀。在组织的研究中，新制度主义提出组织需要面对的不仅有要求其追求有效性的"技术环境"，也需要面对要求其被认可、拥有合法性（legitimacy）的"制度环境"（Meyer & Rowen，1977，

340—363；周雪光，2003，72—85）。中国对不同的先进分子所采取的不同表扬方式正是兼顾了这两种环境，这些政治策略使得"上层资源"能够促进组织的有效性，也使得"下层资源"能够彰显组织的合法性。当然，在社会影响上扶持"下层资源"而压制"上层资源"也有其他方式，例如第三章所揭露的，将候选人的党政身份改变为社会身份、将拥有几十亿资产的农民企业家依然定义为农民。

表彰平凡人并不是中国共产党政权所独创的，尽管从根据地时期的树典型活动开始，这一群众工作法宝就发挥了重要的作用。古代中国法家思想中即把"赏"视为与"罚"同等的统治手段，管仲认为君主应该"劝之以赏赐，纠之以刑法"；韩非提出"明主之所导制其臣者，二柄而已矣。二柄者，刑、德也。何谓刑、德？曰：杀戮之谓刑，庆赏之谓德"（刘志坚，1996；李培玉，1999）。韩非子进一步指出，应该"刑过不避大臣，赏善不遗匹夫"，这也意味着罚重臣能够获得最好的警醒效果，而赏赐平民能够获得最好的激励效果。社会主义国家的"赏"似乎一直在遵循着"赏善不遗匹夫"这一原则，因为它与共产党政权对"劳动者"的推崇如此契合。此外，表彰还能够通过促进荣誉获得者拥有政治身份而使国家获得社会支持，这种支持既来自于先进女性的建言献策，也来自于听话的女性对国家政治生活的认可。作为一项全国性的荣誉，三八红旗手能够为体制内的工作者提供升职筹码、促进三八红旗手获得政治身份，大多数三八红旗手参政议政的方式是成为代表大会的代表，例如各地各层级的妇女代表大会、人民代表大会、政协会议和党代会。她们中的许多人在大会中的参与十分有限，但她们依然是一群有用的人：一方面，这些人具有广泛的代表性，他们的"大会代表/委员"的身份将显示出这个国家的政治生活是任何属性的人都能够参与、能够为自己的利益说上话的；另一方面，他们都坐进了会场里，在需要的时候怀揣对党和国家的感激与认同而投出宝贵一票。

通过历时趋势和政治策略的结合分析得知，荣誉不仅能够调和这些矛盾，同时也能维持对中国女性的影响控制、获得社会资源、并且保证政权的合法性。因此，三八红旗手是社会认证与政治工具的结合体。国家政权已经用不同的方式来将国家荣誉的政治社会效应最大化，处理国家社会关系、调和顶层与底层的失衡、兼顾利益与合法性，而荣誉政治这些作用的实现与国家政对待不同群体的不同策略紧密相关。从上文得知，政府部门/官方组织与非政府部门存在巨大差异、社会上层精英与普通先进个人之间存在着巨大的差异，而政府部门/官方组织和经济领域则分别作为国家—社会两端的代表。在经济领域内，分层是必要的，因为虽然经济领域内三八红旗手总数在下降，但上层与下层之间的差距在扩大，不平等日益显著。在政府部门和官方组织内部，分层的意义较小，因为一方面，尽管在低级别的行政单位或低级行政官员同样也拥有一定范围的实际权力，中国政府权威赋予了她们不同于普通人员的声望与权力；另一方面，虽然各领域的三八红旗手的比例不断变化，但是基层公职人员依然占有较大比例。因此，作为总结的下表的划分进行了这样的处理：

三八红旗手的来源	行业领域	分层	比例 （1960—2012）	影响—控制策略	政治目标
国家 （政府）	政府部门官方组织	上层 （社会分层）	11.32% → 39.92% （所占三八红旗手整体比例）	直接荣誉授予	维持、加强控制
社会 （非政府）	工业/交通/基建商业/金融	上层 （领域内部分层）	11.67% → 82.81% （领域内部比例）	直接荣誉授予；间接合作	建立互惠机制
		基层 （领域内部分层）	60% → 0.78% （领域内部比例）	树典型运动	标榜社会主义合法性

中国的荣誉政治同样地也挑战了米格代尔（1988）关于"强社会"与"弱国家"的论断，它呈现了强国家如何应对日益强大的强社会：对从中央到地方的各级政治官僚实行整体表彰，在国家与社会强人（strongmen）之间建立起互惠机制，并通过树典型和大规模的宣传来减弱合法性危机。这些策略组成了中国特殊的荣誉政治，同时也改变着荣誉的初始含义。它不再是单纯的对先进人物与先进事迹的表彰，而是伴随着国家需要而产生并演化的政治工具：首先，它规定了什么是先进、怎样使得候选人看起来更先进；其次，它培养了荣誉获得者的政治认同并通过宣传活动和学习活动将这种认同传播开来；再

次，它将大量荣誉作为资源与社会精英进行了交换，以期获得他们在能力范围内对国家体制的支持；最后，它塑造了高质量的平民典型，在获得平民对政权认可支持的同时也向社会传递面向底层的政权合法性。也正是通过把数量与质量错开的方式，这个国家实现了上层资源与下层资源的通吃。

参考文献

艾恩•埃菲尔，2006：《奖励的惩罚》，上海三联书店出版社

陈惠惠，2009：《国民党对社会时间的利用与制作——民国农民节研究》，《江西师范大学学报（哲学社会科学版）》，第42卷第6期，2009年12月

戴东清，2005：《中国大陆国家与社会关系，1989—2002：以镶嵌之社会团体自主性为例》，秀威资讯科技股份有限公司

冯仕政，2003：《典型：一个政治社会学的研究》，《学海》2003年第3期

福柯•米歇尔，著，2003：《规训与惩罚》，生活•读书•新知三联书店

福州市妇女联合会、福州市公务员局，《关于推荐评选福建省三八红旗手（集体）的通知》2009年12月24日

妇厅字 [2009] 9号，全国妇联，《关于评选表彰全国三八红旗手（集体）的通知》

戈夫曼，1961/1990：《日常接触》，华夏出版社

《黑龙江农业经济职业学院毕业生刘彩华获得2012年度全国"三八"红旗手标兵荣誉称号》

国家统计局人口统计司，1988/1993：《中国人口统计年鉴（1988/1992）》，中国统计出版社

国家统计局人口与就业统计司，1996/1998：《中国人口统计年鉴（1995/1998）》，中国统计出版社

国家统计局人口和社会科技统计司，1999—2006：《中国人口统计年鉴（1999—2006）》，中国统计出版社

国家统计局人口与就业统计司，2008—2009：《中国人口与就业统计年鉴（2008—2009）》，中国统计年鉴

国务院人口普查办公室、国家统计局人口和就业统计司编，2012：《中国

2010年人口普查资料》，中国统计出版社

《截止2009年底西藏已有专兼职妇联干部2万多名》中国新闻网，2010年6月7日

李培玉，1999：《论法家关于奖赏之法的思想及其现代意义》，《南京师大学报（社会科学版）》1999年7月第4期

刘平林，万向东，2000：《论"树典型"——对一种计划经济体制下政府行为模式的社会学研究》，《中山大学学报》2000年第3期

刘志坚，1996：《民信其赏，则事功成——中国古代法家的行赏观述要》，《甘肃政法学院学报》1996年第4期

陆风，1993：《中国单位体制的起源和形成》，《中国社会科学季刊》（香港）1993年（第4卷）总第5期

苗春凤，2012：《"树典型"活动的历史演进及其引申》，《重庆社会科学》，2012年第3期

《全国妇联授予张丽莉等10人全国三八红旗手标兵荣誉称号》，人民日报2013年2月28日

全国妇联办公厅主编，2007：《全国三八红旗手名录，1960—2006》，中国妇女出版社

全国妇联宣传部，《曾玉萍事迹材料》，2012年2月

齐燕庆，1996：《荣誉地位的取得及其演化——一项有关劳模的调查研究》，北京大学社会学系硕士研究生毕业论文—1996.031/ZM96（04）

黔妇通字[2011]56号，贵州省妇联，《关于评选表彰全国三八红旗手（集体）的通知》，http://www.gzswomen.org.cn/SysHTML/ArticleHTML/44995_1.shtml

秦永洲、韩帅，2007：《中国旌表制度溯源》，《山东师范大学学报（人文社会科学版）》，2007年第52卷第6期

师市办发[2011] 53号，新疆生产建设兵团一师阿拉尔市，《关于印发<一师阿拉尔市"三八"红旗手（集体）管理办法（试行）》的通知>》

斯达哈诺夫等著，孙斯鸣译，1953：《今日的苏联17·斯达诺夫运动》，上海出版公司

宋静，2003：《从个案访谈看工人劳模的特征及性别差异》，北京大学社会学系硕士研究生毕业论文—2003.031/M2003（14）

天津市妇联，《关于推报全国三八红旗手（集体）的通知津妇发[2009] 37号》

王丛丛，2013：《表彰与规训：南京国民政府时期的农民节》，《甘肃社会科学》，2013年第一期

王彦章，2007：《清代奖赏制度研究》，安徽人民出版社

余瀛波、徐建红，2008：《美国：从战争中走来的荣誉制度》，《法制日报》，2008年1月18日

《在机构改革中推进机关妇委会建设》，中国妇女网•湖北省妇联http://www.women.org.cn/zhuanti/2002zuzhibu/neirong/hubei.htm

张静主编，1998：《国家与社会》，浙江人民出版社

张树华、潘晨光等著，2011，《中外功勋荣誉制度》，中国社会科学出版社

中国社会科学院人口研究中心《中国人口年鉴》编辑部，1986：《中国人口年鉴（1985）》，中国社会科学出版社

中国社会科学院人口研究中心，1987：《中国人口年鉴（1986）》，社会科学文献出版社

中国社会科学院人口研究中心，1988—1996：《中国人口年鉴（1987—1996）》，经济管理出版社

中国社会科学院人口与劳动经济研究所，2001—2011：《中国人口年鉴（2001—2011）》，经济管理出版社

周雪光，2003：《组织社会学十讲》，社会科学文献出版社

邹谠，1994：《二十世纪中国政治：从宏观历史和微观行动的角度看》，牛津大学出版社

Bakken, Børge, 2000: the Exemplary Society: Human Improvement, Social Control, and the Dangers of Modernity in China. Oxford University Press.

Blau, Peter M., 1964/ 1986: Exchange and Power in Social Life. Transaction Publishers.

Chan, Anita, 1985: Children of Mao: Personality Development and Political Activism in the Red Guard Generation. University of Washington Press.

Dickson, Bruce J., 2003: Red Capitalists in China: the Party, Private Entrepreneurs, and Prospects for Political Change. Cambridge University Press. pp.10—16.

DiMaggio, Paul & Powell. Walter, 1984: The Iron Cage Revisited: Institutional Isomorphism and Collective Rationality. American Sociological Review 42. pp 726—743.

Frank, R.H., & Cook, P.J. 1995/1996: The Winner—Take—All Society: Why the

Few at the Top Get so Much More Than the Rest of Us. Penguin Books.

Goodman, David S. G., 19969: The People's Republic of China: the Party—State, Capitalist Revolution and New Entrepreneurs. In Robison, Richard and Goodman, Davis S. G., ed., 1996: The New Rich in Asia: Mobile Phones, Mcdonalds and Middle—class Revolution. Routledge.

McNally, C.A., & Wright, T. 2010: Sources of Social Support for China's Current Political Order: The 'Thick Embeddedness' of China's Private Capital Holders. Communist and Post—Communist Studies, 43(2), 189—198.

Meyer, John W. & Rowen, Brian, 1977: Institutionalized Organizations: Formal Structure as Myth and Ceremony. American Journal of Sociology 83. pp340—363.

Migdal, J.B., 1988: Strong Societies and Weak States: State—Society Relations and State Capabilities in the Third World. Princeton University.

Migdal, J.B., 2001: State in Society: Studying How States and Societies Transform and Constitute One Another. Cambridge University Press.

Pearson, Margaret M., 1997: China's New Business Elite: the Political Consequences of Economic Reform, University of California Press. pp29.

Walder, A., 1994: Communist Neo—traditionalism: Work and Authority in Chinese Industry, Cambridge University Press.

Zheng, Yongnian, 1994: Development and Democracy: are they compatible in China. Political Science Quarterly, Vol.109, No.2(1994), pp245.

缙云县来料加工中"经纪人"的管理实践[①]

徐宗阳　北京大学社会学系2010级

指导教师　王汉生　周飞舟

第一章　引　论

一、研究背景

改革开放以来，我国内向型国民经济结构得到了逐步调整，这表现在对外贸易的迅速增长和国外资金的大量流入。这些变化与调整标志着我国正从一个半封闭的经济走向开放型的经济，正在不断融入到国际经济一体化的体系之中，并由此带来了国民经济的不断增长，创造了自"80年代以来一直保持接近10%的平均增长速度的世界奇迹"。对于中国经济的高速增长，"比较优势战略"的理论认为，改革开放以前的发展战略是"赶超战略"，即在资本稀缺的状况下去优先发展资本密集型产业，压抑了符合我国具有比较优势的劳动密集型产业。而随着传统经济体制的改革，农村的剩余劳动力被释放出来，符合比较优势的劳动密集型产业，特别是在沿海地区以及经济开放区的劳动密集型产业得到发展，这符合了"比较优势战略"，我国的经济也得到了迅速的发展（林毅夫、蔡昉、李周，1999）。简而言之，

① 感谢2012年夏在浙江缙云县来料加工调查团队的全体成员：周飞舟教授、刘爱玉教授、傅春晖、阿拉坦、付伟、王绍琛、杜月、谭明智、王田一、潘晓泉、梁海祥、李可、朱俐、邝继浩、田志鹏。感谢李斌基金对这项研究的资助。

沿海的劳动密集型产业利用了原来束缚在传统经济部门的剩余劳动力。

中国的"人口红利"导致了劳动力价格的低廉，由此支撑起劳动密集型产业的发展。在改革期间，人口的年龄结构呈现出了劳动年龄人口（15—64岁）比重不断扩大的趋势，这为经济增长提供了动力，也就是所谓的"人口红利"（蔡昉，2008）。但随着国家生育政策的持续作用，生育率进一步降低，"人口红利"出现衰弱趋势，"根据第六次全国人口普查的数据，劳动年龄人口（15—64岁）在2010年已经开始出现绝对数的下降"（蔡昉，2013，2）。

这种劳动力年龄结构的变化也影响到我国经济的增长速度与方式。自2004年以来，全国的劳动力短缺现象越来越严重，"在粮食生产中雇工日工资、农民工、制造业和建筑业普通劳动者的月工资，以1998年不变价计算的工资水平都有显著提高，而且2004年以后的提高速度明显加快"（蔡昉，2010，129）。虽然关于"刘易斯拐点"和"人口红利"在学界尚存争论，但是劳动力短缺和劳动力价格上升是目前沿海地区劳动密集型产业中所面临的实际情况。

就整体的经济形势来说，中国经济的比较优势依然在于劳动密集型产业，"根据具有比较优势的制造业产品分类，中国具有比较优势的制造业产品，占第一位的是非熟练劳动密集型"（蔡昉，2008，20）。所以，面对着劳动力价格上升的状况，沿海的劳动密集型产业有寻找更廉价劳动力的需求，需要将生产网络伸向具有劳动力比较优势的地区。而产业转移一般有两种情况：一是从发达国家向发展中国家转移；二是从沿海地区向内陆地区转移。

二、研究对象

关于产业转移的理论忽视了现实中广泛存在的劳动力转移模式。本文的研究对象——来料加工，其主要特征是生产网络从城市向乡村蔓延。这种从城市向乡村转移的模式提供了两个可供观察与思索的现象：第一，生产组织形式发生了变化，由原来的工厂生产变成高度

"分散"①生产；第二，所使用的劳动力性质发生了变化，不再是工厂生产中的"全职劳动人口"，而是不脱离家庭生产生活的妇女和老人，这种独特的生产组织形式是本文关心的对象。

首先要对本文的来料加工与改革开放初期的来料加工贸易做一个对比。在经贸领域，来料加工是加工贸易的一种②，是指"进口料件由外商提供，进口时不付汇，制成品由外商销售，经营企业收取加工费的加工贸易，进口原料的所有权和收益权属于外商"③的一种贸易形式。本文研究的乡村来料加工则更偏重于一种生产组织形式，与来料加工贸易的不同之处在于其订单不完全来自于外商，而多来源于生产链条上游的义乌商铺，既有来自外贸的订单，也有内销的订单；原来的来料加工贸易在城市的工厂中组织生产，而本文的来料加工多是分散到乡村去组织生产；来料加工贸易以雇佣工人为主，而本文的来料加工则是利用乡村的闲散劳动力。两者相同点在于承接来料加工的加工方只赚取加工费，不承担市场风险。

其次，本文的来料加工与中国历史上广泛存在的包买制也有细微的区别。包买制"即农户从商人处领取原料，带回家中做成产品后交换给原料商，并从原料商处领取工资"（周飞舟，2006，26）。这里所讲的包买制侧重强调包买商的商人性质和在生产组织中的作用。如果与包买制对照来看，来料加工中的包买商应该是义乌等地发放订单的商铺。其订单来源主要是外贸出口订单（也有内销订单），接单后在乡村中依靠大量的"经纪人"④组织生产，本文主要关心"经纪人"在乡村组织生产和管理生产的过程。与包买商要承担市场风险不同，"经纪人"及工人不需要承担市场风险。当然这只是同一生产组织过程的不同层次的细微差别。

---

① 值得说明的是，来料加工的分散性主要体现在：第一，生产工序的分散，即通过广泛的外包形式，将生产过程分散；第二，生产过程在地域上的分散，通过城乡合作完成生产。

② 另一种是进料加工贸易。

③ 中国通关网，http://www.e—to—china.com.cn/Trade/tgbk/maoyizhishi/2012/0706/103384.html。

④ "经纪人"是来料加工产业中连接包买商与工人或者农户的中间环节，按照国家工商总局颁布的《经纪人管理办法》（2004），经纪人是指在经济活动中，以收取佣金为目的，为促成他人交易而从事居间、行纪或者代理等经济业务的自然人、法人和其他经济组织。

在辨析了两个概念之后，本文对于来料加工的界定是：来料加工是一种乡村的生产组织形式，从整个过程来看，"经纪人"从上游商人或者公司承接订单和原材料，组织工人进行生产加工，加工成半成品或者成品之后交付上游商人或者公司，"经纪人"只赚取加工费和佣金，"经纪人"手下的工人按照劳动所得领取工资，"经纪人"与工人均不直接与市场发生关系（当然会受到市场波动的影响），不必承担市场风险。这里只讨论的是包买制生产的一部分，不讨论与包买商的关系，具体体现为义乌商人①—"经纪人"—工人或者农户的生产过程，本文重点讨论"经纪人"与工人的关系。

浙江省来料加工主要承接义乌、温州、上海、台州客户的订单，利用浙江欠发达地区的劳动力进行加工，产品主要以出口为主。来料加工产业发展繁荣，涉及服装、饰品、文具、玩具、礼品、五金、微电子等几十个大类的几千个品种，并形成了专业化的加工区。

这种乡村来料加工按照生产组织形式可以分为集中加工、分散加工以及"集中+分散"加工三种模式。其中集中加工是"经纪人"将工人组织到自己的家中或者租用的场地中把原材料加工成半成品或者将半成品组装成成品，工人在集中加工点"上班"，计件或者按日领取工资。这种集中加工点看起来像工厂，却又不是工厂，其内部管理非常松散，也没有严格的劳动纪律和劳动时间，这类的例子包括加工鞋类制品、电子产品和竹制品的集中加工点；分散加工是"经纪人"将原材料发给农户，由她们带回家中进行加工，一般也是计件领取工资，这种类型加工的产品一般比较容易操作，包括一些首饰加工，鞋花和编织物加工。这种类型中，"经纪人"还会依照生产规模与要求发展"二级经纪人"或者"三级经纪人"，形成可大可小的生产链条；"集中+分散"加工的情况是，"经纪人"既会在集中加工点中组织工人进行生产，通常是技术含量比较高或者需要机器去完成的工作，也会将部分简单工序分散给农户去做，这类的例子是服装加工，

---

① 这里的义乌商人也不是纯粹意义上的包买商，他们也是承接外贸或者内销订单，按照订单发给"经纪人"从事生产。但他们中有一些人是直接将货自行出售的，这些人可以是严格意义上的包买商。

通常裁剪成衣是在集中加工点中完成的，而另一些钉纽扣或者包装之类的活计则分散给农户去做，这种类型提高了生产效率。本文重点分析的是浙江省丽水市缙云县来料加工业集中加工模式和"集中+分散"模式。

不仅仅是生产形式在转移过程中发生了变化，劳动力的性质也发生了变化，来料加工所使用的劳动力并不完全是农村的剩余劳动力，而是转移不出去的"闲散"劳动力，包括不在劳动适龄范围内的人口和转移不出去的留守人口，妇女和老人等，留守农村的妇女和老人部分是因为年龄原因不能进入工厂，部分是因为要照顾老人和儿童而选择留守农村，这些劳动力都是无法被工厂接纳的劳动力。简单地说，劳动适龄人口进城进厂，妇女、老人留守农村从事来料加工。

三、研究问题

伴随着乡村来料加工的生产组织形式的变化和所使用的劳动力性质的变化，这些变化之后的形式都与工厂制不同。那么本文的研究问题是（1）"经纪人"是如何将工人组织起来的？为何使用了来料加工这种生产组织形式而不是采用工厂制？来料加工作为一种生产组织形式（包买制）与工厂制有何不同？（2）工厂制管理方式的理想类型是什么？"经纪人"为什么没有采取工厂制的管理方式？"经纪人"到底是怎样进行管理的？她们如何解决质量与工期、监督以及激励问题的？（3）来料加工这种生产组织形式之所以可以在乡村成功生存并不断繁荣，"经纪人"的管理方式之所以可以起作用，是否依靠了乡村固有的人情关系与乡村伦理？文章从实地调研的材料出发，尝试对这些问题做出回答。

针对以上问题，下面将进行文献梳理，涉及工厂制与包买制；管理学与组织社会学中的关于工厂管理或者组织管理的理论；关系与人情的文献综述。

第二章　文献综述

一、作为一种生产组织形式——关于工厂制和包买制

1. 包买制的历史地位

在西欧工业革命以前的资本主义萌芽时期，包买制（putting out system）普遍存在于西欧各地的手工业中，比如意大利、法国、德国等地的花边加工、剪刀生产和绸缎生产中。伴随着工业革命所带来的技术革命和生产组织的革命，手工工场逐步发展成为机器工厂，工厂制逐步兴起并取代了原来普遍存在的包买制（Landes，1997）。而关于工厂制与包买制孰优孰劣的讨论，主要集中于"技术革命"还是"组织革命"。主流观点认为工厂制有包买制不可替代的优越性。"与工厂制度相比，包买制有两个突出的弱点，一个是规模分散阻碍技术革新，另外一个就是难以有效控制生产"（Magnusson，1991，转引自周飞舟，2006）。

从长期经济史来看，从行会制度经过包买制和工场手工业到现代工厂制度，人们总是在寻求更有效率的生产组织形式，摒弃没有效率的生产组织形式。作为工厂制和包买制这两种生产组织比较的总结，奥利弗·威廉姆森指出了包买制和工厂制度在运输成本、机器维修、后勤保障、原料占用、原料损耗和半成品库存等11个方面的不同，结果发现工厂制度优于包买制（Williamson，1980）。从历史上看，包买制被工厂制所取代已经成为不争事实。

但是，包买制并没有因为工厂制成为主要的生产组织形式而完全消失。在中国近代的手工织布业中，包买制作为一种生产组织形式兴起，并影响了20世纪初期手工业的繁荣，在近代农村工业化中作用巨大（赵冈，1977；周飞舟，2006）。随着生产的全球化和产业转移，包买制也盛行于台湾，关于台湾"隐形工厂"的研究和散布于田间的"客厅工厂"的研究都是包买制作为一种生产组织形式重新出现的例

子（谢国雄，1992；柯志明，1993；熊秉纯，2010）。谢国雄总结了代工生产的三个特点，劳动力可以分批购买、工资依产量而定、工作过程不受监督（谢国雄，1989）。Mark Lazerson对意大利的Modena地区制衣业（knitwear industry）的研究，证明包买制即使在20世纪90年代仍然大量存在于意大利一些地区。Modena地区的制衣业的复杂生产过程被分包给了许多独立的家庭手工工场，大部分这些家庭工场不雇佣工人，依靠家庭成员和亲戚进行生产（Lazerson，1995）。

从整个历史的进程来看，工厂制取代了包买制，但是不排除在有一些地区，包买制比工厂制更有生命力。那么作为一种生产组织形式的现代工厂制是怎么样的呢？现代工厂制度在组织生产的过程中有着诸多的要求：第一，工业革命所带来的生产工具及其动力的机械化和机器大工业，这是产生现代工厂制度的基础。第二，按照生产工序进行分工，需要保持生产的连续性，这对工人提出了一定的要求，工厂应找熟练或者半熟练的工人从事生产，这一过程伴随着对工人的全面控制。第三，劳动力需要大量集中，这提出了土地的要求，必须要用足够的厂房来组织数量庞大的工人在同一时间，同一场所内从事生产。第四，工人和雇主之间的关系是完全雇佣关系，工人出卖自己的劳动力为工厂主劳动，雇主一般需要按月支付工人工资，雇主对于劳动力有一种"全面控制"。第五，为了保证生产可以顺利进行，现代工厂制定了严格的纪律、工时制度、奖惩措施以及休假制度，各项管理制度的完善可以解决质量管理和工期控制的问题。工厂制组织形式，特别是现代工厂制度所需要的大规模、集中生产、高资本投入和高素质劳动力的要求，是包买制的劣势。本文所讨论的集中加工点和"集中+分散"加工与工厂制的不同将在后面的章节呈现。

2.新制度经济学的知识

新制度经济学的"交易费用"学说，对于本文分析"经纪人"为什么没有选择工厂制这种组织形式，而采用了包买制这种组织形式也有一定借鉴意义。

在新制度主义经济学家威廉姆森（Oliver E. Williamson）的理论中有四个基本概念，分别是：有限理性、不确定性或复杂性、机会主义以及少数人条件（威廉姆森，2011，47），如果这四个基本概念单独出现的话，都可以用市场的办法来解决，但是这些概念所描述的现象一旦结合起来就会产生市场失败的问题，比如有限理性和不确定性相结合就会产生"信息阻滞"的问题。因此市场（markets）在解决这些问题的时候并不如层级制（hierarchies）有效率，因为层级制可以克服有限理性和不确定性带来的问题。这里面的基本思想就是"交易成本"的概念，人们会随着交易成本的变化选择市场或者层级制。

威廉姆森在《资本主义经济制度》中提出了交易成本的研究可以归纳为合同问题，合同问题是一个"少数人条件"，双方具有明显的信息不对称的问题。这个理论解释力广泛，组织内部的管理者和被管理者之间也是一个合同关系。这启示我们去思考来料加工中的"经纪人"与工人的关系，这两者的关系中也存在着信息不对称的问题，为什么"经纪人"选择了包买制来组织生产而没有选择用工厂制组织生产呢？除了集中加工点的一些生产要素和工厂制不符合以外，就是因为效率机制问题。

经济学的研究通过合同关系以及市场与层级制之间的选择，为我们理解来料加工的生产管理提供了一种思路，可以通过层级制的方式解决质量的问题，在面对"逆向选择"和"道德风险"的时候，"经纪人"如何解决呢？如果采用工厂制的生产组织方式，这个问题应该可以通过组织加强监督和激励机制来解决，那么在来料加工这种生产组织下这个问题如何得到解决呢？

这些问题在工厂制生产中一般是可以通过生产管理来解决的，为什么"经纪人"却不用工厂制来组织生产？下文将呈现工厂制下的生产管理的理想类型，即工厂制是怎样计划、组织、协调和控制生产的？工厂制怎样进行生产管理，怎样处理本段开头提出的问题？

二、作为一种管理方式——关于工厂管理的研究

本文的主题生产管理，更加侧重于集中加工点中"经纪人"如何管理工人，以保证质量和工期，即"经纪人"通过什么方式来达致对工人的有效管理？和这一主题相关的文献主要集中在管理学、组织社

会学等研究工厂管理的文献中，但基本可以分为三类，一是所谓工厂制之下的生产管理的研究，二是注重工厂中的非正式群体与社会关系的研究，三是新制度经济学的组织研究，以下分别论述。

1. 科学管理与科层制——对效率的重视

管理思想随着以机器大工业为代表的工厂制的建立与流行而出现并盛行，关于工厂制下的生产管理要回到最初的古典管理学思想之中。泰罗（Frederick W. Taylor）基于大量的工厂实践提出了"科学管理理论"，被称为"泰罗制"，科学管理理论的内容丰富，主要包含如下方面。

泰罗制的中心思想是劳动生产率的提高，而为了提高劳动生产率，应该确定工作定额并标准化工作环境与程序，为了激励工人努力生产，要实行差别计件工资制，用多劳多得激励工人的工作效率（泰勒，1984）。这种"经济人"假设，认为标准化和利益激励可以最大化地实现产出效率。对于"泰罗制"的管理方式实行的最为彻底的是"福特制"。亨利•福特在工厂中贯彻了一整套的工作标准化、自动化和机械化的生产线，工作任务被不断细分，并最终达至"泰罗制"的状态。

在古典管理理论方面，无法绕过韦伯（Max Weber）的"科层制"，科层制的主要特点在于：高度的专业化、权力等级、规章制度和非人格化四个方面。高度的专业化要求，"劳动的明确分工有可能为每一个特定岗位雇佣受过专门训练的专家，并使每一个人负责有效地履行各自的职责"；权力等级要求，"存在着职务等级的和审级的原则，也就是说，有一个机构的上下级安排固定有序的体系，上级监督下级"；规章制度要求"职务的执行，是根据一般的、或多或少固定的、或多或少详尽说明的、可以学会的规则进行"，这包括了各种情形中对于规则的运用；而非人格化是"严格排除私人感情的精神，没有憎恨和热爱，也因此不受感情的影响"（韦伯，1997，278—280）。

2. 组织中的非正式群体——对人际关系的重视

上面的一节梳理了作为工厂制这类正式组织中的生产管理方式，

主要体现了对于理性与效率的追求，对于人与人之间的关系和工厂或者组织中的非正式群体的作用关注比较少，自管理学到社会学都对这一研究方向进行了推进。

管理学中对非正式群体的研究以人际关系学派（或称行为科学学派）最为著名，梅奥（George Elton W. Mayo）在美国西部电器公司的霍桑工厂中进行试验，提出了完善工厂管理的新思路：工人是"社会人"金钱并不是刺激工人提高生产率的唯一动力；工厂中除了正式组织之外，还存在着"非正式组织"；士气和对于工作的满意度才是提高劳动生产率的基础（梅奥，1964）。

此外，社会学家布劳（Peter M. Blau）在《现代社会的科层制》中通过对于军队、工厂、政府机构和警察部门的考察后，认为韦伯的"科层制"作为一种理想类型，没有考虑到正式组织的非正式形态或者非正式组织这种由非正式关系连接的网络。他认为，"多数组织的实际运作与正式的计划和规则有差距，尽管对什么样的非正式活动是可以容忍的问题有各自看法。非正式活动有时对实现组织的目标具有积极的作用"（布劳、梅耶，2001，53）。

除却对"经济人"假设和科层制的批判，关于工厂内部的生产管理的研究体现在中国工厂研究中。史国衡在《昆厂劳工》中关于"厂风"（工厂风气）的研究，从工人内部的团体关系中去解释工人的消极怠工现象，在他看来，工厂除了是一个生产组织以外，更是社会组织。这表现为厂方负责人和工人对待集体行动和高流动率的不同态度，厂方负责人认为工人"唯利是图"，就是想"多要工资"，而工人认为"工资多少还属次要，最要紧的是一种精神上的愉快"。史国衡认为厂方负责人忽视了工人的心理和精神因素，不能"单靠工资来吸引工人"。在"劳动的安定性——退厂与移业"中，史国衡认为，"小型工厂、私人店子或制造厂，在工人心中更有吸引力"（史国衡，1946，135）。

华尔德（Andrew G .Walder）发现在城市的国营工厂中存在着依附结构，"工人在经济上依附于企业，在政治上依附于工厂党政领导，在个人关系上依附于车间直接领导"，并用新传统主义表明其本质。他认为，工厂中丰富的社会关系网络并不应当只被看作个人关系，其本身也构成了工厂内部的社会结构（华尔德，1996）。

3.组织激励——"委托—代理"的激励机制

周雪光认为，如果总结交易成本学派的研究状况的话，可以说"所有的问题都是合同问题，所有的合同问题都是委托—代理问题，所有的委托—代理问题都是激励问题"。关于组织激励，经济学的讲法是，因为所有的合同的问题都是委托—代理问题，而委托—代理问题存在信息不对称，代理人通常会利用这一点谋取私利，所以需要通过激励机制，给予代理方一定的物质和精神利益，使委托方和代理方的利益相一致（周雪光，2003）。

以上文献的梳理表明了在工厂制作为一种管理方式下，有注重效率与注重社会关系两条脉络，这两条脉络提供的知识虽有启发，但是其具体可以起作用的条件和机制与本文的研究对象并不切合，特别是在这种集中加工点本身就是一个小型的"家庭工厂"，并不适用于科层制管理方式，即使是注重人际关系的研究，也多是在国营工厂中进行。虽然工厂制的管理方式不管在效率方面还是人际关系方面可以对激励工人起到作用，并不能很好地解释"经纪人"为什么不采用工厂制的管理方式。

三、社会学传统下的关系与人情

在这里梳理关系与人情的文献主要是基于本文的假设，一种不同于工厂制的、看起来低效率的管理方式可以保证生产效率和有效管理，这与社会关系与人情可能存在着密切的联系，换句话说，管理方式随着关系而变化，顺着人情而生效。

传统的儒家理论中特别强调"伦"的概念，有五伦说："父子有亲，君臣有义，夫妇有别，长幼有序，朋友有信"。一个君子应当做到"不失其伦"，这样才会被认为有"礼"。因为每个人都处在相应的伦序结构中，只有每个人都在不同的关系中做好自己应做之事，社会才能达致秩序与稳定，可以看出，"伦"本身就有"秩序"的含义，包含着一种亲疏有别等差关系。梁漱溟先生特别强调"伦理本位"和"伦理关系",认为"吾人亲切相关之情,几乎天伦骨肉,以至于一切相与之人,随其相与之深浅久暂,而莫不自然有其情分。因情而有义"(梁漱溟,2005,72)。这种伦理关系是建立在具体化的个人或者特殊主义基础之上的。梁漱溟认为,伦理关系不仅要区分差等,排定名分,还应该"指明相互间应有之情与义"(梁漱溟,2005,80)。费孝通先生将社会关系的基本结构理解为"差序格局",这种生动的讲法就展现了有差等的社会关系。那么这种社会关系结构的基础是什么呢?最基本的还是血缘(亲亲)和地缘。根植于乡土社会的来料加工也是基于血缘和地缘的关系而生存并发展的。

传统的儒家社会理论从不把人看作是孤立的个体,而是存在于某种关系结构之中的。金耀基先生认为汉语中的"仁"字表示有两个人,这绝不是偶然的……"仁"这一概念所强调的乃是人际交往,它并不考虑个体心理中的情绪与焦虑之深层核心。的确,它是这样来看待个人外在行为的本质的:那就是看它是否符合社会和文化中的人际准则"(金耀基,1992)。所以在人际交往中"一定要问清了,对象是谁,和自己是什么关系之后,才能决定拿出什么标准来"(孙立平,1996,21),这样才会被人认为是知"礼"的。这一点在乡土社会中表现则更为明显。孙立平先生认为在差序格局下的"乡村社会是一个人治社会,维持秩序所使用的力量不是法律,而是人际关系的历史传统"(孙立平,1996,21)。

可见,这种社会关系并不是只在己身和家族中进行发展的,还会有其他的"相与之人",会"因情而有义","相与之间,关系遂生"。在这个过程中,"人情"就会起作用,特别是在关系的建立和维持阶段。杨联升分析中国社会中存在的"报"的观念是社会关系的基础,人情不仅包括情感,也包括其他的社会表意,如在适宜的场合下向人表示祝贺或送礼等(杨联升,1996)。而韦伯(2008)认为儒家社会伦理的根基在于"恕",这一点对于我们理解人情很重要,因为一个人是否会被人们理解为有人情,很大程度上就取决于他能否"尽己之心,察人之情",能否"曲尽人情"。

现代社会学关于人情与面子的运作的研究以翟学伟为代表,他对于人情与面子的分析有借鉴意义。但与权力运作相结合的研究路径并不能完整体现人情与面子的含义。"人情是在报和欠的过程中获得的权力，是交换的结果……通过人情和面子的运作，放弃的是规则、理性和制度，得到的却是不可估量的社会资源、非制度性的社会支持和庇护以及以势压人的日常权威"（翟学伟，2004，57）。就日常生活的实践来看，并非仅仅是资源的交换与权力的生产。

对于"人情"在具体的乡村社会中应该如何理解，阎云翔（2006）的《私人生活的变革：一个中国村庄里的爱情、家庭与亲密关系1949—1999》主要分析了家庭中的关系。他认为，"村民将他们的关系网络看作是社会的基础，对于他们来说，关系构成了他们的本土小世界，在其中有他们的道德规范，人与人之间以此为依据相互交往"。可以看出，关系在乡村中本身含有道德规范的意涵，人们依据关系而行事。而"人情既指感情，在实践中又有多重含义。在个人层面上，人情涵盖了人际交往中道德行为的基本原则。人情还普遍用来指对他人情感的理解。所以，如果一个人不能将心比心，就要被人看作是不道德，违反了人情。而且村民也根据人情来对某人做人是否得体而做出基本判断。换句话说，人情赋予每日间的人际交往以意义。没有人情，生活就不成其为生活"（阎云翔，2006）。人情的概念并不仅限于交换性的互惠关系，而是包含了深沉的道德与情感。

总结以往关于关系与人情的研究，更确切地定义本文所使用的"关系"与"人情"的含义。本文所使用的"关系"与"人情"，（1）并不同于"社会网络"分析中关于关系的结构层面的理解和抽象化理解，而是将关系理解为一种具体化的，特殊化的人与人之间的关系，这体现在来料加工的"经纪人"与工人之间的关系是具体化的，而不是普遍主义的，而且关系本身具有伦序结构，是区分亲疏远近的。关系也不同于社会资本的理解，而更多地体现在"做人"方面。（2）在"人情"的理解上，不仅仅是进行资源的互惠或者交换，还包含了道德规范与情感因素在内，这种"交换"本身产生的是人情。特别是"将心比心"与"曲尽人情"的含义，体现在来料加工的研究中，就是"经纪人"与工人之间的关系不仅是经济关系，更有人情关系在起作用。（3）关系和人情可以发生作用并非基于权力关系，而是基于"经纪人"和工人对于"人"与"人情"的共同认识，同时人情还有着交情的含义。

第三章　分析资料与研究方法

一、分析资料

本文所使用的分析资料来源于2012年北京大学周飞舟、刘爱玉两位教授承担的李斌基金关于城市化研究课题的访谈资料汇编，实地调查的时间为2012年7月底到8月初，地点是在浙江省丽水市缙云县东方镇、东渡镇、舒洪镇和大洋镇等地。前文已对研究对象做过简单界定，在这里对于缙云县的情况再做一个介绍。

浙江省丽水市缙云县，位于浙江南部腹地、中南部丘陵山区，丽水市东北部，据杭州175公里，下辖9镇15乡642行政村，全县人口43.6万人，其中60岁以上人口5.8万人。缙云县2012年来料加工的发展情况是"年加工费达到2.25亿元，培育经纪人265名，加工者队伍达4万人，创办加工企业38个，发展来料加工专业村12个，低收入农户集中加工点332个，带动低收入农户9440户"①。

为期七天的实地调查，共访谈了21名来料加工的"经纪人"和4名义乌的上游商户。这些"经纪人"所作产业涉及竹制品加工业、洗碗巾、手套等毛线织物、电子产品加工、服装制衣、穿珠、鞋花、发卡等小饰品、手提包及鞋业加工。每个"经纪人"的访谈都超过了两个小时。

以下是具体的访谈信息：

---

① 浙江省丽水市政府网站，http://www.lishui.gov.cn/zwgk/lsdt/qxdt/t20130320_874332.html。

表3—1　　　　　　　　　　　　　　　调查案例信息汇总

案例编号	产品类型	加工模式	工人性质	日均工资
Case01	竹制品	集中+分散	年轻男性	130元
Case02	竹制品	集中+分散	年轻男性	110元
Case03	竹制品	集中+分散	年轻男性	120元
Case04	竹制品	集中+分散	年轻男性	
Case05	竹制品	集中+分散	年轻男性	130元
Case06	洗碗巾	集中+分散	中年妇女	100元
Case07	穿珠头饰	分散加工	老人、妇女	25元
Case08	毛线编织	分散加工	老人	30元
Case09	服装加工	集中+分散	中青年妇女	85元
Case10	茭白叶	主要分散	留守农民	
Case11	手套加工	分散加工	留守妇女	50元
Case12	服装	集中+分散	中年妇女	90元
Case13	手提包	集中+分散	年轻人	
Case14	发卡	分散加工	老人	15元
Case15	电子产品	集中+分散	妇女	60元
Case16	首饰加工	分散加工	中年妇女	60元
Case17	鞋业加工	集中加工点	中年妇女	100元
Case18	鞋花	分散加工	老人、妇女	45元
Case19	服装	集中+分散	中年妇女	100元
Case20	服装	集中+分散	青年妇女	80元
Case21	鞋业加工	集中+分散	中年妇女	150元

　　本文研究的来料加工的生产管理主要集中在有集中加工点的"集中+分散"模式下，考察的主要是集中加工点内部的生产管理方式，会重点分析有集中加工点的案例。

二、研究方法

本文主要采用的是深度访谈方法，即以事先的研究提纲为基础，采用无结构式访谈，这不仅问到了事先准备的问题，而且还有一些研究设想中所没有考虑到的收获。在实地调查中的访谈主要采用了一种发展史的问法，让访谈对象为我们讲述其做来料加工的整个历程以及遇到的问题，而研究者依据一些重点的方面做进一步的追问与探讨。

本次实地调查所涉及到的问题有：市场链条、生产链条、生产管理、生产成本与利润、融资问题、行业竞争、发展问题、与当地政府的关系问题、性别视角问题。其中主要的研究问题有：（1）"经纪人"与哪些企业存在链条关系，"经纪人"在链条中的位置是怎么样的。不同的市场链条的差异性体现在哪里，哪些是长期的，哪些是临时的，"经纪人"如何建立和维持了这个市场网络，市场交易中的风险如何规避和化解。（2）加工模式的变化，集中加工和分散加工对于土地、厂房、资本、劳动力的不同需求。分散加工模式中，"经纪人"与加工户和"二级经纪人"之间的联系是如何建立的。劳动力的年龄结构与性别结构。（3）生产管理中的质量控制问题[①]，采用集中加工点的管理方式如何解决质量问题。面对质量与工期问题，工厂的解决办法和集中加工点的解决办法是不相同的，注重考察"经纪人"如何进行生产管理。这也是本文的主要论述部分。（4）成本和利润方面，每年的订单有多少，每个订单的成本和利润情况是如何的。成本主要体现在哪几个方面，利润空间是如何计算出来的。

---

① 通过调研发现有三个方面的问题值得研究。第一是来料加工的市场网络，即"经纪人"与上游的商人或者企业的关系，这涉及到"经纪人"如何获得订单；第二是来料加工的生产网络，即"经纪人"与"二级经纪人"以及"三级经纪人"的关系，这涉及到"经纪人"如何根据市场需求扩展或者收缩自己的生产网络；第三是来料加工的生产管理，即"经纪人"与下游的农户或者工人的关系，这涉及到"经纪人"如何对工人进行有效的生产管理，以保证质量，确保工期，这里面涉及到的问题是监督和激励的问题。

第四章 集中加工点的生产要素

一、空间分布与劳动力性质

1. 集中加工点的空间分布

实地调查中发现了集中加工点的一个空间分布的特点，除却需要大量毛竹的竹制品加工业分布在盛产毛竹的横塘岸村之外，其他的来料加工业，比如服装、棉织物和鞋厂等一般都零星分布在乡镇和学校附近，这和工厂分布所具有的特点不同。舒洪镇的制衣厂（case20）和舒洪镇的学校隔一条马路。这和集中加工点使用的劳动力性质有关。

集中加工点之所以分布在乡镇和学校附近，是因为这里集聚了大量的劳动力，来料加工所使用的劳动力中有一部分特殊的劳动力，就是"陪读妈妈"群体，而"陪读妈妈"群体的出现则是和全国范围内展开的撤点并校[①]有关。在本文调查的缙云县大洋镇，全镇只留下一所学校"大洋学校"，包括初中和小学，共有学生1000多人。这种在乡村地区中小学集中化的趋势造成的现象就是出现了大量的"陪读妈妈"，这些"陪读妈妈"主要是陪年龄较小的孩子来上学，照顾生活起居。她们从农村来到城镇，脱离了农业生产，除了照顾孩子和收拾家务以外，平时也无事可做。因此，这些"陪读妈妈"构成了来料加工的主要劳动力。

有的"经纪人"开始涉足来料加工，也是借着撤点并校所集聚的"陪读妈妈"开始发展的。case07的"经纪人"是从2006年才开始做来料加工的，这是一个分散加工的例子，"经纪人"只接订单，然后将货物分到其他人的家里去加工，这些"其他人"主要就是当地撤点

---

① 撤点并校特指在2001年提出的教育改革，大量撤销农村原有的中小学，使学生集中到小部分城镇学校，根据教育部发布的《全国教育事业发展统计公报》，从1997年到2010年间，全国减少小学371470所，其中农村小学减少302099所。而浙江省教育厅2012年发布的2011统计公报显示，"全省义务教育中小学5563所，较上年减少171所。其中小学校数3818所，比上年减少171所。初中校数1745所，与上年持平。此数据来源于：浙江省教育厅，http://www.zjedu.gov.cn/gb/articles/2012—04—25/news20120425152656.html。

并校产生的"陪读妈妈"。

问："把货送到哪些人家去做呢?"

答："在这里带小孩的,这里不是有学校吗?我们老家的学校撤到这里来了。"

问:"学校?"

答:"学校到这里来了,他们就到这里带小孩了。"

问:"是原来老家的小学撤掉了,并到这里来了?"

答:"好几个地方学校都撤掉了,撤并到这里来了。"

问:"那些人的家属?"

答:"那些人都是来这里带小孩嘛,父母跟过来,陪读嘛。"

(case07)

同时,集中加工点的分布还受到资本因素的影响。现代工厂的高资本投入,可以分布在城市的工业园区。来料加工本身的利润率比较低,赚取的只是加工费,不管是自建的厂房还是租用的厂房,都以最小花费的原则来选择。

资本要素的缺乏与撤点并校政策导致的"陪读妈妈"的出现,影响了集中加工点的空间分布。集中加工点多分布在农村和学校周围,有利于利用"陪读妈妈"作为来料加工的劳动力,对于"陪读妈妈"来说,在照顾孩子的同时也可以在集中加工点做工。值得注意的是,"陪读妈妈"只构成了来料加工的部分劳动力,下面将具体分析来料加工所使用的劳动力的性质与结构。

2.劳动力性质与结构

除却"陪读妈妈"之外,来料加工产业的其他劳动力结构如下:

表4—1 集中加工点的劳动力构成[①]

加工产业	劳动力性质	是否需要技术
竹制品	年轻男性劳动力	需要操作机器
洗碗巾	妇女、老人	需要简单技术

① 本表按照各类产业的不同,每个产业只选取了 个个案,比如case01到case05都是竹制品加工业,淡旺季的情况基本一致,所以只选取了其中一个案例。其中洗碗巾案例代表了毛线织物手工加工等案例。这五个产业分别选取的案例是case05,case06,case20,case17,case15。

服装	妇女、老人	需要简单缝纫技术
鞋业	主要是中青年妇女	需要简单技术
电子产品	妇女	不需要（组装工作）

　　竹制品加工业所需要的大多是男性劳动力，也有一些是中年劳动力，这类产业的加工需要操作机器的技术，但是劳动力也并不是全职工作的。因为这些劳动力之所以留守农村，而没有外出务工，部分原因是还需要照顾部分农活。比如case09和case13里面分别提到了在生产淡季的时候，工人都回家去"割茭白"和"采茶"去了。

　　在表4—2中，除竹制品加工业以外的其他产业，不仅有"陪读妈妈"，还有未婚女性和老人，这部分劳动力也需要照顾家庭，来料加工只能算作她们的"副业"，这些劳动力基本上是"想来就来，想走就走"的。因为，在她们看来，来料加工只是她们闲时的消遣，顺便挣一点零花钱。"我们这个自由嘛，今天有空，今天就干，今天没空，就不要干，反正都是临时的，没有长期的，随时干不干都无所谓的"（case07）。而那些老人，"空着也是空着"，做来料加工的话还可以赚点零花钱①。

　　因此，总结来料加工的劳动力的结构和性质。我们发现：（1）根据技术要求的不同，有着不同层次的劳动力使用状况。随着劳动力所做产业的不同，工资也不相同。（2）这几类劳动力的共同特点是：他（她）们都是农村的"闲散"劳动力，这里所谓的"闲散"，说明这些劳动力的性质不同于那些进城务工人员，不是剩余劳动力。这些"闲散"劳动力是走不出去的，他（她）们或受制于农业生产，或需要照顾家庭和孩子，或由于其他原因（比如上了年纪，身体残疾等）不能进入正规的工厂做工，不能脱离家庭，而处于一种"闲着也是闲着，赚一点是一点"的状态。用"经纪人"的话说就是"利用农村乡下，那些带孩子出不去的，还有一些年龄大的不能去工厂的（劳动力）"（case06）。（3）虽然同属于"闲散"劳动力，但是这几类人在对待工作方面还是存在着细微的差别。虽然不是全年都上班，通

---

　　① 老人加工的速度不快，只能做技术简单的活，每天大概可以赚十几块钱。

常是根据淡旺季不同上半年班，竹制品加工的工人还是将来料加工作为一项"工作"来做的，他们挣的工资也较多。而"陪读妈妈"是因为撤点并校的原因离开了原来的乡村，来到了城镇上照顾孩子，平时闲着的时候就会去做一点来料加工以补贴家用，照顾孩子和家庭才是她们的"主业"。而老人从事来料加工就没有补贴家用的考虑了，就是为了不让自己闲着，平时大家一起做的时候还可以聊解烦闷。

总之，来料加工中的劳动力的性质可以总结为，来料加工所使用的是"闲散"劳动力，劳动力与集中加工点是"非正式雇佣"[①]的关系，因此本文将劳动力的性质定位"非正式雇佣劳动力"。

二、灵活的生产网络

根据生产淡旺季的不同，以及外贸内销订单的波动性，"经纪人"可以随时调整生产规模，以形成和订单量相适应的劳动力数量。这样就形成了一种可大可小的生产网络，类似于具有伸缩性的"八爪鱼"。这种灵活的生产网络在完成订单的同时，也进一步减小了生产成本。

这种生产网络的灵活性体现在三个方面：第一，根据生产淡季和旺季调整工人规模，分为维持工人规模和赶工生产规模；第二，集中加工点内部的工序分包给分散的农户去完成，即前文所说的"集中+分散"模式；第三，集中加工点之间会有合作关系的存在，在工期紧张的时候，会将订单拆解，或者将别人生产的产品拿来"配货"。

1. 生产网络

与正规的工厂不同，来料加工的集中加工点可以根据淡旺季的不同随时调整生产规模，淡季的时候可以把工人调整到合适规模，这在一定程度上节约了成本；旺季的时候可以根据订单量的大小来安排工人来进行加工，这种安排保证了可以按时完成订单的工作量。

---

① 这个概念是为了区别工厂和工人之间的正式雇佣关系，即一种全职劳动关系。体现非正式雇佣关系的主要有，"经纪人"与工人不签订劳动合同；工人并不把做来料加工作为自己的一项"工作"；工人没有严格的劳动时间和劳动纪律，"经纪人"是无法用工厂中的制度来控制工人的。

表4—2 集中加工点的淡旺季与生产规模

加工产业	淡旺季情况	最小规模	最大规模
竹制品	一月到七月是旺季	30—40人	120人左右
洗碗巾	一般夏季是淡季	50—60人	90人—100人
服装	七、八月份是淡季	20—30人	100人左右
鞋业	五月到年底是旺季	120人	120人[①]
电子产品	淡旺季区分不明显[②]	10—20人	90人—100人

以竹制品加工为例，每年的生产旺季到来之时，"旺季的时候，我们村的每个竹凉席厂都忙不过来，大家就都加班吧，白天晚上都干"（case05）。差不多都要有120人左右的人从事生产，而且会经常加班。"每年的生产加工要比销售提前一点，生产旺季一般从每年正月开始一直要忙到7月1号"（case05）。从七月就开始进入了生产的淡季，"经纪人"表示，在淡季也不会完全停止生产，还是要经常开工，按照市场上畅销的每种规格都做一点存货以便在客户下订单的时候可以及时发货。但是这种在淡季维持生产规模的做法还有更重要的一点考虑，那就是维持工人。"从7月开始进入淡季，就要做一点存货，这是为了维持工人不走。如果不做了，工人就要找别的地方，出去打工了就不会回来了"（case05）。"经纪人"说的这一点特别重要，在淡季维持生产并不仅仅是为了存货，更多地考虑是为了维持工人。

与灵活的生产网络相关的一个问题在于，机器、厂房会不会因为生产淡季的闲置而产生浪费呢？为何这种灵活的生产网络可以节约成本？下面以一个成本核算来说明：

---

① case17的例子是不管淡旺季都维持120人的规模，只是淡季的时候工作时间比较短，旺季的时候工作时间比较长。

② 电子产品没有明显的以季节区分的生产淡季和旺季，而多是根据订单的波动性（分为订单的大小和不同的订单是否会在短时间内要求交货）来调整生产规模。

表4—3[①] 竹制品加工业的成本核算表

成本项目	成本数目（计算单位）
原料（毛竹进价）	20元（每平方）
电费	120元（每天），废料[②]可抵电费
水费	无[③]
税收	无[④]
运输费	较少[⑤]
机器折旧	5000元（每年）
工人工资	17—18元（每平方）
厂房	较少[⑥]

可见，工资成本在竹制品加工业的"经纪人"的毛收益中可以占到40%的比例，而在一些服装厂，这个比例会更高（每件衣服3块钱的利润，除去工人工资，"经纪人"能拿到1块多的利润，但是这里面包含了电费等其他费用）。而水电费、场地费、机器损耗和运输费的费用都不高，也不会因为生产规模的变小而产生浪费（如果有浪费的话，也是非常少量的），最重要的比例还是工人的工资成本，因此在

① 根据case03的访谈资料汇编而成，但是其中的缺陷在于有些成本无法全部换算成一个单位，主要成本（工资成本和原料成本）都是按照每平方的成品价格来算的。而且对于成本的项目也不是非常全面。

② 毛竹加工过程中，无法利用的弧度部分会产生边角废料，这些废料会有专人来收购，每天产生的废料可以卖到120元左右。

③ 缙云县境内的好溪支流穿横塘岸村而过，本村的竹制品加工业都用溪水，不产生费用。

④ 浙江省支持来料加工产业，对集中加工点之类的家庭作坊不收税。而有些服装加工的集中加工点要走外贸的程序，需要开发票，会产生税收费用。

⑤ 这个要分两部分，毛竹的进货和成品的卖出，都是对方付款，对于集中加工点来说不产生费用。但是在"集中+分散"模式下，将一些工序分散给较远村落的农户会产生部分运费，这个费用是"经纪人"自担的。而缙云县妇联对于来料加工的"经纪人"有运费补贴。

⑥ 关于厂房的土地性质，根据访谈资料，集中加工点的土地性质还是生产建设用地，村委会和土地部门的协商，高度不超过3.2米的临时房，可以不经审批而建造，因此，在这个案例中，厂房也不产生费用，只在2000年时缴纳每平方1.5元的费用给乡镇土地所。在其他的案例中，有些"经纪人"是租用的其他村民的地或者房子，根据面积不同，价格不等，少则"几百元，意思一下"（case05），多则"2000元"（case01）。当然也有一些服装厂是在镇上租房子，租金会高一点。

生产淡季缩小生产规模的时候，可以减少工资成本的支出，将这部分支出控制在维持工人的最低支出下，以此节约成本。

2. 工序调整

"经纪人"不仅可以随时调整生产规模，也可以随时对工序进行调整，这一点不仅仅体现在集中加工点在加工过程中的工序调整，也体现在集中加工点会把某些简单工序分给农户去做，完成之后再送到集中加工点来加工为成品的"集中+分散"模式中。

在集中加工点中，"经纪人"面对的情况是，劳动力有时来，有时不来，今天的劳动力多，明天的劳动力少，非常不确定。"经纪人"的办法是"一道流水线，最起码是要四五个人，最少。多的话，十几个二十几个也没事，反正二十几个，一个人插一个件，怎么样的，都可以分的"（case15）。

这和一般工厂生产中的流水线加工不一样，工厂会对工序进行细分，每个人负责一道工序，一条流水线上的工人也比较固定。但是集中加工点中可以根据每天的人数不同，随时对工序进行调整，这一方面保证了劳动力的充分利用，另一方面保证了现有劳动力的最大产出。

而在"集中+分散"模式中，"经纪人"会视工期的松紧程度和技术要求高低，将一部分工序分散出去，给农户做。这种情况一般是，先在集中加工点中做成半成品，然后分散出去给农户进一步加工，最后返回集中加工点进行包装等，制成成品。这种情况在服装业的集中加工点中表现最为明显，"经纪人"从上游客户手里拿来的是整捆的布，拼接，打板和裁剪等复杂工序都要现在集中加工点完成，这样整件衣服就成型了，剩下的一些简单工序比如绣花、钉纽扣、缝袖子之类的活就可以分发到村中的农户家里，有些农户家里有自备的缝纫机、平车等，可以完成这些简单工序。"我现在是分流水做的，做到一半可以发到村里面做的，有的人家是只有平车，没有锁边的，我在这里把锁边锁好之后，再拿过去"（case20）。

这种做法存在的问题是，"经纪人"要到村庄中自己去找为她加工的农户，本村找不到足够人手的话还要去邻村找，这会使得"经纪人"额外支出一笔运费。这还需要"经纪人"协调好集中加工点和分散农户的做工速度，以便两边配合好。这跟劳动力的性质有关，有些劳动力是不愿到集中加工点来加工的，只愿意在自己家里做些手工活。

问："两边（集中加工点和分散农户）的东西做的有区别吗？"

答："这个，如果功底好，工人的技术好，应该没什么区别。像我们送出去，主要是花运费，运费这一块多出来了，然后就没那么方便了，像我们内部一道工序做好了，下一步接着做就可以了，像外面的不一样，就需要等我，或者电话打给我，我来安排。"（case20）

面对运费的支出和管理上的困难，"经纪人"依然还是将分散农户作为工序分包的劳动力来使用。与正规的工厂相比，集中加工点的生产网络更加灵活，不仅仅可以将工序分包，更可以将订单分包。

三、劳动时间与劳动纪律

这种"闲散"劳动力的性质导致了她们对于来料加工的态度，她们认为这个工作是"可做可不做的"，这一方面是因为来料加工本身是一个微利行业，只赚取加工费，即使采用计件工资制作为激励手段，也赚不了特别多的钱；另一方面，她们本身也只是将来料加工作为一种"副业"，是她们空闲时候的消遣。

1. 劳动时间

这种状况导致了集中加工点中没有严格的劳动时间，即使有，也不被执行。这一点和工厂非常不同。这一点在实地调查中得到了验证，舒洪镇某制衣厂（case20）就是这种情况。

问："不应该有一个统一的上班时间吗？"

答："这个安排不起来的，你看，现在的工人都带着小孩来上班的，她们还要看小孩呢，像她们家里一般都有小孩子。"

问："她们会经常带来吗？"

答："会，小孩子很乖的。"

问："就是说让她们闲的时候过来做，是这样吗？"

答："不是闲的时候过来做，来也是每天都来，但是家里的小孩子一般起得比较晚，得小孩子起床了，整理好了再过来。"

问："她们什么时候走也是她们自己说了算吗？"

答："这个是，一般也就是吃饭时间吧，一般都是上午10点半11点钟，下午5点半走，有的家里小孩子大一点了，没关系，可以做到六点钟回去，现在是夏天时间嘛。"（case20）

集中加工点并没有严格的上下班时间，并不是"经纪人"不想用严格的时间来控制，而是"无法安排"，这种状况会影响到生产管理的一个问题，这个问题在现代工厂中并不是一个问题，一个人迟到了可能对工作量的影响不是很特别大，但是如果集中加工点中的所有工人都不按照时间来工作，那如何保证订单的工期呢？

2. 劳动纪律

现代工厂制中有着严格的劳动纪律，这些劳动纪律体现为工厂中的各种规定。马克思认为，工人本身的经济地位决定了其要遵守资本家的种种规定，这种劳动纪律体现为非人化的管理体制。

而在集中加工点中，劳动纪律体现的并不明显。首先，集中加工点中并没有各种明文规定，来规定工人的劳动习惯，也没有明文规定集中加工点中应有的劳动秩序与规则，即使迟到、早退都是很正常的，这通常会体现为一种"杂乱无章"的状态；其次，即使工人在出现问题的时候，"经纪人"也极少用工资和罚款的方式惩罚工人。比如说工人把货做坏了，这种情况在集中加工点中如何处理呢？

首先，集中加工点中没有严格的劳动纪律约束工人的劳动习惯，在集中加工点中，工人随意走动聊天都是经常的事情，在本文调查的舒洪镇某制衣厂里面（case20），还有5、6个孩子在厂中追逐打闹。某鞋帮厂中（case17），女工在缝纫机旁工作，而她的孩子则乖乖坐在她旁边，有时她还需要停下工作来照顾孩子。在集中加工点中也没有请假制度，工人是想来就来，想走就走的。

问："她们是怎么给你请假的啊？"

答："我们这里很自由的，一般都不请假的。"（case20）

其次，有的时候工人技术不熟练，会把材料做坏，但是在集中加工点中一般不存在罚款①和扣工资的形式。case17的"经纪人"的材料可以证明这一点。

问："那这个纪律方面，和工厂的有区别吗？"

答："工厂纪律不一样的，我们比工厂自由一点，工厂到哪里都要请假，我们自由一点，要是大概明天上午不来，晚上加班，明天上午不来也没关系的。"

问："那她们要是做坏了，会罚她们款吗？"

答："做坏了我们也不会的，一般不会罚的。"

问："做坏的肯定有的是吧？"

答："少的，做不好的拆掉重做，能做的回去，剪破了也没有办法。"

问："不好意思罚她们是吧？"

答："那一般也不会罚的。有的时候，鞋子做不好，厂里扣个一两千块钱，我们也不会说每个工人扣点，不会这样的。"（case17）

由此引出的问题就是，"经纪人"通常面临的是一个工厂制中不存在的管理困境，即没有严格的劳动纪律来约束工人，那么在没有严格的劳动纪律或者劳动纪律不起作用的情况下，"经纪人"如何保证产品质量呢？下一章将会具体呈现"经纪人"的质量管理办法。

总之，与工厂制不同，劳动时间不固定，劳动纪律几乎不起作用，即使出了问题也不会惩罚或者开除工人，处处流动着人情。

四、"经纪人"与工人的微妙关系

来料加工使用的是农村的"闲散"劳动力，集中加工点的分布也没有脱离农村社区的环境，因而来料加工根植于乡土社会，也往往会受到农村习俗和乡村伦理的影响。这首先体现在具有乡土特色的工资结算方式，除此之外，还体现在"经纪人"与工人的关系方面，"经纪人"与工人不仅仅是简单的雇佣关系，而是首先根据自己和他人在乡村社区中的位置来界定两者关系，并以此为基础来协调和界定经济关系中的处理方式。

---

① 也有扣工资的情况，但并不是把材料做坏，而是质量出了问题，后文详述。

1. 工资结算方式

这里所谓的工资结算方式是指，工人为"经纪人"工作，工资如何计算，工资如何结算，这里面的问题是计件工资还是计时工资？工资如何发到工人手里，多久发一次？

不管是竹制品加工业、服装产业还是鞋业加工，主要的工资结算方式都是计件工资制，但是在竹制品加工业中有一些特例，这主要是跟竹制品生产的工序有关。竹制品的"经纪人"为我们讲述了竹制品加工的各道工序与工资结算。

"锯竹子，去年是90，今年是120—130①，就是破，这个工序是点工，用机器但是也要人工帮忙。接下来是冲条，一般是150、160，一分钟170到180下。接下来是到切成小块，按照斤。接着是穿孔，是按小时收费。接下来是水磨、抛光和煮，这些都是一个人来做。漂白的是60块钱一桶，染色的70块钱一桶，煮的是80块钱一桶，用开水煮十几个小时，竹子自动变成了棕色"（case05）。

可以看出，在竹制品加工业中就存在计件与计时两种工资结算方式，在服装和鞋业加工中，都是计件工资制。那么，计件工资制在注重效率的同时也存在着负面影响，可能会发生为了多赚钱而影响到产品质量的问题，而产品质量对于来料加工来说是处于相当重要的地位。有"经纪人"认为"计件和不计件，打孔做出来的质量差别很大，计件做出来的质量不好，计件是不管质量的，所以还是不计件的好，会保证质量。计件是不管你的质量，只要做得多就好了"（case01）。而关于这背后的道理，"经纪人"认为"不计件的话，人的心态就会发生变化。不计件的话，他会经常给你注意一下，看看有没有出现问题。如果出现了问题还给你挑出来"（case01）。

而关于工资怎么发的问题和工厂制也是不同的，现代工厂中一般都是按照月份来结算工资，如果不工作的话就没有工资。但是在集中加工点中，工资的支付方式比较体现乡土特色，进而也涉及本小节将要谈到的"经纪人"与工人的关系，以及两者如何看待这种关系。

---

① "经纪人"在这里所说的数字是指每天多少元钱，比如每天90元，每天120—130元。

问："工资是年开还是月开？"

答："你今天没的用了就来拿。"

问："不是，你这是说他没钱了，我们说平时，平时你多久发一次工资？"

答："我们算账一般是半年算一次账，他自己可以随便拿。"

问："具体怎么发工资？随时来取？"

答："我们村都是这样的，有些是超过工资的也有拿去有的，工资是1000，先拿1200也有的，三天两头支，今天用100就拿100。"

（case02）

这个案例在证明了随时支取作为一种常态化的工资结算方式之外，还提出了一个有意思的问题，那就是为什么"经纪人"对于有的人会多给，而有的人只能支取自己的工资范围之内的数额。

当然，这种情况的发生只是在来料加工被当作"工作"来做的时候，而一些分散的工序加工，则一般会按照每次加工的货物批量来结算，一手交钱，一手交货。而在服装厂中，也有的是按天或者按月来结算的。这种多形态的工资结算方式比起工厂中的工人按月领取工资更为灵活，而最有特点的是工人会将钱存在"经纪人"这里，用三天两头支取的方式来使用这笔工资。

2．"经纪人"与工人的关系

这种工资支取方式在一定程度上反映了"经纪人"与工人的关系。从工资支取方式来看，工人与"经纪人"的关系更像是朋友关系，而不是雇主和工人的关系。平时在集中加工点干活，所挣工资放在"经纪人"处，这体现了"经纪人"工人之间的信任关系。这种信任关系不仅完全不同于工厂制中雇主与工人的关系，基于乡村的小世界而建立和维持，而且也为集中加工点的管理提供了一个良好的基础。

"经纪人"并不把工人当成工人，工人也不把"经纪人"当成老板，双方并不是雇主与工人的关系。虽然处理的是经济方面的事务，但是却有着丰富的情感关系，这首先是因为双方长期在同一个村落共同生活，对于彼此都非常地熟悉，还有一个原因是，双方在角色定位的时候，本身也是将对方看成是朋友的。

"经纪人"与工人之间的这种关系也带来了一些管理中的问题，"经纪人"和工人是如此熟络的关系，在集中加工点中没有权威人物和权威体系，换句话说，"经纪人"如果都管不了工人的话，如何能够保证订单的货物按照工期完成生产呢？如果每个工人都需要三天两头地支取工资的话，这就需要"经纪人"需要有极大的现金流来维持，因为他的加工费都压在货里面，只有每次做完货之后才会有加工费，那么"经纪人"是如何解决这个问题的。

五、小结

从本章关于集中加工点的生产要素的描述中，可以突显出与工厂制在生产组织方式和管理方式方面的不同。（1）不同于工厂中的依据订单而固定下来的生产规模和生产程序，集中加工点在这方面体现出了极大的灵活性，这一方面是因为资本的限制，而另一方面也达到了节约劳动成本的作用。（2）不同于工厂分布的特点，来料加工"逐水草而居"，根据"闲散"劳动力的分布来确定区位，一般分布在撤点并校之后的学校附近和乡镇上。其劳动力的性质也并非是经过训练的劳动力，而多是一些乡村的妇女、老人，这一方面是因为其本身的技术要求不高，另一方面是因为这些劳动力更易于吸收进来，是进不了工厂的劳动力。就劳动力与雇主的关系来说，不同于工厂的完全雇佣和"全面控制"，集中加工点的劳动力多是"非完全雇佣劳动力"。（3）从集中加工点内部的劳动时间和劳动纪律来看，没有严格的劳动时间控制，劳动纪律也几乎不起作用，这完全不同于工厂中严格的劳动时间和非人化的劳动纪律。（4）从集中加工点的工资发放方式和"经纪人"与工人的关系来看，"经纪人"与工人是朋友关系，工资都是工人在集中加工点"三天两头随意支取"，这与工厂中的工资发放方式完全不同，更体现了一种乡土特色，这种关系根植于乡土社会，但我们并不能因为其根植于乡土社会就一句话解释这些不同，而应考察这种人情化的关系如何运作与生产管理的各个方面，是如何起作用的。

与工厂相比，这些特殊性决定了这是一种没有"效率"的生产，"经纪人"如何进行管理呢？特别是对于来料加工来说，承接外贸订单，本身最重要的就是要维护客户，让客户满意，这样才会有长期合作，才有更多的订单，而让客户满意的方式当然就是以最低的加工费保质保量地完成订单，按时交货。从逻辑上来看，"经纪人"面对这种这些生产要素的特殊性，会陷入一个管理困境。

这个管理困境体现在：（1）来料加工本身灵活的生产网络和劳动力的性质会影响到订单完成的工期，因为"经纪人"有时也无法估计工人的产量，无法确定工人的劳动时间，那么如何保证工期呢？（2）没有严格的劳动纪律，而且采取计件工资制，工人会求量不求质，面对犯错的工人也不能处罚，不能开除，在这种松散的劳动纪律下，如何要求工人可以按照质量完成生产呢？（3）"经纪人"和工人的关系本身也受到其所在的乡村的规则与伦理的影响，"经纪人"在管理的时候不太可能采取一种非人化的管理方式，那么"经纪人"所用的方式是如何起作用的呢？乡村伦理本身对于这一经济领域的活动有何塑造作用？这也是本文的第二个问题，工厂制的管理方式相对于来料加工来说在质量、工期和监督激励方面都有优势，而"经纪人"也知道这一点，面对这样的管理困境，为什么不采用工厂制的管理方式？他们独特的管理方式是什么？是如何生效的？

第五章　"经纪人"的管理实践

一、维系工人：集中加工点内的效率与公平

集中加工点面临的管理困境，归根结底是一种"没有效率"的生产要素，"经纪人"面对这些生产要素所采取的管理实践，如何保证效率的问题？还是要先回到"经纪人"与工人之间的关系上去。无论"经纪人"采取怎样的管理实践，都要以工人为基础，如果没有工人，集中加工点也不能生存。在维系工人方面，集中加工点与工厂制

的管理方式殊为不同。维系工人是所有管理实践可以发挥作用的基本条件。

维系工人最重要的一个方面就是激励的问题，如何进行组织激励，这个问题是效率的问题；而另一个方面，每一道工序的工资不同，同一道工序每个人的工钱不同，那么如何调整工序，如何处理这些拿着不同工钱的工人之间的关系，这个问题又涉及到公平问题。

案例一：

浙江省丽水市缙云县大洋镇来料加工"经纪人"白丽，主营服装加工。她在维持工人方面采取了如下管理实践。关于激励的问题，她摒弃了工厂中的奖勤罚懒的办法，做得好的工人不奖励（即使私下奖励也没有），做得差的工人不惩罚 ①，但是会给一些人调整工资，这些人就是那些做得很勤奋，但是加工速度慢的人。同时对于经常来工作的工人，她会基本上保证一个最低的工资。关于公平问题，由于不同的工序工资不一样，她会采用个人化管理的方式，面对要调整工序的工人，她一般不调工序，只会对那些做低工序工资的、勤奋工作的工人适当调整工资，对于懒惰的工人则不调整；由于每个人的技术不同，同一道工序的工人可能每天的工资也不同，如果同一道工序中有的工人工资过低，她会适当加工资，但是不是给一个人加，而是给这道工序上的所有工人加，是为了一个人而调整所有人的工资。

关于以上管理实践，她的理由分别是：关于效率问题，不奖勤，不罚慢，"妇女嘛，很难说的，越勤快的，她们会说已经赚得很多了，还发奖金。这个妇女这个东西，你说不清楚的，妇女就是这样。看你勤快她不会说什么的，看你工资高她会说的，你勤快她看不到、钱多了她看得到。如果钱多了，你还奖励给她，她们就会说……"。关于公平问题，"一个单子、一个服装样式，把这些工序都分好了之后，那些工资高的弄好了就不调了，工资太低的，还是要调的，要保证一个至少赚多少钱……如果那是因为她很勤快还做那一点，那肯定是要加的"。而关于同一工序上的不同工人的工资的问

---

① 关于不能惩罚工人，将在质量控制的返工问题中详述，下面将不会再描述为什么不惩罚工人的说法。

题，在同一工序上，有一个人技术好，每天能赚100块钱，而另一个人技术差（不是不勤快，而是做的慢），每天只能赚50块钱，白丽给她调高工资，但是要调的话，就（同一工序）一起调，不可能只调她一个人的，即每人加20元，变成技术好的120元，技术差的70元。而其他工序内部没有差异非常大的情况下也要调的时候，她会采用说理的方式，"她们也想我调嘛，我也会说给她们，一个小时才能做多少钱啊，利润低啊"。

（根据case09访谈对话改写）

　　维系工人对于"经纪人"来说，是管理方式得以成立的条件。"不奖勤，不罚慢"的管理方式，是来料加工的生产管理方式的一个主要特点，这和工厂制中的奖勤罚懒不同。"不罚慢"和不能惩罚工人相关，不只是"不罚慢"，出了问题一般也不会处罚，不会开除工人。这里主要分析为什么不用奖励的方式来激励工人。从白丽的案例中可以看到，她认为，加工点的妇女是很难说的，那些妇女工人认为那些勤快的人已经赚得很多了，不能再发奖金了。这里值得注意的是，在集中加工点中，对于勤劳工人的奖励，只能激励一个工人，起不到激励大多数工人的作用。这说明在集中加工点工作的妇女并不仅仅从生产的角度去理解"多劳多得"，而是一种奇怪的逻辑，"已经很多了，不能再奖励了"。这种逻辑侧重于强调公平。甚至"经纪人"私下奖励勤劳的工人也不行，反而还会通过村庄的舆论体系和闲聊方式给"经纪人"造成影响，"私下奖励的话，第二天就全知道了，我就怕知道了不好，到时候没人知道是不可能的"。一个组织中没有激励机制，如何维系工人呢？

　　与"不奖勤"相关的一个方法是会奖励那些"很勤劳，但是因为有点笨，做的不快"的工人，这里面的含义是，"经纪人"会看重工人本身的人品，她如果认为工人这个人不错，即使工人做的慢一点，也会给工人调高工资。而且这样"稍微调一点，大家都不会有意见"。这两种方式对比来看，可以发现集中加工点内的公平问题，工人们注重的不是效率，而更多地是公平问题，给做的慢，工资少的人调高工资，工人们都没有意见，但是将勤劳的工人作为榜样来进行奖励却并不能被大多数工人接受。

对于做的少的工人，"经纪人"也有区别对待，"经纪人"会区分是因为偷懒做得少，还是因为自己技术不好而做的不好，调高工资只限于后者，而不是前者。这种管理方式体现了"经纪人"与工人之间的一种特殊化的关系，而不是对于所有工人"一刀切"的普遍化的管理，这是建立在她对每一个工人的人品、是否勤劳，技术特点等情况充分了解的基础之上的。而且这种充分了解又是建立在来料加工的生产网络是根植于乡村社会关系之中的。

不能对勤劳的工人进行奖励的原因，也是因为生产网络根植于乡村社会关系中，奖励一个人带来的并不只是经济关系的变化，也会带来社会关系的变化。村庄中的舆论系统会对"经纪人"的管理方式发生影响，促使"经纪人"更多的去关注公平，但公平并不是结果的平均主义。

关于公平，在集中加工点中会遇到两个问题。第一，不同的工序有不同的价钱，技术要求高的工序工钱也多，技术要求低的工序工钱低。那么"经纪人"如何在工人中分配这些工序，如果遇到有人调整工序怎么办？第二，在按照计件工资的同一工序中，有的人做得快，有的人做得慢，但并不是因为偷懒，会不会给后者调整工资？

对于第一个问题，"经纪人"出于自己对于每个工人的充分了解，而安排了工序，或者是让几个工人商量来挑工序。"有的就是她两个人商量嘛，你喜欢做，我觉得也可以，就给她做。以前我就是觉得这个有差别，现在这个差别不大。一起拿，就好像你做这个拉链，她好像觉得这个拉链的钱赚得起来，每一个人都想做那一条拉链。现在她们不一样了，我十几道工序，多少价钱都排好了的，她们问我这个工序需要几个人做，我说要两个人，她们自己就会安排好两个人"（case09）。但是也遇到有人要求调整工序的时候，这时候"经纪人"有一套"说理"的方式，"这道人已经满了，你再上去做的话，也是没活儿做的，那工序已经安排好了嘛，那就是每个人都做完了，没活儿做的。技术好不好我是不会说的，她找我，我也不会说的，不会说她做的慢的"（case09）。可见，"经纪人"的"说理"主要是在述说困难。虽然她已经按照工人是否勤劳、技术好坏以及是否会经常出勤排出了自己认为最合适的工序，只要定了，就一般不调整。但是她不会和要求调整工序的工人说，"是因为你做的慢，做的不好，所以没让你做技术高的工序"，这里主要的考虑是要顾及同村人的面子，保持经济关系不破裂。同不惩罚工人一样，如果经济关系破裂带来并不只是雇主和工人关系的消失，还意味着社会关系的破裂，而后者的破裂对"经纪人"打击更大。

而第二点，同一个工序中，有的人做得快，可以赚很多钱，而另一个人因为技术不好，做的慢，赚钱少，"经纪人"为了维系工人，不让赚钱少的工人走掉。只要做的慢不是因为偷懒，就会给她调整工资。有意思的是，不会给她一个人单独调高工资，而是给同一个工序的人都调高工资。比如赚钱少的从每天的50元加到70元，赚钱多的从每天的100元加到120元。"这样她自己就不会说了，就不说她做不起来了，因为两个人，少的就不会跟我说她做不起来了，不会做比较了"。这一方面保证了做的慢的工人一天至少可以拿到的加工费之后，她就不会去和做的快的人做比较了，从而维系了工人。另一方面，"经纪人"将同一个工序上所有的工人的工资都一起调，也考虑了大家的感受，是将大家一视同仁的，也更好地维系了其他工人。

"不奖勤"是一种看似没有激励作用的机制，却在客观上维持了大部分的工人，因为在乡村中独特的公平逻辑之下，这才是一种有效的激励机制。而工序调整和工资调整都涉及到了最低工人的工资，是为了让不偷懒，但是工资低的工人，可以赚到钱。

这其中体现了"经纪人"合理的安排和个人化的一种管理方式，这种管理方式必须建立在对所有工人的充分了解之上。这样才能兼顾效率与公平，而公平也不是平均主义，而是在考虑了工人人品、技术特点和出勤时间的公平，而不是按照单一指标，只奖励技术好的工人。这种对于公平的兼顾才是集中加工点中的有效的激励机制，才可以起到维持工人的作用。

在维系工人的过程中，这种管理实践提供了"经纪人"与工人关系的三个面向：第一，"经纪人"如何看待工人。第二，工人如何看待"经纪人"。第三,工人之间如何相互看待。"经纪人"与工人之间的微妙关系也得到了体现,"经纪人"与工人的关系并不是简单的经济关系,而是混杂了人情、面子在内的复杂关系。"经纪人"不给工人调整工序,是出于面子问题。但并不是为了利用面子而达到自己的目的,而是面子本身很重要。而"相互帮忙"所体现的人情也并非工具性的人情,而是人情本身是需要维系的。维系工人的过程也是维系人情的过程。"经纪人"和工人之间的"相互帮忙"、"讲交情"等行为将在下文集中体现。

二、质量控制

1.返工:维系人情的制度

来料加工的生产虽然在工资的结算方式上有多种形式,但共同点在于计件工资制,对于刺激工人的生产积极性是有一定作用的,但是"闲散"劳动力的性质决定了这种刺激的动力不会特别大。既然存在计件工资制度,"经纪人"和客户的关系就会面临一个"质"与"量"的要求,这两点也间接影响了"经纪人"与工人的关系,质量与工期对于"经纪人"来说都是致命的问题。就质量问题来说,"经纪人"处在客户与工人之间的中间位置,是一个中介角色,面对上游的客户或者工厂,质量问题是一个严格的要求问题,如果不能到达客户的质量,则会被扣加工费;而面对下游的工人,质量问题却不仅仅是一个"做不好就罚钱"就能解决问题的事情(况且她也不能随便扣工人的加工费)。这是因为一方面涉及到"经纪人"在客户心中的形象,质量不好会被认为人不可靠,不能进一步做生意,进而影响订单,另一方面,这涉及到"经纪人"与工人的关系,这不仅是一个雇主与工人的关系,在乡村社会中还是掺杂了各种关系与人情在内的复杂关系。

而一旦出现了质量问题,要先区分这个问题出现在哪个生产阶段,这两者是非常不同的,下文将通过两个完整的案例展现这种不同。

案例二^①：

　　浙江省丽水市缙云县大洋镇的来料加工"经纪人"白丽，从2007年开始做来料加工，在这之前，她一直在温州的一个服装厂里面打工，为了照顾年幼的孩子，她回到家乡做起了来料加工，主要加工服装。她的集中加工点里面的工人有30多人，都是农村妇女，其中有20多人是"陪读妈妈"，大部分20—30岁。因为要照顾孩子的生活起居，这批"陪读妈妈"的上班时间并不固定，通常是要等这些工人照顾好孩子之后才来集中加工点进行加工。也有一些孩子太小的，白丽就把衣服的某道工序送到她们家去，让她们作为散户进行加工。

　　她与客户之间有时会有合同（有书面的也有口头的），合同要求"质量验收合格"，但是如果出现了质量问题，比如衣服如果外部有线头的话，要按照一件几分钱进行罚款。面对质量问题，她要求的比较严，为了保证不出或者少出质量问题，她对于工人加工的货物要进行检查，如果不合格的话要返工（重做）。但有的时候会遇上不愿返工的工人，她的处理办法一般都是"以德服人"，通过讲道理或者帮着工人做，让暴露出来的质量问题不至于反映在客户面前。

　　"以德服人"的具体办法是面对出了质量问题需要返工而工人又不愿返工的情况，有一次，小红的产品出了质量问题，需要返工但是她不愿意返工，白丽站在小红的车位旁边帮她拆，拆出来之后再让她返工，小红觉得不好意思，就返工了，这样也不会扣工钱。遇到不愿返工的工人，她还会和工人讲道理，主要的说法就是"就算帮我的忙也要帮我把这批货做好"，她自己说其实就是和工人"说好话"。真的在遇到出了问题，被客户退货之后还硬是不返工的工人，白丽也不会扣工人的工钱，甚至都不会以克扣工钱相威胁，而是自己承担这笔费用。

（根据case09访谈对话改写）

　　单就质量问题来说，这里面也存在着细微的差别，有的工人是注重数量而忽视了质量，有的是因为来得晚，学得慢，对于某道工序不熟悉而产生了质量问题，这些问题反映出来的现象，可能同样是一条

------

① 跟案例一同属一个案例，但侧重强调不同方面，故在改写过程中有所不同。

裤子的口袋没有做好，但是这背后的原因却需要细致考量。

如果对比工厂制，集中加工点控制质量的手段并没有特别之处，都是去"看"，去检查，存在的细微差别是工厂有专门的质量检查员，而集中加工点没有专门的质检工人，这个任务需要"经纪人"去完成。但关键之处并不在于如何检查质量，而是出了质量问题之后如何处理？这是最能反映工厂与来料加工不同的方面。在有严格劳动纪律的工厂中，出了质量问题一般会罚款或者扣工资，但是集中加工点中却一般不这么做，而是采用返工的方式，返工完成不扣工资，这一方面与产品的技术层次与质量要求有关，但这也是最能体现两者差别的地方。

返工也分为：（1）在集中加工点检查出质量问题之后，"经纪人"要工人返工，这类质量问题是还没有呈现在客户之前的质量问题，涉及的关系就是"经纪人"与工人，这更类似于一个"内部人关系"①中的问题处理方式。（2）在集中加工点没有检查出问题，交给客户之后被客户检查出了质量问题，客户要扣钱，并要求"经纪人"返工，这里面涉及的关系就不只是"经纪人"与工人了，还包括客户与"经纪人"，后者的关系是一个"外部人关系"②（这两种情况都存在于case09中，第一种情况是白丽帮工人返工和讲道理，第二种情况是不扣工钱）。

对第一种情况的分析：为什么"经纪人"一定要用返工这种方式来处理质量控制的问题？对于"经纪人"来说，她不愿意将这种"内部人关系"中的事件暴露于外部世界中。因为"经纪人"与工人生活在一个乡村共同体之中，白丽的所作所为已经是在"帮忙"了。作为一般的回应，也应该"帮别人一个忙"。这个过程中最有意思的一点就是她描述工人会"不好意思"，在工人看来，"本来这件事情

---

① 这种关系类似于村庄共同体内的关系，但也不绝对，有些"陪读妈妈"是从外村过来的。但两者共享的是共同的价值观，对于乡村伦理共同的认识，是建立在具备可见性、可及性的关系之上的。

② 这种关系更侧重于强调"经纪人"与市场上的商人打交道的一种关系。这种关系中虽然也有人情与关系存在，比如两者合作较长时间，相当信任。但这种关系中更多的是建立在经济关系中的规则之上。

是我做错了，"经纪人"还在帮我改正，我如果不接受的话会说不过去。"在这种情况下，工人一般就接受返工的处理方式了。

而在面对不愿意返工的工人，白丽的做法也是以"讲道理"为主，"就是帮忙也要帮我把这批货做好"，她讲的这个道理就是"互相帮忙"的道理，这背后的潜台词是，"我已经帮你把线都拆好了，你返工吧，我这不是我要求你，也不是命令你，而是请你帮个忙。"在这种"内部人关系"中，相比于正式的制度和规则，关系与人情更有效用，"经纪人"所采用的这种质量管理方式可以起作用，正是和乡土社会中本身所有乡村伦理有关。在乡村中，一个人有没有道德，要看他能不能将心比心，讲究人情。

在集中加工点内部的返工处理上，工人对此的看法是怎么样的呢？在另一个案例中，一个做手提包的"经纪人"描述了这种情况，"如果我感觉拿到厂里验不过的话，我会要她们返工的，如果让她们返工，她们会很不愿意的，毕竟自己做了好几天，这个劳动力白白浪费掉了，她会觉得心里不舒服的，因为手工这个东西，她自己觉得很好，假使我认为可以，拿到厂里不行的话，这个与她没有关系了，如果我拿来看不行的话，就必须返工了，整体的这个情况，有些人就会感觉说你这个人太那个了，不讲情面，她会说我都给你做起来了，你应该拿去验一验再拿回来，都是这个心态"（case13①）。工人对"经纪人"要求她们返工的看法和"经纪人"的考虑是不一样的，在关于"内部人关系"的看法上有一定偏差。工人认为，都是乡亲，你这么严格地要求我，很不近人情，这不是内部人关系应该有的处理方式。而"经纪人"的考虑是从平衡"内部人关系"和"外部人关系"的角度来处理的。"经纪人"的出发点还是从"内部人关系"出发，因为她更多是在考虑不让这种内部的问题暴露给外人。这种考虑不仅是出于经济上会被扣钱，而且还包含着更重要的意义，即保护内部人的名声的考虑。

对第二种情况的分析：面对被客户检查出质量问题退货之后还不

---

① case13是舒洪镇的某手提包生产厂，"经纪人"在1998年开始从事来料加工，所用工人多为"附近乡亲"。

返工的工人，"经纪人"为什么不去直接扣钱或者威胁扣钱呢？"不能那样说工人（威胁扣钱），还要她帮我们干活的，她有的我宁愿这个钱我也不要了，就不返了，这样也有的"。"经纪人"的这种处理办法在别的案例中也得到了证实，面对客户检查出了质量问题要求返工，而工人又不愿意返工的情况，"经纪人"一般选择自己来返工或者直接承担那部分被扣的工钱。"经纪人"的这种行为又明显体现出了在面临"内部人关系"和"外部人关系"冲突的时候，她的选择是维护"内部人关系"，而不会选择去扣工人的钱，客户要求返工而工人不愿返工的话，"经纪人"就自己返工来完成任务，这种做法更多地是在考虑村庄中的人情，如果非得按照规定来扣工人的钱的话，会被工人认为是"不讲人情"。至于为什么不惩罚工人或者说"不讲人情"有何后果将在下文讨论。

问题在于，质量查出问题遭到退货，但工人拒绝返工，"经纪人"在采取自己返工或者被扣钱之后，有什么措施保障下次不出或者少出这类的质量问题呢？如果"经纪人"是一味地宽容，反而无法保证质量。"经纪人"的做法必须是既要保证人情又要兼顾质量。"经纪人"的办法是：将这种情况向出问题的集中加工点内的工人说明，让工人知道，我们的集中加工点有产品质量做的不好，"我们都是很熟的，我一般都会打个电话，说你这个东西和他们几个人做的不行过来看一下。时间紧的话肯定是我自己处理了"（case12）。

这样做是因为，第一，集中加工点中分工序做工，一件具体的商品可能很难查到具体是哪个工人加工的，即使查到了，工人也会说一个人只加工了一道工序，要把合作的人都找来加工；第二，这更是一个"经纪人"与工人之间社会关系发生作用的渠道，在这种场合下，"经纪人"向工人表明的是，我并不是不知道问题是出在哪里，如果是照章办事的话就应该扣你们的工钱，但是我并不惩罚，这是你们犯了错，我已经替你们承担了错误的后果，也只有"内部人关系"可以这么做。对"经纪人"这种做法，不能认为仅仅是因为碍于人情面子而不好意思去惩罚，更重要的一点是，"经纪人"通过这种做法可以达到控制质量的目的，工人们会注意到这一点，出于照顾人情的方式保证质量。这种做法不仅兼顾了人情，还通过人情来保证了质量，达到了质量管理的目的。

白丽的案例并不是直接利用了村庄中原生的同乡或者邻里关系，因为她的工人大部分是来自外村的"陪读妈妈"，是次生关系。因此她的管理实践中"以德服人"、"讲道理"和"帮忙"等措施中包含了一种工具性的考虑。虽然她有工具性的考虑，但是所采取的方式还是和工厂制的管理方式不一样。

来料加工的产品质量是维持订单的基础性问题，"经纪人"与工人的关系不是纯粹的工厂中的职业关系，而是包含了社会关系和各种人情在内的复杂关系。对于这一点，"经纪人"和工人都是有默契的。在质量的要求下，返工不仅确保了质量，保证了效率，而且还是一种维护人情的制度。这体现在"经纪人"在集中加工点内部检查出问题和被客户检查出问题之后要求返工的不同处理方式上面，这种不同的处理方式，是基于"经纪人"处于一种对上要负责质量，对下要维护人情的位置上，面对着客户的质量要求，她要严控质量，但面对着乡亲父老，她又要维持工人，保护人情。

这一点也和工厂中的要求完全不一样，工厂中是一套科层化的体系，存在着非人格化的管理，工厂中出了质量问题会扣工资或者罚款，不会讲究私人的感情，也不会因为感情而影响制度的执行。但是集中加工点中的返工要求，是一种不同于工厂的管理方式，不能采用非人格化的管理，要考虑社会关系与人情。返工本身除了在照顾工人与"经纪人"的关系的基础上，还会利用人情面子等来保障产品的长期质量。

2. "罚与不罚"："经纪人"的管理实践

"经纪人"面对质量问题的管理方式包含着质量的要求与人情的考虑，但是并没有形成一套特定的规则，比如说她们讲的一般不罚，并不代表着出了问题都是"经纪人"来"兜底"，是出于更重要的考虑，但是她们的管理实践中也没有形成一定不罚或者一定罚的状况。这两种状况都是有问题的，如果出了问题一定罚的话，就会被工人认为是"不讲人情"，进而影响到"经纪人"在村庄中的形象与名声，严重的会失去工人，而且失去的不止一个工人。如果出了问题一定不罚的话，工人就会认为质量问题不重要，这样反而无法保证质量。因此在罚与不罚之间，"经纪人"也是有着复杂的考虑的，出了问题为什么不罚？会有什么后果？在什么情况下会采取扣钱的方式，如果罚的话，怎么罚？罚与不罚是怎样通过社会关系与人情起到保证质量的作用的。

案例三：

浙江省丽水市缙云县的来料加工"经纪人"林慧，缝纫技校毕业，2008年开始做来料加工，在这之前她从事的是进货卖货，摆地摊的小生意，现在主要经营洗碗巾等棉麻织物的加工，有4个集中加工点，现有加工工人90—100人，其中集中加工点中有工人60余人，主要来自本村，剩下的30余人是散户。在她的集中加工点里面，没有严格的劳动时间，也没有成文的劳动纪律，比如不能迟到早退，生产次品要罚款之类的规定。她手下的邻村的集中加工点是委托亲戚或者朋友管理的，在面对来料加工的中心问题，也就是质量问题的时候，她的做法是在自己控制的集中加工点里每天去"看"（就是检查），邻村的集中加工点她委托负责人去"看"。她认为，质量问题非常重要，即使最后做的不好被退货了，她也尽量不罚。她认为，"客户反映质量不好，我就要敲到她们这里。但农村人做这个也不容易，出了问题，我也就骂她们几句，说她们几句，大家乡里乡亲的，也不好意思真去罚她们。"

但是也有一次质量问题非常严重，她惩罚了一个集中加工点里面的所有工人。那次因为一批货的质量没有过关，被厂家扣了2000块钱，林慧让集中加工点的所有工人平摊了这2000块钱，而没有说惩罚某个人，很多工人觉得冤枉。裁剪工抱怨布料太难用了，不好裁剪；车工说裁剪的太差了，不好车，那些做得好的工人说应该把自己做的产品上面打上记号，谁出了问题就罚谁，但最后林慧依然还是让所有人平摊了这笔费用。

（根据case06访谈对话改写）

质量问题，是来料加工的中心问题，但是出了问题，罚与不罚，这两种做法里面有着不同的道理。根据林慧的讲法，为了控制质量，必须每天去"看"，就是去检查，这是为了防止出现问题，从这个意义上来看，不像她与客户或者老板的关系，林慧与工人是"一体"的，是共同根植于乡村之中的，她去检查质量甚至让工人返工都是为了避免出了问题，而去罚工人；为了维持这种关系不破裂，而一旦上升到客户与"经纪人"的层面，质量问题就是一个照章办事的问题，出了问题就要受罚。下面将要分析的就是"经纪人"在客户指出质量问题或者被扣钱之后的管理实践，这种实践为什么是有效的。

在案例中，林慧认为"农村人做这个都不容易，出了问题，我就骂她们几句，说她们几句，大家乡里乡亲的，也不好意思真去罚她们"。这是"经纪人"在出了质量问题之后不罚工人钱的主要说法，在其他案例中也有类似说法。这个说法也体现了"经纪人"的为难之处，都是乡里乡亲的，不好意思惩罚。这个不好意思就是因为大家同处一个村庄，这其中有着各种关系，如果按照纯粹经济关系或者工厂中的管理办法来做的话，问题还是很多，那种管理方式是行不通的。

第一个问题是，为什么在集中加工点一般不罚工人的钱呢？第一，来料加工本身就是微利行业，要"靠走量维持下去"，加工费是非常低的，而分到每个工人头上的工钱也很低，如果严格执行工厂中的制度，做差一件就要扣钱的话，那工人每天就赚不了多少钱了。这里分析的罚钱一般发生在出了问题没被"经纪人"检查出来，而被客户检查出来的情况。如果罚钱的话，"经纪人"的行为就是一个要工人对做错负责的行为，工人是不能接受的，她们会认为，你没检查出来的问题，出了问题就应该你来负责。如果罚钱的话将对工人的工钱产生影响，经常对一个工人罚钱会失去工人，因为"经纪人"和工人之间作为雇主与工人的关系是非常容易解除的，这个关系也没有合同保障，而且只是工人在不忙的时候来赚点零用钱。而"经纪人"和工人作为生活在同一个村庄的社会关系却是不会轻易解除的，"经纪人"也将工人来加工点的行为视为"帮忙"。工人的工资很低，如果对工人罚钱会失去工人，所以一般不罚工人的工钱，这表明社会关系重于经济关系，"经纪人"宁可失去质量检验不合格而被扣的钱，一般也不会转嫁责任去罚工人。

第二，社会关系与人情在村庄共同体中的传递性极强，如果"经纪人"经常会因为质量问题而对工人罚钱的话，会被认为工人们认为是"为人苛刻"，这种形象在职业关系中并不意味着什么。而在村庄共同体中，却有着更深刻的影响。本文所使用的"社会关系"一词不仅有着互惠的含义，更有着将心比心的含义，这样会被认为"讲人情"、"讲情面"。在案例中，林慧在解释自己为什么在出了质量问题不扣工人工钱，就认为自己是一个"特好面子的人"。再者，在村庄共同体中，如果一个人表现的很"刻薄"，工人们不会认为这是职业性质使然，而是会认为这个人"本身就是这样的"或者"她就是一个刻薄的人"。如果一个"经纪人"总是通过惩罚的办法来塑造严格的劳动纪律，直接的后果会造成不能维系工人，工人会因为被罚钱而离开这个集中加工点，最严重的后果是"经纪人"将会招不到工人，因为"经纪人"在惩罚一个工人的时候会被一个集中加工点里的其他工人看到，这也会通过村庄中的舆论与流言系统传播，大家对于经常惩罚工人的"经纪人"一旦形成"唯利是图"或者"不讲人情"的看法，将会导致"经纪人"在村庄中招不到工人。这是更严重的后果，因为不管质量还是工期都要通过"经纪人"很好地维系工人来完成。但"经纪人"考虑的也不纯粹是经济方面的因素，还包含了人情与面子的因素。

有意思的是，"经纪人"通常不会采取扣工人工资的做法，但是这也没有形成绝对的惯例，而在有些情况下还是会采取罚钱的方式，下面将通过案例中林慧惩罚工人的事件来分析。在一次出了质量问题，遭遇客户退货之后，林慧被客户按照合同罚了2000元钱，她让出问题的集中加工点的所有工人平摊了这笔费用，工人们都觉得很冤枉，不应该惩罚所有人。林慧的说法是"你们做了几年还是做不好，只要每个人尽到责任了，其实我这个来料加工是最简单的加工"。面对工人的抱怨，林慧依然让所有的工人平摊了这笔费用，这也是她为数不多的扣工人工钱的一次。但是对于这种行为的分析，并不仅仅是惩戒，而是在工人之间形成了一种群体压力，工人们都是来自于一个村庄，大家平时都比较熟悉，但是一个人或者几个人为了追求数量而忽视了质量的话，会让所有的人都被扣工钱，工人内部也会议论这个事情，而这种议论比简单的罚工钱更有效果，因为在村庄共同体中，大家会根据一个人做的事情判断这个"人"，判断人的性格，如果一个工人长期因为做不好而导致大家被扣工钱的话，她本身也会不好意思，这种压力与工厂中是不一样的。

在工厂中，关于质量的责任是明晰的，哪个工人生产了什么产品是非常明确的，如果因为质量问题扣工人工钱的话，也只会罚这一个工人。而在村庄共同体中，这种惩罚是一种连带性的责任，一方面是处于工序的划分，另一方面会使得工人内部形成压力，这种连带性比较模糊，利用了村庄本身的社会关系，将工人们联系了起来，这种偶尔使用的惩罚措施也是基于此而产生作用，可以保障长期的质量。

林慧的案例中工人多为本村的乡亲，这种关系是一种原生性的关系，两者存在长期接触，关系不会轻易解除。因此，她的管理实践并不是出于工具性的考虑，而是名声的考虑。"罚与不罚"作为"经纪人"在面对质量出了问题时候的一种管理实践，在被采用的时候有着不同的道理。"经纪人"一般不用扣工人工钱的行为，因为这样会使得自己"刻薄"，从而在村庄中被认为是一个"刻薄"的人，而这种舆论形成的话，影响的并不是一个工人的去留，更多的是影响"经纪人"在村庄中"做人"的评价和其以后找到更多工人帮忙的机会。"经纪人"在考虑不罚的时候更多地不是从经济关系出发，而是从社会关系出发，在其心目中，社会关系的维系明显要比经济关系更重。值得说明的是，维系社会关系不仅是为了维系更长久的经济关系，更是村庄共同体的生活环境中的要求。因为对社会关系与人情的重视本身涵盖了道德行为的基本原则，一个人如果被认为"不讲人情"，也会被认为是不道德的。但是如果一味不罚的话，也会产生一些问题，工人的行动策略会变成"求量而不求质"，夹在客户严苛的质量要求和工人的社会关系与人情之间，"经纪人"在保全人情的基础上，也会采取一些惩罚的措施，在工人内部形成了压力，不注重质量的工人在这种关系之下，也会注重质量。这种依靠社会关系与人情的管理方式也取得了成效，保证了产品的长期质量。

三、工期管理

"质"和"量"是来料加工的两个核心问题，如何在规定的时间内完成"量"的要求是另一个重要问题。来料加工生产的订单多是来源于义乌或者沿海加工厂的客户，而这些订单又多来源于外国的商户，这批外贸订单除了有着明确的高质量要求之外，还有着严格的交货期限，通常按照书面合同或者口头协议，要规定一个交货日期，"经纪人"的任务就是在交货日期之前组织工人加工完成这批货物，交付客户。在生产旺季，"经纪人"通常要在较短的时间内加工完大量的货物，最紧的时候，"今天打电话，明天就得拿货"（case04①）。

"经纪人"指挥的劳动力大都是妇女和老人等"闲散"劳动力，这批劳动力的性质决定了和工厂一样规定严格的劳动时间和劳动纪律。那么以这样的生产条件，面对相对较紧张的交货日期，"经纪人"的选择是什么？是接单生产还是退单失去客户？本来算好可以完成的任务，因为无法控制工人的劳动时间，最后完不成任务怎么办？

1. "是合作而不是竞争"②：来料加工小群体的形成

"是合作而不是竞争"是当地"经纪人"为我们讲述的当地的竹制品加工业面对订单的状况。在生产旺季的时候，有些"经纪人"有优质的客源，可以提供大量的订单，这可以保证"经纪人"在整个生产旺季都有活可做，有钱可赚，但也存在一个问题，有的"经纪人"客户多，即使每天加班生产也做不完；或者较小规模的"经纪人"忽然接到量大的订单，他们是如何应对这种情况的？

案例四：

---

① case04是竹制品加工业的案例，这是一个集中加工点。"经纪人"每年有200万加工费的订单，主要集中于农历2—5月份，在工期最近的时候，他会面临短期内完成订单的压力。

② 面对工期压力，除了这种拆单与配货的方式外，还有另外一种方式，就是分散加工模式中的分包制度，可以将订单拆解成若干订单，分别分到农户家中去做，这样集多人之力，也可以应对工期压力。因本文仅探讨关于集中加工点的情况，所以对于分散加工模式中的分包模式不再叙述。

浙江省丽水市缙云县东方镇是竹制品加工的大镇，横塘岸村是竹制品专业生产村，村中现有竹制品加工厂87家。金勇是村中的一户"经纪人"，主要加工竹制品。他的生意主要是从他父亲、母亲那里接过来的。在每年农历的二月份到五月份是生产的旺季，每年经手的200万加工费的订单量大都出自生产旺季。在短时间内产生如此多的货物，还要保质保量完成，即使每天开工加班也做不完。金勇的做法是找别人帮忙，这里的别人有两种含义，一是本村或者外村的竹制品加工厂，二是本村或者外村的村民。

　　在选择找哪些人帮忙方面，金勇优先找好朋友的厂子来做，还有一点要求是"货好"，得保证质量。有意思的是，金勇介绍说，即使面对超过了他本厂的生产能力或者订单在一段时间内来的特别多的时候，他也会先接下订单来，再去拆解订单，找朋友或者亲戚帮忙凑单。在拆解订单的过程中，没有从中抽钱或者加价的现象。即使面对量大的订单，通过分解或者凑单，金勇也可以完成生产，按时交货。

（根据case04访谈对话改写）

　　生产旺季的大量订单，给集中加工点带来一定的工期压力。在这个案例中，金勇首先会想到的就是"让别人来帮忙"，找的人是从干这一行的好朋友中先找起，保证他们可以在完成自己订单的情况下，多做一些订单。如果朋友的工厂也要忙自己的订单，他就会找本村其他的同类生产厂商，选择的标准是"货好"。这本身包含了一个选择社会关系的过程，拆解订单的过程也是一个利益分配的过程，从先找亲戚朋友、同村人再到外村人体现出了一种亲疏远近的关系。

　　这种"找别人帮忙"的行为本身也是富含人情味的，说明在村庄中的一个人的"做人"的程度，有了利益不是一个人独吞，有了事情不是一个人担着，这其中都有乡村伦理与道德在里面。因为"找别人帮忙"这个行为本身是有所考虑的，这里面包含了对于他人感情的理解。"经纪人"在自己订单多，有钱赚的时候会想到自己的亲戚朋友是不是也有活可做，有钱可赚。"己欲立而立人，己欲达而达人"。"找别人帮忙"这个行为客观上可以起到订单量大的情况下保证工期的作用，但这种行为的背后是包含着对于人情与伦理的。换言之，

"经纪人"依靠乡村社会固有的伦理,完成了工期管理的目标。这种人情与伦理体现在乡村就是一个有道德、讲人情的人会考虑到别人的感受,这体现在自己有订单的时候也会分给朋友做;别人也会还之以"人情",会在"经纪人"需要帮忙的时候也考虑到他的感受。而这种相互帮助,相互的人情往来就是共同承认的乡村伦理的体现。

从具体层面上来说,"找别人帮忙"最后会落实到订单的拆解与别人的"凑单"①这两种做法上。这两种做法中有意思的一点是这一过程中都没有差价,没有一方得利。这种情况不仅发生在亲戚朋友之间,即使是同村的人甚至是外村的人,大家也不会在这一过程中加价。这一过程中没有理性的算计,考虑的多是人情与社会关系。"订单给别人不会从中赚钱的,这样搞就没法做了"(case04)。因为如果从中加价被别人知道了底细,那么这个人在村庄中会被认为是"唯利是图"的,后果并不仅仅是生意不好做了,关键在于人也无法立足了。

"经纪人"在交货日期到了,但是货物不够的时候,有时候还会采用"凑单"或者配货的办法,"我家货不够了,亲戚朋友凑过来,凑够了给别人"(case04)。按照原价买过来,在这之中没有赚取差价的行为,是一种"相互帮忙",即使是同村人甚至外村人的"经纪人"之间也没有这样的行为。在工期管理中,大家共同考虑的是如何按时交上货,如何调动自己的社会关系在完成工期前的订单任务。

一个问题是,如果村庄中有社会关系特别广,影响力特别大的人,他每年可以掌握村庄绝大部分的订单,他会不会演变成只收取中间费用的中间人呢?根据调查的资料显示,也不会有这种情况发生,即使村庄中有这样的人,case02中的"经纪人"就是村庄的副村长,在村庄中也有群众基础,村庄中有三分之二的订单都是他转发或者推介出去的,但是他也从没从中赚取过差价。这一方面是因为来料加工本身就是只赚取加工费的微利行业。另一方面还是村庄中的社会关系与人情在保障着,大家"不好意思"这么做,那位副村长坦承那样会

---

① 所谓"凑单",是指"经纪人"在面临大的订单量的时候一时无法生产出来,会买下其他厂家的货物来凑够这个订单要求的货物量。

影响群众的信任。

从整体上看，整个村庄的87家竹制品加工厂的"经纪人"在面对远远超过自己生产能力的订单的时候，会先接下订单，然后在通过拆分订单和"凑单"配货的形式完成这些订单。当然这只是面对工期管理的问题，如何在短时间内完成大量订单的具体做法，但是这种做法的背后反映出了，关系与人情的作用。

面临订单的压力而可以在短期内解决，这本身体现了来料加工所具有的生产网络和生产工序的灵活性，这种灵活性是因为其根植于充满社会关系和人情的乡土社会。社会关系与人情在工期管理中的运作表现为，从整体上看，通过"找别人帮忙"，整个村庄可以形成若干以亲戚关系和朋友关系为纽带的小规模加工群体，通过选择拆解订单和"凑单"配货对象的过程中，这其中体现了亲疏远近的关系，同时也使得这些小群体的内部团结得以维系。

2. 赶货[①]——"经纪人"身旁的"死党"

本小节将会论述的是，"经纪人"在接了一个订单之后，按照她预估的生产能力进行生产，因为没有固定劳动时间的保证，本来定下来的生产计划在临近交货时发现无法完成，面对这种问题是如何处理的？是通过什么样的工期管理方式来应对这类的突发问题的？

案例五：

浙江省丽水市缙云县舒洪镇来料加工"经纪人"陈东英1997年毕业于上海某服装学校，从2012年开始做来料加工，在这之前，她和她丈夫的亲戚一直在合伙经营一个正规的服装厂，现在主要加工外贸校服和工厂中的制服。她现在的集中加工点位于舒洪镇学校附近，在厂工作的劳动力主要是"陪读妈妈"，一共30人左右，她还有外包的一些工序给农户，为她加工的农户共有60人左右。

在工期管理的困难，陈东英坦言，主要是劳动力不固定，劳动时间无法保证。"现在的工人都是带着小孩来上班的，她们还要看小

---

① "赶货"特指在临近交货日期的时候发现还有订单没有做完或者需要返工的时候，"经纪人"召集自己的亲信工人群体做完订单，以保证工期的现象。值得注意的是"赶货"所使用的亲信工人群体与在生产淡季维持的最小规模的工人群体具有高度的重合性。

孩呢，这个（劳动时间）安排不起来的。"工人什么时候来，什么时候走都是自己说了算的。非常自由，不用请假。关于工期管理，她的经验是提前安排和分解工序，比如一个月出货的订单，先减掉一个星期，这样可以在一般的情况下保证按期完成订单；一件衣服的十道工序分出去一些给兄弟加工点来做。她在谈工期管理问题的时候提到了"养工人"的说法，引出了一个来料加工中的特殊工人群体，当地"经纪人"称为"死党"（case16）[①]。

（根据case04访谈对话改写）

"死党"群体就是在类似"赶货"这种确保工期的关键时期发挥作用的群体，也是"经纪人"在生产淡季维持的最小规模的生产群体。关于"死党"的作用及"经纪人"与"死党"的关系，更多地体现在case16中。在分散模式中，生产都是外包给工人的，"死党"在平时的生产中和普通工人没有特别的不同，但是在生产的旺季和生产的淡季，她们体现出了和普通工人的不同。在生产的旺季，临近交货时期而没有完成订单，"死党"群体就会发生作用，为"经纪人"赶货。而在生产的淡季，其他工人都无事可做的时候，"死党"依然可以拿到"经纪人"派发的订单，有活做就意味着有加工费的收入。"死党"的作用体现在，"赶货的时候主要要用到"死党"，我培养她们主要是为了赶货，像那天我晚上十二点把没做完的货找来，就给她们打电话找过来，我必须在凌晨四点之前做完，这时候她们就发挥作用了"（case16）。

当然，在处理完这种紧急情况之后，"死党"群体也会得到丰厚的回报，"必须得多给人家钱啊，白天一天100，晚上做就得180一晚"（case16）。但"经纪人"和"死党"的关系却不是这种纯粹的利益交换关系，因为我们无法解释为什么在工厂中即使多给钱也很少有人加班，只能用上级的命令来执行加班的情况。

---

① 这个名词是在case16中的"经纪人"在访谈中反复强调的一个词，这个案例中的"经纪人"主营小饰品的加工，没有技术含量，主要劳动力为当地的妇女和老人。她依靠村庄中的一个小商店来接订单，然后将订单分散给本村和外村的村民去加工。这里的"死党"特指在"经纪人"手下的亲信工人群体，正是这部分工人的存在，可以解决"经纪人"的赶货问题。

人情在村庄共同体中有着长期"礼尚往来"而维系交情的含义，"经纪人"也承认，如果要维护和"死党"这么好的关系，"主要平常的时候要有一些交情"，其实这里交情的含义和我们生活实践中的理解是一样的，一个人和另一个人有交情，意味着打过交道，或者帮过别人的忙，两个人之间可能还要有一方欠人情等。

那么交情在平时是如何维系的呢？主要体现为一些"礼尚往来"，可能有一些经济的交换，但我们并不能把这些行为都理解为经济交换。这里面更多的含义是互相帮忙和长期的感情培养。"经纪人"如何与死党维系交情呢？"有几个死党就是这样的，我就是说我们接过来的货，有多的时候，有少的时候，货少的时候不是每个人都有活做，但是有什么活我首先都会想着她们几个人，有什么好做货或者工钱好一点的活也找她们"（case16）。

对于"经纪人"和"死党"这种交情维系方式，本文认为，更多的是相互的"帮忙"，而不完全是经济的交换关系。一方面，虽然在客观上多给"死党"活儿，给她们创造了更多的赚钱机会。但是这里重要的不是"货少的时候"给"死党"做，让"死党"可以赚更多的钱，在"死党"看来，交情其实就体现在平时这些时候，有赚钱的机会可以顾及她们，能否互相顾及比多给赚钱机会更重要。另一方面，"好做的货"和"工钱好一点的活儿"本身也体现了一种"经纪人"对于工人群体的区分，而这些细微的区分正起到了维系交情的作用，分到这样的活儿，本身是一种"照顾"，所以在"经纪人"遇到紧急的赶货的情况的时候，"死党"的行为更多的是"还人情"而不是为了多赚加班费。如果我们将"经纪人"与工人的关系看作是经济交换的，那如何解释并不是所有工人都可以成为"死党"，因为工人也并不是为了挣取加班费而成为"死党"的，而是在日常的人情交往中逐渐形成的紧密关系。

在这个案例中，陈东英并没有直接用"死党"这个名词，但是在她的加工点里确实也有这么一批工人存在，她所谓的"养工人"就是支持这批工人。对于"养工人"，她认为，"养工人就是主要我这儿得的比较少，就是没利润也会做。如果要养工人的话，不管是淡季旺季都要有活让她们做，只是自己赚多赚少的问题"（case20）。即使在生产的淡季，订单量只够维持平时的生产甚至连平时的生产都无法正常开工的情况下，"经纪人"也会找订单来让自己的"死党"做，保证他们一年四季都有活做、有钱赚，而自己只是赚取少部分的钱，对于这一点"经纪人"和"死党"都是心知肚明的。

这种"养工人"的现象引出的一个问题是：在集中加工点的工人群体内部也存在着分化。本文暂且将工人群体分为三类，分别是亲信工人群体（"死党"）、边缘工人群体、兼职工人群体。边缘工人群体是生产旺季来集中加工点打工，而淡季没有活的工人；而兼职工人群体有数个上家，也即她同时或者在一段时间内交替为各个集中加工点打工。后两者还是有区别的，边缘工人群体一般就在一个集中加工点里面打工，生产淡季要去照顾孩子或者照顾农活；而兼职工人群体的流动性更大，劳动时间更不固定。这种工人内部的分化体现了"经纪人"与工人不同的社会关系，亲信工人群体大都是"很要好的朋友，平常一起玩的，我家兄弟什么的，还有同学"（case04）。

面对着临近交货日期而没有完成的货物或者需要返工的货物，"经纪人"会动用"死党"这批工人来完成这个任务，保证工期。值得注意的是，"死党"这批工人和"经纪人"的关系问题。"经纪人"可以用"死党"来为自己"赶货"，靠的并不是当天给出的高工资等经济利益，而是日积月累的人情往来，在长期的人情往来中，"经纪人"和"死党"培养了交情，这种交情是以互相帮忙或者"礼尚往来"。重要的并不是"经纪人"给予"死党"以更多的活儿或者加工费更高的订单，而是平时区别化、具体化的对待，这种区别化的对待使得"死党"可以感受到这种"照顾"，而在工期紧张的时候出现，为"经纪人"解决工期管理的问题。

"死党"群体的出现引出的问题是，集中加工点的工人内部分化问题，这些分化体现为亲信工人群体、边缘工人群体和兼职工人群体，不同的群体和"经纪人"的关系是不同的。

第六章　结论与讨论

如果单纯从效率的标准或者工厂制的标准来评价来料加工的生产要素，几乎可以认为这些生产要素是极端低效的，而且还产生了若干生产管理的困境。但"经纪人"的管理实践展示了在"没有效率"的生产要素下，可以有效完成生产管理任务的做法。这种做法既不同于科层制中重视制度的方法，也不同于重视社会关系网络与非正式群体的做法。这种管理实践之所以可以生效，重在依靠关系、人情和乡村伦理。

传统的管理理论，无论是强调效率的科层制还是强调非正式群体的人际关系学派，都有一个分离的倾向，即认为效率与关系两者是分离的，而来料加工的管理实践则呈现了两者相互融合的趋势。

对于"经纪人"来说，在生产管理的过程中并非没有经济理性的考虑，但是在乡村社会中，他们的自然反应并不是采用经济理性的做法，而是要用一套平时与乡亲、村民或者朋友的相处之道来交往，他们之间的"共识"是不能因为经济的考虑而破坏原来的乡村伦理。关系与人情之所以可以发挥作用，这其中包含了"经纪人"与工人对于关系和人情的共同理解。

对比工厂制的生产管理，"经纪人"所采用的这种管理实践更为复杂，其复杂之处在于在完成生产管理任务的同时，还要顾及人情。但顾及人情并非纯粹为了完成管理任务，而是人情本身很重要。在"经纪人"的管理实践中，人情是基础性的要素，而来料加工是一个外来性要素。并非是社会关系嵌入到经济关系之中，而是强调"经纪人"这种管理实践本身就是一种日常处理人情关系的做法，在遇到这种外来性的经济关系的时候，"经纪人"还是依靠了这套办法。这套办法就体现为，"曲尽人情"。其不同于现代企业中广为宣传的"人性化管理"，"人性化管理"面对的是所有员工，制定出一套更符合人性的管理制度，而曲尽人情的方式，是面对具体化的关系，而产生的顾全人情的管理方式。这种方式虽然复杂，但可以较好地解决质量控制、工期管理等问题。

通过论述可以看出，这种管理实践相比于以制度和规则来管理，更加复杂，但是在达致有效管理的过程中也保证了人情。对于"经纪人"来说，维护"厂风"特别重要，这种管理实践是"对人不对事"的，对于每个工人的辨认也是人品第一位，能力第二位的。

关于"关系"与"人情"，本文并非完全否认关系与人情中的"交换"含义，因为在来料加工中本身也有经济的考虑，也有工具性的关系。但关键之处在于这种"交换"并非是以得到资源或者权力为目的，而是看这种"交换"是否符合人情。换言之，交换过程中存在着利益或者资源，但是利益或者资源本身并不是维系交换的动力，这个过程中本身也含有道德与情感。如果说是"交换"的话，只能说交换的是人情，换言之，人情并不完全是工具，而是维系关系的媒介。这根源于儒家的忠恕之道，与中国社会是一个伦理社会的结构有关系。

那么落实到"关系"的含义，并非是社会资本或者社会关系网络的含义，资本具有所属物的含义，但是关系所具有的含义超越了资本的含义，并非是外在于人的，而是与生俱来的。特别是以宗族、乡党而产生的关系，并不能脱离具体的人而存在。

"伦理社会所贵者，一言以蔽之：尊重对方。"（梁漱溟，2005）所谓"因情而有义"，特别强调了"人情"在本文中的含义，即"将心比心"。在"相互帮忙"的过程中，双方都不是单纯从自己的立场和利益出发的，而是包含了对于两者之间关系的考虑。将两者的关系拉长时间维度的话，双方看重的不是互相帮助所能提供的物品，而是在需要帮助的情境下，能够得到帮助的状态，这是人情之常。

落实到本文来料加工中，"经纪人"与工人之间是人情、伦理和经济行为混杂在一起的复杂关系，在处理经济行为的时候，不得不考虑人情与伦理。"经纪人"与工人所共同依靠的乡村伦理，与伦理社会本身的结构有关系。此处的乡村伦理更侧重于强调，"经纪人"与工人对于乡村中的行事规则与人际关系有着共同的看法，或者基于相同的社区文化，由此形成的类似"礼"的规则。基于可见、可及的社会关系，外村人也接受了共同行事的准则，大家据此行事。这并不会因为外来的经济关系而发生性质变化，依然具有伦理的性质。而正是这些"共识性"的乡村伦理构成了来料加工内部团结的基础。

参考文献

布劳、梅耶，2001，现代社会中的科层制，学林出版社

蔡昉，2010，刘易斯转折点与公共政策方向的转变——关于中国保护的若干特征性事实，《中国社会科学》第6期

蔡昉，2008，刘易斯转折点——中国经济发展新阶段，社会科学文献出版社

蔡昉，2013，人口红利与中国经济可持续增长，《甘肃社会科学》第1期

费孝通，1998，乡土中国，生育制度，北京大学出版社

华尔德，1996，共产党社会的新传统主义，牛津大学出版社

林毅夫、蔡昉、李周，1999，中国的奇迹：发展战略与经济改革，上海三联书店出版社、上海人民出版社

纪莺莺，2012，文化、制度与结构—中国社会关系研究，《社会学研究》第2期

金耀基，1992，关系和网络的建构——一个社会学诠释，《二十一世纪》8月号

金耀基，2012，人际关系中人情之分析，载于杨国枢，《中国人的心理》，中国人民大学出版社

柯志明，1993，台湾都市小型制造业的创业、经营与生产组织：以五分埔成衣制造业为案例的分析，中央研究院民族学研究所

梁漱溟，2005，中国文化要义，上海世纪出版集团

史国衡，1946，昆厂劳工，商务印书馆

孙立平，1996，"关系"、社会关系与社会结构，《社会学研究》第5期

泰勒，1984，科学管理原理，社会科学出版社

韦伯，1997，经济与社会，商务印书馆

韦伯，2008，儒教与道教，广西师范大学出版社

威廉姆森，2010，资本主义经济制度——论企业签约与市场签约，商务印书馆

威廉姆森，2011，市场与层级制——分析与反托拉斯含义，上海财经大学出版社

谢国雄，1992，"隐形工厂：台湾的外宝典与家庭代工"，《台湾社会研究季刊》第13期

熊秉纯，2010，客厅即工厂，重庆大学出版社

阎云翔，2006，私人生活的变革：一个中国村庄里的爱情、家庭与亲密关系1949—1999，上海书店出版社

杨联升，1996，报，中国社会关系的一个基础，载于刘梦溪《中国现代学术经典——洪业、杨联升卷》，河北教育出版社

翟学伟，2004，人情、面子与权力的再生产——情理社会中的社会交换方式，《社会学研究》第5期

赵冈、陈钟毅，1977，中国棉业史，联经出版事业公司

周飞舟，2006，制度变迁和农村工业化——包买制在清末民初手工业发展中的历史角色，中国社会科学出版社

周飞舟、刘爱玉等，2012，浙江省来料加工调查访谈资料汇编（一）

周雪光，2003，组织社会学十讲，社会科学文献出版社

朱熹，1983，四书章句集注，中华书局

Landes, D. , 1997,The Unbound Prometheus. Cambridge: Cambridge University Press.

Lazerson, 1995， "A New Phoenix? Modern Putting—out in the Modena Knitwear Industry"，Administrative Science Quarterly, Vol. 40, No. 1(Mar. 1995).

Williamson,O., 1980， "The Organization of Work: A Comparative Institutiona Assessment"，Journal of Behavior and Organization. 1:5—38.

柳村群体性纠纷调研

周梅芳　中国人民大学社会学系2011级
指导教师　陆益龙

第一章　导　论

> 初，吴之边邑卑梁与楚边邑锺离小童争桑，两家交怒相攻，灭卑梁人。卑梁大夫怒，发邑兵攻锺离。楚王闻之怒，发国兵灭卑梁。吴王闻之大怒，亦发兵，使公子光因建母家攻楚，遂灭锺离、居巢。楚乃恐而城郢。
>
> ——《史记·楚世家》

一、研究背景与选题缘起

在我国南方的乡村社会，时常会出现族际、村际等利益集团之间的群体纷争、群体械斗等现象。

近年来，随着农村综合改革的深入，农村权力结构变化越来越剧烈，利益关系愈发复杂，村民的思想观念也发生了很大的变化，这一系列变化促使农村一些潜藏的社会矛盾冲突显现化，农村纠纷的数量呈直线上升趋势。农村纠纷中，群体性纠纷因其性质的复杂性，容易引发各种各样的集体事件，吸引了越来越多的研究者的关注。

一起林地纠纷案

2012年4月，湘南长云镇①发生了一起村际纠纷引起的群体性事件。当地南柳村和北柳村因为一片约两百亩的林地产生纠纷，按照南柳村出示的林权证明，该林地归南柳村所有。但是，北柳村也持有他们认为有效的清朝时期传下来的土地证明，该林地距北柳村较近，而南柳村外出务工人员比较多，十几年没有参与该林地的种植和管理，多年来活动在该林地的基本是北柳村的人，包括开荒种树等。

两年前，北柳村将这片存在争议的林地租给一位个体老板，个体老板在该林地上栽种了杉树。南柳村的村民得知此事后到镇政府反映情况，行政调解不成告到法院，判决书显示该林地归南柳村所有，但是北柳村不执行该判决书，坚持认为法律没有实现他们本应得到的公平，拒绝归还林地，南柳村申请法院协助执行法律判决书行动也因北柳村村民的百般阻挠而失败。

2012年4月，趁清明节，趁外地务工人员回家扫墓之际，南柳村村民集体出动，将存在争议的土地上40多亩的杉树拦腰砍断，由此引起与北柳村的直接冲突，幸而政府工作人员和公安干警及时赶到才制止了一场流血事件的发生。有意思的是，报警的是南柳村的村民，据政府工作人员说，那与其叫做报警，还不如叫做采取行动前的通知。

这是一桩在农村社会中再常见不过的群体性事件，生于斯长于斯，笔者对这类事件比较熟悉，也听过许多类似的事件，即邻村，或邻乡，或邻县之间因为各种或大或小的冲突引发的集体斗殴或流血事件。但是笔者对于这类纠纷，尤其是村际纠纷有一些最初的疑惑，那就是靠同一片山、吃同一方水的乡邻如何能因一些在外人看来不大不小的事大动干戈，付出如此惨痛的代价？尤其是在物质文明和精神文明都有极大提高的新农村，这种"卑梁之衅"为什么屡见不鲜？人们采取这种非常传统的行为来解决他们的纠纷究竟是基于一种什么样的逻辑？在这个纠纷中，他们为什么会采取"通知"的方式争取第三方力量的介入？所有这些问题都引起了笔者极大的兴趣。

① 按照社会人类学的研究惯例，本研究对所有人名地名均做了匿名处理，对一些敏感细节也做了相应的技术处理。

二、研究对象及研究意义

农村群体性纠纷这个词语实际上涉及三个层次的概念，纠纷是这个词最基本的单元，群体性说明了纠纷的性质，而农村则突出了纠纷发生的社会场域，这三个概念结合在一起构成了本研究的研究对象。

在社会学的视域中，纠纷就是冲突，是社会互动中的一种特殊类型。但是纠纷并不完全等同于冲突，从法社会的角度来说，纠纷的本质可以归结为利益冲突（罗伯逊，1994，25）。纠纷一般发生在两个主体之间，当两个主体中的一方或双方涉及到的利益相关者为多人时就可称之为群体性纠纷（汤维建，2008，7）。

根据宋维强博士对农民群体性事件的分类（宋维强，2009，180），以农村群体性纠纷的原因和目标的不同特征为标准，笔者将农村群体性纠纷划分为三种基本类型，即竞争型群体性纠纷、反应型群体性纠纷和先发型群体性纠纷。竞争型群体性纠纷的主要特点是两个群体因资源或权利归属问题而发生纠纷，如族际纠纷、村际纠纷、县际纠纷等；反应型群体性纠纷是指群体因既有的资源或权利受到侵犯而奋起抗争，如政府征地引起的群体性纠纷，或企业投资带来环境污染引发的群体性纠纷等；先发型群体性事件主要发生在农民与基层政府之间，其根源在于农民对新的资源和权利的争取，如因为政治选举的不公平操作而引起的集体纠纷。

以纠纷双方权力地位是否对称为标准，可以将反应型和先发型合并为同一类，称为维权型群体性纠纷，因为这一类纠纷往往都是公共权力机关或企业等强势社会集团与弱势利益受损群体之间的纠纷，这类纠纷中纠纷双方社会地位不对等，有明显的强弱之分；而竞争型群体性纠纷中的争议双方都不是公共权力机关或其他正式组织，而是生活在农村的初级群体，纠纷双方社会地位相当，没有明显的强弱之分。

需要指出的是，本研究所采用的对农村群体性纠纷的类型划分是一种韦伯意义上的理想类型的分析。理想类型是研究者分析社会现象，理解社会现实而建构的一种理想模式，是对社会现实的概括和抽象，与社会现实可能存在偏差，因此，社会实践中的某些农村群体性纠纷可能并不能严格地划归如某一类，或者完全不属于这两类，但是这不影响本研究的分析。

农村近年来，由农民"维权"运动引发的集体事件频发，维权型群体性纠纷引起大量的社会关注，相关研究颇丰，相应的，对一直屡见不鲜的竞争性群体性纠纷却少有研究，尽管如此，农村竞争型群体性纠纷仍然在各地普遍存在，其中引发的恶性集体事件更是时常见诸报端[1]，如2009年发生在广东省的"河口3.11大型械斗事件"[2]，一时轰动社会。可见，这类群体性纠纷虽然近年有所下降，但仍不容乐观。本研究正是在这种背景下展开对这类农村群体性纠纷的研究，在时间范围的界定上，本研究主要考察的是21世纪以来，进入新农村建设时期的农村竞争型群体性纠纷[3]。

当今中国社会的主题就是在社会和谐中追求发展，而现在的社会问题无疑就是那些影响甚至阻碍社会和谐发展的不稳定和负面因素，农村竞争型群体性纠纷是基层工作中最棘手的部分，处理不好还会造成群体械斗等严重的群体性事件，对其进行深入的研究也是更好的解决现实问题的必要。在这种背景下，笔者期望本研究能加深对农村群体性纠纷的认识，同时也希望有助于农村纠纷解决制度的完善，减少农村群体性纠纷转化为恶性集体事件的可能性，这是本研究的实践意义。

社会问题的解决需要在事物本身寻找答案，本研究正是从社会学重视社会行动的理论优势出发，通过对一件典型的农村群体性纠纷的产生及发展过程中农民的行动进行考察，来探究我国当前农村群体

---

[1] 虽然没有相关的统计资料，但笔者以"农村 械斗"为关键词在百度网页搜索，得到相关结果1,020,000条。

[2] 参见网页 http://www.luheren.com/News/dashijian/4364.shtml，"3月11日河口发生群众打架事情，死3人伤20余人"，2009年3月17日。

[3] 农村的竞争性群体纠纷中主要有两大类，与通婚有关或与"四争"有关的纠纷，前者主要源于订婚后女子悔婚，当地有订婚习俗，婚约大约为半年到五年不等，期间女孩很可能外出打工遇到真爱而悔婚。但近年来，乡间一般都是订婚后，男女双双外出，在同一个地方打工，在很大程度生避免了悔婚的出现，这种"传统的发明"使得因为悔婚的村际纠纷越来越少。

性纠纷中的法律失灵及非理性负和博弈等现象背后的原因和机制。在此基础上，揭示在群体性纠纷的社会实践中那些隐藏得最深的结构以及那些确保这些结构得以再生产或转化的"机制"或"逻辑"（布迪厄，1998，61），此即本研究的理论价值之所在。

三、研究方法与技术

对于发生在农村的群体性纠纷，可以采取不同的方法，从不同的视角加以研究，而具体的选择则主要由研究者本人的兴趣与解释路径所决定。本研究主要关注农村群体性纠纷的发生发展过程的规律及其中彰显的社会文化含义，而非详尽描述某一时段内或某一领域内的群体性纠纷的全貌。这就决定了本研究不能采用传统的定量研究方法，即不能单纯地提出某一假设并对相关概念进行操作化和测量，而必须对农村群体性纠纷做出概括性的分析，由此提炼出具有一定理论深度和现实概括力的观点和理论。

1. 方法论层次的相关问题

在社会学中，围绕着实证与理解的方法论之争从来没有停息。潘绥铭等学者认为，实证和理解其实像同一条光谱的两极，大多数研究都位于这两极之间，不同的是有的偏向实证，有的偏向理解（潘绥铭等，2011，462）。在当代中国法社会研究中，实践社会学以其独有的综合能力，可以部分调和学术中结构与建构，实证与理解，主观与客观之间的矛盾，本研究主要关注农村群体的法律实践，这就决定了在方法论层次上更适合采取实践社会学的视角。

在社会学中，布迪厄首先提出了"实践"的概念，并力图用"场域"、"惯习"、"实践"化解结构与行动的矛盾。布迪厄认为，社会学的任务就是揭示在不同的社会实践中那些隐藏的最深的结构以及其背后的"机制"或"逻辑"（布迪厄，1998，61）。实践社会学要对社会现象和人们实践活动进行说明，应当把场域和惯习结合起来，既注重各种客观结构的影响，又关注人们的直接体验，在同时注意"外在性的内在化"和"内在性的外在化"的双重过程中，准确把握实践逻辑（向静林，2009）。

从实践社会学出发，对农村群体性纠纷的研究应当综合分析纠纷发生和发展的特定场域及其对纠纷当事人的行动策略产生的影响，同时也考察潜藏在当事人行动策略背后的实践逻辑，在这种双向的把握中超越结构主义和建构主义的对立。

孙立平等人认为，布迪厄虽然对实践因素做出了丰富论述，但是因为他没有找到切入实践的途径，以至于他对实践活动的研究仅仅停留在学理层面。要在实践中发现社会结构及其变化规律，大规模问卷调查和统计分析方法是不够的，需要在注重个案研究基础上，通过对行动者与实践的深入理解来进行理论分析，此即注重"事件性过程"的研究策略（孙立平，2002）。

孙立平认为，布迪厄的实践社会学中提出的实践的紧迫性和总体性等特征，都是在静态的社会结构中没有的，都只有在实践中出现和存在，孙立平称之为"实践的增量"，即静态结构在实践中的"补集"。同时，孙立平也认为，这些实践的增量与社会结构有着密切的关系，是某种潜在的东西被激活了。事件过程中的每一步都会激活一些社会因素，这些社会因素又激活另一些社会因素（谭深，2003）。从这个思路出发，纠纷全过程就是实践的过程，当事人在其中每一个环节的策略都是环环相扣的，同时也会对下一步的策略行为产生影响，由此，不仅要考虑纠纷行动中当事人采取了哪些策略，更要注意他们为什么会采取这些策略，以及这些策略将如何影响纠纷的后续发展。

2. 个案的选择

在研究方法层面运用"过程——事件"策略时，深度的个案研究有明显的优势。因为它使研究者"深入到现象的过程中去，以发现那些真正起作用的隐秘的机制"（孙立平，2002）。但是孙立平所讲的深度个案研究不同于一般意义上的个案研究，而是注重"事件性过程"的深度个案研究。深度个案研究中个案的选取一般要考虑如下因素：一是具有所研究问题的典型特征；二是研究者对个案有较深刻的理解；三是个案要具有可接触性（陆益龙，2011，100）。

本研究选取柳村的纠纷为个案正是基于以上要素的思考：首先，

由于笔者是本地人，可以通过多种渠道获得与该纠纷相关的资源，有助于深入了解纠纷。其次，柳村的纠纷正是农村社会中很常见的因为"四争问题"引发的群体性纠纷[①]，其发生发展过程也具有农村此类纠纷的代表性，即经历了行政调解失败，发展到走上法庭以及法律执行的失败，再到自行处理纠纷，比较完整地展现了当前农村群体性纠纷发展及处理过程，充分体现了"实践的增量"。最后，本纠纷中当事人使用了多种策略，其运用策略的方式也多种多样，当中涉及到了国家制度、法律法规和民间秩序，通过对该纠纷及其解决过程的分析，可以揭示国家、乡镇、村庄、农民之间的复杂而微妙关系。

3. 资料收集方法

本研究主要采取深度访谈的方法收集资料，在进入纠纷村庄前却颇费了一番周折。参与该纠纷解决的一个政府工作人员是笔者的熟人，对本纠纷及纠纷双方都非常熟悉，也是笔者的一个重要访谈对象之一，但是笔者却不能借助他的关系进入纠纷当地。原因有二，首先，以政府工作人员为介绍人进入村庄，村民首先会直接将笔者与正式部门联系在一起，由此一桩本来已经相对平静的纠纷可能会由于笔者的介入而被打乱，因为不论是纠纷的一方还是纠纷的另一方都会对笔者的身份心存防备，会认为对方在"政府工作人员"前"搞小动作"；其次，与政府有关系的身份也不利于笔者获得真实的材料，因为在正式关系里，村民会可能有意选取或故意漏说某些重要的情节，也有可能隐饰自己的真实态度或者做出戈夫曼所说的"误解的表演"。

鉴于此，笔者通过朋友找到当地镇中心小学的一名老师，以这位老师的同学的身份进入纠纷村庄，访谈时笔者也展示了真实的学生身份，这样一种非正式关系的访谈更接近自然的聊天，既可以避免因正式关系而引起的种种不便，更能激发被访者的"主体呈现"（潘绥铭，黄盈盈，2011，298）。

在访谈内容上笔者弱化了"群体性纠纷"的主题，而是以宽泛的"社会调查"为主题进行调研，涉及风俗、政治、经济、法律和文化

---

① 因争山、争水、争地、争矿产而引起的群体纠纷。

等多个层次的内容，其中重点关注法律与纠纷的内容。采取这样的调查方式一方面有助于笔者获得关于柳村的更丰富的信息，另一方面也是遵循研究伦理中的"非侵害原则"（陆益龙，2011，37）的必要，因为直奔纠纷主题可能会引起刚刚经历过群体性纠纷的当事人的警觉，进而影响到纠纷双方的关系。

由于群体性纠纷是一个长期的过程，其中涉及到很多不确定的因素，比如不确定的小冲突就可能引起纠纷的转向，而这种转向很多时候是短时间发生的，笔者不一定能参与，而且事后的"冷却"也更利于人们完整真实地表达自己的态度和看法，所以本研究中的大部分分析资料都来源于在纠纷过后对当事人进行的"回溯性"访谈。而在具体的调查过程中，笔者采用了无结构访谈，即鼓励纠纷当事人把自己的意见、观点以及他所了解的客观事实加以陈述，同时对于与研究主题相关的信息给予适当追问，尽量使相关信息更加饱和。

4. 资料分析方法

本研究中对资料的分析采用的是"事件—过程分析法"，这是一种对叙述材料中的事件内容进行分析的策略，是指以事件及其进展过程为主线来分析和揭示社会结构和社会行动的本质意义的方法。"事件—过程分析法"的主要内容包括：事件结构分析，动态过程分析和事件—过程相互性分析（陆益龙，2011，200）。

对事件的结构分析就是从事件目的、事件主题、事件人物、事件内容等基本要素中考察事件的基本特征及结构意义。分析事件的动态过程则主要围绕事件的开端、展开、转折、结束这样几个进程来分析，要对每一进程中事件要素的表征意义及结构意义加以概括。而事件—过程的相互分析则主要从实践、行动的角度来分析事件要素的变化及意义的建构过程。

除了事件—过程分析方法，本研究在研究中还采用了语义分析法、比较分析法等其他分析方法，力图既在宏观上进行把握，又能够达到对微观层次的深刻理解。

5. 研究伦理

定性研究中研究者与研究对象的互动更加频繁而深入，所以要非常注意遵从研究伦理，尤其是对那些涉及到研究对象权益、研究问题比较敏感的研究。具体来说，在定性研究中，研究者应当注意做到以下几点（陆益龙，2011，35）：价值中立、隐私权保护、非强制原则、非侵害原则。此外，潘绥铭等学者将研究伦理的底线概括为三条标准：知情同意、尊重和平等、无伤害与收益（潘绥铭，黄盈盈，2011，406）。

因为本研究中所涉及的问题比较敏感，笔者力图遵循相关研究伦理，本着"宁可少获得信息，也不可对研究对象造成伤害"的原则进行研究。具体来说，在访谈伊始，笔者就会出示身份证、学生证以公开自己的真实身份，并真实地告知访谈对象此次访谈的主要内容以及学术目的，在征得被访谈者的同意后开始访谈；在访谈过程中，笔者用平常心面对村民，尽量做到"移情理解"，与此同时，笔者为每一位接受访谈的村民都准备了一块肥皂或一瓶洗发水作为礼物答谢他们的配合。在论文书写阶段，对所有的人名和地名均作了匿名处理，这样可以很好地保护被访者隐私。

6.分析资料来源

本研究的分析材料主要由两部分组成：

第一部分源自笔者的记忆。作为土生土长的本地人，虽然十几年前就离家外出求学工作，但多年来一直与家乡保持密切的联系，笔者每年都会回家乡，在与亲人和乡邻的日常谈话中，深切地感受家乡人们的思想行为特征和社会文化变迁，这为深刻地理解和把握村民们的所思所为起到了非常重要的作用。

第二部分来源于专门调查，即通过家人和朋友的帮助，进入纠纷当地，了解参与群体性纠纷的当事人对纠纷的真实想法，以及参与纠纷解决的行政和司法人员眼中的纠纷。这些访谈资料有助于笔者清晰完整的再现整个纠纷过程，为本研究的资料分析提供了帮助，回校后，笔者又以电话、网络等方式进行了数次回访，根据这些资料，笔者将得以展示南柳村和北柳村的村民在现代化农村社会场域内是如何解读和解决他们之间的纠纷的，又是如何实践当地的法律存在的。

第二章　文献综述与研究问题

一、文献综述

作为社会互动的一种特殊形式，纠纷自古以来就存在于人们的生活中，所以对其研究起步较早，各学科的相关研究成果都比较丰硕，但是其中关于我国农村竞争型群体性纠纷的研究却并不多，主要可能是本研究对"群体性纠纷"概念的狭义界定。基于这种考虑，笔者在研究中把"农村群体性纠纷"置于更广义的范畴来考虑，因此就会牵涉到群体行为、农村纠纷、农民的法治意识等相关研究。按照农村群体性纠纷中所涉及到的相关知识点，本节将主要对群体行动、农村纠纷以及农民抗争策略这三个方面的现有研究成果展开简单的评述。

1. 对群体行动的研究

作为一个时间上或长或短的群体性纠纷，有赖于多数人共同行动，而群体性纠纷后期还可能引发群体性事件，因此对群体性纠纷的研究离不开对群体行动理论的回顾。在学术界，对群体行动的研究经历了一个非理性行动视角向理性行动视角的转变的过程。

非理性行动视角以勒庞为代表，其经典著作《乌合之众》就是一本分析群体行动的专著，在这本书中，勒庞将"非理性"行动假设贯穿到底，认为群体是非理性的，群体中的个体不再是理性人，而是丧失智慧、理性泯灭的暴徒，会做出许多破坏性行为（勒庞，2004）。此后，布鲁默对群体行动中谣言的研究、斯梅尔塞的价值累加理论中对群体意识的研究以及塔尔德的模仿理论都是从非理性视角对群体行动进行研究的成果。在国内，群体行动的非理性视角对农民群体行为的研究则主要集中于对群体行动中感情的研究。孙正认为，在群体行动中，人们在特定的心理刺激下选择激烈的非理性方式表达自身要求，而且这些方式往往能够很快见效（孙正，2004）。郭景萍则研究了群体行为中群体感情唤起程度的影响因素，她认为，利益受损群体的核心价值观受侵犯和利益受损程度决定了情感唤起的激烈程度（郭景萍，2006）。

张书维则在群体行为的非理性视角下探讨了作为我国典型群体行为的群体性事件的动力机制，他认为，对群体性事件的动力机制分析包括动员机制和组织机制，并且进一步指出其动员机制是群体相对剥夺、群体认同、群体愤怒、群体效能和触发情境，而谣言、速生规范与去个体化则构成了群体性事件的组织机制（张书维，2012）。

随着美国社会民权运动的发展以及对群体行动的研究日益增多，欧美学术界对群体行动的研究呈现出越来越清晰的理性行动理论的倾向，即群体行动被看作是群体基于理性计算的行为，以"资源动员理论"和"政治过程理论"为代表，前者关注那些影响到群体行为出现的社会资源、网络关系等，而后者则把群体行动看作社会底层对现存制度的反抗（刘春荣，陈周旺，2012，45—46）。

在诸多关于群体行动理性视角的研究中，奥尔森对集体行动困境的研究在社会学界占据着非常重要的地位，他认为，群体中个体的行为遵循个体利益最大化原则逻辑，至于群体共同的利益则不在个体的考虑之列，所以集体本身的利益常常得不到实现，这便是"集体行动的困境"（奥尔森，1995）。集体行动的困境很好地解释了普遍存在的个体理性与集体理性的矛盾，然而，是不是所有的群体行动都会面临这种困境？我们又该如何认识和理解那些与集体行动困境相悖的社会现象？这些都是研究群体行为必须面对和解答的问题。

笔者认为，不管是理性视角还是非理性视角，更适合描述和解释静态的群体行动，更适合研究那些短时间内发生结束的群体行动，事实上，群体行动本身是一个动态的发展过程，期间人们的行动方式可能会发生变化，此时，不仅要在这种动态过程中变化研究视角，也要探寻那些促使这些变化出现的原因，即孙立平讲的那些在实践中产生的，能对下一步实践造成影响的"实践的增量"。

2. 对纠纷的相关研究

纳德尔和托德提出了纠纷研究的三阶段研究框架，他们认为纠纷可以分为三个阶段：第一阶段是不满或前冲突阶段，是一个单向的过程，即当事人由于觉得自己受到了不公平待遇而引起的情感不适或心怀不满，并有可能采取一些单向的行动，诸如忍受、回避和提出问题；当受害方向另一方表达这种不满的时候，纠纷就进入到第二阶段，即受害方选择对抗，并向侵害方表达不满的双向过程；第三阶段是纠纷处理阶段，在这个阶段是第三方参与的过程，冲突由于被公开化而升级导致纠纷（Laura Nader，转引自郭星华，2011，213）。尽管并非所有的纠纷都经过这三个阶段，而且这三个阶段也并非所有纠纷的都会经历的线性发展过程，但是通常来说，事件的纠纷往往离不开发生、发展和结束的过程，对这些过程中涉及的当事人的行动逻辑及策略、旁观者的评价及社会结构等方面进行考察，是揭示纠纷解决方式的存在形式和运行机理，进而深入理解法律及其运行的重要途径。

纠纷产生的研究

对纠纷产生原因的探讨主要有三种视角，即结构主义视角、建构主义视角和行为主义视角。其中，结构主义者从宏观的社会结构中寻求纠纷的产生源头；建构主义者则从微观的个体出发，关注人们对事件的主观感受引起的纠纷；而行为主义视角则从经济学理性人假设出发，关注纠纷双方的利益得失并以此解释纠纷产生的原因。

法学界在总结纠纷成因时多体现为结构主义倾向，如严军兴认为，我国农村社会纠纷的成因主要有相对落后的农村经济社会、薄弱的农村社会保障机制、社会转型中利益分配不均、基层法律疲软以及农民法治意识薄弱等（严军兴，2008，43—48）。法人类学和法社会学则结合了结构主义视角与建构主义视角，不但关注影响纠纷产生的结构性因素，包括地方经济、社会与文化等，还关注人们对特定情形或境况的解读。纳德尔认为，在纠纷的前冲突阶段，"人们感受到的冒犯可能是真实的，也可能是假想的，这取决于受害方的感受，重要的是他自己感到不公平或被侵害"（Laura Nader，转引自徐昕，2008，217）。对纠纷产生原因解释的行为主义视角则将纠纷产生的原因归结为理性的计算。这种计算包括对实实在在的经济利益计算，也包括由传统文化赋予价值的其他东西，如中国人行为中的"面子"、"荣誉"等。

产生于人们日常生活中的纠纷，其原因往往是多种多样的，不论是结构主义视角，建构主义视角，抑或行为主义视角，都不能完整地解释纠纷产生的原因，我们往往需要综合以上视角，多方位了解纠纷产生的根源，对具体的纠纷做出解释。

纠纷的解决

纠纷的解决包括解决手段的种类、策略选择及其影响因素、纠纷解决的最终效果等。在法社会学对纠纷的研究中，对纠纷解决机制的研究卷帙浩繁，总结起来，主要包括以下三个方面：对纠纷解决方式及其特征的研究；纠纷当事人选择纠纷解决方式及其影响因素，纠纷解决的最终效果及其影响因素。

根据不同的标准，研究者往往可以将纠纷解决方式分为不同类别，在此，笔者拣选与本研究相关的一些分类加以评述。

徐昕从诉讼法学的角度入手，借鉴人类学的关于强制和交涉等划分标准，根据救济主体的性质和地位的不同，将纠纷解决机制划分为公力救济、社会救济和私力救济。在相关论文中，徐昕进一步论述了三种救济方式的特点及相互关系（徐昕，2008，25）。杨敏等学者在对中国居民法律意识的抽样调查中，将纠纷的解决方式分为：法律途径、行政途径（找领导）、集体上访、自行解决（找媒体投诉、武力解决、自己协调解决、看情况而定）、忍忍算了等5种解决机制（杨敏等，2011）。

本研究中，笔者特别关注纠纷解决中的作为私力救济的"自行解决"，根据相关实证研究，在个人与他人发生纠纷时，35.8%的人会选择"自行解决"（陆益龙，2009）。而苏力特别对纠纷中的"私了"现象进行了细微的研究，他认为，纠纷中的"私了"是一种法律规避，是当事人在具体情境下做出的合理选择。但是，苏力更多的是从法律多元主义的视角对"私了"现象进行解释，却没有展开对"私了"现象的深层次和多方位的探讨，比如，尽管很多纠纷中的"私了"都是为了规避法律制裁的主动选择，但不能忽略那些因为法律失灵而被动选择的"私了"的人们背后的心理和社会动因。纠纷中的

"私了"有哪些分类，不同法律实践背景下的"私了"有什么自身的特点，其背后的社会文化影响因素有哪些（苏力，1993）。

尽管面对纠纷人们可以采取的解决方式多种多样，但是，对中国农民而言，他们对纠纷解决方式的选择却有自身的特点倾向。宋维强对农村群体性事件的研究指出，在解决纠纷，实现利益诉求方面，中国农民的行动往往体现为以下逻辑，即当冲突出现时，人们首先考虑的是采取制度内的行动方式，尝试通过制度化的渠道来来解决纠纷，当这种行为不能达到预期效果时，人们才可能采取制度外的行动方式（宋维强，2009）。陈伟杰等则认为，中国农民在处理纠纷时，呈现出对法律的差序利用的特点。法律的差序利用指的是，纠纷当事人会根据双方关系的亲疏远近来决定是否诉诸法律或在多大程度上使用法律，一般而言，双方关系越是疏远，就越有可能要求法律的介入（陈伟杰，2009）。而张泰苏则认为，中国人在面对纠纷时，更加偏好"非对抗性"的策略和方法（张泰苏，2009）。

对中国农村纠纷解决方式偏好的解释一般有两种倾向，即理性选择论倾向和路径依赖论倾向。前者认为，对纠纷解决方式的选择基于人们的理性计算，是人们根据自身资源权衡利益得失的结果；而后者则认为方式的选择是一种文化的路径依赖（张泰苏，2009）。郭星华等学者则综合了以上两种视角，他们认为，中国农民在面对纠纷时所选择的处理方式既出于理性的思考，也有习惯的影响（郭星华，2011）。

研究者对纠纷处理结果及其影响因素的研究多与对纠纷解决方式的选择结合在一起分析，用以说明这些可能被预见到的结果对人们纠纷选择的影响。一般而言，对可能影响纠纷解决方式和纠纷解决结果的研究主要有结构论倾向、建构论倾向和系统论倾向之分，结构论倾向的研究者关注纠纷解决中的结构性因素，尤其是纠纷当事人和第三方的社会结构特征。

建构论倾向研究者则强调行动者的主体意识和实践中的建构因素，建构论者认为，人们对待法律的态度和行为受到其日常生活的情境、个人在不同情境下的主观感受以及特定实践中互动情景等因素的影响。虽然结构因素会在一定程度上影响个人的意识，但日常行动中个人与法律的关系主要是在特定情境中被人们建构起来的，由此形成现实中人们运用法律的多样形式。此外建构论者也关注纠纷解决过程中，作为当事人的主体对纠纷的意义的理解。在前诉讼阶段，它关注的是各种纠纷解决方式对纠纷当事人的意义；在诉讼过程中，它则关注纠纷当事人对法律法规的影响，对于自身行动，场景的理解。

相对而言，系统论倾向则强调法律系统特征对纠纷解决的影响。例如，格拉赫认为人们能在多大程度上接近法制系统、法制系统能在多大程度上解决纠纷问题及法制系统解决问题的效率等因素，会对人们是否选择法律途径来伸冤或处理纠纷造成一定的影响（Gallagher，转引自陆益龙，2009）。

法律失灵

当人们采取一定的方式处理纠纷时，纠纷的效果就开始凸显了，这种效果既有显性的也有隐性的方面，既有正向的也有负向的，同时还伴随着一定的溢出效应，对于那些诉诸法律的纠纷，除了要考察其实际的运作过程，更要注重对其功能进行评估。默顿认为，对功能的分析不仅要关注显功能，更要关注潜功能；不仅要关注正功能，更要关注负功能，尤其是那些潜在的负功能（默顿，转引自贾春增，2008，201）。由此，在纠纷解决中，对纠纷中法律的功能的分析就成为纠纷研究中不可缺少的一部分，尤其要对于那些未能解决纠纷的法律实践，即法律失灵现象进行深入的研究和探讨。

在学术界，对法律失灵的解释主要有两种路径，即行动中的法视角和冲突论的解释。前者强调现实法律秩序中复杂多样的一面，而后者则着眼于各种制度之间或国家法律与地方文化的冲突。行动中的法视角以霍姆斯、庞德为代表，庞德提出"书本上的法"和"行动中的法"概念并力图调和传统法学对法律的认识与法律实际中的运行状况之间的张力（庞德，2008）。在法律实践中，法律的失灵即可以看作是行动中的"法"对书本中的"法"的背离而导致的法律不能实现其功能的现象。行动中的法视角看到了法律实践中复杂多样性的一面，但是往往容易忽视社会事实与法律价值的统一的一面，因而无法对法律实践中的合法性做出清晰的判断和解释，也就不能做到客观公正地对制度与行动之间的冲突进行功能分析。

冲突论视角对法律失灵的解释一般是从两个方面来理解，在横向上，法律失灵是法律与政治、经济等其他社会设置之间的冲突，如谭世贵认为，中国的司法与行政的特殊关系是导致法律不能发挥其应有功能的重要原因（谭世贵，2004）；而在纵向上，研究者则将法律失灵解释为移植法律与本土自生秩序之间的冲突，以苏力的"本土资源论"为代表，苏力认为，在法律实践中，人们往往会受到传统风俗、传统行为方式和价值观念的影响，如果法律设置与这些行为方式和思想观念存在冲突，将会导致法律失灵（苏力，2004）。冲突理论对法律失灵的解释的确有一定的说服力，但是也存在一定的局限性，主要表现在其结构论倾向带来的静态分析特色，对法律实践的动态过程中制度与行动的互动缺乏一定的解释力。

对纠纷发展和解决过程的宏观研究

在法社会学的纠纷解决研究中，费尔斯丁勒和萨拉特等人于20世纪80年代提出的"纠纷金字塔"（dispute pyramid）理论。该理论将纠纷看作一个经历感受不满、提出要求、引发纠纷、民事法律纠纷从低到高的四个层次的事件过程。一般来说，由低到高的不同层次的纠纷呈现出"金字塔"形状，在此基础上，麦宜生提出了"纠纷宝塔"（dispute pagoda）的概念，用以解释中国的纠纷状况（Felstinler，转引自陆益龙，2009）。郭星华等人提出了堕入犯罪的"漏斗效应"对纠纷金字塔和纠纷宝塔理论进行补充，他认为，中国农村社会中存在许多"失落纠纷"，即"没有通过各种正式的和非正式的渠道消化和解决的纠纷"。这些"失落纠纷"可能会成为"下一次纠纷的背景、催化剂，或暴力事件的原因"，此即堕入犯罪的"漏斗效应"（郭星华，2011）。

纠纷金字塔，纠纷宝塔以及堕入犯罪的"漏斗效应"能够很形象地刻画出宏观层面的纠纷结构，但是对于具体纠纷，这些效应是怎样实现的却缺乏相应的解释，比如，纠纷金字塔理论中的纠纷层次由低到高的具体发展过程是怎样的？哪些因素会影响到纠纷层次的上升？

而纠纷的"漏斗效应"是怎样实现的？有哪些条件？要回答这些问题，需要从具体的纠纷入手，对纠纷过程做出细致的分析和研究。

3. 农民抗争的研究

在自己利益受到侵犯时，农民会表现出一定的行动逻辑，而对这种抗争行为的解释也是群体性纠纷中不可缺少的一部分。农民抗争是政治社会学的重要议题之一，其关注的重点是在农民生活与统治集团之间抗议，具体说来就是什么因素迫使农民进行反抗，他们反抗时采取的形式是怎样的？

斯科特对农民抗议行为的研究非常经典也充满睿智，他提出的农民道义经济学已经被国内许多学者公认是适合用来分析中国农民的具体情况的。他认为，农民秉持着追求"生存第一"的生存伦理，一旦他们的生存伦理或社会公正感遭遇威胁，他们将会采取行动进行反抗（斯科特，2001，36）。斯科特进一步概括了农民在日常生活中所采取的反抗形式，并称之为"弱者的武器"，这些武器包括"偷懒、装糊涂、开小差、假装顺从、偷盗、装傻卖呆、诽谤、纵火、暗中破坏等"（斯科特，2011，35）。

斯科特研究的东南亚农民的"日常"抗争行为是一种隐性的意识形态抗争，此外，关于中国农民正式的显现化抗争的研究也颇为丰富，李连江和欧博文针对中国农民的抗争行为的研究指出，中国农民在争取自己的权益不受公共权力侵害方面，往往会以相关政策为依据采取理性的、有组织的抗争方式，这就是"依法抗争"的解释框架（李连江等，1997，70—141）。针对"日常抵抗"和"依法抗争"解释框架的局限，于建嵘又提出了"以法抗争"的解释框架，他认为，经历法律的"知情去魅"[①]后的中国农民在维护自身利益时开始工具性地使用法律（于建嵘，2008）。王洪伟则通过对艾滋病人抗争行为进行研究，提出我国农民的抗争行为的研究有两种社会学解释框

---

① "知情去魅"是盖勒格尔在研究法律意识时提出的一个重要概念，指的是法律参与者在获得法律知识，加深对法院和律师工作理解以及自身运用法律效能提高的同时（即知情），也会对法律的不公正和弊端感到失望和沮丧（即去魅）。参见Gallagher, Mary E..Mobilizing the Law in China: Informed Disenchantment and the Development of Legal Consciousness. Law Society Review 2006（4）.783—816.

架，即求助于外界资源的"依法抗争"或"以法抗争"和求助于自身的"以身抗争"，他进一步论证，"以身抗争"是中国底层民众抗争的新趋势，如"弱者的武器"、"以死相逼"等。

二、研究问题

通过以上对农村纠纷、群体抗争以及群体行动逻辑的文献梳理，笔者认为对农村群体性纠纷的研究不仅要关注纠纷的发生发展过程，探讨人们的纠纷解决策略，还要注意作为纠纷主体的群体在纠纷中的行动逻辑，尤其是那些与个人纠纷呈现出不同特点的方面。正如孔莱所言，"要深入了解一个社会的法律，必须通过研究一些非常琐碎的是非，争执，了解其究竟为什么会发生这样的争议，争议的发展过程是怎样的，当事人是如何解决的，这些争议发生发展的内在动因以及争议结果对当事人以及整个法律体系造成的影响（John M. Conley & William M. O'Barr，2004：179）"。

在对柳村林地纠纷的实际调查的基础上，本研究试图探讨的问题是：

第一，群体性纠纷是怎样发生的？事件发生后是如何演化的？

第二，当事人都采取了哪些策略？为什么会采取这些策略？这些策略产生了哪些效应？

第三，纠纷的发展过程当事人的行动逻辑呈现出哪些特征？

但是，笔者在此并不囿于通过回答这些问题而增进对柳村纠纷的了解，而是希望通过这个典型的案例，探讨普遍存在的农村群体性纠纷中人们的态度及意识，所采取的纠纷解决策略及其内在动因和社会后果。在此基础上剖析群体性纠纷的法律实践中出现的法律现象及其背后的制度和文化因素，并进一步揭示群体性纠纷发生发展过程的动力机制。

三、研究思路与基本框架

本研究从实践视角出发，通过一个典型案例，按照"过程——事件分析"策略，围绕群体性纠纷的发生发展过程，纠纷中当事人的行动策略，及其背后的行动逻辑等问题进行深入探讨，在细微的分析中升华理论，讨论群体性纠纷中作为行动主体的群体，在法律实践中的行动逻辑及其背后影响因素，剖析法律失灵的制度和文化原因并进一步探讨群体性纠纷与群体性事件的动力机制，在此基础上揭示当事人在纠纷过程中从理性到非理性的行动逻辑。概言之，本研究是在群体性纠纷中当事人的行动逻辑这条主线下，分析纠纷实践中的相关法律现象及其背后的社会文化影响因素。

本研究主要分三个部分，第一部分主要介绍了研究的缘起，界定了研究对象——初级群体之间的群体性纠纷，概括了研究的现实与理论意义并对本研究中涉及到的研究方法。并主要从农村纠纷的产生及解决，群体行动以及农民抗争行为等与本研究密切相关的三方面对相关理论文献进行梳理和评述，在此基础上提出了研究问题。第二部分则是文章的主体，主要以纠纷的发生发展顺序为明线展开对群体性纠纷的法律实践的分析，再此基础上探讨群体性纠纷中纠纷主体的行动逻辑及其背后的制度和文化因素。文章的最后一部分是结论和余论，在对全文进行整体概括的基础上，总结出群体性纠纷的发生和发展过程及其动力机制，并进一步得出以法律失灵为转折点，群体性纠纷中农民的行动逻辑由理性向非理性的转变这样一个结论。余论部分则简单的分析了预防和更好解决群体性纠纷的可能途径，最后指出了研究的不足及可以进一步努力的方向。

第三章　矛盾纠纷的发生

一、柳村概况

柳村是位于湖南省南部山区的一个乡村，村委会柳村，辖南柳村，北柳村等9个村民组，其中纠纷双方南柳村与北柳村相距1000米，两村的距离能够为该村纠纷提供公力救济的村部、镇政府和县法院派出法庭、县城的直线距离分别约1.5公里、13公里，30公里。因为资金的问题，水泥路只通到离省道较近的行政村柳村，其他自然村落大多为老式泥沙路。柳村的几个自然村落对于修水泥路的事都很不满，认为是行政村霸占了政府为修路拨的款，所以与行政村联系较少，行政村的选举都很少参加，自然也不服行政村村委的管理，有事直接去镇上，自然村内有邻里矛盾基本不会寻求村委的调解，只会在村内找有威望的人来调解，而一旦村际或族际之间发生矛盾，基本也上不会寻求基层的人民调解。

南柳村和北柳村地处一座大山脚下，一直以来靠山吃山靠水吃水的村民也从没觉得生活困难。自从2008年两村西边的大山被划归国家森林公园后，有限的田地山林就成为村村之间关注的焦点。由于南柳村与北柳村素有积怨，两村一直没有通婚关系。南柳村有25户人家，分廖、孙两姓。北柳村40余户人家，分廖、余两姓。两村唯一的公共场所就是柳村内建于1991年的小学，现在只收二年级以下的学生，2008年撤点并校以后，二年级以上的学生都到镇上上学了。由于外出务工人员多，两个村的田地都有不同程度的抛荒，抛荒田地约占田地总面积三分之一。尽管如此，村内传统的互助合作的文化却依然得以完好的保存下来，只要哪家在种植或养殖方面有困难，同村的人总是不吝出手相助，这是强化村落认同的重要组成部分。

地处湘西南的柳村基本没有宗教信仰，族群观念却很强，村内族群观念表现在每年的清明祭祖和传统春节的这两次集体活动中。柳村人有典型的祖先崇拜情结，他们相信得福是祖先保佑，他们的理想是为祖先争光，所以不管去多远的外地务工，到了清明节，村民们都会回到村里，相约一起去扫墓。此外，春节也是柳村村民群体互动的重要机会，每年的大年初一到正月十五，村里的人会按顺序相聚在每个家庭的吃饭，即使来了亲戚也带上一同去村里吃饭，很多村内的邻里矛盾一般都会在一年中的这两次互动中化解。

二、纠纷的前历史——群体纷争的滚雪球效应

无交往则无纠纷！但是到底怎样界定纠纷，它与一般带有纷争因素的互动关系区别何在？以什么为标准来定义纠纷的开始？这都是

重要的问题。按照劳拉•纳德尔的三阶段分析框架，我国目前学术界关于纠纷的研究更多的集中在纠纷的解决过程。事实上，纠纷，尤其是发生于初级群体之间的纠纷，都有一个历史的发展过程。有很多案例，纠纷的发生和解决都是短时间内的事，但是事件的背后却潜藏着一个长期的历史过程，包括纠纷"前历史"阶段的恩怨累积和纠纷在法律范畴内解决后当事人对纠纷结果的理解和消化过程等。单从时间的维度看，想要深刻揭示纠纷解决方式的运作特点并客观评价纠纷解决效果，不研究这两个重要的历史过程及卷入其中的人们的日常生活，仅凭对事件发生时点进行研究得出结果是危险的。

那南柳村和北柳村的纠纷和矛盾是从什么时候开始？因什么事而起呢？

"他们霸道，把我们的地租给别个，自己收钱，太欺负人了，我们就不搞了，就这么闹起来了。"

这是南柳村村民孙志和的说法，简单明了。但是笔者在同村另一个村民廖云飞那听到了另外一种说法。

"老辈讲，我们从来就有矛盾，以前摘茶籽的时候，他们总是偷我们的。放牛都到我们村的地里，还踩死了好多小菜……我们一直不和，总是闹架，90年代初我们两个村还打了群架，还打了官司，从那以后仇恨更深，我们跟对门院子①红白喜事根本没有来往的，我们村的不娶他们的女的，我们的女孩也不嫁他们那边的男的，平时（两个村的人相互）看到都鼓眼睛②的。"

在问及为什么事情打群架时，廖云飞则说是因为北柳村的人野蛮，先动手打南柳村的人，他们才全村出动的。"他们总仗到人多势众，我们实在气不过，才出手的。"但是廖云飞对这次群架行为做出的环境归因（郭星华，2011）在北柳村的村民看来是不符合事实的。

"当年两个村的小学生在学校打架，对门院子的小孩受伤了，对门院子的家长来我们村，说要赔500块，那时候的500块啊，哪个出得起，明摆着就是找事，我们北柳的家长一急就推了对方一把，结果

---

① 北柳村和南柳村村民相互称对方为对门院子的。

② 方言，意为斜眼相看，互相瞧不起对方。

对方就回家带人，还带了好多家伙，还有鸟枪，就这样打起来了。"
（北柳村余重高）

群架的结果是有备而来的南柳村打伤了北柳村几个村民，赔偿了北柳村几千元医药费。医疗费是南柳村村民集体平摊的，这是当地村际纠纷解决中的一贯做法。在这个意义上，暴力手段维护集体利益获得了其文化合法性，同时也避免了集体行动困境（奥尔森，1995）。在群体行动中，搭便车是一种常见现象，在中国农村以村落或宗族为单位的群体行动中，却能够很好地避免集体行动困境，除了最原始的"均摊文化"，群体认同也是一个非常重要影响因素。

打斗中财力和人力的负和博弈一度让双方都筋疲力尽，所以自那一场群架后两个村都平静了好几年，平常有一些小摩擦，大都是在村民之间相互对骂中了事。尽管如此，仍是一朝纠纷，至死形同陌路，正所谓世代恩仇、百世冤家。

"还是有小矛盾啊，比如因为田里放水的事，放牛踩到地里的小菜等，不过大家在田里骂骂就算了……一般在镇上赶闹子[①]，看到对门院子的（人）卖东西，我们也从不买他们的。他们做的那些事，我们都记着呢，以后让我们不好过了，会一起算的。"（南柳廖云飞）

在柳村的纷争中，矛盾的建构与再建构也在其中发挥了重要的影响。

"讲到对门院子我就一肚子气，前年有一次，我种了一亩的番薯准备到时卖，结果秧苗才种下去就给羊吃了好大一片，后来听我们院子的大耳朵说好像是对门院子养的羊，我去找他们，他们说我没证据……气死我们了。"（北柳蒋春花）

日常生活的互相接触给了两村村民建构怨仇提供了巨大空间，但是个人的不满情绪如何转化为一种集体的不满情绪呢？村民们自有策略，蒋春花就给笔者讲述了她的经历。

"我在田地里对着他们村骂，全村人都知道我的秧苗给他们的羊吃了，都过来看，看到秧苗被啃成那样，都讲抓到羊要把它们都打死，是啊，肯定要打死的，要不然我们村秧苗都会给吃光，人家还以

[①] 南方方言，意指赶集。

为我们好欺负。大家都说，以后看到他们的羊过来，不管有没有吃秧苗，就往死里打。"

可以看出，这里面的策略包括大声广播受害事件以获得关注度，以感性的方式呈现被侵害的后果，以及将个人利益上升到集体利益和集体荣誉，经由这三个阶段达到一致对外的目的。当然，这里面的每一项都是有技巧的，在广播时一定要让同村人听得出来是针对对方的；感性呈现的时候要选择受伤害最明显和最惨烈的地方，夸大受伤害的后果；由个人损失上升到集体利益和集体荣誉时，要把后果说得越严重越详细越好，激发出群体的关于该后果最细微的想象。在此，也许笔者有"过度阐释"的嫌疑，但在实际中，这些"武器"很奏效。在紧密联系的村落内部，当个别成员的利益受到另一个村落的侵犯时，个体因受到侵犯而产生的敌视和复仇的情绪通过以上方法很容易在整个村落中蔓延，个人的冲突由此转变为群体之间的冲突。一旦个人恩怨上升到集体高度，集体记忆中关于群体之间的纷争就开始自动地"滚雪球"了。

"看到我的秧苗被吃成那样，老拐讲他们家去年种的白菜也是一样，给（被）对门院子的羊啃得稀巴烂，都卖不出去了。"（蒋春花）

"还讲，去年我们家的狗，都是给他们毒死的，看到对门的人我就咬牙[①]。"（北柳村张大妈）

在此笔者形象地称这种将日常生活中各种微小的冲突和矛盾在群体记忆中的不断累加的现象称为群体纷争的"滚雪球效应"。随着"雪球"越滚越大，任何一次或大或小的纷争都可能会成为一根导火索将其引爆。其实，在我国农村，这种纷争"滚雪球"现象在个人纠纷中也很常见，邻里之间的日常生活摩擦常常会给当事人带来情感不适和不满，但是这种不适和不满如果得不到及时的化解，双方矛盾会越积越多，纷争记忆的"雪球"会越来越大，可能会带来更大的冲突，很多农村邻里之间因小而起的大纠纷莫不与此有关。

那在时间序列中的"滚雪球"效应是怎样实现的？笔者认为，关

---

① 方言，意思为内心一腔怒火。

于社会越轨的标签理论能够很好的给出解释。这一理论认为，社会越轨是一种主观的东西，是由于社会给某种行为或某个人贴上"越轨"标签的后果（贾春增，2009，8）。在如柳村一样的中国农村，传统的保守落后和村落内部的互助风俗加强了内部的团结和人们的内群体意识，也间接地导致了村庄之间或宗族之间原子化趋势，当纷争双方都相互不满时，很容易给对方贴上"敌人"的标签，对"敌人"行为的建构或解读常常会掺杂着偏见与不满，随着这种不满的积累，纷争的"滚雪球效应"也就开始了。

三、纠纷的发生与不满的表达

尽管初级群体之间纠纷的产生离不开长期的积怨，即笔者说的纷争"雪球"，但是具体纠纷的发生却有赖于具体的触发因素。当前中国农村综合改革的深入，也推动了农民的理性化和农村地区关系利益化，不少对农民行为的研究证实了这一点[①]，加上农村法治化的深入，产权要求日益清晰，在此背景下，因具体利益而起的纠纷越来越多，在群体性纠纷中，很大一部分都是源于利益的纠葛，此时，作为理性人的利益受损方多会因此产生不满，柳村纠纷产生也是如此。

本纠纷中双方存在争议的林地叫银头岭，位于南柳村的西北边2公里处，约200亩，离北柳村较近。按照北柳村的老人回忆，解放前北柳村就开始在银头岭北边种植油茶树，后来南柳村也在山的南边种植少量油茶树，但是其中大部分树是北柳村种植的，采茶籽时南柳村常常越界，两村每年都会因此发生一些小冲突。2000年，由于清明焚香烧纸引发火灾，银头岭的油茶树全部被毁，为此两个村还大闹了一场，互相指责是对方烧山，两村关系一度非常紧张。烧山事件后银头岭一直荒着，2010年2月，北柳村将该林地以每年每亩15元的价格承包给北柳村一个村民的远房亲戚种植杉树。

承包林地的事瞬时激起了南柳村村民的集体愤慨，他们立刻派代

---

① 如秦晖通过清华大学农村调查分析得出，市场经济中的农民的理性程度在不断加大。参见秦晖，"市场信号与'农民理性'——清华大学学生农村调查报告之分析（三）"，《改革》，1996年第6期。

表去北柳村找村小组长，提出终止与林地老板的合同，并拿出林权证要求收回对银头岭的所有权。北柳村组长说这个问题须从长计议，北柳村村民世代在银头岭种树，他得和村民好好说说，代表们知道这是托词，却又碍于颜面无可奈何，但是他们还是采取了一些行动来表达他们的不满：在大村里，在镇上通过广告要出租银头山的方式宣告他们对银头岭的主权，并不断强调北柳村私自租地是非法，同时，还宣扬南柳村在县里有人，做大官了，很有权力，谁敢欺负他们村的人可没好果子吃。（以上根据政府人员的叙述整理）

"听说他们要（出）租地，我们真的是气死了，这个村的人太不要脸了……还真当我们是伊拉克他们是美国！所以看到认识的人，我们就会说银头岭的事，就是要让他们知道自己做了什么事！要他们知道我们不是蠢子。"（南柳村廖云飞）

对南柳村的村民来说，北柳村出租银头岭直接触犯了他们的权益，引起了他们强烈的不满和愤慨，所以必须通过各种方式让北柳村的村民知道他们的不满。在中国农村，纠纷出现伊始，当人们感觉到了自己所受的伤害时，哪怕是选择回避或忍受，也往往会采取一些行动让对方知道自己的不满，这实际上是"亮出自己的底线"，就像廖云飞说的"让他们知道我们不是蠢子"，希望通过这种方式警示对方不要"越界"，在调查中，笔者就听说了这样一些有趣的事例。

A村的张某因为邻居李某砌新房打地基时占用了10公分的公共过道心生不满，但是又不方便明说，于是，多次叫自己八岁的孙子在与对方家的小朋友玩的时候说"你家占了我们的地"。见对方没有反应，张某的老婆徐某便开始在村里的离家较近的马路，晒谷场等比较宽阔的公共场合指桑骂槐地骂人霸占过道，抢别人家的东西之类，虽然没有指名道姓，但是村里的人都知道她骂的是谁，李某听到了就出来对骂，两家吵得不可开交，政府工作人员都调解不下，最后还上了法庭。（来自政府工作人员提供的素材）

在另一个案例中的B村的王某也是因过道占用问题对邻居赵某不满，为了让赵某知道自己的不满，王某买来一堆砖头，也堆在过道，这样，本来就已经狭小的过道就更加紧张了，赵某经过过道时感受到了那一堆砖的意义，在砌房子时退回了过道边界，后来王某也撤走了那堆砖头，双方又像什么都没有发生过一样。（来自南柳村孙大爷的叙述）

在"和为贵"的传统文化背景下，当事人感到不满的纠纷酝酿阶段，往往都不愿意充当那个首先"撕破脸皮"的人，所以，上面实例中不管是叫小孩说明还是通过堆放砖头抑或是在公共领域大声指桑骂槐，都是通过一定的方式间接的告知对方自己的不满。尽管这些不满表达方式都具有一定的间接性，但是当事人会选择在何种情境中表达不满却有很大不同，有些情境下会选择在公共领域表达不满，而另外一些情境下则会选择私人领域，一般而言，选择在何种情境中表达不满主要与两点有关，第一是双方关系的亲疏，第二是双方的纷争历史。一般来说，双方的关系越是疏远，双方纷争历史越是长久，即"纷争雪球"越大，则越有可能通过在公共领域发泄来将不满转移给对方，如上例中徐某对李某的不满和本研究中南柳村对北柳村的不满；而在比较亲密的关系中，受害方往往会采取一些"只有你我明白"的方式在私下领域表达不满，如上例中的王某将砖头堆在过道的做法。对于纠纷当事人的这些行为从理性的角度出发是不难理解的，因为在较为亲密的关系中，当事人往往会考虑到社会关系的修复成本，尽量避免因为侵害方"当众出丑"而导致的彼此关系的永久性破坏，而在较为疏远的关系中，则无须顾虑这类成本。

尽管不满的表达具有一定的间接性，但是对于存在长期的纷争历史的群体性纠纷而言，这种表达方式通常会加深双方矛盾，将纠纷推向显现化，尤其是那些通过公共领域表达不满的方式。南柳村通过公共领域宣告自身对银头岭的主权和北柳村出租银头岭的非法，就激起了北柳村村民的愤怒。

"真不要脸！你们那样讲好像那地就是你们的一样，好像我们北柳村的人就是强盗，你讲气不气？还讲他们县里有人，有人就可以乱来啊？我们就不信这套！"（北柳余重高）

北柳村的愤怒不是没有理由的，南柳村从自身的利益出发在公共领域表达不满，难免带有一定的偏见，将自己道德化并将对方非道德化。当这种偏见经由"他人"转告给北柳村时，不仅损害了北柳村的面子，同时也将北柳村置于"非道德"的境地，而"丢面子"和"非道德化"将很可能导致侵害方继续侵害行为，或者变本加厉，双方矛盾由此激化，推动着纠纷的显现化。

纳德尔在对纠纷的研究中，将纠纷分为三个阶段来理解，其中第二阶段为不满的表达阶段，而第三阶段则是一个第三方的参与过程（Nader，转引自郭星华，2011，213），在笔者看来，在通过公共领域表达不满的时候，第三方的参与就开始了，不同的是，此时的第三方是以隐性的方式存在的，其主要作用也并非帮助解决二者纠纷，而是无意间推动了纠纷向更加激烈的方向发展。

对于受害方而言，在公共领域表达不满不仅可能导致纠纷的显性化，也是一种对纠纷的"预处理"，因为通过将冤情和不满广告给大众，可以获得大众的心理同情，以期在后期纠纷中占据一定的主动权。不满的表达的后果主要取决于双方社会关系的亲疏，不管是减缓甚至化解了纠纷，还是将双方的紧张关系推向更高层次，都体现了纠纷金字塔的在细微处的运作过程。

第四章　纠纷解决——国家力量的介入

尽管南柳村村民力图通过公共舆论压力和"县里有人"等"象征性力量"让北柳村知难而退，但是并不奏效，不久，林地老板开始放火整山，眼看着杉树一批批种下来了，气愤又心急的南柳村村民立刻派孙志和去镇里报了案。

一、权威的衰落与乡村纠纷调解困境

南柳村绕过村委会这个基层组织，直接到镇派出所报案，源自村委会的仇视和不信任。如前所述，随着行政村的合并调整的深入，当代中国村庄之间已经呈现出一种原子化状态：行政村因为独揽大权，垄断了不少资源，自然村对此敢怒不敢言，自然村与行政村之间矛盾重重，各行其是；而自然村之间又因为互相的资源争夺，常处于一种不合作的状态，由此导致村落之间的互相疏离。这种村落之间的原子化状态和基层权威的衰落对于被誉为"东方一枝花"的人民调解机制来说，无疑是致命的打击。

在基层权威衰落的背景下，去政府"报案"通常是农村群体性纠纷中申请国家正式力量介入的第一环，也是群体寻求制度内资源的最直接方法，这种行为既出于文化路径的依赖，即传统的"父母官为民伸冤"思想，也由于制度内的纠纷解决机制本身的优点——成本低。

"出现这样的事，肯定要报案的，直接去找那帮不讲道理的人他们会那么容易就给你？公安局的人他们总不敢怎么样了，我们村廖达开的外家那边的村庄也碰到了这样的情况，这边的人跑过去争地，结果对方不仅不给，还打起来了，好几个人都受伤了，公安局还抓了人，又花钱又进公安局……所以我们就想，有政府就让政府来管，省事些。"（南柳孙志和）

廖达开娘家人的案例成为村民选择直接去"报官"而不是直接找北柳村村民争论的重要原因，尤伊克和西贝尔通过对美国人在日常生活中与法律的关系的考察，认为"居民是在现实情境及具体实践中建构起他们的法治意识的"（尤伊克，西贝尔，2005）。而南柳村村民们正是通过这些具体的实践建构他们的法治意识，事实上，村民头脑中的法治意识也是以这种具体的实践，而不是法律条文的形式存在的。

"我不管你法律上怎么写，我们也不懂那些，但是我们晓得，别人那样做没错，我一样做肯定也没问题，别人走过的弯路，我们肯定就不要走了。"（南柳孙志和）

为了避免可能的成本，在群体性纠纷中，群体会根据其他群体的相关经验展开自己的法律实践，正是在这种最原始、最朴素的对法律实践的模仿和回避中，实现了国家法律和社会秩序的互动，实现人们法治观念的更新和变革。

南柳村的村民选择"报官"的另一个重要原因就是横亘在两村

之间的巨大"纷争雪球"。按照村民廖云飞的说法，"稀得和他们说话，一群霸道的人，看看他们以前做的那些事，总是欺负我们，这一次，让他们直接和政府的人去说"。

"霸道"是南柳村人给北柳村贴的标签，也是北柳村给南柳村贴的标签，他们也有银头岭的"林权证"，是老祖宗清朝时就传下来的地契，但是南柳村不认这个，他们手中有上世纪80年代三定时期的林权证，政府只认这个。于是，北柳村的村民一致认为，"对门院子县里有人，使用了不正当的手段，要不你（南柳村）怎么会有那绿本本？"

镇政府接到报案后很快组织了行政调解，由于根本不可能叫北柳村的村代表到镇上调解，行政调解人员直接去往银头岭，南柳村派出的代表是孙志和、廖云飞，北柳村则派出其小组长廖长生。两个村的村民一听是政府来人了，都围过来，双方各执一词，互不让步，很快调解便演化为一场骂战，行政调解就在这场骂战中草草结束了，双方都大喊，"打官司就打官司，谁怕谁！"

2011年5月，南柳村一纸诉状将北柳村告上了法庭，法院受理后，曾安排两个村司法调解，但是，南柳村拒绝做出让步，因为有林权证在手，坚决要求按相关程序办事，收回银头岭，与此同时，北柳村对于南柳村得理不饶人的态度更加不满，司法调解最终也以失败收场。

柳村调解的失败不仅是群体坚决捍卫自己利益的结果，更体现了当今农村纠纷中普遍存在的调解困境，曾被誉为"东方一枝花"·的人民调解制度如何发展到当今被纠纷当事人第一时间排除的日暮途穷地步？而行政调解和司法调解为什么对群体性纠纷完全无力解决？笔者认为，这与社会转型中的权威衰落有密切的联系，对纠纷当事人而言，在调解中做出让步有赖于两种要素或其中的一种，即外部的压力和内部的动力，而这两种要素均与调解人的权威有密切的关系。

当调解人拥有足够大的威望并利用情理、法理和利益等多种手段并夹带恐吓成分对纠纷当事人进行调解时，当事人往往会迫于调解人的威望而做出让步，这是在外部压力下做出的和解，费孝通在《乡土中国》中给出了这类调解的绝佳例子：

调解是个新名词，旧名词是评理。差不多每次都由一位很会说话的乡绅开口。他的公式总是把那被调解的双方都骂一顿。"这简直是丢我们村子里脸的事！你们还不认了错，回家去。"接着教训了一番。有时竟拍起桌子来发一阵脾气。他依着他认为"应当"的告诉他们。这一阵却极有效，双方时常就"和解"了，有时还得罚他们请一次客。我那时常觉得像是在球场旁看裁判官吹哨子，罚球。（费孝通，1998，35）

而那些源自内部动力而做出的纠纷则有赖于纠纷当事人对调解人的高度信任，在这种状况下，纠纷当事人往往会在调解人的劝说和指导下主动做出一些让步，并相信以此能换得另一种能够得到兑现的补偿。在基层政权力量比较强大，政府和法院拥有足够权威的上个世纪后半期，纠纷调解往往能够收到较好的效果，这是一种典型的源自内部动力的和解。

"我们总讲现在的工作太难做了，听那些退休的老干部讲，以前的纠纷调解比现在好做多了，就在上个世纪90年代都还可以，那时候的人还是蛮相信政府和法院的人……现在就不同了，他们不太相信我们……一般蛮难让双方和解。"（政府工作人员）

当今基层政权正遭遇着前所未有的信任危机，源自内部的主动和解自然就无从实施。然而不管是源自外部压力还是源自内部的主动而做出的和解都离不开调解人的权威，在拥有权威的调解人面前，纠纷双方往往会看在调解人的"面子上"让步自己的一些权益，从而实现和解。而在基层权威普遍衰落，传统民间权威更是早已随着现代化的到来而消失得不见踪迹的现代乡村社会，农村纠纷调解机制也就随之全面陷入困境了。

二、对法律的"知情去魅"与法庭内的理性行动

在开庭前，南柳村为了防止北柳村"搞名堂"，确保胜诉的万无一失，尽力地调动了各种关系，而案件那一头的北柳村则与此形成鲜明对比，为了节约费用，他们没有请律师，只找了免费的法律援助，全程交由律师处理。2011年7月，柳村银头岭纠纷案正式开庭审理。

开庭那天，南柳村去了十来个人，而北柳村一方除了援助中心的律师，一个村民也没有到庭。在简单的审理过后，法律判决很快就下来了，北柳村毫无悬念的败诉。

尽管官司胜诉，南柳村却并没有打了胜仗的感觉，北柳村村民不到庭让他们有了一种被蔑视的感觉，这正是北柳村想要的结果之一。

"我们就是不想去法院，去了还给他们脸了，都不想看到他们的人！"（北柳余重高）

相对于很多对纠纷当事人缺庭的农村纠纷，北柳村请律师出庭的做法显然是具有一定的法律知识下采取的行为，但是，这却和很多发生在中国农村的"炕上法庭"①一样，企图通过这种"不予理睬"给对方一定的心理打击。很多研究者在探讨"炕上法庭"等现象时，很容易简单地将之与"法律意识落后"、"愚昧不开化"等词联系在一起，却忽略了其背后当事人的这种理性考虑。

尽管在双方的心理仗上，北柳村占据了一些优势，但就纠纷案件审理本身而言，北柳村的法律动员似乎有点"破罐子破摔"的味道，与经济学里面"理性人"假设更是相去甚远。然而，结合北柳村村民自己的说法，却可以得到完全不同的答案。

"哪个都晓得打官司要花好多钱的，哪家的钱都不是那么容易挣的，而且律师讲，像我们这样的情况，证据上就不足……那还不如少劳点神，省点钱。"（北柳余重高）

郭星华等学者对乡土社会法律实践的研究也指出，在结构混乱和权威多元的乡土社会场域内，农民对法律的选择不仅基于其对法律的理性认知，同时也根据自身的经验、资源和逻辑对纠纷解决途径进行理性的选择，农民对法律的选择是一种理性行为（郭星华，2010）。在北柳村村民看来，如果败局已定，与其苦苦据理力争，不如尽量减少开支，毕竟官司输了并不必然意味着他们一无所有，地还在他们手上，他们不给的话，判决也只是一张写了字的"白条"而已。

---

① 在农村地区，经常会有农民接到传票但拒绝到庭参加审判的案件，为了审理此类案件，法院不得不派出工作人员下乡对纠纷进行半调解半审理的现象。参见苏力《为什么"送法上门"》，社会学研究，1998年第2期。

此外，法律与传统文化的矛盾也是北柳村村民没有积极参与法律动员的重要原因。按照北柳村的说法，他们有世代相传的地契，多年来又一直在银头岭种植，所以银头岭是属于他们的。但是，凡涉及权属的纠纷，法院裁决中最关键的一步就是根据双方提供的证据确定权属，而确权的证据则被要求具有法律的合法性和有效性，于是经常出现一些法律认可而人们不认可的证据，或者人们认为有效的证据却不被法律认可的矛盾现象。在这种矛盾背景下，法律对纠纷的刚性解决往往带来纠纷当事人对法律的漠视或反抗。

"你们爱怎么样怎么样，法律爱怎么判怎么判，反正要说那地是你们的，我们就是不同意，你们想吞了我们就不干。"（北柳村余重高）

第五章　国家法律与民间力量的较量

北柳村的村民知道，作为一张从清朝时期传下来的地契，在当代中国，其法律价值几近于零。所以他们尽管怀疑南柳村"绿本"得来途径的正当性，却很清楚自己在这场官司中的结局，但是对那些于他们不利的法律判决，他们有他们的应对策略，即不回应，不执行。

一、对国家法律正当性（legitimacy）认同的冲突

按照法律判决书，银头岭权属归南柳村所有，北柳村需要赔付南柳村4800元，林地上的杉树由南柳村与林地承包商协商解决。考虑到杉树林已经成活，南柳村的村民决定与银头岭的个体承包户商谈，重新签署承包协议。但是，不仅北柳村拒绝支付4800元的承包款，连南柳村派去银头岭商谈重新租赁事宜的代表也被银头岭的承租者和北柳村的村民赶了出来，南柳村村民为此十分气愤。

"法律判决书都摆在那，他们说是我们搞鬼弄到的，你讲好不好笑，国家的法律哪个能搞鬼？……再讲，真是我们搞鬼你们可以上诉

啊，判决书里面写的清清楚楚，你们又不敢上诉……耍赖不给钱，还不还地，这就是与法律作对，霸道，不讲道理。"（南柳村廖云飞）

但是，对于同样一份法律判决书，北柳村的村民却有着不同的看法：

"法律就看绿本本，就看你们有没有关系，看不到他们（南柳村）是怎么弄到那本本的，看不到我们这些老实人受的冤枉气，还要我们赔钱割地，你讲法律公不公平？……不管怎么判，吃亏的都是我们这些没有后台的老百姓……"（北柳村余重高）

回收林地失败的南柳村村民见判决书并不能起到实质作用，十分气愤，有些村民当即鼓励大家"拿家伙去强收"，他们认为现在去收林地"是奉法院的指令"，但是村里很有威望的孙志和劝住了大家。（来自南柳村孙志和的叙述）

"虽然法院判了林地是我们的，但是没有说可以凭蛮力拿回，搞不好我们成了违法的……我们有法律的支持，我们还可以找政府，找法院，他们是站在我们这边的。如果我们现在打起来，到时讲是我们挑起的，政府和法院都不会帮我们了。"（南柳村孙志和）

孙志和的分析不无道理，他们还有制度内的资源，即请求法院协助执行，在没有对制度化的渠道完全失去信心之前，贸然行动最终可能连他们得以依赖的国家法律资源都没有。对村民而言，只要有可能以最小的代价解决自己的问题，他们都会去试一试，请求法院强制执行就成了南柳村在权衡自己拥有的资源的基础上做出的一种"理性选择"。

听说南柳村又要去找法院，北柳村的村民更加气愤。

"总是动不动就拿政府和法院来压我们这些老实人，那你就叫政府来呀，叫法院来呀，谁怕！"（北柳村余重高）

仔细分析村民的话，不难发现，在这一场对峙中，南柳村不自觉地将自己群体与法律站在了同一条战线上，并借由法律的正当性增强了自身的正当性和对手的非正当性。在南柳村的村民看来，因为拒绝执行法律判决书而"与法律作对"的北柳村无疑是非正当的，法律的正当性不容置疑，"国家的法律哪个能搞鬼"、"讲证据"、"可以上诉"处处体现着村民对法律正当性的认同。而北柳村的村民却认为，只以林权证为依据做出的判决从一开始就是不公正的，因为"没有看到本本是怎么得来的"，即证据本身的正当性，其次，程式化的法律"忽略"了没有林权证的北柳村所遭受的冤屈，北柳村不仅处于法律上的弱势，申不了"冤"，还得"赔钱割地"，所以，在北柳村村民眼里，法律是不"公平"的，其正当性是应当受到质疑的。

在社会学领域，韦伯最早提出了"正当性"的概念。韦伯认为："行动，特别是涉及社会关系的社会行动，可以受到人们相信存在一种'正当秩序'这一信念的指导。而人们的行动真正受到这种信念制约的可能性则称作这种秩序的'有效性'。"按照韦伯的观点，人们之所以会服从某种统治秩序，是因为他们相信这些外在力量具有"正当性"，正当性的认可本身就带有一定的主观色彩。韦伯还认为，人们可能基于对传统、情感、某种价值信念或是对某些成文规定的认可来赋予某一统治系统正当性，也可能基于某种纯粹的主观情感、价值、宗教或对特定后果的预期来保障或推翻法律的正当性（郑戈，1998）。

根据韦伯关于正当性的叙述，不难理解南柳村与北柳村对于国家法律正当性认同的冲突。南柳村认为法律是正当的，因为法律严格地履行了其"证据第一"的相关规则，所以南柳村村民认同的是法律程序或形式上的正当性；而北柳村村民认为法律是不正当的，因为他们认为法律不能实现实质的"公平"，也就是说，北柳村村民对法律的认同是基于法律终极价值而言的正当性。而这种认同的冲突根源于法律本身实质正义和程序正义的冲突，法律的实质正义与程序正义是辨证的，实质正义需要通过程序正义来实现，而程序正义的目的则是为了保证实质正义的实现，二者是矛盾统一的。从某种意义上来说，南柳村与北柳村矛盾纠纷的发生和激化与两村村民对于法律正当性的这种认同冲突有密切的联系，两村的冲突也因法律的介入而日渐激烈。

二、法庭外的国家法律与群体力量的较量

在孙志和的分析下，南柳村的村民选择了请求法庭协助执行。受理协助执行申请后，法院先后几次通知北柳村组长执行法律判决书，组长也很委屈：

"村民不执行我也没办法啊，我还要在这里过的啊，现在一提这个事把村里的人都得罪完了，你们把我的这个职务撤了吧，反正这个工作我是做不了的了。"

早料到会是如此结局的法院工作人员于是决定强制执行，但是，一场在农村执法过程中很常见的闹剧出现了。

法院的车开到南柳村与北柳村的分叉路口时，一群老少妇孺从北柳村的方向涌上来，堵住了开往北柳村的方向。两个老人直接躺到车轮前，宣扬要抢地就先从他们的身上压过去。执法人员下车后，80多岁、头发苍白、杵着拐杖的老人死拽着执法人员的衣角坐在地上，不让执法人员进村，老人小孩哇哇地哭叫，现场一片混乱。僵持了几十分钟后，执法人员撤回了县城，这一次的法律判决强制执行任务就以这样的形式结束了。

"这种情况太常见了……我们下乡执法时，一般如果不是特别大的案子，特别充足的证据和理由，想要罚钱或抓人是非常困难的，前面是老人和小孩子在那里赖死放泼[①]，后面甚至有全村人背着锄头等着。"一位执法人员告诉笔者。

在谈到东南亚农民的反抗时，斯科特有非常睿智的描述，他指出农民在日常生活中所采取的反抗形式，并称之为"弱者的武器"（斯科特，2011），在中国农村，面对国家力量，为了维护自身的利益，农民也有属于自己的"武器"，而本研究北柳村村民使用的"赖死放泼"就是其中的一种，也是一种典型的"以身抗争"（王洪伟，2010），有很多研究者研究过中国农民争取法律权力或应对法律制裁时用的"武器"，包括"夸大自己受害程度和弱化别人受损程度"，"得理不饶人，无理争三分"（陈永学，2004）等等。

---

① 方言，形容不讲道理的死缠烂打，撒泼。

弱者的武器一般具有效率高成本低的特点，北柳村的村民使用的"武器"也不例外。一方面，在中国传统文化中，长者应当受到尊敬，幼童是应该被爱护，村民们很清楚，在被尊敬的被爱护的文化底色下，老人和孩童的行为是不会受到谴责和制裁的，而经不住纠缠的司法人员往往会中止或放弃执行。其次，因为这毕竟只是一场民事纠纷，法警当然明白其中轻重，懂得适可而止。

在广大农村地区，民事执行难是一个公认的法律问题，从民事主体来看，如果说流动性大的城市中民事执行难主要表现在民事主体的逃避，那么在流动性相对较小的农村中民事执行难则重点表现在民事主体的抵抗，本纠纷中北柳村对法律执行的抵抗就是一个鲜活的例子。中国法学界关于民事执行难问题的研究大多从一种自上而下的国家视角出发，强调系统的民事执行机制体系的建构和完善。实际上，单方面对国家法律法规的研究是远远不够的，还需要研究民事主体的行为逻辑。法社会学对法律与社会的关系的研究中，不仅研究那些促成社会行动的客观力量，还研究社会心理对社会行动的影响。本纠纷中，北柳村对法律执行的抗拒正是基于强大的群体利益的支撑和"法不责众"逻辑的驱动。

在中国农村，作为最重要的生产资料的土地，对于农民的重要性不言而喻，土地问题与村民的日常生活密切相关，所以很容易引起村民的共鸣。北柳村之所以对法律判决书毫不退让，与双方经济利益的零和结构有很大的关系。"零和"是博弈论中一个核心概念，是指双方博弈中一方得利必然意味着另一方损失，一方得益多少，另一方就损失多少，双方得失相抵，总和为零，乡村社会中许多四争群体性纠纷中，纠纷双方都具有一种"零和"思维，即对方得利意味着我方的损失，双方的利益结构是零和的。同时，正是群体性纠纷中的这种利益上的零和结构，促进了群体内部利益上的统一，客观上增强了群体的凝聚力。对于南柳村而言，这种整体利益非常重要，因为随着林权改革的深入，村里的集体林地确权到户，能否保住银头岭直接关系到南柳村每个村民的利益。而对于北柳村，整体利益也是他们坚决不能放弃的理由。

"法院不给我们公平，我们就用自己的办法来争取公平，要不然，地就这样被人占了……大家一起出力，绝不能让老祖宗的地丢在我们手里。"（北柳村余重高）

北柳村的村民很清楚，在争夺银头岭的纠纷中，银头岭已成为北柳村的整体利益，成为他们不惜任何代价甚至抗拒法律执行的重要支撑。此外，"法不责众"的思维逻辑也是北柳村村民选择群体抗拒法律执行的心理支撑。

"法院那件事后，我们在镇上也遇到北柳村村小组长，问他谁是带头人，小组长就装委屈，说他也劝大家啊，但是劝不到，说哪有人组织啊，是村民要这样啊，你要问村民就更问不出东西了，这种情况我们碰得太多了，他们一唱一和的你怎么都奈他不何，想要追究责任基本上是不可能的。"（政府工作人员）

中国民间自古有"法不责众"的社会心理基础，近年来，随着群体性事件的增多，越来越多的社会学研究者开始关注其背后"法不责众"的社会心理动机。从利益受损者的各种集体维权方式到日常生活中的"中国式过马路"，"法不责众"是老百姓谙熟于心的潜规则。群体行为中的参与者认为，群体的行为是以整体为单位出现的，所以责任会落在整体身上，群体中的个体不会承担或者很少承担由群体越轨行为带来的惩罚。由"法不责众"产生责任分散效应会鼓励人们采取冒险行动，很多群体性越轨都与"法不责众"心理有关。北柳村村民对法律判决书的一致抵抗的驱动力正是这种"法不责众"的行为逻辑。

北柳村对法律判决的顽强抵抗中实质是群体力量与国家法律的对抗，由于法律具有确定性，因此纠纷中必定有一方处于法律上的弱势，出现这种情况时，弱势一方必定会寻求非法律力量加以抵抗。如果说在个人纠纷中，这种抵抗的力量显得相对微弱，那么在群体性纠纷中，这种力量则不容小觑，这也反映了正式的法律力量在群体性纠纷中发挥作用的空间是有限的。

法院判决强制执行任务的失败是整个纠纷过程中的一个转折点，因为这意味着正式"第三方"的介入止步于此，或者说双方的纠纷没有在制度内的渠道中解决，从此，村民们走上了寻求制度外纠纷解决方法的道路。事实上，国家力量的介入不但没有平息纠纷，还使得冲突双方更加对立。

"法院审理不到庭，判决书下来不执行，强制执行就放泼，这不明摆着欺负人嘛，我们村现在提起对门院子还一肚子气，真想过去和他们拼了！"（南柳孙志和）

"他们就会找关系，找政府，找法院，像我们这些没关系的只能靠双手，我们可不是那么好欺负的！"（北柳余重高）

判决书强制执行失败后的柳村村民都表现出了行为的非理性倾向，诸如"拼了"、"靠双手"等，双方关系越来越对立，正如费孝通所言，"法治秩序的好处未得，而破坏礼治秩序的弊病却已先发生了。"（费孝通，1998，53）

第六章　法律失灵与群体间的负和博弈

法院强制执行判决书的失败让南柳村的村民大大受挫，按照村民廖云飞的说法就是"赢了官司输了钱"，与此同时，在与司法力量较量中得胜的北柳村村民更有了一种"兵来将挡水来土掩"的大无畏气势，这让南柳村村民十分气愤，一方面痛恨北柳村恃强凌弱的丛林行动逻辑，另一方面也对国家正式力量的疲软感到失望，"既然政府和法律都管不了，那只有自己动手解决了。"（南柳村廖云飞）

一、国家法律为何失灵？

在中国农村，像南柳村和北柳村这类"法律管不了"的纠纷比比皆是，"法律失灵"的情况非常普遍。所谓"法律失灵"，指的是"立法者制定的法律，由于与环境缺乏良性互动、信息传递障碍、系统结构缺陷、反馈机制缺乏等原因，而没有达到扩大或缩小目标差的控制目标，法律呈现出非功能或反功能的社会失控状态，其实质就是法律调控机制失灵"（施长征，2007）。其表现形式有"法律白条"，法律执行效率低等。法社会学中对法律失灵大致有两种解释，即冲突论的解释和行动中的法的视角，二者都有一定的解释力却各有不足，笔者认为，法律失灵是一个动态的概念，是法律实践中的出现的现象之一，这就决定了从实践社会学的角度深入认识和理解法律失灵的优越性。

在柳村这个乡土社会场域中，其与司法运作中心地域之间存在的空间距离是影响法律运作的重要因素之一，在这种处于国家权力的边缘地带的乡村，村民长期以来都抱着"天高皇帝远"的态度面对和处理他们的日常生活中与国家法律的关系，而中国小农经济中自给自足和保守特点更强化他们的这种思想。

"我过我的生活，又不靠别个，又不做伤天害理的事，我怕什么？"（南柳村孙大爷）

"我们去乡里办事的时候，总是会遇到村民不配合的情况，太常见了，不过话讲回来，那是他们的地盘，他不配合也不能拿他怎么样，不像在城市里，可以冻结银行资金啊，方法多得是。"（政府工作人员）

在政治资本、经济资本、社会资本和文化资本都相对较匮乏的农村社会，村民们在法律实践中要争取更多的权益或扭转对自己的不利局势，重点必然放在策略选择上，作为实践的基本原则，策略集中体现了实践主体的意志。在民事纠纷中，法律作为众多纠纷解决策略中的一种，其本身所具有的"甩干机制"（郭星华，2011）注定了法律的实践效果与人们的期望之间的距离，此时，实践中人们可能会改用其他策略，如传统的复仇式较量等，这是实践的动态性的体现。此外，面对不利于自身的法律裁决时，人们也会采取各种策略加以规避或反抗，在群体性纠纷中更是如此，北柳村使用的"赖死放泼"等就属于这一种。而当法律面对人们各种各样的策略时，有时不得不做出妥协：

"好多官司判下来涉及到罚款或赔偿，当事人就直接说'要钱没有，要命一条'，这个时候，我们也没办法，只能让步。"（政府工作人员）

另外，对群体民事纠纷中公正地做出法律判决和法律判决"适当"地执行也成为基层执法的"潜规则"之一，是为大多数执法人员所认同的社会惯习，也是基层执法人员与村民们长期互动形成的"地方性知识"。本纠纷中，北柳村的村民"很清楚官司会输"表明村民们具有一定的法律意识，同时他们也清楚官司"即使输了也就是一张纸那么大的事"（北柳余重高），司法人员对法院的判决和执行也是分别看待的。

"判决是判决，执行是执行，其实大家都晓得这样的案子最后的结果是怎么样的。"（政府工作人员）

事实上，不仅执法人员，作为申请法律执行的南柳村也清楚北柳村会"赖死放泼"，正是这种"地方性知识"带来的心照不宣为法律执行提供了"脚本"，法律的介入总离不开人，包括法官、律师、执法人员、纠纷当事人等，在群体性纠纷中，当国家法律与"地方性知识"发生冲突时，主动对人们起作用的还是内化为惯习的"地方性知识"，由此不可避免地导致实践中的法律失灵的再生产，这种再生产作为一种新的地方性知识融入人们的日常生活，最终导致群体性纠纷中国家法律循环陷入失灵的怪圈。

总之，农村场域自身的特点决定了国家法律在其中的边缘化，而法律失灵的地方性知识业已成为寄居在当地人身上的惯习，法律实践中出现的法律失灵现象正是以上场域和惯习结合的产物。

法律失灵是法律实践中的法律现象之一，作为一种实践增量，往往会影响到下一步的实践。法律失灵带来的影响多是负面的，不但会直接损害司法权威；而且对纠纷本身而言，法律失灵将导致纠纷双方矛盾进一步激化，导致纠纷向非理性博弈方向发展。

"政府和法院那些人做事还是有理有据，但是公正判案又能怎样，几个老人家都搞不过，有什么用啊！所以还是要用老办法。"（南柳廖云飞）

尤伊克和西尔贝指出，人们的法律意识是多样的、动态性的和建构性的（陆益龙，2009）。南柳村村民的法治意识也在不断的变化，从一开始"告状"，到打官司，到最后选择"老办法"，正是法治意识动态性的深刻体现。国内关于农民纠纷解决机制的研究中，纠纷解决途径中选择自行解决的所占比例最高，达到了35.8%（杨敏，陆益龙，2011），南柳村的廖云飞所说的"老办法"正是自行解决纠纷。

杨敏等学者认为，有四个方面的原因促使纠纷当事人选择通过自行解决的方式来解决，而当事人对其他纠纷解决机制的不信任或不了解是其中重要的一种（杨敏，陆益龙，2011）。本例中，南柳村选择通过自行解决的方式解决银头岭纠纷，正是出于对法律的不信任，而这种不信任却是经历了法律失灵后的一种"被动的"不信任，但是这种"被动的"不信任往往会转化为下一次法律实践中的"主动的"不信任，对人们下一次的纠纷解决方式的选择造成影响，在宏观层面则表现为法律权威的损害。

作为"自行解决"方式的"私了"是民事纠纷甚至刑事纠纷中常见的现象之一，苏力认为，纠纷中的"私了"是一种法律规避，是当事人在具体情境下做出的合理选择（苏力，1993）。这里的"私了"是纠纷双方为了规避法律制裁同时获得双赢局面而主动采取的一种纠纷解决方式，沿此思路，笔者将民间"私了"分为主动的"私了"和被动的"私了"，前者指的是那些在法律介入之前纠纷双方主动选择的私了，而后者则指那些在法律介入失败之后的纠纷，即那些"法律也管不了的纠纷"中选择的"私了"。

苏力通过一起"私了"的强奸案的分析指出，"私了"对于纠纷双方无疑都是有好处的，男方逃避了法律的制裁，女方也顾全了面子（苏力，1993）。现实生活中也存在大量的主动的"私了"，如邻里之间因为损害对方财物而协议赔偿，交通事故中司机与受伤害一方的协议赔偿等，笔者认为，这类"私了"是一种合作博弈，其最大特点表现为双方是基于理性的考虑而做出的选择，其结果也是最大程度地避免了双方可能受到的损失。而当事人在法律失灵后被动地选择的"私了"，其行为方式和结果与主动的"私了"大有不同，法律失灵会引起当事人对法律和纠纷另一方的更大愤慨，导致行动的非理性，进而呈现出一种你死我活，或者两败俱伤的非合作博弈。柳村选择的"老办法"正是一种被动的"私了"，这将银头岭纠纷引向了另外一个发展方向。

二、群体间博弈的非理性

传统的农村社会中，由于宗族势力发达，为了维护本族的利益，常常发生宗族冲突，人们对宗族冲突的处理方式往往是"复仇"性质的集体械斗或是对物质财富的毁灭性破坏。近年来，尽管中国法制化进程已经推进到一定程度，这种最原始的纠纷解决方式在农村仍然具有很强的生命力，在群体性纠纷中尤其常见，极易引发群体性事件，而这类群体性事件的高发时间就是节假日村民团聚之时，如春节、元宵节、清明祭祖、端午赛龙舟、夏秋干旱少雨、冬季炼山造林时节等。

2012年清明节，南柳村外出务工村民都回乡祭祖，村民趁人多，决定"来次大的"（南柳孙志和），他们决定将栽种在银头山的杉树砍断，以此表达对北柳村的不满，"既然我们得不到，你们也别想得到"（南柳孙志和），这是他们的信条。

砍掉银头岭的杉树就等于用最直接的方式向北柳村表达了长期积累下来的愤怒和不满，问题是，怎么样才能使砍树行为获得合法性？毕竟，栽种在银头岭的杉树是第三方的财物，砍树是否具有合法性将直接决定南柳村是否应当承当砍树带来的经济损失和道义责任。在农村社会，村民面对纠纷的时候，如果公开主动向对方采取某项行动又要尽量避免损失，往往首先要考虑是否有理由，而且理由越充分越好，在社会学中，找"理由"即可以理解为合法性的建构。

合法性是社会学中的一个核心概念，韦伯认为，任何形式的统治，只有当人们认为其具有合法性的时候，才会得到人们的服从。哈贝马斯发展了韦伯关于合法性的思想，认为合法性意味着某种政治秩序被认可的价值和事实上的被承认，但是韦伯和哈贝马斯讨论的都是狭义的合法性，即是宏观领域中的一种自"上"而"下"的统治关系中的合法性。近年来，文化多元主义者将合法性的概念延伸到了微观领域的平行关系里，指处于平行关系的群体或个人之间的行为在多大程度上被他人或其他群体接受其实施该行为的价值和意义。在法律实践中，合法性可以理解为纠纷当事人采取某种措施背后被对方或其他人认可的价值和意义，这种合法性可以是形式上的，也可以是实质上的。

在南柳村与北柳村的纠纷中，南柳村为了构建"砍树"行为的合法性，精心编排了一场小冲突，并对砍树行动做了周密的安排。

清明节过后的第二天一早，南柳村的两个老人带着两个小孩，提着篮子，带着锄头去银头岭，他们故意走到银头岭北边林地承包商搭建的简易工棚旁，老人大声对小孩说一些北柳村和林地老板不要脸霸占银头岭之类的话，在工棚里休息的林地老板果然中计，出来对骂，骂战升级后老人走近挑衅，林地老板情急之下碰了一下老人，老人小孩立刻哭喊起来，带着篮子锄头就往南柳村的方向走。

于是，南柳村的村民集体出动，拿着早已经准备好的斧头、锄头、镰刀奔向银头岭去。与此同时，派出三个村民赶往镇派出所报案。报案时，他们是这样对警察说的。"北柳村的人霸占我们的地，还打我们的老人家，我们要砍树了！"

等派出所的人赶到，银头山南边的40多亩的杉树已经全部被拦腰砍断，林地老板和闻讯赶来的北柳村村民愤怒地声讨南柳村村民，警察在场，所以没有发生打斗。（以上根据政府工作人员的叙述整理）

南柳村的村民就用这种方式争取到了砍树行动在形式上的合法性。南柳村肯定会对山林有所行动，老人的挑衅是故意的，这点大家都心知肚明。还有一点南柳村和北柳村的村民都很清楚，那就是这块林地谁也不能使用了，一旦种上树，肯定会被另一方毁掉。

自从银头岭的纠纷发生以来，南柳村历年积淀下来的对北柳村的怨恨终于通过砍树事件得以暴露无遗。但是，从某种意义上来说，砍树事件并非银头岭纠纷的结束，也不是南柳村与北柳村长年恩怨的了结，而是意味着一场新的博弈的开始，一场非理性的博弈的开始。

笔者去做调查时，砍树事件已经过去快半年，南柳村的村民说，他们种的庄稼有时候会莫名其妙地被连根拔起，住在村头的廖长兴家门口有一次还被泼了粪，堆在田里的稻草堆无缘无故地被纵火，停在路边的车被放气，他们认为都是北柳村的人干的，但没有证据。同样的，按照北柳村村民的说法，南柳村也对他们做了好多"缺德"的事，说到对方，似乎总有发泄不完的怨气，而这种情形，与银头岭纠纷发生前两村的明争暗斗颇为类似。

如前文所述，由于邻近，南柳村与北柳村之间历来矛盾重重，而这些矛盾大部分是一些微型的利益冲突，但往往是在这些或大或小的个体利益冲突中，形成了两村人的日常博弈逻辑。在调查中笔者发现，在南柳村与北柳村之间，那些能迅速上升为集体恩怨的个人利益受损事件，其最大特征是实施侵害一方的不确定性，即无法确知谁应对利益受损者负责。以前文村民蒋春花秧苗被啃事件为例，她听同村的人说好像是南柳村的羊啃的，在法律上，这不能构成证据，客观的说，蒋的秧苗不一定是南柳村的羊群破坏的。但是也正是由于这种不确定性，使得对南柳村的敌视情绪在同村群体内部迅速蔓延，推动了"群体极化①"现象的出现，因为北柳村的村民对南柳村村民的怨恨中除了对利益的声讨之外，更添了道德谴责的成分，按照他们的说法是"不敢负责任，鬼鬼祟祟的南柳村"，相比之下，经济利益倒不是那么重要了。

加入了群体情绪的群体博弈一方面更加激烈了，另一方面也更加具有非理性的特点，作为个体的蒋春花向南柳村声讨的最初目的不过是追讨自己的损失，即她讲的"啃坏的总要赔吧"，这是一种理性的个人行为，那么上升到集体层次后，其目的也会发生转向，北柳村的村民们在这场集体声讨中其中心目标便不再是蒋春花的个人利益，而是一种打压对方的群体不满情绪，现实冲突也转变为非现实冲突，带上了典型的非理性色彩，由此也实现了个人的理性博弈向群体的非理性博弈的转向，在这个过程中，"不确定性"所起是一种类似"催化剂"的作用。

群体非理性博弈中，其发泄不满的方式主要是破坏性行动，即"损人不利己"甚至于"两败俱伤"的行为。而砍树事件过后，进入

---

① 美国学者桑斯坦认为，群体极化是这样一种现象，即当团体成员开始有某些倾向，在商议后，人们偏向的方向继续移动，最后群体形成极端观点的现象。参见［美］凯斯·桑斯坦著，黄维明译，《网络共和国——网络社会中的民主问题》，上海人民出版社，2003年，第47页。

纠纷平静期的南柳村与北柳村进行的更多的是一种暗中的非理性负和博弈，这体现了中国农民对纠纷解决方式的"非对抗性"偏好（张秦苏，2009），在中国农村，这种间接的"负和博弈"与中国重和谐避免冲突的传统文化有密切的关系，但是有时候，一些小的正面冲突就会将这种间接的"负和博弈"推向直接的"负和博弈"形式——群体械斗，一旦出现群体械斗，后果通常都非常严重。群体械斗通常只是由比较小的摩擦或冲突引起，但是其背后往往都是长久的群体纷争"雪球"。一位行政执法人员就给笔者讲了这样一个真实的案例。

甲乙两个邻村积怨已久，一天，甲村两个青年去镇上赶集，在一家饭店吃午饭时乙村的几个人也进来了。饭店里的油条只剩两根了，两个村的人都想要吃油条，结果乙村的几个人手快把油条夹走了，甲村的两个青年非常愤怒，大骂对方不懂先来后到。乙村人一听也非常生气，双方争执之间乙村人推搡了甲村青年一把，甲村两个青年见对方人多，放下一句"你等着！"就回村叫人。甲村人听说自己村的人受欺负，全村十几个男人带着刀锄直接冲到乙村找那几个人报仇，乙村人看见甲村人来者不善，全村出动，结果造成甲村人1死5伤。

中国农村社会中存在许多群体性的"失落纠纷"，所谓的"失落纠纷"，就是指那些"没有通过各种正式的和非正式的渠道消化和解决的纠纷"。这些"失落纠纷"可能会成为"下一次纠纷的背景、催化剂，或暴力事件的原因"，郭星华等学者将这种效应称为堕入犯罪的"漏斗效应"（郭星华，2011）。群体之间那些未能得到解决的"失落纠纷"积累而成的"纠纷雪球"就像一个定时炸弹，一个小冲突就可以将它引爆，处理这类纠纷也是行政和司法部门比较棘手的事。

21世纪以来，农村由群体性纠纷引发的群体性事件的发生率和剧烈程度有所下降，一个重要的原因是政府和社会对于资源和权力的归属和界定越来越清晰，另一方面，也体现了纠纷解决中"公力"因素对私力救济的影响。徐昕指出，通常人们认为私力救济是一种司法外行为，但它绝不是与法律毫无关系的私人行动，很多情况下是当事人基于法律背景知识而采取的私人行动，此外，人们寻求私力救济时也在相关的规范，包括道德和法律规范框架内进行（徐昕，2004）。所以农村群体性纠纷中，尽管自行解决的情况比较普遍，但是农民采取自行群体性纠纷解决时也会考虑法律因素，尽量避免法律制裁，本案例中南柳村与北柳村村民的较量中所采取的非理性的负和博弈很大程度上也是一种基于法律思考的行为。尽管如此，我们必须清醒认识到，随着群体性纠纷经法律失灵而进入非理性博弈阶段，法律失灵带来的冲突加剧和日常生活的摩擦，会使纠纷双方矛盾越来越深，在这种情况下，一些直接的小冲突就很可能实现群体性纠纷向群体性事件的转变，所以，有必要对群体性纠纷导致的群体性事件的动力机制进行深入的分析和理解，探讨群体性纠纷中的"漏斗效应"到底是怎样实现的，这不仅是理论发展的必要，更是现实的需要。

三、群体性纠纷与群体性事件的动力机制分析

冲突的动力学理论"把冲突的相关各方和影响因素看作是一个动力学系统，一个动力学系统是指由一组相互关联并随时间而演化的要素（如思想、情感和行为）所构成的系统，系统内任何一个要素的改变都依赖于其他要素的影响（科尔曼，转引自李小平，2011）"。张书维（2012）认为，对群体性事件的动力机制的分析包含两个方面的内容，即动员机制和组织机制，动员机制主要指那些推动群体性事件发生的内在和外在动力，而组织机制则是那些将个体组织起来参与群体性事件的方式或途径。

相比于那些发生在群众与强势社会集团之间的群体性事件，那些发生在农村的竞争型群体性事件呈现出一些自身的特点，其背后的动力因素也与前者有很大不同。本段将结合柳村银头岭纠纷的发生发展过程探讨农村社会中由竞争型群体性纠纷引发的群体性事件的动力机制，包括其动员机制和组织机制。

1. 心理动因：群体认同、群体愤怒与群体非理性

在群体性纠纷的发生和发展中，群体认同是一个非常重要影响因素。在农村，村落成员长期在同一场域内共同的日常生活和生产中会逐渐形成互助合作的意识，加上儒家文化的长年熏陶，农民的意识

里会形成牢固的村落认同心理，即村民会将作为村落成员的身份深深地整合进自我概念。农民的村落认同感会强化村民对整体利益的责任感，同时，由于这种村落认同是与传统的"人情观"和"面子观"联系在一起的，会影响到群体成员对某一事件的情绪反映，所以当村落中的个体遭受群外人侵犯时，群体也会因为感觉"屈辱"而对其他群体敌视和愤怒，这种敌视的集体情绪会引导群体斗争行为向非理性的方向发展，在纵向维度上，群体性纠纷经历了法律失灵后，纠纷双方的对抗会由理性行动转化为非理性行动，一旦双方博弈由理性博弈发展到非理性色彩博弈时，就蕴含了群体性事件爆发之可能性。

2. 历史动因：群体纷争的"滚雪球效应"

居住邻近的不同村庄，由于日常生活的交缠，不可避免会有一些纷争，但是，不管是那些通过正式制度解决了的纠纷还是那些双方自行了断的纠纷，群体之间的恩怨并不会随着具体纠纷的解决而消失，也不会因为几次规模较大的社会运动而淡化，而是作为群体的纷争记忆随时间积淀下来，像一个"雪球"一样越滚越大，并会对后续的群体性事件产生重要影响。

3. 诱发因素：触发情境

群体行为的价值累加理论认为，诱发因素使群体行为发生的一个重要的充要条件（郑杭生，2007）。尽管农村群体性纠纷长期存在，但是由群体性纠纷到群体性事件的转变却离不开具体的直接冲突。一般而言，具体的群体性事件的产生与特定的情境有密切关系，所谓"情境"是指使群体性事件产生的各种影响因素，通常表现为直接的利益冲突。近年来，随着农村改革的深入，农民的权益意识越来越强，由此导致的冲突也越来越多，如本研究的案例就是在农村十分常见的"四争"群体性纠纷。此外，日常生活中的冲突、宗教冲突、民族冲突，都是群体性纠纷激化导致群体性事件的可能原因。

4. 组织机制：情绪感染、内群体化与去个体化

群体认同、群体愤怒、群体非理性、纷争雪球和触发情境的相互作用构成了群体性事件的动员机制，一旦群体中的个体被动员，又是通过什么方式被组织起来参加群体行为的？一般来说，相对维权型群

体性事件而言，农村竞争型群体性事件的组织则更加简单，因为参与者一般都是长期生活在一起村民，他们本就是一个比较稳定的群体，因此无须用太多技巧性的方式便可将其组织起来。笔者认为，可以从三个方面来认识和理解这类群体性事件的组织机制：

情绪感染：勒庞认为，群体行为中的个体行动主要受无意识支配，情绪和观念的相互感染使人们的心理朝着一个方向发展并可能将之转化为行动（勒庞，2004）。以前例的集体械斗事件为例，当两村青年在饭馆发生争执这样的诱发因子出现后，甲村青年回到村子里叫人，此时他们回到村里说的第一句话通常是"我们被乙村的人打了！"这样一句带有强烈情绪的话足够引起甲村其他人的愤怒情感，直接激发甲村人参与械斗。

内群体化：内群体是社会认同理论中的一个重要概念，即成员在心理上自觉认同并归属于其中的群体（郑杭生，2007）。科塞认为，如果群体结构是稳定的，那么外在的冲突往往会导致群体内聚力的增强（科塞，1989，76）。笔者认为，这个内聚力增强的过程可以用内群体化这个词语来表述，尽管经历过改革开放的大浪潮，费孝通提出的"差序格局"依然是现代中国农村关系的重要特征，作为一个宗族或一个村落，其本身的"内群体"观念是很强的，但是这种"内群体"的观念也只是在面对外界冲突的时候才会显现出来，日常生活中，个体之间也是充满着各种冲突和矛盾的，就像俗话说的"窝里斗"。在群体性事件中，一旦当诱发因子出现，农村群体中会迅速组织起来，他们组织起来的逻辑之一就是"我们的人"一起对付"别人"，而这个过程，正是一个内群体化的过程。

去个体化：去个体化的概念最早由费斯廷格等人提出，他们将去个体化定义为群体中的个体自我意识丧失和自制力下降，结果导致个体参与一些冲动的、重复的，有时甚至是破坏的行动中去的现象，去个体化一般是由匿名性、自我意识和自我调控能力的降低所导致的（Festinge et al., 1952）。在去个体化的作用下，容易出现群体极化现象，进而导致群体性事件中出现过激行为。

第七章　结论和余论

本研究以柳村的群体性纠纷为例，重点分析和讨论了群体性纠纷的发生、发展过程，纠纷当事人的纠纷解决策略的选择及群体性纠纷中的法律失灵现象。其中，笔者关注的重点在于农村群体性纠纷是如何发生的？其发展过程如何？纠纷当事人采取了哪些纠纷解决策略？哪些因素促使当事人做出这样的策略？这些策略产生了那些宏观或微观的效应？希望借助这些问题的实现对农村群体性纠纷更深入的认识。

一、结论：从理性到非理性——群体性纠纷中群体的行动逻辑

结合本研究的分析，笔者认为，农村群体性纠纷是一个历史的、动态的过程。纠纷的发生离不开纠纷双方的纷争历史，所以要达到对群体性纠纷的整体认识，必须了解那些发生在人们日常生活中的是非恩怨以及人们是怎样认识这些琐碎的是非瓜葛的。通常而言，初级群体之间琐碎的日常纷争会产生一种"滚雪球效应"，使双方的矛盾越来越深，越来越难以化解。而这些纷争历史不仅会影响到后续具体纠纷的产生，也会对纠纷当事人选择纠纷解决策略造成一定的影响。

从触发因素上看，纠纷发生一般与人们对利益的理性计算有关，在纠纷产生之初，感受到不满和冤屈的一方会通过各种方式来表达不满，而受害方与侵害方的亲密关系和纠纷历史会影响到受害方是否会通过公共领域表达不满，一般而言，双方关系越疏远，纷争雪球越大，越有可能采取通过公共领域来表达不满。在公共领域表达不满是第三方介入的隐性阶段，通常会导致双方矛盾深化，推动纠纷的显性化。

在面对纠纷时，理性的当事人首先会寻求制度内渠道，包括行政手段和法律手段。因为农村的村落中普遍都存在很强的村落认同感，

群体成员都极力维护本村利益，互不让步，同时，乡土权威衰落与混乱使得纠纷调解一般不能获得成功。而法律的介入通常也会因当事人的策略性反抗而陷入"法律失灵"的困境。群体性纠纷中的法律介入既是法律实践的过程，又是一种"法律失灵"的再生产。

"法律失灵"后的群体性纠纷会出现非理性的自行解决转向，这种自行解决方式多是"非理性"的负和博弈，通常表现为暗中破坏对方财物或名誉的间接对抗行为，但是这种相对趋于平静的对抗往往并不意味着群体性纠纷的缓慢化解，而是为更大的群体冲突——群体性事件埋下伏笔，一些很小的直接冲突就很可能导致群体性事件的发生。

从群体纠纷处理过程中当事人的行为策略来看，一个最重要的特点就是从理性行动到非理性行动逻辑的转变，这是法律实践中"法律失灵"这一"实践增量"带来的转变，这个转变的背后不仅是现代乡村的秩序混乱和传统权威缺失，更体现了法律自身的局限性。一方面法律失灵后群体的非理性负和博弈会带来新的法律的问题，另一方面，这些问题正是由于法律的无能无力产生的，这种循环就是农村群体性纠纷中的法律困境之所在。

本研究通过研究一个由"四争问题"而起的农村群体性纠纷，借此来透视整个中国农村的群体性纠纷状况，"对这样一个小的社会单位进行深入研究而得出结论并不一定适用于其它单位。但是，这样的结论却可以用作假设，也可以作为其它地方进行调查时的比较材料，这就是获得真正科学结论的最好方法。"（费孝通，1986，6）

二、余论：如何预防和更好地化解群体性纠纷？

本研究重点探讨了群体性纠纷的发生发展和解决过程，实际上，就笔者的叙述而言，总会给人一种群体性纠纷是农村社会无法解决的"慢性顽疾"的印象，尤其是关于法律失灵和群体的非理性博弈的探讨，就连笔者本人也深深陷入到一种无力感之中。但是，这并不意味着社会现实中农村群体之间的纷争就没有预防和化解之可能性。本节将在农村群体性纠纷相关研究成果的基础上对农村群体性纠纷的预防和化解进行简单的讨论。

其一，重建基层权威。农村初级群体之间的纠纷多因利益而起，但又不是单纯的利益纠葛，其中还夹杂着多种日常纷争，这就决定了在纠纷的预防和化解中基层力量的作用。由于与纠纷场域的地理和生活圈的接近，基层的工作人员能够更加灵敏地感知群体性纠纷的隐患，及时疏导不满情绪，将群体性纠纷防患于未然，而且由于群体性纠纷大部分因利益而起，对此类纠纷的解决关键是在互利合作的基础上实现和解（韦长伟，2012），此时，人民调解的优势是无可比拟的。当然，不管是对群体性纠纷的预防还是解决，其前提是村民认可基层权威。

其二，推进法治化进程，树立法律权威。法治化有多方面的涵义，不仅包括法律体系的发展和完善，还包括法律权威的建设，司法执法能力的建设等，当前在中国农村常常会有农民不服法律判决拒不执行或上诉上访等现象发生，而法律的权威危机是其中重要的因素之一。

最后，为农村初级群体之间良性互动创造更多机会。纠纷既在互动中产生，往往也要通过互动才能解决，对于那些发生的农村初级群体之间的纠纷更是如此。传统的农村社会里，村族之间的互动多可以通过看戏、看电影等方式实现，随着人们生活水平的提高，越来越多的家庭拥有了电视，并且看电视成为了农村最重要的娱乐方式，这样与他人的现实互动无疑会大大减少。笔者在调查时就听说两个素有积怨的村落因为合作参加赛龙舟活动而重归于好的事例，在更多、更频繁的互动中重建传统互助文化不失为预防和化解群体性纠纷的一个可行的办法。

三、研究的创新与不足

1. 研究的创新之处

本研究的创新之处主要体现在以下两个方面：

首先，本研究运用事件——过程分析方法对一起农村竞争型群体性纠纷比较系统的分析和研究，当前学术界从法社会学角度研究竞争型群体性纠纷很少，本研究在一定程度上填补了这方面的空白。

其次，本研究不再囿于探讨纠纷的解决机制，而是将视野放宽至纠纷的发生和发展全过程，包括纠纷的前历史阶段，纠纷的发生，到纠纷的调解，纠纷的法律解决以及法律失灵后群体性纠纷的走向等内容，结合历史和现实情境和相关社会理论对其进行分析，在此基础上揭示纠纷发生发展的内在逻辑。

2. 研究的不足之处

首先，由于机会和条件的限制，笔者没有现场参与柳村纠纷解决中的几个关键时点，如村民"报案"、政府工作人员的现场调解、法院的裁决过程、法院的强制执行过程以及南柳村村民的砍树事件等，尽管后来通过访谈政府和法院工作人员得以比较完整的再现事情的经过，但是因为缺乏在场观察，无法获取柳村村民及行政执法人员在纠纷现场的详细互动信息，在一定程度上造成了本研究关键时点信息不足，影响了分析的深入，这是本研究的一大遗憾。

此外，囿于访谈中的伦理限制，笔者未能就群体性纠纷中的组织人物，即乡村精英展开更多详细的调查。农村群体行为肯定离不开农村精英的作用，对于群体性纠纷来说，不对纠纷过程中领导村民的乡土精英人物展开分析和研究无疑是缺乏深度的，这也构成了本研究的另一大遗憾。

最后，虽然笔者认为柳村的纠纷具有一定的典型性，能够反映出当代中国农村群体性纠纷的普遍状况。但是也不可否认，由单一案例整理和总结出的农村群体性纠纷特征可能存在过度归纳的危险，此乃本研究的一大硬伤。

尽管目前学界关于农村纠纷的研究成果已经相当丰硕，但是其中对农村群体性纠纷的研究少之又少。笔者认为转型时期的农村群体性纠纷研究至少在以下两方面还具有较大的拓展潜力。首先，随着后乡土社会的到来，双二元体制下的农民遭受的风险日益增多（陆益龙，2008），这种背景下他们将如何兼顾传统社区里的群体行动？农村社区初级关系的淡化是否会带来群体性纠纷中的群体行动困境？现代化的经历，如外出务工等是否会影响到他们应对纠纷的策略选择，这些经历是怎样影响他们的群体抗争行为的？这些都是值得进一步回答的问题。其次，本研究较多地关注了群体之间的互动，但是对群体内部的互动方式却较少涉及，对转型期农村群体性纠纷中群体内部运作可以做出更加细致的研究，包括运作过程和方式，群体心理变化的特点和动因等等，对群体内部的考察将具有更大的理论价值和实际意义。

参考文献

奥尔森，1995，《集体行动的逻辑》，上海三联书店出版社

布迪厄等，1998，《实践与反思———反思社会学导论》，中央编译局出版社

陈伟杰、郭星华，2009，法律的差序利用以一个宗族村落的纠纷调解为例，《中国农业大学学报》（社会科学版），第2期

陈永学，2004，《邬阳村的纠纷解决机制》，中央民族大学民族学硕士学位论文

费孝通，1986，《江村经济》，江苏人民出版社

费孝通，1998，《乡土中国生育制度》，北京大学出版社

郭景萍，2006，集体行动的情感逻辑，《河北学刊》，第2期

郭星华，2011，从中国经验走向中国理论——法社会学理论本土化的探索，《江苏社会科学》，第1期

郭星华主编，2011，《法社会学教程》，中国人民大学出版社

贾春增主编，2008，《外国社会学史》，中国人民大学出版社

科塞，1989，《社会冲突的功能》，华夏出版社

勒庞，2004，《乌合之众》，中央编译出版社

李连江、欧博文，1997，当代中国农民的依法抗争，载吴国光编，《九七效应：香港、中国与太平洋》，太平洋世纪研究所

刘春荣、陈周旺，2012，《集体行动的中国逻辑》，上海人民出版社

李小平，2011，从动力学的观点看冲突和冲突的干预，《江苏社会科学》，第2期

陆益龙，2008，流动的村庄：乡土社会的双二元格局与不确定性——皖东T村的社会形态，《中国农业大学学报》（社会科学版），第3期

陆益龙，2009，纠纷解决的法社会学研究:问题及范式，《湖南社会科学》，
　　第1期

陆益龙，2011，《定性社会研究方法》，商务印书馆

潘绥铭、黄盈盈、王东，2011，《论方法——社会学调查的本土实践与升
　　华》，中国人民大学出版社

庞德，2008，文本中的法与行动中的法，《法律方法与法律思维》

斯科特，2001，《农民的道义经济学：东南亚的反叛与生存》，译林出版社

斯科特，2011，《弱者的武器》，译林出版社

宋维强，2009，《转型期中国农民群体性事件研究》，华中师范大学出版社

苏力，1993，法律规避和法律多元，《中外法学》，第6期

苏力，2004，《法治及其本土资源》，中国政法大学出版社

孙立平，2002，迈向实践的社会学，《江海学刊》，第3期

孙正，2004，组织化群体.关于群体性事件参与者的基本分析，《中国人民公
　　安大学学报》，第5期

谭深，2003，弱者的反抗——围绕一次搜身事件中女工集体行动的分析，
　　《香港中文大学"市场经济条件下的工会和工运"研讨会论文》

谭世贵，2004，《司法独立问题研究》，法律出版社

汤维建，2008，《群体性纠纷诉讼解决机制论》，北京大学出版社

王洪伟，2010，当代中国底层社会"以身抗争"的效度和限度分析—个"艾
　　滋村民"抗争维权的启示，《社会》，第2期

韦长伟，2012，冲突解决的三种机制及合理体系，《云南社会科学》，第2期

向静林，2009，布迪厄的实践社会学的理论特色，《法制与社会》，第5期

徐昕，2004，私力救济与公力救济的交错：一个法理的阐释，《法制与社会
　　发展》，第4期

徐昕，2008，《迈向社会和谐的纠纷解决》，中国检察出版社

严军兴主编，2008，《多元化农村纠纷处理机制研究》，法律出版社

杨敏、陆益龙，2011，法治意识、纠纷及其解决机制的选择——基于2005
　　CGSS的法社会学分析，《江苏社会科学》，第3期

尤伊克、西贝尔，2005，《法律的公共空间：日常生活中的故事》，商务印
　　书馆

于建嵘，2008，当代中国农民的"以法抗争"——关于农民维权活动的一个
　　解释框架，《文史博览》（理论），第12期

张书维，2012，群体性事件的动力学特征，《中国社会科学报》，第333期

张泰苏，2009，中国人在行政纠纷中为何偏好信访，《社会学研究》，第3期

郑戈，1998，《迈向一种法律的社会理论——马克斯·韦伯法律思想研究》，
    北京大学法学院博士论文

郑杭生主编，2007，《社会学概论新修》，中国人民大学出版社

Festinge R. L., Pepitone A., and Newcomb T., 1952, Some Consequences of
    Deindividuation in a Group, Journal of Abnormal and Social Psychology,
    vol.47

John M. Conley & William M. O'Barr, 2004, A Classic in Spite of Itself: The
    Cheyenne Way and the Case Method in Legal Anthropology, Law & Soc.
    Inquiry, 29(1)

附录：三系2013年硕士论文题目汇总

北大社会学系（99人）

陈 英 复原力的重建与少年司法社会工作的实践取向——以北京市海淀区C机构为例

陈航英 从自主性到依附性：一项关于现代化与"大跃进饥荒"关系的个案研究

陈慧萍 "与众不同"——对都市连客群体的日常生活实践分析

陈思颖 消费欲望的建构与操控：北京中高端海鲜餐厅消费的探索性研究

代 洲 新媒体中的公共知识分子——基于"政右经左"版百位华人公共知识分子的研究

戴 融 非营利组织社会实践中的"互惠关系"——以北京市明圆学校为例

杜立佳 村小纪事：教育边缘的思考

杜柳喆 军嫂的工作—家庭冲突研究：来自60后和80后的生活经验

何 宁 打工子弟学校的发展工作研究——以W机构的H项目为例

侯亚丽 "条件不足"与社会工作系统功能分化失败——社会系统论视角下A医院医务社会工作部建立过程研究

胡萍萍 闲散青少年的生活世界——来自北京市海淀区的个案研究

黄 珮 网络媒体话语空间与公共领域的建构：以腾讯《今日话题》为例

黄文香 影响城市常住人口就医意愿的因素分析——以深圳为例

姜思羽 青年男女择偶价值取向的差异研究

姜松延 "吾师何道？"——基础教育机构德育工作中的人本主义青少年社会工作融入思考

景 堃 集体行动中的暴力：一个类型学的分析

赖梵一 福利叠加还是再分配？以北京市H私营企业的职业福利为例

李 博 流失的田园和市民化——专注于中部小城市的失地农民

尹丽芳 就地城市化及其对农民日常生活的影响——山西省SZ市MZ村的经验研究

于洪妍 "准游民"与村庄中的"江湖"——以河北省Y县N村为例

禹丞姬 韩国网络实名制问题研究责任活动为例

曾立群 自我呈现和情感支持:对跨文化环境社交网站使用者的探讨

张　瑞 青年费孝通的宗教思想——以《新教教义与资本主义精神之关系》一文所做的文本探讨

张　婉 地方政府与支持型社会组织在互动中的信任与张力——以M市政府与O组织为例

章　茜 消费社会女性身体的呈现和出路　以高校女性的身体实践为例

赵天书 社会分层视角下我国城乡居民健康不平等研究——基于CHNS数据的实证分析

周　娜 组织社会学视野中的宗教变迁

周　炎 我国城镇居民养老服务的政策变迁与社会化养老的兴起——基于福利三角和制度分析的视角

周　杨 参与与合作:F福利院老人照顾服务中生产性老龄实现的途径

朱　芸 "全能街道"与政府内部的风险分配

朱婷婷 政府主导下志愿组织的弱主体性生存——以B市社区义工联合会为例

朱艺星 豆瓣:自由与虚无之间——都市网民多重生活空间与自我塑造一探

祝　伟 管理控制与行动选择——网络编辑的劳动过程研究

卓　杰 城市区域间经济与医疗卫生服务发展协调性分析——以深圳为例

清华社会学系(10人)

蔡晓薇 高校里的动员与参与——以北京市A大学为例

陈倩凝 妇女参与发展:一个贵州水族村庄的实践

范　凯 高等教育不平等与精英阶层再生产模式的研究

李　颖 区隔视角下的个人生活能耗影响因素研究

马蓉蕊 天主教会与村庄生活——山西省六合天主教村落研究

邱辰龙 利益共谋一:税费改革后的镇村关系——以四川Z县为例

石文博 工人阶级再形成过程中的基层工会运行逻辑——经KM工会为例

孙　鹏　两所高校献血运作的比较研究——经清华大学与复旦大学为例

谭艺敏　移动互联网上的集体行动——以新浪微博为例

人大社会学系（46人）

蔡敬平　政府购买服务模式下的社会工作者角色探讨——基于珠三角地区实地研究

陈　靓　社会支持对独居老人主观幸福感的影响研究

陈影霜　业主委员会的成立有多难：以城镇化中的L镇为例

崔　琳　社会学视野下的"剩女"现象——有关城市大龄"剩女"的个案研究

丹增尼玛　北京高校藏族学生学业表现的影响因素

高　洁　理性选择理论视角下的非京籍中产阶级家庭随迁子女义务教育后升学的行动策略研究

郭　阳　苏村拆迁：博弈的资本与策略

郭展意　产后女性的身体经验与身体实践

孔国书　影响肥胖的社会经济因素——基于2008年中国亚健康调查的实证分析

李　辰　社会互动视角下的虚拟社区研究——对"西祠胡同"BBS虚拟社区的个案研究

李晨璐　法官职业角色的冲突

李嘉淳　企业组织内关系结构与权力运作研究

李晓婷　乱中有序——中国西南边城片马的婚姻及其多样性存在

厉玲玲　传统框架中的现代性调适——社会转型时期萧山农村地区的招赘婚姻研究

林聿晶　房租经济内部社会关系变迁的社会学研究——以厦门市—城郊村为例

刘君君　扩充教育的功能分析——基于代际流动和代际传递视角

刘　拓　复读：抉择、历程与影响

刘玉芳　灵性剧本在个案—灵性社会工作中的应用

陆美贺　社会计算与社会研究——一个知识社会学的初步分析

路浩玉　新公民学校社会工作服务现状及问题研究——以北京XZ新公民学校为例

注：本书选入的八篇论文未列入总目中。